大学语文

(第三版)

郑凯歌　杨经华 ◎ 主编

科学出版社

北　京

内 容 简 介

本书融工具性和人文性于一体，重视与中学语文的衔接及对中学语文的拓展和深化，内容分为家国情怀、品行修养、经济人文、管理智慧、民俗遗产、诗意人生、异域风情和应用写作共八个单元，精选名作71篇，每一篇目基本包括正文、注释、阅读提示及思考与训练四项内容。本书着眼于经典之作和品类的多元化，注解力求规范持重、简明实用，不仅能使读者提高汉语阅读、理解、表达和写作的水平，而且有助于其陶冶情操、提升人格境界。

本书可作为高校大学语文和大学生文化素质课程教学的教材，也是广大读者学习文史知识、增强语文能力、培养人文精神的有益读物。

图书在版编目（CIP）数据

大学语文／郑凯歌，杨经华主编. -- 3版. -- 北京：科学出版社，
2024.8. -- ISBN 978-7-03-079362-1

Ⅰ．H193.9

中国国家版本馆CIP数据核字第2024XU1625号

责任编辑：王京苏　陈晶晶／责任校对：张亚丹
责任印制：吴兆东／封面设计：有道设计

科 学 出 版 社 出版
北京东黄城根北街16号
邮政编码：100717
http://www.sciencep.com

涿州市般润文化传播有限公司印刷
科学出版社发行　各地新华书店经销
＊

2013年8月第　一　版　　开本：787×1092　1/16
2019年8月修　订　版　　印张：18 1/2
2024年8月第　三　版　　2025年8月第十八次印刷
字数：433 000
定价：49.80元
（如有印装质量问题，我社负责调换）

本书编委会名单

主　编　郑凯歌　杨经华
编　委（以单元先后为序）
　　　　陈祖君　曾秀芳　杨经华
　　　　胡春毅　马　言　朱美禄
　　　　李莹莹　郑凯歌

前 言

　　大学语文是我国高等教育体系中一门具有百年历史的经典课程，其地位的浮沉升降无不牵动国人的心弦。20世纪初，中国现代语文学科创建伊始，大学国文作为大学语文的前身成为当时高等教育的核心课程。后来院系调整，大学语文被取消。直到1978年，在匡亚明、苏步青等有识之士的倡导下，大学语文重新进入高校课堂。2006年9月，中共中央办公厅、国务院办公厅印发《国家"十一五"时期文化发展规划纲要》，其中提出："高等学校要创造条件，面向全体大学生开设中国语文课。"2018年初，教育部发布《普通高等学校本科专业类教学质量国家标准》（简称《国标》），在不少专业明确开设大学语文课程，明确了大学语文对大学生人文素质以及阅读写作能力培养的重要意义，也对大学语文教育的探索与实践提出了更高的历史要求。随着国家对人文素质教育的重视，在高校开设语文课已成为历史必然。

　　教学内容是教学的基础，直接关乎教学效果与教学质量，教材的选用尤为重要。现行大学语文教材众多，但多以文学史顺序、文体类别或以人文精神具体内涵选集作品，也并非针对财经类院校而独立编写。教育部推荐的"普通高等教育'十五'国家级规划教材"（如徐中玉、齐森华主编的《大学语文》，陈洪主编的《大学语文》），无论在质量上还是水平上均具有权威性，但也是面向全国各类普通高校，重点在"共性"，难以兼顾各高校的自身定位、人才培养等特点，使用此类教材，难以做到"因材施教"。一些有识之士指出，不同的学校，人才培养的目标定位不同，大学语文课的目标定位也应有差别。财经类院校担负着为国家培养现代高级经济管理人才的重任，如何在现代经济大潮中打造符合自己学科发展规律的语文教育，将成为所有财经类院校亟待思考与解决的重要课题。

　　贵州财经大学长期把大学语文作为必修公共基础课开设，先后由学校原基础部大学语文教研室以及后来的文法学院大学语文教研室承担教学任务，对提高学生的人文素质起到了重要作用。2011年，为进一步贯彻教育部关于将大学语文建设成为高校人文素质培养的核心课程的指示，培养学生对贵州经济、文化建设的自觉关怀，服务学校"儒魂商才"的人才培养目标，配合新校区校园文化建设，营造校园人文氛围，贵州财经大学大学语文教研室拟对大学语文课程推行全面教学改革，自编教材成为其中关键的一环。

习近平总书记在党的二十大报告中指出："坚持和发展马克思主义，必须同中华优秀传统文化相结合。只有植根本国、本民族历史文化沃土，马克思主义真理之树才能根深叶茂。"[①]中国古代文学是中华优秀传统文化的重要组成部分，肩负着构建民族精神的使命。在作品编选中，中国古代文学作品也是本书收录的主要篇目。

为了使大学语文更好地为人才培养目标服务，为了更好地展现大学语文课程教学的经验，进一步提高教学质量，在贵州财经大学教务处的支持下，大学语文教研室积极探索具有财经特色的大学语文教学内容体系，自编了适合人才培养目标的校本教材。本书突破以往的编排体例，依主题分为八大模块：家国情怀、品行修养、经济人文、管理智慧、民俗遗产、诗意人生、异域风情和应用写作。在教材内容选择上，除了按照大学语文课程定位，选择经典的传统篇目外，结合贵州财经大学"是一所以经济学、管理学学科为主体，法学、文学、教育学、艺术学、理学、工学等多学科协调发展、特色鲜明的财经类大学"的特点，加强了以下诸方面的内容选择：体现儒家思想的经典作品，如《诗经》《论语》《大学》的选篇；体现古代经济思想的作品，如《货殖列传》；体现古代管理智慧的经典，如《思治论》《王熙凤协理宁国府》等；体现贵州民族文化遗产的系列名篇，如《跳月记》《黔中曲》等；为满足学生就业以及应对公务员考试等的需要，开设应用写作模块，训练学生常用公文写作、论文写作等。

本书由贵州财经大学大学语文教研室组织编写，参与本版编写的教师有8人，均为博士。本书的编写实行模块负责制，"家国情怀"由陈祖君博士负责，"品行修养"由曾秀芳博士负责，"经济人文"由杨经华博士负责，"管理智慧"由胡春毅博士负责，"民俗遗产"由马言博士负责，"诗意人生"由朱美禄博士负责，"异域风情"由李莹莹博士负责，"应用写作"由郑凯歌博士负责。

本书于2013年第一次出版，于2019年修订，经过全校师生的数年使用，受到来自教师、学生、教学督导的一致好评。为进一步贯彻中国共产党第二十次全国代表大会精神，提高大学语文教学质量，2024年，大学语文教研室汇集全体教师的智慧，在吸纳学校督导组和同行教师、学生的意见基础上对本书进行修订。修订内容主要涉及以下几个方面：①贯彻党的二十大精神；②在"家国情怀"模块摘录习近平总书记讲话共6段；③修订"管理智慧"和"异域风情"两个模块中的大部分篇目；④更换"应用写作"模块的全部例文共12篇；⑤适当增删其他模块部分篇目；⑥对全书的注释及阅读提示等进行详细的核对。通过本次修订，本书在内容体系上得到了进一步优化与完善。

本书在编写过程中借鉴了很多优秀教材及学术成果，得到了很多文章作者的支持，在此，对为之付出无数辛劳与智慧的学者以及本书编辑表示诚挚的谢意。陆机曾云："恒患意不称物，文不逮意，盖非知之难，能之难也。"由于水平之限，对本书虽有诸多设想，

---

① 习近平：高举中国特色社会主义伟大旗帜 为全面建设社会主义现代化国家而团结奋斗——在中国共产党第二十次全国代表大会上的报告. https://www.gov.cn/xinwen/2022-10/25/content_5721685.htm[2022-10-25]。

然未必能一一尽之。为此，我们衷心希望关心大学语文课程的各界博雅君子不吝批评指正，共同完善这一课程的建设。

贵州财经大学《大学语文》编写组

2024 年 3 月 31 日

目 录

第一单元　家国情怀 ………………………………………………………………… (1)
　　无衣 ……………………………………………………………… 《诗经》(5)
　　九歌·国殇 ………………………………………………………… 屈　原(7)
　　北征 ………………………………………………………………… 杜　甫(9)
　　张中丞传后叙 …………………………………………………… 韩　愈(14)
　　过文登营 ………………………………………………………… 戚继光(18)
　　新的！旧的！ …………………………………………………… 李大钊(20)
　　中国人失掉自信力了吗 ………………………………………… 鲁　迅(23)
　　可爱的中国（节选） …………………………………………… 方志敏(26)

第二单元　品行修养 ………………………………………………………………… (35)
　　《论语》十则 …………………………………………………… 《论语》(38)
　　《大学》节选 …………………………………………………… 《大学》(41)
　　橘颂 ……………………………………………………………… 屈　原(43)
　　《颜氏家训》二则 ……………………………………………… 颜之推(45)
　　定风波·莫听穿林打叶声 ………………………………………… 苏　轼(47)
　　瘗旅文 …………………………………………………………… 王守仁(49)
　　廉耻 ……………………………………………………………… 顾炎武(52)
　　修养重于学识 …………………………………………………… 崔鹤同(55)
　　为学与做人 ……………………………………………………… 梁启超(57)
　　自制 …………………………………………………… 奥里森·马登(62)
　　名誉 ……………………………………………………………… 叔本华(64)
　　我的世界观 …………………………………………………… 爱因斯坦(68)

第三单元　经济人文 ………………………………………………………………… (72)
　　七月 ……………………………………………………………… 《诗经》(76)
　　梁惠王上（节选） ……………………………………………… 孟　子(79)
　　论贵粟疏 ………………………………………………………… 晁　错(81)
　　货殖列传（节选） ……………………………………………… 司马迁(85)
　　红线毯 …………………………………………………………… 白居易(91)

v

答司马谏议书	王安石（93）
西湖香市	张　岱（95）
治平篇	洪亮吉（98）
胡雪岩（存目）	高　阳（101）
敲狗	欧阳黔森（103）

第四单元　管理智慧……（113）

道德经（节选）	老　子（114）
谋攻篇	孙　武（116）
濮阳人吕不韦贾于邯郸	《战国策》（119）
燕攻齐	《战国策》（122）
思治论	苏　轼（124）
王熙凤协理宁国府	曹雪芹（128）
拟选聪颖子弟赴泰西各国肄业折	曾国藩（135）
谕纪泽纪鸿	曾国藩（139）
劝学篇（节选）	张之洞（141）
我在北京大学的经历	蔡元培（145）

第五单元　民俗遗产……（151）

九歌·山鬼	屈　原（153）
跳月记	陆次云（155）
黔中曲	朱茂时（157）
播州秧马歌并序	郑　珍（158）
江城子	莫友芝（161）
鸡㙡菌赋	张之洞（163）
西南采风录·序	闻一多（165）
吃羊肉粉	蹇先艾（168）
傩面（存目）	肖江虹（173）
时光磨砺的不朽史诗——《亚鲁王》	余未人（175）

第六单元　诗意人生……（181）

黄帝女魃	《山海经》（185）
静女	《诗经》（186）
归田赋	张　衡（187）
白马篇	曹　植（189）
归去来兮辞	陶渊明（191）
山居秋暝	王　维（195）
宣州谢朓楼饯别校书叔云	李　白（196）
将进酒	李　白（198）

秋兴八首	杜　甫（200）
蝶恋花	晏　殊（203）
江城子（乙卯正月二十日夜记梦）	苏　轼（205）
西厢记（第四本第三折）	王实甫（206）
牡丹亭·闺塾	汤显祖（210）
人间词话（节选）	王国维（214）

第七单元　异域风情　　　　　　　　　　　　　　　　（217）

西洋游记第二	黎庶昌（219）
源氏物语（节选）	紫式部（221）
吉檀迦利（节选）	泰戈尔（226）
斐多（节选）	柏拉图（228）
堂吉诃德（节选）	塞万提斯（231）
罗密欧与朱丽叶（节选）	莎士比亚（235）
饥饿艺术家	卡夫卡（240）
给一百年后的你	茨维塔耶娃（247）

第八单元　应用写作　　　　　　　　　　　　　　　　（250）

应用文概述	（251）
党政机关文书	（253）
事务文书	（270）
科技文书	（280）

第一单元 家国情怀

习近平总书记强调家国情怀，相关论述摘编如下：

历史和现实告诉我们，家庭的前途命运同国家和民族的前途命运紧密相连。我们要认识到，千家万户都好，国家才能好，民族才能好。国家富强，民族复兴，人民幸福，不是抽象的，最终要体现在千千万万个家庭都幸福美满上，体现在亿万人民生活不断改善上。同时，我们还要认识到，国家好，民族好，家庭才能好。（选自习近平《在会见第一届全国文明家庭代表时的讲话》，《人民日报》，2016年12月16日第02版）

广大家庭都要把爱家和爱国统一起来，把实现家庭梦融入民族梦之中，心往一处想，劲往一处使，用我们4亿多家庭、13亿多人民的智慧和热情汇聚起实现"两个一百年"奋斗目标、实现中华民族伟大复兴中国梦的磅礴力量。（选自习近平《在会见第一届全国文明家庭代表时的讲话》，《人民日报》，2016年12月16日第02版）

爱国，是人世间最深层、最持久的情感，是一个人立德之源、立功之本。孙中山先生说，做人最大的事情，"就是要知道怎么样爱国"。我们常讲，做人要有气节、要有人格。气节也好，人格也好，爱国是第一位的。（选自习近平《在北京大学师生座谈会上的讲话》，《人民日报》，2018年05月03日第02版）

我们是中华儿女，要了解中华民族历史，秉承中华文化基因，有民族自豪感和文化自信心。要时时想到国家，处处想到人民，做到"利于国者爱之，害于国者恶之"。爱国，不能停留在口号上，而是要把自己的理想同祖国的前途、把自己的人生同民族的命运紧密联系在一起，扎根人民，奉献国家。（选自习近平《在北京大学师生座谈会上的讲话》，《人民日报》，2018年05月03日第02版）

新时代中国青年，要有家国情怀，也要有人类关怀，发扬中华文化崇尚的四海一家、天下为公精神，为实现中华民族伟大复兴而奋斗，为推动共建"一带一路"、推动构建人类命运共同体而努力。（选自习近平《在纪念五四运动100周年大会上的讲话》，《人民日报》，2019年05月01日第02版）

中国人历来抱有家国情怀，崇尚天下为公、克己奉公，信奉天下兴亡、匹夫有责，强调和衷共济、风雨同舟，倡导守望相助、尊老爱幼，讲求自由和自律统一、权利和责

任统一。(选自习近平《在全国抗击新冠肺炎疫情表彰大会上的讲话》,《人民日报》,2020年09月09日第02版)

　　家与国,在中国人心中是密不可分的整体。每个时代的中国人,都会意识到自己既属于国,又属于家。厚植家国情怀,是中国人自古以来形成的深厚传统。

　　每个人生下来都是一张白纸,但他会逐渐成长,在白纸上书写博大深厚的内容,描绘多姿多彩的画面,建立起属于自己的整个人生。我们是如何从单纯空白的婴儿变为复杂丰富的成人的?在精神成长的过程中,我们会遇到哪些避免不了的挑战?在成长的历程中,我们如何安顿自己的心灵?人生的意义何在?这些问题很重要,必须依靠我们自己的思维和情感来寻找答案。对这些问题,从不同路径出发会有不同的回答。下面的致思路径极有可能是非常重要的,也是应该得到认可的一种。那就是,在求索的过程中,我们须明白,人生在世,要处理各种各样的关系。这些关系主要有四种:与整个世界的关系;与国家的关系;与亲人、师友、同事的关系;与自我的关系。四种关系中,基本的是与自我的关系。古希腊箴言说:"认识你自己!"认识自己,建立健康、强大的自我是每个人永远的课题。只有自我不断成长,才能应对人生的各种挑战。人与整个世界的关系也很重要,人只有处理好和周围世界的关系,才能建立起充实完善的自我。我们强调人与国家的关系,是因为我们面临的最重要的对象之中,毫无例外都包括国家,在中国尤其如此。每个人都不可避免地生活在家与国的庞大网络中,修身齐家治国平天下的理念早就在个人、家庭与国家之间建立起牢不可破的联系。家国情怀早就渗透到中华民族深层的心理结构之中,融入每个中国人的生命情感之中,发挥着激励人心、凝聚精神的特殊作用。

　　本模块所选篇目都涉及如何处理我们自己与国家这一最重要的对象的关系。编者相信,处理好两者的关系,能使个体生命找到安身立命的所在,也能帮助我们思考如何在一个国家有尊严地活着,过有质量的生活。

　　我们首先强调对国家的深刻依恋和切实认同,为国家的安危奋斗拼搏,不惜奉献身家性命。这是家国情怀的主要含义。我们讲继承传统,热爱、认同自己的国家是中华文化传承至今的重要传统,无数中国人在家国之爱中找到安身立命的所在。我们倡导生命个体追求理想道德人格,进入社会则要秉公去私,公忠为国,爱民爱国。放眼中国文学史上的经典之作,无数可歌可泣的事迹、优美生动的诗文,感人的精神情怀弥漫其中:《诗经·秦风·无衣》以及屈原的《九歌·国殇》中表现的同甘共苦、同仇敌忾,不惜牺牲生命以捍卫国家安全的战士情怀;韩愈的《张中丞传后叙》中的张巡、许远抵抗叛军,拼死捍卫国土的战斗精神;杜甫在著名长诗《北征》中表达的知识分子情怀,国家处于风雨飘摇之中,自身尚朝不保夕,仍念念不忘国家安危,关怀时局进展,时刻准备着投身国家事务;戚继光在《过文登营》中抒发的大将情怀,把自己的远大抱负和国家安危紧密结合,即使欣赏风景,也不忘警惕敌人,不忘保家卫国。这些作品,虽是家国情怀的点滴体现,但也多方面展示了这种淳朴伟大的情感。

　　当人类历史走进现代,家国情怀有了新的表现形式。随着时代的发展,"家国情怀"

的内涵与外延不断拓展。在现代，国家概念在现代化、全球化过程中更为深入，国家与国家的竞争更多是综合国力特别是经济实力的竞争。现代的家国情怀，理想化的表现是为了祖国的独立富强而奋斗。苦难的中国经历近代百余年内忧外患的困扰，更是涌现出大批怀抱此类情怀的爱国者，祖国的贫弱和落后变成动力，驱使生命个体努力抗争。从近代的詹天佑、冯如，现代的方志敏、瞿秋白，一直到当代的钱学森、钱三强、钱伟长等，他们组成一支庞大的队伍。《可爱的中国》的作者方志敏，是这些爱国者的代表之一。方志敏所处的时代，中国积贫积弱，饱受内忧外患折磨，可是他热爱自己的祖国，怀抱对祖国母亲的赤诚之心，以及崇高的革命理想，他致力于拯救受到"恶魔"及"为虎作伥"者戕害的中国，和志同道合者一起艰苦卓绝地抗争。他身陷囹圄，丧失人身自由，敌人随时会剥夺他的生命。在生命的最后阶段，他没有长吁短叹，没有失魂落魄，而是冷静地、热情地留下对中华民族表达赤诚之爱的文字。方志敏的所作所为，是现代家国情怀的至高体现。

现代的家国情怀也有另外一个层面的体现，那就是生命个体对自由、民主等的追求。在这一层面上，现代家国情怀和传统的家国情怀相比，发生了一定的变化。现代不一定处处比古代好，但如追问现代优于古代的地方，自由、独立、平等、民主、科学等是一些耳熟能详的词语，这些词语指向特定的理念和建构。具有强烈反省和批判意识的现代人认识到，生活在现代，应该做现代国家的公民，而不能再做以往时代一味驯服的或卑微的草民。李大钊、鲁迅、陈寅恪等是言说、践行这些理念的先驱。李大钊的《新的！旧的！》号召青年人创造新的，摒弃旧的，利用现代文明为国家谋福利，使国民能寄顿身心。李大钊寄予厚望的新青年，就是具有现代家国情怀的公民。以李大钊、鲁迅等为代表的新文化运动先驱当然是爱国的公民。他们能大胆超越狭隘民族主义或狭隘爱国主义的片面与极端，表现出世界主义的崇高境界，进而张扬一定程度的自由与独立。当代青年大学生要树立健康的家国情怀，是否也包括坚持自由的思想和独立的人格这方面的内容呢？回答是肯定的。

现代的家国情怀还应该记取，要对自己的国家民族以及生长于其上的文化抱有信心，永远不要失去自信力。鲁迅对中国国民性有着非常清醒而深刻的认识，终其一生，都在揭露批判中国国民中的劣根性。《中国人失掉自信力了吗》是他少有的带肯定性意向的一篇文章。他指出从古以来，中国就有埋头苦干的人、拼命硬干的人、为民请命的人、舍身求法的人……他们不为自己谋私利，只为家国谋幸福，所以发出光耀，他们就是中国的脊梁。换句话说，他们就是我们获得自信力的根基。鲁迅所肯定的，其实就是积淀在我们民族深处的家国情怀。我们虽生在当下，却应该秉承中国从古以来就有的优良传统，厚植家国情怀，埋头苦干，拼命硬干，必要时为民请命，舍身求法，做中国的脊梁，也即做于国家民族，当然也是于家庭有用的栋梁之材。

课外阅读篇目

孟轲《孟子》（节选）；司马迁《史记·五帝本纪》；辛弃疾《菩萨蛮·书江西造口壁》；

文天祥《正气歌》；龚自珍《秋心》；杜亚泉《个人与国家之界说》；陈寅恪《清华大学王观堂先生纪念碑铭》；李泽厚《启蒙与救亡的双重变奏》；陆键东《陈寅恪的最后二十年》；陈祖芬《祖国高于一切》。

无 衣

《诗经》

　　《诗经》是中国最早的诗歌总集,收集了西周初年至春秋中叶(公元前 11—前 6 世纪)的诗歌,反映约 500 年间的社会面貌。《诗经》在先秦时期称为《诗》,从西汉起,被尊为儒家经典,始称《诗经》,是中国传统文化中"五经"之一。相传周代设有采诗之官,每年春天摇着木铎深入民间采风,收集歌谣,献诸王廷,以作为了解民情和施政的参考。到春秋时期,流传下来的诗歌据说有三千多首,孔子对"诗"作"正乐"工作,删去不合宜的作品,只保留 305 首(另有 6 首有目无辞),故《诗经》亦称"诗三百"(取其整数)。从音乐角度,《诗经》分为风、雅、颂三类。风(十五国风:周南、召南、邶风、鄘风、卫风、王风、郑风、齐风、魏风、唐风、秦风、陈风、桧风、曹风、豳风),是来自各地的民间歌谣,计 160 篇;雅(二雅:大雅、小雅),指朝廷正乐或西周王畿的乐歌,计 105 篇;颂(三颂:周颂、鲁颂、商颂),为宗庙祭祀之乐,计 40 篇。《诗经》主要表现手法为赋、比、兴。按照朱熹的说法,"赋者,敷陈其事而直言之也";"比者,以彼物比此物也";"兴者,先言他物以引起所咏之词也"。《诗经》内容十分广泛,有祭祀,有战争,有劳作,有爱情,几乎涵盖当时政治、军事、经济和世态人情、民间习俗的各个方面,是周代社会的百科全书。

　　　　岂曰无衣?与子同袍[1]。王于兴师[2],修我戈矛[3],与子同仇[4]。
　　　　岂曰无衣?与子同泽[5]。王于兴师,修我矛戟[6],与子偕作[7]。
　　　　岂曰无衣?与子同裳[8]。王于兴师,修我甲兵[9],与子偕行[10]。

　　　　　　　　(选自袁愈荌译诗,唐莫尧注释《诗经全译》,贵州人民出版社,1981 年版)

注 释

[1] 袍:长袍。
[2] 于:助词,无实义。兴师:起兵。
[3] 修:整治,修理。
[4] 同仇:一致对敌。
[5] 泽:汗衣,贴身内衣。
[6] 戟(jǐ):一种长柄兵器。
[7] 偕作:协同行动。
[8] 裳(cháng):下衣。
[9] 甲兵:甲,铠甲;兵,兵器。
[10] 偕行:一起出征。

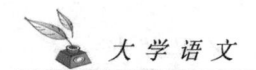

阅读提示

《无衣》大致作于春秋前期秦人助周抵抗外族入侵之时。全诗分为三章，采用兵士相语的口吻，生动再现了秦国兵士慷慨从军、同仇敌忾、抵御强敌的爱国情怀。诗歌语言整饬，讲究韵律；复沓以及反诘句式形成回环有力的节奏；音节短促，声调激昂。

思考与训练

1. 本诗表达了什么思想感情？
2. 本诗是如何运用赋的表现手法实现其艺术效果的？

九歌·国殇

屈 原

屈原（约公元前340—前278），名平，字原，战国末期楚国人，杰出的政治家和爱国诗人，楚武王熊通之子屈瑕的后代，今湖北秭归人。屈原一生经历楚威王、楚怀王、顷襄王三个时期，而主要活动在楚怀王时期。他对内辅佐怀王变法图强，对外积极主张联齐抗秦，后因小人诬陷，两次遭到放逐。公元前278年，秦将白起攻破郢都，屈原悲愤至极，遂自沉汨罗江。屈原是我国古代伟大的爱国主义诗人和积极浪漫主义诗歌传统的奠基人。他继承和发扬楚国的民间歌辞，开创了"楚辞"体。屈原的作品有《离骚》《天问》《九歌》《九章》《招魂》《渔父》等。其中《离骚》是中国古代最伟大的政治抒情诗，是浪漫主义文学的丰碑。

操吴戈兮被犀甲[1]，车错毂兮短兵接[2]。
旌蔽日兮敌若云[3]，矢交坠兮士争先。
凌余阵兮躐余行[4]，左骖殪兮右刃伤[5]。
霾两轮兮絷四马[6]，援玉枹兮击鸣鼓[7]。
天时坠兮威灵怒[8]，严杀尽兮弃原野[9]。

出不入兮往不反[10]，平原忽兮路超远[11]。
带长剑兮挟秦弓[12]，首身离兮心不惩[13]。
诚既勇兮又以武[14]，终刚强兮不可凌。
身既死兮神以灵[15]，魂魄毅兮为鬼雄[16]。

（选自汤漳平评注《楚辞评注》，上海三联书店，2014年版）

注 释

[1] 吴戈：春秋时期吴国制造的前端有钩的长兵器，以锋利著称。
[2] 车错毂（gǔ）：毂，车轮中心承受车轴的部分。"车错毂"指临战时兵车横列前进，排成"人"字阵形，一辆一辆稍稍错开。
[3] 旌（jīng）：本是旗杆上的装饰品，通常用作旗帜的代称。
[4] 凌：侵犯。余阵：余是祭祀者自称。楚王祭楚国的死难战士，所以称楚军列成的阵式为"余阵"。躐（liè）：践踏。行（háng）：行列。
[5] 左骖：古代驾车时四匹马中外侧左边的马。殪（yì）：被杀而死。
[6] 霾两轮：霾（mái），同"埋"；"霾两轮"指车轮下陷。絷（zhí）：拴、捆。

[7] 玉枹：鼓槌的美称。

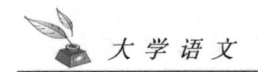

[8] 坠：坠落，形容天时不利。威灵：威严的天神。

[9] 严：残酷。

[10] 反：通"返"。

[11] 忽：空旷渺茫。超：不一般。

[12] 秦弓：良弓。战国时，秦地木材质地坚实，制造的弓射程远。

[13] 惩：后悔。

[14] 诚：的确。

[15] 神以灵：古人认为人有形和神两方面，形是躯壳，神是附着于形而存在的精气。人死了，神能脱离形而独立。"神以灵"是说躯壳死了，但他们的神更有灵威了。

[16] 毅：坚强，不可动摇。

阅读提示

这是一首追悼战争死难者的祭歌。

凡不幸未成年而早死的人叫"殇"，篇名"国殇"是指为国捐躯、战死沙场者。从诗里"带长剑兮挟秦弓，首身离兮心不惩"可知所祭的是秦、楚交战中英勇牺牲的人。楚国自怀王后期，多次为秦军所败，死亡人数动辄上万，尤其以公元前312年丹阳之役，情况最为惨烈。《楚世家》记载的关于这场大战的结果是："秦大败我军，斩甲士八万，虏我大将军屈匄、裨将军逢侯丑等七十余人，遂取汉中之郡。楚怀王大怒，乃悉国兵复袭秦，战于蓝田，大败。"楚怀王身为六国的"从约长"，受到这样大的挫败，极不服气，很想借隆重祭奠死者来鼓舞士气，以图再战。屈原当时是怀王的文学侍从，祭歌由他执笔撰写，全诗以主祭者的口吻写成。

该诗分两段，写了四个方面的内容：从"操吴戈"到"士争先"，写激战开始时的情况；从"凌余阵"到"弃原野"，写楚军在敌人包围下全军覆没的过程；从"出不入"到"心不惩"，写楚军战士英勇牺牲的惨状；从"诚既勇"到"为鬼雄"，是对死者的评价。全诗热情洋溢地讴歌了楚军将士勇敢善战、宁死不屈的战斗精神，表现了屈原的爱国主义思想。

该诗在艺术表现上与作者其他作品迥异，没有《离骚》《天问》等篇章中的辞采瑰丽、想象奇特，而是饱含炽热的情感，通篇直赋其事，直抒胸臆，传达出了一种凛然亢直之美，在楚辞体作品中独树一帜。

思考与训练

1. 诗人是如何描写战斗场面，渲染惨烈气氛的？
2. 本诗表现了怎样的思想感情？

北　征

杜　甫

　　杜甫（712—770），字子美，自号少陵野老，祖籍湖北襄阳，生于河南巩县（今河南巩义）。远祖为晋代大将军杜预，祖父为初唐诗人杜审言。杜甫早年"读书破万卷"，积累了深厚的文化素养。天宝六年（747年）他到长安应试，因宰相李林甫对玄宗皇帝宣称"野无遗贤"而不第，客居长安达十年之久。安史之乱爆发，他从长安出发，历经艰险投奔唐肃宗，被任命为左拾遗，因仗义疏救房琯，被贬华州司功参军；后弃官入蜀（759年），在好友严武帮助下，做过检校工部员外郎，所以后世称杜拾遗、杜工部。晚年举家东迁，途中留滞夔州二年，后来离开蜀地（768年），漂泊鄂、湘一带，计划归乡，终因贫病而卒。杜甫一生忧国忧民，留下诗作一千四百余首，代表作有"三吏""三别"等，有《杜工部集》传世。杜甫是唐代伟大的诗人，与李白并称"李杜"，世称"诗圣"。

　　皇帝二载秋[1]，闰八月初吉[2]。杜子将北征，苍茫问家室[3]。
　　维时遭艰虞[4]，朝野少暇日。顾惭恩私被[5]，诏许归蓬荜[6]。
　　拜辞诣阙下[7]，怵惕久未出[8]。虽乏谏诤姿，恐君有遗失。
　　君诚中兴主[9]，经纬固密勿[10]。东胡反未已[11]，臣甫愤所切[12]。
　　挥涕恋行在[13]，道途犹恍惚。乾坤含疮痍，忧虞何时毕[14]？
　　靡靡逾阡陌[15]，人烟眇萧瑟[16]。所遇多被伤，呻吟更流血。
　　回首凤翔县，旌旗晚明灭[17]。前登寒山重[18]，屡得饮马窟[19]。
　　邠郊入地底[20]，泾水中荡潏[21]。猛虎立我前，苍崖吼时裂。
　　菊垂今秋花，石戴古车辙。青云动高兴，幽事亦可悦。
　　山果多琐细，罗生杂橡栗[22]。或红如丹砂，或黑如点漆。
　　雨露之所濡[23]，甘苦齐结实。缅思桃源内[24]，益叹身世拙[25]！
　　坡陀望鄜畤[26]，岩谷互出没。我行已水滨，我仆犹木末[27]。
　　鸱鸮鸣黄桑[28]，野鼠拱乱穴。夜深经战场，寒月照白骨。
　　潼关百万师，往者散何卒[29]。遂令半秦民，残害为异物[30]。
　　况我堕胡尘[31]，及归尽华发。经年至茅屋[32]，妻子衣百结[33]。
　　恸哭松声回，悲泉共幽咽。平生所娇儿，颜色白胜雪。
　　见耶背面啼[34]，垢腻脚不袜[35]。床前两小女，补绽才过膝。
　　海图坼波涛[36]，旧绣移曲折。天吴及紫凤[37]，颠倒在裋褐[38]。
　　老夫情怀恶[39]，呕泄卧数日。那无囊中帛[40]，救汝寒凛栗。

粉黛亦解包，衾裯稍罗列[41]。瘦妻面复光，痴女头自栉[42]。
学母无不为，晓妆随手抹。移时施朱铅[43]，狼籍画眉阔。
生还对童稚，似欲忘饥渴。问事竞挽须，谁能即嗔喝[44]？
翻思在贼愁[45]，甘受杂乱聒[46]。新归且慰意，生理焉得说[47]？
至尊尚蒙尘[48]，几日休练卒[49]？仰观天色改，坐觉妖氛豁[50]。
阴风西北来，惨淡随回纥[51]。其王愿助顺[52]，其俗善驰突。
送兵五千人，驱马一万匹。此辈少为贵，四方服勇决。
所用皆鹰腾[53]，破敌过箭疾[54]。圣心颇虚伫[55]，时议气欲夺[56]。
伊洛指掌收[57]，西京不足拔[58]。官军请深入，蓄锐可俱发[59]。
此举开青徐[60]，旋瞻略恒碣[61]。昊天积霜露[62]，正气有肃杀[63]。
祸转亡胡岁，势成擒胡月。胡命其能久？皇纲未宜绝[64]。
忆昨狼狈初，事与古先别。奸臣竟菹醢[65]，同恶随荡析[66]。
不闻夏殷衰，中自诛褒妲[67]。周汉获再兴，宣光果明哲[68]。
桓桓陈将军[69]，仗钺奋忠烈[70]。微尔人尽非[71]，于今国犹活。
凄凉大同殿[72]，寂寞白兽闼[73]。都人望翠华[74]，佳气向金阙[75]。
园陵固有神，扫洒数不缺。煌煌太宗业，树立甚宏达[76]。

（选自邓魁英、聂石樵选注《杜甫选集》，上海古籍出版社，2012年版）

注 释

[1] 皇帝二载：唐肃宗至德二年（757年）。

[2] 初吉：朔月，即初一。

[3] 问：意为探望。

[4] 维时遭艰虞：维是发语词；维时，意为这个时候；遭，遭遇；艰虞，意为艰难和忧患。

[5] 顾：反省。恩私被：蒙皇帝私恩照顾。

[6] 蓬荜：穷人住的草房。

[7] 诣：到。阙下：朝廷。

[8] 怵惕：惶恐不安。

[9] 中兴：指国家衰弱后重新振兴。

[10] 经纬固密勿：经纬，指织布时的纵线和横线，此处喻指治理国家的方略；固密勿：本来就周密慎重。

[11] 东胡：指安史叛军。安禄山是混血胡人，他的部下又多奚、契丹族人，故称东胡。

[12] 愤所切：愤恨之所以激切。

[13] 行在：皇帝在外时临时居住的处所。

[14] 忧虞：忧虑。

[15] 靡靡：行步迟缓。

[16] 眇：稀少，少见。

[17] 明灭：忽明忽暗。

[18] 寒山重：重重寒山。

[19] 屡得：多次碰到。

[20] 邠郊：邠州郊外。

[21] 荡潏（yù）：水流动的样子。

[22] 罗生：罗列丛生。

[23] 濡：滋润。

[24] 缅思桃源内：遥想陶渊明笔下桃花源的生活。缅思：遥想。

[25] 益叹身世拙：更加感叹自己笨拙，不善处世。

[26] 坡陀望鄜畤：从起伏不平的山岗，已经可以望见鄜州所在地。坡陀，指山岗起伏不平。鄜畤（zhì）：春秋时秦文公在鄜地所筑祭坛。畤，祭坛。此处用"鄜畤"指鄜州。

[27] 木末：树梢，喻山巅。

[28] 鸱（chī）：古书上指鹞鹰。

[29] 卒（cù）：仓促。

[30] 为异物：死亡。

[31] 堕胡尘：陷身贼中。

[32] 经年：意为一整年。句谓从上次离家到现在回家，恰好一整年。

[33] 妻子衣百结：妻子所穿衣服缀满补丁。

[34] 耶（yé）：通"爷"，此处指父亲。

[35] 垢腻：沾满了污垢和油腻。

[36] 坼（chè）：裂开。

[37] 天吴及紫凤：天吴，指神话传说中的水神；紫凤，指以紫色为主的凤凰。两者都指官服上所绣花纹图案。

[38] 颠倒在裋（shù）褐：接上句，指水神天吴及紫色凤凰这样的花纹图案，现在用作补丁，颠颠倒倒缝补在粗布衣服上。裋，指粗布衣服。

[39] 老夫情怀恶：老夫，即诗人自指；情怀恶：心情恶劣。

[40] 那：奈。

[41] 衾（qīn）裯：被与帐。

[42] 栉（zhì）：梳理。

[43] 移时：费了很长时间。朱铅：红粉。

[44] 瞋喝：生气地喝止。

[45] 翻思：回想起。

[46] 聒：吵闹。

[47] 生理：生计、生活。

[48] 蒙尘：蒙受风尘之苦，此指唐肃宗流亡在外。

[49] 休练卒：停止练兵，意谓战争结束。

[50] 妖氛豁：妖气正在被消除，"妖气"指安史叛军。

[51] 回纥（hé）：又作回鹘（hú），唐代西北部族。阴风西北来，惨淡随回纥两句，意指唐肃宗向回纥借兵平息安史之乱，回纥兵骠勇善战，嗜好杀人，所过之处，惨淡阴风伴随而来。

[52] 其王愿助顺：回纥王愿意帮助唐王朝平定叛乱。其王指回纥王怀仁可汗，他遣子叶护率骑兵四千余人至凤翔，助肃宗反攻长安。

[53] 鹰腾：形容军士如鹰之飞腾。

[54] 过：一本作"如"。

[55] 圣心颇虚伫：肃宗皇帝一心期待回纥兵能为他排忧解难。虚伫：虚心期待。

[56] 时议气欲夺：朝臣们当时对借回纥兵虽然感到怀疑，但又丧气而不敢反对。

[57] 伊洛：伊水和洛水，都流经洛阳。指掌收：轻而易举地收复。

[58] 拔：攻克。

[59] 俱发：官军与回纥兵一起出击。

[60] 青徐：青州和徐州。

[61] 旋瞻：不久即可看到。略：攻克。恒碣：恒山和碣石山。

[62] 昊天：秋天。

[63] 肃杀：严正之气，此指唐军的兵威。

[64] 皇纲：唐王朝的正统。

[65] 奸臣：杨国忠等。菹（zū）醢（hǎi）：菹，切碎；醢，肉酱；菹醢指被剁成肉酱。

[66] 同恶：杨氏家族及同党。

[67] 褒妲：褒，褒姒，周幽王宠妃；妲，妲己，殷纣王宠妃。此借指杨玉环。

[68] 周汉获再兴，宣光果明哲：周朝汉朝获得再次振兴，周宣王、汉光武帝果然英明智慧。意指肃宗皇帝定如周朝、汉朝的中兴之主周宣王、汉光武帝，成为大唐的中兴之主。

[69] 桓桓陈将军：威严勇武的陈玄礼将军。陈将军指陈玄礼，时任左龙武大将军。

[70] 仗钺（yuè）：手持节钺。钺，大斧，为古代天子或大臣使用的一种象征性的武器。古时拜将授节钺。

[71] 微：非、无。

[72] 凄凉大同殿：长安沦陷，昔日玄宗皇帝朝会群臣的大同殿如今变得异常荒凉。大同殿，殿名，在长安兴庆宫勤政楼之北，玄宗常在此朝会群臣。

[73] 寂寞白兽闼：昔日白虎殿的大门如今显得异常寂寞。白兽闼：即未央宫白虎殿大门，避唐高祖李渊祖父李虎讳，改"虎"为"兽"。

[74] 都人望翠华：都城里的人盼望看到饰有翠羽的旌旗。翠华：饰有翠羽的旌旗，代指皇帝仪仗，借指皇帝。

[75] 佳气向金阙：祥瑞之气飘向金饰的宫门。金阙，指长安宫殿中以金为饰的宫门。

[76] 宏达：宏伟昌盛。

阅读提示

这首诗写于至德二年（757年）九月。是年四月，杜甫在长安度过了半年多的俘虏生活后，终于逃离虎口，只身投奔凤翔，刚继位不久的唐肃宗任命他为左拾遗。此后他因仗义上疏为罢相的房琯辩护，触怒肃宗。肃宗特许他回家探亲，实为获罪放归。至德二年八月，杜甫自凤翔出发到鄜州探望家室。《北征》就是他在到家之后写下的长诗。

《北征》是一首著名的政治抒情诗，是杜甫诗作中最长的一篇，140句，共计700字。全诗按照时间先后顺序，依次记述了诗人一路上和到家后的所见、所闻、所感,可分五段。从开头到"忧虞何时毕"为第一段,交代此次"北征"的具体时间和出发时的悲愤心情。自"靡靡逾阡陌"至"残害为异物"是第二段,描写归途中的见闻,抒发由此而来的感慨。自"况我堕胡尘"至"生理焉得说"是第三段,叙述诗人归家与亲人团聚时悲喜交集的动人情景。自"至尊尚蒙尘"至"皇纲未宜绝"是第四段,叙说乱离之后的亲人团聚虽能给诗人以慰藉,但他不能忘怀的依然是"至尊尚蒙尘",这促使诗人积极为朝廷献策,切望平定叛乱,再续大唐纲纪。从"忆昨狼狈初"到结束为第五段,诗人回顾过去,展望未来,对大唐中兴寄予希望。

本诗反映了安史之乱给国家造成的危害,呈现满目疮痍的破败景象。作者联系自身遭遇,揭示广大人民水深火热的灾难处境;同时把批判的锋芒指向祸国殃民的杨氏家族,肯定忠臣除奸的行为。诗人忠君爱国、忧国忧民的高尚情怀以及维护国家安定统一的进步思想在这首诗中得到充分表达。

思 考 与 训 练

1. 举例说明诗中细节描写的艺术效果。
2. 为什么说《北征》是杜甫诗歌中"诗史"的代表作?请从这首诗中梳理出诗人忧国忧民思想的具体表现。

张中丞传后叙[1]

韩 愈

韩愈（768—824），字退之，河阳（今为河南孟州）人，祖籍河北昌黎，故世称韩昌黎。晚年任吏部侍郎，又称韩吏部。谥号"文"，又称韩文公。韩愈是唐代著名文学家、哲学家，中国"道统"观念的确立者，尊儒反佛里程碑式人物，也是唐代古文运动的倡导者，主张学习先秦两汉散文语言，破骈为散，扩大文言文的表达功能。苏轼称他"文起八代之衰"，后人尊他为"文章巨公""百代文宗"，推他为"唐宋八大家"之首。著有《昌黎先生集》通行本四十卷等。

元和二年四月十三日夜[2]，愈与吴郡张籍阅家中旧书[3]，得李翰所为《张巡传》[4]。翰以文章自名[5]，为此传颇详密，然尚恨有阙者[6]：不为许远立传[7]，又不载雷万春事首尾[8]。

远虽材若不及巡者，开门纳巡[9]，位本在巡上，授之柄而处其下[10]，无所疑忌，竟与巡俱守死，成功名。城陷而虏，与巡死先后异耳。两家子弟材智下[11]，不能通知二父志[12]，以为巡死而远就虏，疑畏死而辞服于贼。远诚畏死，何苦守尺寸之地，食其所爱之肉[13]，以与贼抗而不降乎？当其围守时，外无蚍蜉蚁子之援[14]，所欲忠者，国与主耳。而贼语以国亡主灭。远见救援不至而贼来益众，必以其言为信。外无待而犹死守，人相食且尽，虽愚人亦能数日而知死处矣。远之不畏死亦明矣。乌有城坏其徒俱死，独蒙愧耻求活？虽至愚者不忍为。呜呼！而谓远之贤而为之邪！

说者又谓远与巡分城而守，城之陷自远所分始，以此诟远[15]。此又与儿童之见无异。人之将死，其藏腑必有先受其病者；引绳而绝之，其绝必有处。观者见其然，从而尤之[16]，其亦不达于理矣。小人之好议论，不乐成人之美，如是哉！如巡、远之所成就，如此卓卓，犹不得免，其他则又何说？

当二公之初守也，宁能知人之卒不救[17]，弃城而逆遁？苟此不能守，虽避之他处何益？及其无救而且穷也，将其创残饿羸之余[18]，虽欲去，必不达。二公之贤，其讲之精矣。守一城，捍天下，以千百就尽之卒，战百万日滋之师，蔽遮江淮，沮遏其势[19]，天下之不亡，其谁之功也？当是时，弃城而图存者，不可一二数；擅强兵坐而观者，相环也。不追议此，而责二公以死守，亦见其自比于逆乱，设淫辞而助之攻也。

愈尝从事于汴、徐二府[20]，屡道于两府间，亲祭于其所谓双庙者[21]。其老人往往说巡、远时事，云：南霁云之乞救于贺兰也[22]，贺兰嫉巡、远之声威功绩出己上，不肯出师救。爱霁云之勇且壮，不听其语，强留之，具食与乐，延霁云坐。霁云慷慨语曰："云来时，睢阳之人不食月余日矣。云虽欲独食，义不忍；虽食，且不下咽。"因拔所佩刀，断一指，血淋漓，以示贺兰。一座大惊，皆感激，为云泣下。云知贺兰终无为云出师意，即驰去。将出城，抽矢射佛寺浮图，矢著其上砖半箭，曰："吾归破贼，必灭贺兰，此矢所以志也。"——愈贞元中过泗州[23]，船上人犹指以相语。——城陷，贼以刃胁降巡。巡不屈，即牵去，将斩之；又降霁云，云未应。巡呼云曰："南八[24]，男儿死耳，不可为不义屈。"云笑曰："欲将以有为也。公有言，云敢不死。"即不屈。

　　张籍曰：有于嵩者，少依于巡。及巡起事[25]，嵩常在围中。籍大历中于和州乌江县见嵩[26]，嵩时年六十余矣。以巡初尝得临涣县尉[27]，好学，无所不读。籍时尚小，粗问巡、远事，不能细也。云：巡长七尺余，须髯若神。尝见嵩读《汉书》，谓嵩曰："何为久读此？"嵩曰："未熟也。"巡曰："吾于书读不过三遍，终身不忘也。"因诵嵩所读书，尽卷不错一字。嵩惊，以为巡偶熟此卷，因乱抽他帙以试[28]，无不尽然。嵩又取架上诸书，试以问巡，巡应口诵无疑。嵩从巡久，亦不见巡常读书也。为文章，操纸笔立书，未尝起草。初守睢阳时，士卒仅万人，城中居人户亦且数万，巡因一见问姓名，其后无不识者。巡怒，须髯辄张。及城陷，贼缚巡等数十人坐，且将戮。巡起旋[29]。其众见巡起，或起或泣。巡曰："汝勿怖。死，命也。"众泣，不能仰视。巡就戮时，颜色不乱，阳阳如平常[30]。远宽厚长者，貌如其心。与巡同年生，日月后于巡，呼巡为兄，死时年四十九。嵩贞元初死于亳、宋间[31]。或传嵩有田在亳、宋间，武人夺而有之。嵩将诣州讼理[32]，为所杀。嵩无子，张籍云。

（选自孙昌武选注《韩愈选集》，上海古籍出版社，2013年版）

注　释

[1] 本文是韩愈为李翰所作《张巡传》的后叙。张中丞指张巡（709—757），邓州南阳（今为河南南阳）人，开元（713—741年）末年进士。张巡任真源（今河南鹿邑）令时，安史叛军进入河南，他领兵在雍丘（今河南杞县）等地抗战，屡有胜绩。后入睢阳（今河南商丘），与太守许远合兵守城，以万名疲弱之卒，迎战十余万且不断增多的强虏，守孤城从至德二年（757年）正月至十月，成为阻遏叛军南下的屏障。城破，张巡壮烈牺牲，许远被俘不久后亦遇害。张巡守睢阳期间，被朝廷封为御史中丞、河南节度副使，所以称张中丞。

[2] 元和二年：元和，指唐宪宗李纯的年号（806—820年）；元和二年，即公元807年。

[3] 张籍（约766年—约830年）：字文昌，吴郡（今江苏苏州）人，著名诗人。籍曾从韩愈习古文写作。

[4] 李翰：生卒年不详，字子羽，赵州赞皇（今河北赞黄）人，官至翰林学士、左补阙。《旧唐书·文苑传·李翰》载："禄山之乱，从友人张巡客宋州。巡率州人守城。贼攻围经年，食尽矢穷方陷。当时薄巡者言其降贼，翰乃序巡守城事迹，撰《张巡姚訚等传》两卷，上之肃宗，方明巡之忠义。士友称之。"。

[5] 自名：自许。

[6] 阙：通"缺"。

[7] 不为许远立传：这里指李翰所作未给许远立传。许远（？—757），字令威，杭州盐官（今浙江海宁）人，《旧唐书·忠义传》载："许远者，杭州盐官人也……禄山之乱，不次拔将帅。或荐远素练戎事，玄宗召见，拜睢阳太守，累加侍御史、本州防御使。及贼将尹子奇攻围，远与张巡、姚訚婴城拒守经年。外救不至，兵粮俱尽而城陷。尹子奇执送洛阳，与哥舒翰、程千里俱囚之客省。及安庆绪败，渡河北走，使严庄皆害之。"另，《新唐书》载其被执送至偃师遇害。

[8] 又不载雷万春事首尾：意为没有记述雷万春事始末。雷万春（？—757），张巡属下一员勇将，事迹不详，《新唐书·忠义传》载："雷万春者，不详所来，事巡为偏将"。

[9] 开门纳巡：指叛军将领尹子奇带兵13万于至德二年（757年）正月围睢阳，张巡接许远告急书，自宁陵率军

入城。

[10] 柄：权柄。

[11] 两家子弟材智下：两家子弟指张巡之子张去疾，许远之子许岘。大历年间，张去疾上书唐代宗攻讦许远，说城破后许远独存，而张巡等遇难，是许远向叛军屈服，请朝廷追夺许远官爵。代宗下诏令二子与百官议此事。众皆以为许远后死于张巡并不奇怪，议乃罢。

[12] 通知：全面了解，通晓。

[13] 食其所爱之肉：《新唐书·忠义传》载："巡士卒多饿死，存者皆痍伤气乏。巡出爱妾……杀以大飨。坐者皆泣。巡强令食之。远亦杀奴僮以哺卒。"

[14] 蚍蜉（fú）：黑色的大蚂蚁。

[15] 诟：诽谤。

[16] 尤：责备。

[17] 宁：难道。卒：终于。

[18] 羸（léi）：瘦弱。

[19] 沮（jǔ）遏其势：阻止、遏制叛军的进攻势头。

[20] 愈尝从事于汴、徐二府：指韩愈曾先后在汴州、徐州担任幕僚之职。按，唐代称幕僚为从事。

[21] 双庙：指建在睢阳的张巡、许远合庙，称为双庙。

[22] 南霁云之乞救于贺兰也：南霁云向贺兰进明请求援助的时候。南霁云（？—757），魏州顿丘（今河南顿丘）人，尚衡军先锋，被派遣到睢阳议事，感佩于张巡，留为其部将。南霁云乞师贺兰一事，《资治通鉴》卷二一九载："是时（指至德二年即757年8月睢阳被围，难以支撑的紧张时刻——编者注），许叔冀在谯郡，尚衡在彭城，贺兰进明在临淮，皆拥兵不救，城中日蹙。巡乃令南霁云将三十骑犯围而出，告急於临淮。霁云出城，贼众数万遮之。霁云直衝其众，左右驰射，贼众披靡，止亡两骑。既至临淮，见进明……霁云察进明终无出师意，遂去。至宁陵，与城使廉坦同将步骑三千人。闰月，戊申夜，冒围，且战且行，至城下。大战，坏贼营，死伤之外，仅得千人入城。城中将吏知无救，皆恸哭。贼知援绝，围之益急。"

[23] 愈贞元中过泗州：指韩愈贞元年间路过泗州的时候。贞元（785-805年），唐德宗李适年号。泗州，指临淮，故城已没入湖中。

[24] 南八：指南霁云。因其在众兄弟中排行第八，故称。

[25] 起事：指张巡起兵反抗安史叛军。

[26] 大历：唐代宗李豫年号（766—779年）。和州乌江县：地名，在今安徽省和县东北。

[27] 以巡初尝得临涣县尉：因追随张巡，于嵩曾得到临涣县尉的官职。临涣：地名，在今安徽省宿县西南。

[28] 因乱抽他帙（zhì）以试：因而随便抽取其他卷帙书册来试验。帙：书套，借指书本。

[29] 旋：小便。

[30] 阳阳：镇定自如的样子。

[31] 亳、宋：亳，指亳州，治所在今安徽省亳县；宋，指宋州，治所在睢阳。

[32] 诣：到。讼理：控诉，诉讼。

阅读提示

《张中丞传后叙》是韩愈散文中的名作，作于公元807年。该文记叙张巡、许远精诚团结，带领士卒抗击安史叛军，守一城而屏蔽江淮，立下不世之功的事迹，抨击那些不公正的评价乃至诬陷之辞，赞许张巡、许远等人为捍卫国家统一，誓与国土共存亡，与敌人抗争到底，牺牲生命在所不辞的精神，其实也就是表彰他们身上体现出来的诚挚而高尚的家国情怀。

该文写作有其现实针对性。其时距张巡、许远殉难已有半个世纪，安史之乱虽已平息，然而安史之乱引起的藩镇割据并未停息。社会持续动荡引起一些人思想的混乱，张巡、许远事迹没有得到公正的评定。韩愈写作此文的用意，不限于评价张巡、许远，也在于对专务姑息、为叛乱势力张目者的回击。不难看出，其着眼点，意在维护国家的统一和安定。

文章分六段。第一段是引子，借评论李翰的《张巡传》，做一些必要的交代，指出其中的缺憾，为接下来的写作寻找合理依据。真正的叙述与议论从第二段开始。张、许二人，许远受诬更甚，第二、三段便主要为许远辩诬。第四段接着为整个睢阳保卫战辩护，彰显张、许二人"守一城，捍天下，以千百就尽之卒，战百万日滋之师，蔽遮江淮，沮遏其势"的大无畏的爱国壮举和义举。文章第五、第六两段从他人回忆中，展开对张巡、南霁云之类英雄人物轶事的描写。

本文融议论、叙事、抒情、描写于一炉，体现出韩愈文章多变的特色。

思考与训练

1. 本文最大特色是议论与叙事并重，请对此展开具体分析。
2. 以张巡为例，谈谈本文塑造人物形象所采用的表现手法。

过文登营[1]

戚继光

戚继光(1528—1587),字元敬,号南塘,晚号孟诸,谥曰武毅,山东烟台蓬莱人。他是明朝重要抗倭将领,带领军队取得岑港之战、台州之战、兴化之战、仙游之战等的胜利。在以戚继光为代表的将士的艰苦努力下,东南沿海倭患得以基本荡除。戚继光行军打仗之余勤于著述,有《纪效新书》《练兵实纪》《止止堂集》等书传世。

冉冉双幡度海涯[2],晓烟低护野人家。
谁将春色来残堞[3]?独有天风送短笳[4]。
水落尚存秦代石[5],潮来不见汉时槎[6]。
遥知百国微茫外[7],未敢忘危负岁华。

(选自陶文鹏主编《历代爱国诗歌选译》,北京工业大学出版社,1995年版)

注 释

[1] 文登营:明代山东沿海军事防区。嘉靖三十二年(1553年)夏六月,戚继光升任都指挥佥事,负责山东沿海抗倭事宜,总管三营二十五卫,文登营是其一,下辖宁海、威海、成山、靖海四卫。

[2] 冉冉:缓行渐进的样子。幡:旗帜。

[3] 残堞:堞(dié),城上矮墙,俗称城垛子,"残堞"形容城堡年久失修的状况。

[4] 短笳:笳(jiā),古代流行于北方军中的一种管乐器,"短笳"指短促断续的军号声。

[5] 秦代石:传说秦始皇东巡至成山角(今山东省荣成市东北),做石桥欲渡海观日出,有神人相助驱石下海。石行不速,神则鞭之,石皆流血,至今呈红色。

[6] 汉时槎:槎(chá),木筏,传说汉武帝派张骞寻找河源,张骞乘槎到达天河。秦汉为我国历史上的强盛时代,此言秦石、汉槎,有追怀历史、引以自励之意。

[7] 百国:许多国家。

阅读提示

这首诗为作者在山东沿海负责防御海上倭寇时所作,当时作者管理登州、文登、即墨三营二十五卫所。通过诗作可知,诗人在欣赏风景之际,仍不忘对敌人的高度警惕,表现了作者居安思危、时刻不忘保家卫国的思想。全诗写得慷慨悲壮,足以振聋发聩。

思 考 与 训 练

1. 谈谈"水落尚存秦代石,潮来不见汉时槎"这两句诗中的用典流露了诗人怎样的心境?
2. 本诗表达了诗人怎样的思想感情?

新的！旧的！

李大钊

李大钊（1889—1927），字守常，河北乐亭人，生于1889年10月29日，1907～1913年就读于天津北洋法政专门学校，毕业后入读东京早稻田大学政治本科，1916年回国，受聘为北京大学图书馆主任兼经济学教授。他曾任《新青年》杂志编辑，并与陈独秀创办《每周评论》。1920年他在北京组织共产主义小组，是中国共产党主要创始人之一。1924年1月，国民党第一次全国代表大会召开，李大钊受邀出席，被孙中山指定为大会主席团成员，并当选为国民党中央执委会委员。此后，他一直担负国共两党在北方的实际领导工作。1927年4月6日，他被军阀张作霖逮捕，28日被绞杀于西交民巷看守所。其著作一部分虽曾由亲属编集，由鲁迅作序，但一直没能发行。中华人民共和国成立后，人民出版社先后出版《李大钊选集》和《李大钊文集》。

宇宙进化的机轴，全由两种精神运之以行，正如车有两轮，鸟有两翼，一个是新的，一个是旧的。但这两种精神活动的方向，必须是代谢的，不是固定的；是合体的，不是分立的，才能于进化有益。

中国人今日的生活全是矛盾生活，中国今日的现象全是矛盾现象。举国的人都在矛盾现象中讨生活，当然觉得不安，当然觉得不快，既是觉得不安不快，当然要打破此矛盾生活的阶，另外创造一种新生活，以寄顿吾人的身心，慰安吾人的灵性。

矛盾生活，就是新旧不调和的生活，就是一个新的，一个旧的，其间相去不知几千万里的东西，偏偏凑在一处，分立对抗的生活。这种生活，最是苦痛，最无趣味，最容易起冲突。这一段国民的生活史，最是可怖。

欲研究一国家或一都会中某一时期人民的生活，任取其生活现象中的一粒微尘而分析之，也能知道其生活全部的特质。一个都会里一个人所穿的衣服，就是此都会里最美的市场中所陈设的；一个人的指爪上的一粒炭灰，就是由此都会里最大机械场的烟突中所飞落的。既同在一个生活之中，刹刹尘尘都含有全体的质性，都有着全体的颜色。

我前岁在北京过年，刚过新年，又过旧年。看见贺年的人，有的鞠躬，有的拜跪，有的脱帽，有的作揖，有的在门首悬挂国旗，有的张贴春联，因而起了种种联想。

想起黄昏时候走在街头，听见的是更夫的梆子丁丁的响，看见的是站岗巡警的枪刺耀耀的亮。更夫是旧的，巡警是新的。要用更夫，何用巡警？既用巡警，何用更夫？

又想起我国现已成了民国，仍然还有甚么清室。吾侪小民，一面要负担议会及公府的经费，一面又要负担优待清室的经费。民国是新的，清室是旧的，既有民国，那有清室？若有清室，何来民国？

又想起制定宪法。一面规定信仰自由，一面规定"以孔道为修身大本"。信仰自由是新的，孔道修身是旧的。既重自由，何又迫人来尊孔？既要迫人尊孔，何谓信仰自由？

又想起谈论政治的。一面主张自我实现，一面鼓吹贤人政治。自我实现是新的，贤人政治是旧的。既要自我实现，怎行贤人政治？若行贤人政治，怎能自我实现？

又想起法制习俗。一面立禁止重婚的刑律，一面许纳妾的习俗。禁止重婚的刑律是新的，纳妾的习俗是旧的。既施刑律，必禁习俗；若存习俗，必废刑律。

以上所说不过一时的杂感，其余类此者尚多。最近又在本志上看见独秀先生与南海圣人[1]争论，半农先生向投书某君棒喝。以新的为本位论，南海圣人及投书某君最少应生在百年以前。以旧的为本位论，独秀、半农最少应生在百年以后。此等"风马牛不相及"的人物思想，竟不能不凑在一处，立在同一水平线上来讲话，岂不是绝大憾事？中国今日生活现象矛盾的原因，全在新旧的性质相差太远，活动又相邻太近。换句话说，就是新旧之间，纵的距离太远，横的距离太近；时间的性质差的太多，空间的接触逼的太紧。同时同地不容并存的人物、事实、思想、议论，走来走去，竟不能不走在一路来碰头，呈出两两配映、两两对立的奇观。这就是新的气力太薄，不能努力创造新生活，以征服旧的过处了。

我常走在前门一带通衢，觉得那样狭隘的一条道路，其间竟能容纳数多时代的器物：也有骆驼轿，也有上贴"借光二哥"的一轮车，也有骡车、马车、人力车、自转车、汽车等，把念世纪的东西同十五世纪以前的汇在一处。轮蹄轧轧，汽笛鸣鸣，车声马声，人力车夫互相唾骂声，纷纭错综，复杂万状，稍不加意，即遭冲轧，一般走路的人，精神很觉不安。推一轮车的讨厌人力车、马车、汽车，拉人力车的讨厌马车、汽车，赶马车的又讨厌汽车。反说回来，也是一样。新的嫌旧的妨阻，旧的嫌新的危险。照这样层级论，生活的内容不止是一种单纯的矛盾，简直是重重叠叠的矛盾。人生的径路，若是为重重叠叠的矛盾现象所塞，怎能急起直追，逐宇宙的文化前进呢？仔细想来，全是我们创造的能力缺乏的原故。若能在北京创造一条四通八达的电车轨路，我想那时乘坐驼轿、骡车、人力车等等的人，必都舍却这些笨拙迂腐的器具，来坐迅速捷便的电车，马路上自然绰有余裕，不像那样拥挤了。即有寥寥的汽车、马车、自转车等依旧通行，因为与电车纵的距离不甚相远，横的距离又不像从前那样逼近，也就都有容头过身的道路了，也就没有互相嫌恶的感情了，也就没有那样容易冲突的机会了。

因此我很盼望我们新青年打起精神，于政治、社会、文学、思想种种方面开辟一条新径路，创造一种新生活，以包容覆载那些残废颓败的老人，不但使他们不妨害文明的进步，且使他们也享享新文明的幸福，尝尝新生活的趣味，就像在北京建造电车轨道，输运从前那些乘驼轿、骡车、人力车的人一般。打破矛盾生活，脱去二重负担，这全是我们新青年的责任，看我们新青年的创造能力如何？

进！进！进！新青年！

（选自杨琥编《中国近代思想家文库·李大钊卷》，中国人民大学出版社，2014年版）

注释

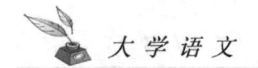

[1] 独秀指陈独秀。南海圣人指康有为。下文半农指刘半农。

阅读提示

　　李大钊曾写下"铁肩担道义,妙手著文章"的话以自勉。本文描写诸多矛盾现象,让读者看到20世纪初期中国新旧杂陈的社会现实。但作者用意显然不止于展现新旧之间的矛盾,而在关注整个国家,希望创造新生活,使举国的人都能寄顿身心,慰安灵性。为此他寄望于青年,要新青年创造新生活,以打破矛盾生活,享受新文明的幸福和新生活的趣味。他当然也要和新青年们一道,承担创造新生活的责任,可谓"铁肩担道义"。

　　全文用现代白话写成,融进自己对于社会景况的观察和感受,似在与人谈心,且又思路清晰,达到情与境谐、思与理俱的效果,可谓"妙手著文章"。

思考与训练

1. 本文是如何展现新与旧之间的矛盾的?用意何在?
2. 分析本文语言方面的特色。

中国人失掉自信力了吗[1]

鲁 迅

鲁迅（1881—1936），原名周樟寿，后改名周树人，字豫山，后改字豫才，鲁迅是自发表《狂人日记》起使用的笔名。鲁迅出生于浙江绍兴一个封建士大夫家庭，自幼喜读野史、笔记、话本小说和民间戏曲，酷爱木刻版画艺术，有扎实的古文功底和丰富的民间传统文化知识。1898年入南京江南水师学堂，后转矿务铁路学堂。其间读《天演论》，接受进化论思想。1902年官费留学日本，1906年弃医从文。1909年，鲁迅自日本回国，先后任教于浙江两级师范学堂、绍兴府中学堂。1912年后，受南京临时政府教育总长蔡元培之邀，赴南京（后转北京）任教育部科长、佥事职。1918年5月，发表《狂人日记》，至1925年，将所发表的25篇小说，结集为《呐喊》《彷徨》。1924~1927年，写作出版散文诗集《野草》和散文集《朝花夕拾》，同时写作出版杂文集《坟》《热风》《华盖集》《华盖集续编》和《而已集》。1927年，定居上海，继续写作杂文、小说等。1930年，列名发起人参加中国左翼作家联盟领导工作。1936年10月19日逝世。鲁迅作品有多种版本，现较常见为人民文学出版社2005年版《鲁迅全集》18卷。鲁迅是伟大的文学家、思想家、革命家。他是中国现代文学的奠基者：中国现代文学创作的开端，是从鲁迅开始的；他的小说，标志着中国现代白话小说的成熟；他的16部杂文集，达到了现代杂文史上的高峰；其散文、散文诗也成就卓著。其人、其文、其思想是中华民族历史上一笔宝贵的财富。

从公开的文字上看起来：两年以前，我们总自夸着"地大物博"，是事实；不久就不再自夸了，只希望着国联[2]，也是事实；现在是既不夸自己，也不信国联，改为一味求神拜佛[3]，怀古伤今了——却也是事实。

于是有人慨叹曰：中国人失掉自信力了[4]。

如果单据这一点现象而论，自信其实是早就失掉了的。先前信"地"，信"物"，后来信"国联"，都没有相信过"自己"。假使这也算一种"信"，那也只能说中国人曾经有过"他信力"，自从对国联失望之后，便把这他信力都失掉了。

失掉了他信力，就会疑，一个转身，也许能够只相信了自己，倒是一条新生路，但不幸的是逐渐玄虚起来了。信"地"和"物"，还是切实的东西，国联就渺茫，不过这还可以令人不久就省悟到依赖它的不可靠。一到求神拜佛，可就玄虚之至了，有益或是有害，一时就找不出分明的结果来，它可以令人更长久的麻醉着自己。

中国人现在是在发展着"自欺力"。

"自欺"也并非现在的新东西，现在只不过日见其明显，笼罩了一切罢了。然而，在这笼罩之下，我们有并不失掉自信力的中国人在。

我们从古以来,就有埋头苦干的人,有拼命硬干的人,有为民请命的人,有舍身求法的人,……虽是等于为帝王将相作家谱的所谓"正史"[5],也往往掩不住他们的光耀,这就是中国的脊梁。

这一类的人们,就是现在也何尝少呢?他们有确信,不自欺;他们在前仆后继的战斗,不过一面总在被摧残,被抹杀,消灭于黑暗中,不能为大家所知道罢了。说中国人失掉了自信力,用以指一部分人则可,倘若加于全体,那简直是诬蔑。

要论中国人,必须不被搽在表面的自欺欺人的脂粉所诳骗,却看看他的筋骨和脊梁。自信力的有无,状元宰相的文章是不足为据的,要自己去看地底下。

九月二十五日。

(选自鲁迅著《鲁迅全集》第6卷,人民文学出版社,2005年版)

注 释

[1] 本文最初发表在《太白》半月刊第一卷第三期(1934年10月20日),署名公汗。后收入作者《且介亭杂文》。

[2] 国联:即"国际联盟",1920年宣布成立的国际组织,宣称其宗旨为"促进国际合作,维持国际和平与安全",实际是英法等国控制并为其国家利益服务的工具。该组织1946年4月宣告解散,其财产移交给联合国。"九一八"事变后,9月22日蒋介石在南京发表讲话,声称"暂取逆来顺受态度,以待国联公理之判决"。国联多次收到国民党政府申诉,要求制止日本帝国主义的侵略,但并没有采取有效行动。国联调查团到我国东北调查后,所发表《国联调查团报告书》中,认为日军发动"九一八"事变"不能视为合法的自卫手段",却又承认日本在中国东北的特殊利益,提出在东北建立以日本为主、由英美等国组成的"顾问会议"共同控制的"满洲自治政府",不但偏袒日本,并且阴谋乘机瓜分中国。

[3] 求神拜佛:意指一些国民党官僚和"社会名流",以祈祷"解救国难"为名,屡次在大城市举办"仁王护国法会""时轮金刚法会"。

[4] 中国人失掉自信力了:当时舆论界曾有过这类论调,如1934年8月27日《大公报》社评《孔子诞辰纪念》中说:"民族的自尊心与自信力,既已荡焉无存,不待外侮之来,国家固早已濒于精神幻灭之域。"

[5] 正史:即二十四史。乾隆诏定自《史记》至《明史》共计二十四部纪传体史书为正史。但,梁启超于《中国史界革命案》里指出:"二十四史非史也,二十四姓之家谱而已。"

阅 读 提 示

《中国人失掉自信力了吗》作于1934年9月,时值九一八事变三周年之际。

阅读这篇作品,首先应该看到,这是一篇驳论文,反驳了当时社会对抗日前途的悲观论调,也反驳了认为中国人失掉自信力了的言论。

阅读这篇作品,更应该看到作者写作本篇作品的立场和他在驳难之后所肯定的东西。那就是鲁迅先生在文中所指出的,"从古以来,我们就有埋头苦干的人、拼命硬干的人、为民请命的人、舍身求法的人……"他们散发出光芒,他们就是鲁迅先生眼中"中国的脊梁"。

鲁迅是一位批判性很强的作家,我们很难看到其肯定什么。《中国人失掉自信力了吗》是他少有的肯定之文。

而他肯定的，其实就是厚植在我们民族深处的家国情怀。对于那些埋头苦干的人、拼命硬干的人、为民请命的人、舍身求法的人，他们为什么埋头苦干、拼命硬干、为民请命、舍身求法呢？为了一己私利吗？显然不是！作为中国的脊梁，他们不为自己谋私利，只为家国谋幸福。他们是怀揣家国情怀的人。

进一步，我们应该能看到，鲁迅所肯定而力图追寻并拥有的，也就是厚植家国情怀，埋头苦干、拼命硬干、为民请命、舍身求法，以天下为己任，悲天悯人，做中国的脊梁。这，从鲁迅所写"横眉冷对千夫指，俯首甘为孺子牛"的诗句里可见一斑。

思考与训练

1. 作者反驳的是什么言论？他是怎么反驳的？
2. 作者驳难后面，有着怎样的思想和情怀？

可爱的中国（节选）

方志敏

　　方志敏（1899—1935），生于江西弋阳县漆工镇湖塘村。中国无产阶级革命家、军事家，杰出的农民运动领袖。中国共产党早期领导人之一，领导创建了中国工农红军第十军及赣东北和闽浙赣革命根据地。1934年，率部北上抗日，由于寡不敌众，被国民党军队俘虏。1935年8月6日在江西南昌下沙窝英勇就义，时年36周岁。在狱中，他受尽酷刑，仍克服困难写下《可爱的中国》《清贫》等文章。这两篇文章，连同三封重要信件，曾被秘密送到鲁迅先生手里代为保存，后得以公开发表。

　　我终于被俘入狱了。
　　关于我被俘入狱的情形，你们在报纸上可以看到，知道大概，我不必说了。我在被俘以后，经过绳子的绑缚，经过钉上粗重的脚镣，经过无数次的拍照，经过装甲车的押解，经过几次群众会上活的示众，以至关入笼子里，这些都像放映电影一般，一幕一幕地过去了！我不愿再去回忆那些过去的事情，回忆，只能增加我不堪的羞愧和苦恼！我也不愿将我在狱中的生活告诉你们。朋友，无论谁入了狱，都得感到愁苦和屈辱，我当然更甚，所以不能告诉你们一点什么好的新闻。我今天想告诉你们的却是另外一个比较紧要的问题，即是关于爱护中国，拯救中国的问题，你们或者高兴听一听我讲这个问题罢。
　　我自入狱后，有许多人来看我，他们为什么来看我，大概是怀着到动物园里去看一只新奇的动物一样的好奇心罢？他们背后怎样评论我，我不能知道，而且也不必一定要知道。就他们当面对我讲的话，他们都承认我是一个革命者；不过他们认为我只顾到工农阶级的利益，忽视了民族的利益，好像我并不是热心爱中国爱民族的人。朋友，这是真实的话吗？工农阶级的利益，会是与民族的利益冲突吗？不，绝不是的，真正为工农阶级谋解放的人，才正是为民族谋解放的人，说我不爱中国不爱民族，那简直是对我一个天大的冤枉了。
　　我很小的时候，在乡村私塾中读书，无知无识，不知道什么是帝国主义，也不知道帝国主义如何侵略中国，自然，不知道爱国为何事。以后进了高等小学读书，知识渐开，渐渐懂得爱护中国的道理。一九一八年爱国运动波及到我们高小时，我们学生也开起大会来了。
　　在会场中，我们几百个小学生，都怀着一肚子的愤恨，一方面痛恨日本帝国主义无餍的侵略，另一方面更痛恨曹、章等卖国贼的狗肺狼心！就是那些年青的教师们（年老的教师们，对于爱国运动，表示不甚关心的样子），也和学生一样，十分激愤。宣布开会之后，一个青年教师上讲堂，将日本帝国主义提出的灭亡中国的二十一条，一条一条地边念边讲。他的声音由低而高，渐渐地吼叫起来，脸色涨红，渐而发青，颈子胀大得像要爆炸的样子，满头的汗珠子，满嘴唇的白沫，拳头在讲桌上捶得碰碰响。听讲的我们，在这位教师如此激昂慷慨的鼓动之下，哪一个不是鼓起嘴巴，睁大眼睛——每对透亮的小眼睛，都是红红的像要冒出火来；有几个学生竟流泪哭起来了。朋友，确实的，在这个时候，如果真有一个日本强盗或是曹、章等卖国贼的哪一个站在我们的面前，哪怕不会被我们一下打成肉饼！会中，通过抵制日货，先要将各人身边的日货销毁去，再进行检查商店的日货，并出发对民众讲演，唤起他们来爱国。会散之后，各寝室内扯抽屉声，开箱笼声，响得很热闹，大家都在急忙忙地清查日货呢。

"这是日货，打了去！"一个玻璃瓶的日本牙粉扔出来了，扔在阶石上，立即打碎了，淡红色的牙粉，飞洒满地。

"这也是日货，踩了去！"一只日货的洋瓷脸盆，被一个学生倒仆在地上，猛地几脚踩凹下去，磁片一片片地剥落下来，一脚踢出，瓷盆就像含冤无诉地滚到墙角里去了。

"你们大家看看，这床席子大概不是日本货吧？"一个学生双手捧着一床东洋席子，表现很不能舍去的样子。

大家走上去一看，看见席头上印了"日本制造"四个字，立刻同声叫起来：

"你的眼睛瞎了，不认得字？你舍不得这床席子，想做亡国奴！？"不由分说，大家伸出手来一撕，那床东洋席，就被撕成碎条了。

我本是一个苦学生，从乡间跑到城市里来读书，所带的铺盖用品都是土里土气的，好不容易弄到几个钱，买了日本牙刷，金刚石牙粉，东洋脸盆，并也有一床东洋席子。我明知销毁这些东西，以后就难得钱再买，但我为爱国心所激动，也就毫无顾惜地销毁了。我并向同学们宣言，以后生病，就是会病死了，也决不买日本的仁丹和清快丸。

从此以后，在我幼稚的脑筋中，作了不少的可笑的幻梦；我想在高小毕业后，即去投考陆军学校，以后一级一级地升上去，带几千兵或几万兵，打到日本去，踏平三岛！我又想，在高小毕业后，就去从事实业，苦做苦积，哪怕不会积到几百万几千万的家私，一齐拿出来，练海陆军，去打东洋。读西洋史，一心想做拿破仑；读中国史，一心又想做岳武穆。这些混杂不清的思想，现在讲出来，是会惹人笑痛肚皮！但在当时我却认为这些思想是了不起的真理，愈想愈觉得津津有味，有时竟想到几夜失眠。

一个青年学生的爱国，真有如一个青年姑娘初恋时那样的真纯入迷。

朋友，你们知道吗？我在高小毕业后，既未去投考陆军学校，也未从事什么实业，我却到 N 城来读书了[1]。N 城到底是省城，比县城大不相同。在 N 城，我看到了许多洋人，遇到了许多难堪的事情，我讲一两件给你们听，可以吗？

只要你到街上去走一转，你就可以碰着几个洋人。当然我们并不是排外主义者，洋人之中，有不少有学问有道德的人，他们同情于中国民族的解放运动，反对帝国主义对中国的压迫和侵略，他们是我们的朋友。只是那些到中国来赚钱，来享福，来散播精神的鸦片——传教的洋人，却是有十分的可恶的。他们自认为文明人，认我们为野蛮人，他们是优种，我们却是劣种；他们昂头阔步，带着一种藐视中国人、不屑与中国人为伍的神气，总引起我心里的愤愤不平。我常想："中国人真是一个劣等民族吗？真该受他们的藐视吗？我不服的，决不服的。"

有一天，我在街上低头走着，忽听得"站开！站开！"的喝道声。我抬头一望，就看到四个绿衣邮差，提着四个长方扁灯笼，灯笼上写着："邮政管理局长"几个红扁字，四人成双行走，向前喝道；接着是四个徒手的绿衣邮差；接着是一顶绿衣大轿，四个绿衣轿夫抬着；轿的两旁，各有两个绿衣邮差扶住轿杠护着走；轿后又是四个绿衣邮差跟着。我再低头向轿内一望，轿内危坐着一个碧眼黄发高鼻子的洋人，口里衔着一枝大雪茄，脸上露出十足的傲慢自得的表情。"啊！好威风呀！"我不禁脱口说出这一句。邮政并不是什么深奥巧妙的事情，难道一定要洋人才办得好吗？中国的邮政，为什么要给外人管理去呢？

随后，我到K埠读书[2]，情形更不同了。在K埠有了所谓租界上，我们简直不能乱动一下，否则就要遭打或捉。在中国的地方，建起外人的租界，服从外人的统治，这种现象不会有点使我难受吗？

有时，我站在江边望望，就看见很多外国兵舰和轮船在长江内行驶和停泊，中国的内河，也容许外国兵舰和轮船自由行驶吗？中国有兵舰和轮船在外国内河行驶吗？如果没有的话，外国人不是明明白白欺负中国吗？中国人难道就能够低下头来活受他们的欺负不成？！

就在我们读书的教会学校里，他们口口声声传那"平等博爱"的基督教；同是教员，又同是基督信徒，照理总应该平等待遇；但西人教员，都是二三百元一月的薪水，中国教员只有几十元一月的薪水；教国文的更可怜，简直不如去讨饭，他们只有二十余元一月的薪水。朋友，基督国里，就是如此平等法吗？难道西人就真是上帝宠爱的骄子，中国人就真是上帝抛弃的下流的瘪三？！

朋友，想想看，只要你不是一个断了气的死人，或是一个甘心亡国的懦夫，天天碰着这些恼人的问题，谁能按下你不挺身而起，为积弱的中国奋斗呢？何况我正是一个血性自负的青年！

朋友，我因无钱读书，就漂流到吸尽中国血液的唧筒[3]——上海来了。最使我难堪的，是我在上海游法国公园的那一次。我去上海原是梦想着找个半工半读的事情做做，哪知上海人是人浮于事，找事难于登天，跑了几处，都毫无头绪，正在纳闷着，有几个穷朋友，邀我去游法国公园散散闷。一走到公园门口就看到一块刺目的牌子，牌子上写着"华人与狗不准进园"几个字。这几个字射入我的眼中时，全身突然一阵烧热，脸上都烧红了。这是我感觉着从来没有受过的耻辱！在中国的上海地方让他们造公园来，反而禁止华人入园，反而将华人与狗并列。这样无理地侮辱华人，岂是所谓"文明国"的人们所应该做出来的吗？华人在这世界上还有立足的余地吗？还能生存下去吗？我想至此也无心游园了，拔起脚就转回自己的寓所了。

朋友，我后来听说因为许多爱国文学家著文的攻击，那块侮辱华人的牌子已经取去了。真的取去了没有？还没有取去？朋友，我们要知道，无论这块牌子取去或没有取去，那些以主子自居的混蛋的洋人，以畜生看待华人的观念，是至今没有改变的。

朋友，在上海最好是埋头躲在鸽子笼里不出去，倒还可以静一静心！如果你喜欢向外跑，喜欢在"国中之国"的租界上去转转，那你不仅可以遇着"华人与狗"一类的难堪的事情，你到处可以看到高傲的洋大人的手杖，在黄包车夫和苦力的身上飞舞；到处可以看到饮得烂醉的水兵，沿街寻人殴打；到处可以看到巡捕手上的哭丧棒，不时在那些不幸的人们身上乱揍；假若你再走到所谓"西牢"旁边听一听，你定可以听到从里面传出来的包探捕头拳打脚踢毒刑毕用之下的同胞们一声声呼痛的哀音，这是他们利用治外法权来惩治反抗他们的志士！半殖民地民众悲惨的命运呵！中国民族悲惨的命运呵！

朋友，我在上海混不出什么名堂，仍转回K省来了[4]。

我搭上一只J国轮船[5]。在上船之前，送行的朋友告诉我在J国轮船，确要小心谨慎，否则船上人不讲理的。我将他们的忠告，谨记在心。我在狭小拥挤、汗臭屁臭、蒸热闷人的统舱里，买了一个铺位。朋友，你们是知道的，那时，我已患着很厉害的肺病，这统舱里的空气，是极不适宜于我的；但是，一个贫苦学生，能够买起一张统舱票，能够在统舱里占上一个铺位，已经就算是很幸事了。我躺在铺位上，头在发昏晕！等查票人过去了，正要昏迷迷地睡去，忽听到从货舱里发出可怕的打人声及喊救声。我立起身来问茶房什么事，茶房说，不要去理它，还不是打那些不买票的穷蛋。我不听茶房的话，拖着鞋向那货舱走去，想一看究竟。我走到货舱门口，就看见有三个衣服褴褛的人，在那堆叠着的白糖包上蹲伏着。一个是兵士，二十多岁，身体健壮，穿着一件旧军服。一个像工人模样，四十余岁，很瘦，似有暗病。另一个是个二十余岁的妇人，面色粗黑，头上扎一块青布包头，似是从乡下逃荒出来的样子。三人都用手抱住头，生怕头挨到鞭子，好像手上挨几下并不要紧的样子。三人的身体，都在战栗着。他们都在极力将身体紧缩着，好像想缩小成一小团子或一小点子，那鞭子就打不着哪一处了。三人挤在一个舱角里，看他们的眼睛，偷偷地东张西张的神气，似乎他们在希望着就在屁股底下能够找出一个洞来，以便躲进去避一避这无情的鞭打，如果真有一个洞，就是洞内满是屎尿，我想他们也是会钻进去的。在他们对面，站着七个人，靠后一点，站着一个较矮的穿西装的人，身体肥胖得很，肚皮膨大，满脸油光，鼻孔下蓄了一小绺短须。两手叉（插）在裤袋里，脸上浮露一种毒恶的微笑，一望就知道他是这场鞭打的指挥者。其余六个人，都是水手茶房的模样，手里拿着藤条或竹片，听取指挥者的话，在鞭打那三个未买票偷乘船的人们。

"还要打！谁叫你不买票！"那肥人说。

他话尚未说断，那六个人手里的藤条和竹片，就一齐打下。"还要打！"肥人又说。藤条竹片又是一齐打下。每次打下去，接着藤条竹片的着肉声，就是一阵"痛哟！"令人酸鼻的哀叫！这种哀叫，并不能感动那肥人和几个打手的慈心，他们反而哈哈地笑起来了。

"叫得好听，有趣，多打几下！"那肥人在笑后命令地说。

那藤条和竹片，就不分下数地打下，"痛哟！痛哟！饶命呵！"的哀叫声，就更加尖锐刺耳了！

"停住！去拿绳子来！"那肥人说。

那几个打手，好像耍熟了把戏的猴子一样，只听到这句话，就晓得要做什么。马上就有一个跑去拿了一捆中粗绳子来。

"将他绑起来，抛到江里去喂鱼！"肥人指着那个兵士说。

那些打手一齐上前，七手八脚地将那兵从糖包上拖下来，按倒在舱面上，绑手的绑手，绑脚的绑脚，一刻儿就把那兵士绑起来了。绳子很长，除缚结外，还各有一长段拖着。

那兵士似乎入于昏迷状态了。

那工人和那妇人还是用双手抱住头，蹲在糖包上发抖战，那妇人的嘴唇都吓得变成紫黑色了。

船上的乘客，来看发生什么事体的，渐来渐多，货舱门口都站满了，大家脸上似乎都有一点不平服的表情。

那兵士渐渐地清醒过来，用不大的声音抗议似地说：

"我只是无钱买船票，我没有死罪！"

啪的一声，兵士的面上挨了一巨掌！这是打手中一个很高大的人打的。他吼道："你还讲什么？像你这样的狗东西，别说死一个，死十个百个又算什么！"

于是他们将他搬到舱沿边，先将他手上和脚上两条拖着绳子，缚在船沿的铁栏干（杆）上，然后将他抬过栏干（杆）向江内吊下去。人并没有浸入水内，离水面还有一尺多高，只是仰吊在那里。被轮船激起的江水溅沫，急雨般打到他面上来。

那兵士手脚被吊得彻心彻骨的痛，大声哀叫。

那几个魔鬼似的人们，听到了哀叫，只是"好玩！好玩"地叫着跳着作乐。

约莫吊了五六分钟，才把他拉上船来，向舱板上一摔，解开绳子，同时你一句我一句地说道："味道尝够了吗？""坐白船没有那么便宜的！""下次你还买不买票？""下次你还要不要来尝这辣味儿？""你想错了，不买票来偷搭外国船！"那兵士直硬硬地躺在那里，闭上眼睛，一句话也不答，只是左右手交换地去摸抚那被绳子嵌成一条深槽的伤痕，两只脚也在那吊伤处交互揩擦。

"把他也绑起来吊一下！"肥人又指着那工人说。

那工人赶（紧）从糖包上爬下来，跪在舱板上，哀恳地说："求求你们不要绑我，不要吊我，我自己爬到江里去投水好了。像我这样连一张船票都买不起的苦命，还要它做什么！"他说完就望（往）船沿爬去。

"不行不行，照样地吊！"肥人说。

那些打手，立即将那工人拖住，照样把他绑起，照样将绳子缚在铁栏干（杆）上，照样把他抬过铁栏干（杆）吊下去，照样地被吊在那里受着江水激沫的溅洒，照样他在难忍地痛苦下哀叫，也是吊了五六分钟，又照样把他吊上来，摔在舱板上替他解缚。但那工人并不去摸抚他手上和脚上的伤痕，只是眼泪如泉涌地流出来，尽在抽噎地哭，那半老人看来是很伤心的了！

....

朋友，这是我永不能忘记的一幕悲剧！那肥人指挥着鞭打，不仅是鞭打那三个同胞，而鞭打我中国民族，痛在他们身上，耻在我们脸上！啊！啊！朋友，中国人难道真比一个畜生都不如了吗？你们听到这个故事，不也很难过吗？

朋友，以后我还遇着不少的像这一类或者比这一类更难堪的事情，要说，几天也说不完，我也不忍多说了。总之，半殖民地的中国，处处都是吃亏受苦，有口无处诉。但是，朋友，我却因每一次受到的刺激，就更加坚定为中国民族解放奋斗的决心。我是常常这样想着，假使能使中国民族得到解放，那我又何惜于我这一条蚁命！

朋友！中国是生育我们的母亲。你们觉得这位母亲可爱吗？我想你们是和我一样的见解，都觉得这位母亲是蛮可爱蛮可爱的。以言气候，中国处于温带，不十分热，也不十分冷，好像我们母亲的体温，不高不低，最适宜于孩儿们的偎依。以言国土，中国土地广大，纵横万数千里，好像我们的母亲是一个身体魁大、胸宽背阔的妇人，不像日本姑娘那样苗条瘦小。中国许多有名的崇山大岭，长江巨河，以及大小湖泊，岂不象征着我们母亲丰满坚实的肥肤上之健美的肉纹和肉窝？中国土地的生产力是无限的；地底蕴藏着未开发的宝藏也是无限的；废置而未曾利用起来的天然力，更是无限的，这又岂不象征着我们的母亲，保有着无穷的乳汁，无穷的力量，以养育她四万万的孩儿？我想世界上再没有比她养得更多的孩子的母亲吧。至于说于中国天然风景的美丽，我可以说，不但是雄巍的峨嵋，妩媚的西湖，幽雅的雁荡，与夫"秀丽甲天下"的桂林山水，可以傲睨一世，令人称羡；其实中国是无地不美，到处皆景，自城市以至乡村，一山一水，一丘一壑，只要稍加修饰和培植，都可以成流连难舍的胜景；这好像我们的母亲，她是一个天姿玉质的美人，她的身体的每一部分，都有令人爱慕之美。中国海岸线之长而且弯曲，照现代艺术家说来，这象征我们母亲富有曲线美吧。咳！母亲！美丽的母亲，可爱的母亲，只因你受着人家的压榨和剥削，弄成贫穷已极；不但不能买一件新的好看的衣服，把你自己装饰起来；甚至不能买块香皂将你全身洗擦洗擦，以致现出怪难看的一种憔悴褴褛和污秽不洁的形容来！啊！我们的母亲太可怜了，一个天生的丽人，现在却变成叫化的婆子！站在欧洲、美洲各位华贵的太太面前，固然是深愧不如，就是站在那日本小姑娘面前，也自惭形秽得很呢！

听着！朋友！母亲躲到一边去哭泣了，哭得伤心得很呀！她似乎在骂着："难道我四万万的孩子，都是白生了吗？难道他们真像着了魔的狮子，一天到晚地睡着不醒吗？难道他们不知道自己的伟大的团结力量，去与残害母亲、剥削母亲的敌人斗争吗？难道他们不想将母亲从敌人手里救出来，把母亲也装饰起来，成为世界上一个最出色、最美丽、最令人尊敬的母亲吗？"朋友，听到没有母亲哀痛的哭骂？是的，是的，母亲骂得对，十分对！我们不能怪母亲好哭，只怪得我们之中出了败类，自己压制自己，眼睁睁地望着我们这位挺慈祥美丽的母亲，受着许多无谓的屈辱，和残暴的蹂躏！这真是我们做孩子们的不是了，简直连一位母亲都爱护不住了！

朋友，看呀！看呀！那名叫"帝国主义"的恶魔的面貌是多么难看呀！在中国许多神怪小说上，也寻不出一个妖精鬼怪的面貌，会有这些恶魔那样的狞恶可怕！满脸满身都是毛，好像他们并不是人，而是人类中会吃人的猩猩！他们的血口，张开起来，好似无底的深洞，几千几万几千万的人类，都会被它吞下去！他们的牙齿，尤其是那伸出口外的獠牙，十分锐利，发出可怕的白光！他们的手，不，不是手呀，而是僵硬硬的铁爪！那么难看的恶魔，那么狰狞可怕的恶魔！一，二，三，四，五，朋友，五个可怕的恶魔[6]，正在包围着我们的母亲呀！朋友，看呀，看到了没有？呸！那些恶魔将母亲搂住呢！用他们的血口，去亲她的嘴，她的脸，用他们的铁爪，去抓破她的乳头，她的可爱的肥肤！呀，看呀！那个戴着粉白的假面具的恶魔，在做什么？他弯身伏在母亲的胸前，用一支锐利的金管子，刺进，呀！刺进母亲的心口,他的血口,套到这金管子上,拼命地吸母亲的血液!母亲多么痛呵,痛得嘴唇都成白色了。噫,其他的恶魔也照样做吗?看!他们都拿出各种金的、铁的或橡皮的管子,套住在母亲身上被他们铁爪抓破流血的地方,都拼命吸起血液来了!母亲,你有多少血液,不要一下子就被他们吸干了吗?

嘎!那矮矮的恶魔,拿出一把屠刀来了!做什么?呸!恶魔!你敢割我们母亲的肉?你想杀死她?咳哟!不好了!一刀!啪的一刀!好大胆的恶魔,居然向我们母亲的左肩上砍下去!母亲的左肩,连着耳朵到颈,直到胸膛,都被砍下来了!砍下了身体的那么大一块——五分之一的那么一大块!母亲的血在涌流出来,她不能哭出声来,她的嘴唇只是在那里一张一张地动,她的眼泪和血在竞着涌流!朋友们!兄弟们!救救母亲呀!母亲快要死去了!

啊!那矮的恶魔怎么那样凶恶,竟将母亲那么一大块身体,就一口生吞下去,还在那里眈眈地望着,像一只饿虎向着驯羊一样地望着!恶魔!你还想砍,还想割,还想把我们的母亲整个吞下去?!兄弟们,无论如何不能与它干休!它砍下而且生吞下去母亲的那么一大块身体!母亲现在还像一个人吗,缺了五分之一的身体?美丽的母亲,变成一个血迹模糊肢体残缺的人了。兄弟们,无论如何,不能与它干休,大家冲上去,捉住那只恶魔,用铁拳痛痛地捶它,捶得它张开口来,吐出那块被生吞下去的母亲身体,才算,决不能让它在恶魔的肚子里消化了去,成了它的滋养料!我们一定要回来一个完整的母亲,绝对不能让她的肢体残缺呀!

呸!那是什么人?他们也是中国人,也是母亲的孩子?那么为什么去帮助恶魔来杀害自己的母亲呢?你们看!他们在恶魔持刀向母亲身上砍的时候,很快地就把砍下来的那块身体,双手捧到恶魔血口中去!他们用手拍拍恶魔的喉咙,使它快吞下去;现在又用手去摸摸恶魔的肚皮,增进它的胃之消化力,好让快点消化下去。他们都是所谓高贵的华人,怎样会那么恭顺地秉承恶魔的意旨行事?委曲求欢,丑态百出!可耻,可耻!傀儡,卖国贼!狗彘不食的东西!狗彘不食的东西!你们帮助恶魔来杀害自己的母亲,来杀害自己的兄弟,到底会得到什么好处?!我想你们这些无耻的人们呵!你们当傀儡、当汉奸、当走狗的代价,至多只能伏在恶魔的肛门边或小便上,去吸取它把母亲的肉,母亲的血消化完了排泄出来的一点粪渣和尿滴!那是多么可鄙弃的人生呵!

....

朋友,虽然在我们之中,有汉奸,有傀儡,有卖国贼,他们认仇作父,为虎作伥;但他们那班可耻的人,终竟是少数,他们已经受到国人的抨击和唾弃,而渐趋于可鄙的结局。大多数的中国人,有良心有民族热情的中国人,仍然是热心爱护自己的国家的。现在不是有成千成万的人在那里决死战斗吗?他们决不让中国被帝国主义所灭亡,决不让自己和子孙们做亡国奴。朋友,我相信中国民族必能从战斗中获救,这岂是我们的自欺自誉吗?

不错,目前的中国,固然是江山破碎,国弊民穷,但谁能断言,中国没有一个光明的前途呢?不,决不会的,我们相信,中国一定有个可赞美的光明前途。中国民族在很早以前,就造起了一座万里长城和开凿了几千里的运河,这就证明中国民族伟大无比的创造力!中国在战斗之中一旦斩去了帝国主义的锁链,肃清自己阵线内的汉奸卖国贼,得到了自由与解放,这种创造力，将会无限地发挥出来。到那时，中国的面貌将会被我们改造一新。所有贫穷和灾荒，混乱和仇杀，饥饿和寒冷，疾病和瘟疫，迷信和愚昧，以及那慢性的杀灭中国民族的鸦片毒物，这些等等都是帝国主义带给我们可憎的赠品，将来也要随着帝国主义的赶走而离去中国了。朋友，我相信，到那时，到处都是活跃跃的创造，到处都是日新月异的进步，欢歌将代替了悲叹，笑脸将代替了哭脸，富裕将代替了贫穷，康健将代替了疾苦，智慧将代替了愚昧，友爱将代替了仇杀，生之快乐将代替了死之悲哀，明媚的花园，将代替了凄凉的荒地！这时，我们民族就可以无愧色地立在人类的面前，而生育我们的母亲，也会最美丽地装饰起来，与世界上各位母亲平等地携手了。

这么光荣的一天，决不在辽远的将来，而在很近的将来，我们可以这样相信的，朋友！

朋友，我的话说得太罗嗦厌听了吧！好，我只说下面几句了。我老实地告诉你们，我爱护中国之热诚，还是如小学生时代一样的真诚无伪；我要打倒帝国主义为中国民族解放之心还是火一般的炽烈。不过，现在我是一个待决之囚呀！我没有机会为中国民族尽力了，我今日写这封信，是我为民族热情所感，用文字来作一次为垂危的中国的呼喊，虽然我的呼喊，声音十分微弱，有如一只将死之鸟的哀鸣。

啊！我虽然不能实际地为中国奋斗，为中国民族奋斗，但我的心总是日夜祷祝着中国民族在帝国主义羁绊之下解放出来之早日成功！假如我还能生存，那我生存一天就要为中国呼喊一天；假如我不能生存——死了，我流血的地方，或者我瘗骨的地方，或许会长出一朵可爱的花来，这朵花你们就看作是我的精诚的寄托吧！在微风的吹拂中，如果那朵花是上下点头，那就可视为我对于为中国民族解放奋斗的爱国志士们在致以热诚的敬礼；如果那朵花是左右摇摆，那就可视为我在提劲儿唱着革命之歌，鼓励战士们前进啦！

亲爱的朋友们，不要悲观，不要畏馁，要奋斗！要持久地艰苦地奋斗！要各人所有智慧才能，都提供于民族的拯救吧！无论如何，我们决不能让伟大的可爱的中国，灭亡于帝国主义的肮脏的手里！

（选自方志敏著《方志敏全集》，人民出版社，2012年版）

注 释

[1] N城：南昌。

[2] K埠：九江。

[3] 唧：吸，抽。这里的唧筒指抽取血液的吸筒。

[4] K省：江西。

[5] J国：日本。

[6] 指当时美、英、法、日、意五个侵略中国的国家。

阅 读 提 示

当一个人身陷囹圄，丧失人身自由，他的生命随时都有可能从这个世界消失时，在绝境中，在极其有限的时间里,他会干什么?绝大多数人应该会被恐惧、悲观、抑郁支配,整天长吁短叹。对于怀抱崇高理想,有着坚定意志的方志敏来说,却是利用一切时机写作。写什么?回顾走过的人生旅程,当然也包括革命生涯,总结经验教训;报告、叙述牢狱生活;创作小说、诗歌、剧本等文学作品。这里面,就有完成于1935年5月2日的非常著名的文章——《可爱的中国》。

这实在是一篇表达热烈深沉的国家、民族之爱,抒发家国情怀的作品。作者以亲身经历描述中国自"五四运动"至第二次国内革命战争以来的悲惨历史,义愤填膺地痛斥帝国主义列强任性欺侮中国人民的种种罪行。在这篇作品里,方志敏满怀爱国主义激情,把祖国比喻为"生育我们的母亲"。"母亲"历经苦难,"恶魔"吸她的血液,汉奸军阀不但不爱戴她,反而帮助"恶魔"杀害"母亲"。面对受到戕害的"母亲",作者大声疾呼,"母亲快要死去了""救救母亲呀"!指出挽救祖国"母亲"的"唯一出路"就是进行武装斗争;论证"中国是有自救的力量的",坚信中华民族必能从战斗中获救。在篇末,作者憧憬中国革命的光明前景,描绘革命胜利后祖国美好的未来,表现了强烈的民族自信心。这样的民族自信,也是一种道路自信和文化自信。

作者用语朴实,却满含感情,用书信的方式,设想面前有一个倾听者,这使文本自带一种亲和力。作者在叙述中,善于用场面或细节描写可爱的中国遭受的苦难,给读者留下深刻印象,最后宣告"各人所有智慧才能,都提供于民族的拯救"也就有了充足的理由。

思 考 与 训 练

1. 你了解方志敏吗?试回顾自己了解方志敏的过程。
2. 你怎么认识中国的可爱?作者在文中是如何展示中国的可爱的?
3. 作者有着怎样爱护中国之热诚?这种热诚是怎么表现出来的?

第二单元

品行修养

　　品格修养重于学识,这是古今中外先哲们的智识。我国先秦儒家即倡导"修身",将"修身"作为"齐家""治国""平天下"的必由之途。西方亦有谚云:"若失财产,一无所失;若失健康,略有所失;若失品格,一切皆失。"将铸造人的优良品格看得重于财产与健康。的确,在成功的天平上,品格与修养重于学识,更重于财富与健康。

　　本模块所选12篇文章,9篇来自国内,3篇来自国外,均围绕修养心性之主题,虽不能囊括个人修养的诸多方面,然亦能从不同角度审视人的个性修养,各具特色。《〈论语〉十则》一文,是《论语》中关于人格修养语录的十则辑录。作为先秦教育家与儒家学派创始人,孔子十分注重人格修养,倡导"仁者爱人""见贤思齐""择善而从""以身作则",以期"克己复礼"。《〈大学〉节选》一文,是儒家经典之一《大学》的节选。该文从"格物""致知""诚意""正心"等方面阐明了"修身"的途径,以及"修身"对于"齐家""治国""平天下"的重要意义。《橘颂》一文,是我国伟大的爱国主义诗人屈原的诗作,也是我国文人创作的第一首咏物诗。作者托物言志,以橘喻人,借橘之"独立不迁",喻人之坚贞不移,赋予橘以丰富的文化内涵,寄予人当如橘般不改本色的高洁操守。《〈颜氏家训〉二则》,节选自南北朝时期著名学者颜之推的传世代表作《颜氏家训》。《颜氏家训》是我国历史上第一部内容丰富、体系宏大的家训,是颜之推一生关于立身、治家、处世、为学的经验总结。《〈颜氏家训〉二则》中,"名实"篇重在探讨"名"与"实"的关系,指出"上士忘名,中士立名,下士窃名",强调经由自身修养而获得好名声;"慕贤"篇重在探讨人之习染,指出君子交游须慎,无友不如己者,如此则"如入芝兰之室,久而自芳"。《定风波·莫听穿林打叶声》一词,是北宋文豪苏轼的著名词作。苏轼一生在北宋新党与旧党之争的夹缝中求生存,在近40年的仕宦生涯中,有三分之一的岁月都在贬谪中度过,尝尽宦海沉浮之苦。然而,苏轼不但跨越了生命的逆境,也跨越了生命的顺境,处逆境泰然,处顺境淡然,于升沉荣辱间游刃有余。该词就是展现苏轼泰然淡然心境的佳作,词人因自然现象谈人生哲理,表达了于风雨坎坷中处变不惊、醉醒全无、胜败两忘的人生哲学,值得我们深入体悟并学习。《瘗旅文》一文,出自明代哲学家王守仁,是王守仁贬谪贵州龙场驿期间哀悼他人的祭文。文中既悲客死之人,亦悲己之被贬一隅,借他人悲剧,抒自我抑郁,浸透了自己深沉的苦闷和无穷的抑郁。然文中并不囿于一己之苦痛忧伤，而是于匍匐大地之际，抬头仰望时空，获得精神世界的超然洒脱，获得人格精神的超升，既劝慰吏目，亦自劝自解。无论海角与天涯，大抵心安即是家。是故作者终能"达观随寓"，自宽自解。《廉耻》一文，出自明末清初著名学者顾炎武。顾炎武历经明清易代，有感于士风败坏，将"礼义廉耻"等人格修养提升到了国家纲纪的高度。其中，尤重廉耻，指出为士必须"行己有耻"。《修养重于学识》一文，出自当代作家崔鹤同。崔鹤同先生以生动的例证告诉我们：修养是人生的第一门必修课，因为学识可以"教"出来，而修养必须"炼"出来。学识指引我们做事之法，修养引领我们做人之道。唯有先做好人，方可做好事。所以在成功的天平上，修养重于学识。《为学与做人》一文，是梁启超晚年的一篇演讲，对我们当前的学习与做人极有启发。该文从"知者不惑，仁者不忧，勇者不惧"三方面深入分析，指出为学的目的在于做人，知识学得好未必能成人，呼吁青年人不为名利所惑，养足智慧，培养人格，磨炼意志，真正成为一个大写的人。《自制》一文，是美国奥里森·马登博士谈个性修养的名篇。马登博士认为，一个不能自制的人是没有力量的人；一个无法控制自己的人，既不能管理好自己的事务，也不能管理好他人的事务；"征服自己是人类最后的和伟大的胜利"。解读此文，有助于我们学会管理好自己的情绪，懂得自制。《名誉》一文，是德国哲学大师叔本华的散文名篇，也是解读叔本华的通幽之径。叔本华认为，名誉并不能给人带来持久的幸福感，人对各种名誉的追逐降低了生命的品位，人性深处的虚荣使人成为名誉的奴隶，而真正的幸福在于心灵的平和与满足。解读此文可见，不论叔本华的哲学思想多么深奥，最终的落脚点仍是对于人类生存状态的终极关怀。《我的世界观》一文，是爱因斯坦谈论自己世界观的名篇。读此文，我们可以管窥20世纪最伟大的科学家爱因斯坦的恢宏胸襟与崇高人格。爱因斯坦认为，人应当为别人而生存，自己的精神生活和物质生活都依靠别人的劳动，自己必须尽力报偿他们。他还认为，人应该严于自律，能做他所想做的，但不能要他所想要的；人应该追求真善美的人格理想，而不能把安逸和享乐视为生活的全部，追逐财富、虚荣、奢侈的世俗生活是庸俗可鄙的。我们可以两相比较，对镜自照。

　　本模块所选12篇文章，或从学识与人格修养的角度，或从修身的途径与意义角度，或从"名誉"及"名"与"实"的关系角度，或从"礼义廉耻"的角度，或从人之自身情绪管理的角度，或从人格操守的角度，或从胜败两忘的人生哲学角度，或从为学与做人的关系角度，或从人当为别人而生存的人生观与世界观角度等，谈论个体修养与人格完善，名言警句充溢其间，精警深刻。对每一篇文章，我们都当熟读精读，深深体悟，然后付诸行动，修炼自身，净化心灵，力争做一个既有学识更有修养之人。当然，个人修养的境界永无止境，只要我们坚持不懈，必无愧于此生。

课外阅读篇目

　　庄子《逍遥游》；屈原《离骚》；陶渊明《饮酒》（其五）；苏轼《前赤壁赋》《贾谊论》；柳宗元《始得西山宴游记》；王禹偁《黄州新建小竹楼记》；张孝祥《念奴娇·过洞

庭》；鲁迅《阿Q正传》《我之节烈观》；周国平《善良·丰富·高贵》；李良婷编著《世界上最经典的128篇哲理美文》之《品行的力量》；王静编《人一生不可不读的120篇哲理美文》之《德行高贵的芬芳》；柏杨、纪伯伦等《人一生要读的60篇随笔》；［英］培根《培根论人生》；［美］奥里森·马登《最伟大的励志书：品格与个性的力量》。

《论语》十则

《论语》

《论语》是儒家学说经典，主要记载孔子及其弟子的言行，由孔子的弟子及其再传弟子记录编纂而成，是研究孔子思想、学说及儒家文化的重要著作。孔子（公元前551—前479），名丘，字仲尼，鲁国陬邑（今山东曲阜）人，春秋时期著名的思想家、教育家，儒家学派的创始人。政治上提倡"仁者爱人""克己复礼"，教育上主张"有教无类""因材施教"。他50岁后周游列国，前后13年，宣传其政治主张，终不见用。晚年回到鲁国，整理"诗""书"等古代文献，对保存和传播我国古代文化有重要贡献。

子贡曰[1]："贫而无谄[2]，富而无骄[3]，何如？"子曰："可也；未若贫而乐[4]，富而好礼者也。"（《论语·学而》）

子曰："富与贵，是人之所欲也；不以其道得之[5]，不处也[6]。贫与贱，是人之所恶也[7]；不以其道得之，不去也[8]。君子去仁[9]，恶乎成名[10]？君子无终食之间违仁[11]，造次必于是[12]，颠沛必于是[13]。"（《论语·里仁》）

颜渊问仁[14]。子曰："克己复礼为仁[15]。一日克己复礼，天下归仁焉[16]。为仁由己，而由人乎哉？"颜渊曰："请问其目[17]。"子曰："非礼勿视，非礼勿听，非礼勿言，非礼勿动。"颜渊曰："回虽不敏[18]，请事斯语矣[19]。"（《论语·颜渊》）

子曰："志士仁人，无求生以害仁[20]，有杀身以成仁[21]。"（《论语·卫灵公》）

曾子曰[22]："吾日三省吾身[23]——为人谋而不忠乎[24]？与朋友交而不信乎[25]？传不习乎[26]？"（《论语·学而》）

子曰："见贤思齐焉，见不贤而内自省也。"（《论语·里仁》）

子曰："三人行，必有我师焉：择其善者而从之[27]，其不善者而改之。"（《论语·述而》）

子曰："人而无信[28]，不知其可也。大车无輗[29]，小车无軏[30]，其何以行之哉？"（《论语·为政》）

子曰："其身正[31]，不令而行[32]；其身不正，虽令不从[33]。"（《论语·子路》）

子曰："岁寒，然后知松柏之后凋也[34]。"（《论语·子罕》）

（选自杨伯峻译注《论语译注》，3版，中华书局，2009年版）

注 释

[1] 子贡：姓端木，名赐，字子贡。孔子弟子，善于经商。

[2] 谄（chǎn）：巴结，奉承。

[3] 骄：骄傲自大。

[4] 乐：乐于道，志于道。

[5] 道：正当途径。

[6] 处：接收。

[7] 恶（wù）：厌恶，不喜欢。

[8] 去：摒弃，摆脱。

[9] 仁：爱。

[10] 恶（wū）乎：怎么可能？

[11] 终食之间：一顿饭的时间，在吃一顿饭那样短的时间里。

[12] 造次：匆忙，仓促。

[13] 颠沛：颠簸摇荡，困顿挫折，流离失所。

[14] 颜渊：名回，字子渊。孔子弟子，孔门七十二贤者之首，素以德行著称。

[15] 克己复礼：克制自己，使自己的行为合于礼归于礼；或谓克制自己，践行礼仪。克：克制。复：恢复，返；实践，实行。

[16] 仁：仁德。它包括孝、弟（悌）、忠、信、礼、义、廉、耻、仁、爱、和、平等内容，是中国儒家学派道德规范的最高原则，孔子思想体系的理论核心。

[17] 目：条目，细节规定。

[18] 不敏：不才。

[19] 事：从事，实行。

[20] 害仁：损害仁义。

[21] 成仁：成全仁义。

[22] 曾子：名参（shēn），字子舆。孔子的学生。

[23] 三：不表示确数，表示多次。省（xǐng）：自我检查，反省。

[24] 谋：谋划。忠：诚心诚意，尽心竭力。

[25] 交：交往。信：诚信，诚实。

[26] 传（chuán）：老师传授的知识。习：温习，复习。

[27] 善者：优秀、正确、善良、美好之处。

[28] 信：信用，信誉。

[29] 輗（ní）：大车车辕与横木连接的关键。

[30] 軏（yuè）：小车车辕与横木连接的关键。简而言之，輗軏即车辕与衡轭连结处插上的销子。区别而言，輗用于大车（牛车），軏用于小车（马车）。

[31] 正：行为端正。

[32] 不令而行：没有命令也有人服从实行。

[33] 虽令不从：即使三令五申，人们也不听从。

[34] 凋：凋零，残落。

阅读提示

这里所选《论语》里的十则语录，内容侧重于修养人格。

孔子注重修身，他认为：富贵是人之所欲，贫贱是人之所恶，君子当以其道处之，无终食之间违仁；志士仁人，有杀身以成仁，无求生以害仁；还当自我克制，自我约束，自我反省，净化心灵，见贤思齐，择善而从，诚信做人，以身作则，即使身处困境也应如松柏般坚守气节。孔子的这些见解，言简意赅，且充满真知灼见，是其丰富人生经验的积淀与总结，2000多年来一直被广泛传诵，并成为格言警句，被志士仁人牢记和遵循。

思 考 与 训 练

1. 何谓"克己复礼"？何谓"仁"？
2. 孔子有关人格修养的这些论述于今天有何现实意义？
3. 熟读并背诵这十则语录。

《大学》节选

《大学》

《大学》,儒家经典之一,录存于西汉成书的《小戴礼记》。大学,大人之学,指人的道德修养,与偏重训诂的"小学"相对而言。

大学之道,在明明德[1],在亲民[2],在止于至善。知止而后有定,定而后能静,静而后能安,安而后能虑[3],虑而后能得。物有本末,事有终始,知所先后,则近道矣。古之欲明明德于天下者,先治其国;欲治其国者,先齐其家[4];欲齐其家者,先修其身;欲修其身者,先正其心;欲正其心者,先诚其意;欲诚其意者,先致其知[5];致知在格物[6]。物格而后知至,知至而后意诚,意诚而后心正,心正而后身修,身修而后家齐,家齐而后国治,国治而后天下平。自天子以至于庶人,壹是皆以修身为本[7]。其本乱而末治者否矣[8],其所厚者薄,而其所薄者厚[9],未之有也!

(选自朱熹撰《四书章句集注》,中华书局,1983年版)

注 释

[1] 明:彰明,发扬。明德:美德。
[2] 亲:有二解,学界存有争议。一解为"亲"通"新",是使动用法,"使……新"之意;"亲民"即"新民",使人弃旧图新,去恶从善。一解为"亲"即亲近、关爱之意;"亲民"即关爱人民、亲近爱抚民众。前者是朱熹的"新民"说,倾向于教化民众、使民向善之意;后者是王守仁的"亲民"说,倾向于亲近于民、关爱于民之意。
[3] 虑:处事周到,思虑周详。
[4] 齐:整治。
[5] 致其知:充实其认识。
[6] 格物:推究事物的道理。
[7] 壹是:一切。
[8] 否:不对,不行。
[9] 所厚者薄:对应看重的反而轻视。所薄者厚:对应看轻的反而重视。

阅 读 提 示

先秦儒家一贯重视人的道德修养。本文提出"大学之道",旨在阐明修身的途径以及修身的重要意义。关于修身的途径,首先是"格物",由"格物"而"致知",由"致知"而"诚意",由"诚意"而"正心",由"正心"而"修身",循序渐进,缺一不可。关于修身的意义,作者认为修身是齐家、治国、平天下的基础,唯有身

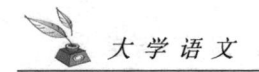

修才能齐家、治国、平天下。重视与强调修养自身道德，在今天也能成为我们提高自身修养、完善自我道德的借鉴。

思 考 与 训 练

1. 谈谈你对儒家"三纲领""八条目"的认识与看法。
2. 如何看待儒家的"修身"？我们今天应该如何"修身"？
3. 熟读并背诵本文。

橘 颂

屈 原

屈原简介见第一单元《九歌·国殇》。

后皇嘉树，橘徕服兮[1]。受命不迁，生南国兮[2]。
深固难徙，更壹志兮[3]。绿叶素荣，纷其可喜兮[4]。
曾枝剡棘，圆果抟兮[5]。青黄杂糅，文章烂兮[6]。
精色内白，类可任兮[7]。纷缊宜修，姱而不丑兮[8]。
嗟尔幼志，有以异兮[9]。独立不迁，岂不可喜兮。
深固难徙，廓其无求兮[10]。苏世独立，横而不流兮[11]。
闭心自慎，不终失过兮[12]。秉德无私，参天地兮[13]。
愿岁并谢，与长友兮[14]。淑离不淫，梗其有理兮[15]。
年岁虽少，可师长兮。行比伯夷，置以为像兮[16]。

（选自金开诚、董洪利、高路明校注《屈原集校注》，中华书局，1996年版）

注 释

[1] 后皇：后土、皇天，指地和天。橘徕服兮：适宜南方水土。徕，通"来"。服：习惯。这两句是指美好的橘树只适宜生长在楚国的大地。

[2] 受命：受天地之命，即禀性、天性。不迁：不能移植。

[3] 壹志：志向专一。壹：专一。这两句是说橘树扎根南方，一心一意。

[4] 素荣：白花。

[5] 曾枝：繁枝，枝条累累。剡（yǎn）棘：尖利的刺。抟（tuán）：通"团"，圆圆的。

[6] 文章：纹理色彩。烂：斑斓，明亮。

[7] 精色：鲜明的皮色。类可任兮：就像抱着大道一样。类：像。任：抱。

[8] 纷缊（yùn）宜修：蕴郁繁茂，修饰得体。姱（kuā）：美好。

[9] 嗟：赞叹词。

[10] 廓：胸怀开阔。

[11] 苏：醒，指对浊世的觉悟。横而不流：横立水中，不随波逐流。

[12] 闭心：安静下来，戒惧警惕。失过：过失。

[13] 秉德：保持好品德。参：比，并。

[14] 愿岁并谢：誓同生死。岁：年岁。谢：死。

[15] 淑离：美丽而善良自守。淑：善。离：通"丽"。梗：正直。

[16] 伯夷：殷周之际，因反对周武王灭殷，耻食周粟，饿死于首阳山。像：榜样。

阅读提示

《橘颂》是屈原早年的作品，按王逸《楚辞章句》为《九章》第8篇。

《橘颂》是中国文人写的第一首咏物诗，作者借橘树赞美坚贞不移的品格。作者认为橘树是天地间最美好的树，它不仅有俊逸动人的外美，如"精色内白""文章烂兮""纷缊宜修"，而且有不改操守的内质，如"独立不迁""横而不流""淑离不淫"等。橘树天生不可移植，只肯生长于南国。橘树能坚定自己的操守，保持坚贞高洁的品格。

作者抓住橘树的生长习性，采用象征比兴手法，将橘树与人的精神、品格联系起来，托物言志，以物写人，以橘之坚贞高洁品质，歌颂自己崇尚与追求的理想人格品质，并以此来砥砺自己。文末，作者表达了自己愿意以橘树为师，与之生死相交的愿望，这亦是作者志向的表达。从此，南国之橘便蕴含了志士仁人"独立不迁"、热爱故土的丰富文化内涵和追求高尚志趣而不随波逐流的高尚人格品质，永远为人们所歌咏和效法。故宋之刘辰翁称屈原的《橘颂》为千古"咏物之祖"。

思考与训练

1. 为什么说《橘颂》是中国文学史上的"咏物之祖"？
2. 由《橘颂》我们可以看出屈原追寻怎样的精神品质与人格魅力？
3. 熟读并背诵这首诗。

《颜氏家训》二则

颜之推

颜之推（531—约595），字介，琅琊临沂（今山东临沂）人，南北朝时期的著名学者和文学家。其一生正值我国南北分裂、割据的时代，他身仕南梁、北齐、北周、隋四朝，可谓屡经世变。颜之推重视子女的早期教育与品德教育，《颜氏家训》是其传世代表作。该书通行本分7卷，共20篇，内容多叙述立身治家之法，兼及文字音训之考辨与文学批评。

名　实[1]

名之与实，犹形之与影也。德艺周厚[2]，则名必善焉；容色姝丽，则影必美焉。今不修身而求令名于世者，犹貌甚恶而责妍影于镜也。上士忘名，中士立名，下士窃名。忘名者，体道合德，享鬼神之福祐，非所以求名也；立名者，修身慎行，惧荣观之不显[3]，非所以让名也；窃名者，厚貌深奸，干浮华之虚称[4]，非所以得名也。

（选自檀作文译注《颜氏家训》，中华书局，2007年版）

注释

[1]《颜氏家训》共7卷，这一则节选自卷四。
[2] 德艺：德行才艺。周厚：周洽笃厚。
[3] 荣观：荣名、荣誉。
[4] 干：求。

慕　贤[1]

古人云："千载一圣，犹旦暮也；五百年一贤，犹比髆也[2]。"言圣贤之难得，疏阔如此[3]。傥遭不世明达君子，安可不攀附景仰之乎？吾生于乱世，长于戎马，流离播越[4]，闻见已多。所值名贤，未尝不心醉魂迷向慕之也。人在年少，神情未定，所与款狎[5]，熏渍陶染，言笑举动，无心于学，潜移暗化，自然似之。何况操履艺能[6]，较明易习者也？是以与善人居，如入芝兰之室，久而自芳也。与恶人居，如入鲍鱼之肆[7]，久而自臭也。墨子悲于染丝，是之谓矣。君子必慎交游焉。孔子曰："无友不如己者。"颜、闵之徒[8]，何可世得！但优于我，便足贵之。

（选自檀作文译注《颜氏家训》，中华书局，2007年版）

注 释

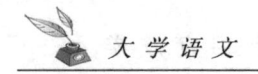

[1] 这一则节选自卷二。
[2] 比髆（bó）：并肩，挨得近。髆：肩胛。
[3] 疏阔：间隔久远。
[4] 播越：离散，流亡。
[5] 款狎：款洽狎昵，相互间关系亲密。
[6] 操履：操守德行。
[7] 鲍鱼之肆：卖盐渍鱼的店铺，气味腥臭。因此常以此比喻坏人与小人聚集的地方。
[8] 颜、闵：孔子弟子颜回、闵损。

阅读提示

《颜氏家训》虽多用儒家思想教训子弟，但风格平易亲切，文笔平易朴实。

第一则重在探讨"名"与"实"的关系。作者先用形体与影像（影子）的关系作比，指出"名"是外在，"实"是内在。不修身，不注重内在的修养，是不会有外在之"令名"的，故"不修身而求令名于世者，犹貌甚恶而责妍影于镜也"。以此类比，强调要经由自身修养而获得好名声。继而谈到"名"的三种不同境界，即"上士忘名，中士立名，下士窃名"。"忘名"难达，"立名"可通过"修身慎行"实现，"窃名"可耻。

第二则重在探讨人的习染。所谓"慕贤"，即仰慕贤才之意。作者认为，"人在年少，神情未定，所与款狎，熏渍陶染，言笑举动，无心于学，潜移暗化，自然似之"。因此，在日常生活中要与品德高尚的人多接触，自身的品德修养便会得到潜移默化的影响和提高，所谓"近朱者赤，近墨者黑"。

思考与训练

1. 你如何理解"名"与"实"？它们之间的关系如何？
2. 孔子曰："无友不如己者。"对此你有何看法？

定风波·莫听穿林打叶声[1]

苏 轼

苏轼（1037—1101），字子瞻，号东坡居士，眉州（今四川眉山）人，北宋著名文学家书法家、画家。宋仁宗嘉祐二年（1057年）进士，历任杭州、密州、徐州、湖州、颍州等地地方官，官至中书舍人、翰林学士。一生宦海沉浮，因乌台诗案被贬黄州团练副使，又因党争远谪广东惠州、海南儋州，卒于常州。苏轼在北宋党争的罅隙里求生存，历经坎坷，其思想上常有出世与入世的矛盾，失意时每能达观自解，始终保持乐观旷达的心态。其散文自然畅达，随物赋形，为"唐宋八大家"之一；词开豪放一派，与辛弃疾并称"苏辛"；诗、书、画皆有很高造诣。有《苏东坡集》《东坡乐府》传世。

三月七日，沙湖道中遇雨[2]，雨具先去，同行皆狼狈，余独不觉。已而遂晴[3]，故作此。

莫听穿林打叶声，何妨吟啸且徐行[4]。竹杖芒鞋轻胜马[5]，谁怕？一蓑烟雨任平生。料峭春风吹酒醒[6]，微冷，山头斜照却相迎。回首向来萧瑟处[7]，归去，也无风雨也无晴。

（选自苏轼著，刘石导读《苏轼词集》，上海古籍出版社，2014年版）

注 释

[1] 定风波：词牌名。
[2] 《东坡志林·游沙湖》："黄州东南三十里为沙湖，亦曰螺师店，予买田其间，因往相田。"此词当为前往沙湖相田途中遇雨而作。
[3] 已而：不久。
[4] 吟啸：吟咏，歌啸。徐：慢慢地。
[5] 芒鞋：草鞋。苏轼被贬黄州后，曾在《答李端叔书》中云："得罪以来，深自闭塞，扁舟草履，放浪山水间，与樵渔杂处，往往为醉人所推骂，辄自喜渐不为人识。"
[6] 料峭：形容春天的微寒。
[7] 萧瑟处：风雨凄凉处，来时遇雨的地方。

阅 读 提 示

这首词作于宋神宗元丰五年（1082年），即苏轼被贬黄州后的第三年。写眼前景，寓心中事，引自然现象，谈人生哲理。词人前往沙湖相田，途中遇雨，即景生情，便写出这样一首于简朴中见深意、于寻常处生波澜的词来。

上片着眼于雨中。"莫听"二句，写词人于道中遇雨时全然不顾风雨、且吟且行的潇洒风范，暗示他在政治生涯中遭遇贬谪后依旧保持镇定和泰然自若的心境。"竹杖"一句，通过"竹杖芒鞋"与"马"进行对比，暗中喻示放归江湖、安闲步行实际上胜过在官场奔波，显然一身轻松，大有"无官一身轻"的意味。"一蓑烟雨任平生"句，展现词人即使在风雨中度过一生也能安然处之的心态。下片着眼于雨后。"料峭"三句描述寒风吹散酒意、斜阳映照晚景的情景，蕴含风雨能使人清醒、晚景或有希望的达观之意，透露出词人欣喜的情绪。"回首"三句，表示回头思量，依旧觉得仕途变幻莫测、安危难以预料，倒不如如陶渊明那般退隐农耕，那就无所谓风雨阴晴，着实能够宠辱皆忘、超脱于物外了。

纵观全词，一个通脱、乐观、坚强的形象跃然纸上。

思 考 与 训 练

1. 本词中"一蓑烟雨任平生"表达了词人怎样的人生态度？
2. 本词中"也无风雨也无晴"体现了词人怎样的人生境界？
3. 分析本词言在此而意在彼、语意双关、即小见大的特点。
4. 背诵这首词。

瘗旅文

王守仁

王守仁（1472—1529），明代杰出的思想家、文学家和军事家，陆王心学之集大成者。原名云，更名守仁，字伯安。出生于浙江余姚，后迁居绍兴，曾在绍兴东南的阳明洞筑室读书，自号阳明子，学者称其阳明先生，其学说被称为"阳明学"。兵部主事任上，触犯太监刘瑾，被谪贵州龙场作驿丞。哲学上主张"知行合一""知行并进"。文学上主张直抒胸臆，不依傍古人，文风平易畅达，自成一格。谥文成，著有《王文成公全书》（即《阳明全书》）、《传习录》、《大学问》等。

维正德四年秋月三日[1]，有吏目云自京来者[2]，不知其名氏，携一子一仆，将之任，过龙场[3]，投宿土苗家[4]。予从篱落间望见之[5]，阴雨昏黑，欲就问讯北来事，不果。明早遣人觇之[6]，已行矣。薄午有人自蜈蚣坡来[7]，云一老人死坡下，傍[8]两人哭之哀。予曰："此必吏目死矣。伤哉！"薄暮复有人来，云："坡下死者二人，傍一人坐叹。"询其状，则其子又死矣。明日复有人来，云见坡下积尸三焉。则其仆又死矣。呜呼伤哉！念其暴骨无主[9]，将二童子持畚锸[10]，往瘗之[11]。二童子有难色然。予曰："嘻！吾与尔犹彼也。"二童悯然涕下[12]，请往，就其傍山麓为三坎埋之[13]，又以只鸡饭三盂[14]，嗟吁涕洟而告之[15]。曰：

呜呼伤哉！繄何人[16]？繄何人？吾龙场驿丞余姚王守仁也[17]。吾与尔皆中土之产[18]，吾不知尔郡邑，尔乌为乎来为兹山之鬼乎[19]？古者重去其乡[20]，游宦不逾千里。吾以窜逐而来此[21]，宜也；尔亦何辜乎[22]？闻尔官，吏目耳，俸不能五斗，尔率妻子躬耕可有也，乌为乎以五斗而易尔七尺之躯？又不足，而益以尔子与仆乎？呜呼伤哉！尔诚恋兹五斗而来，则宜欣然就道，乌为乎吾昨望见尔容蹙然[23]，盖不任其忧者？夫冲冒雾露，扳援崖壁[24]，行万峰之顶，饥渴劳顿，筋骨疲惫，而又瘴厉侵其外[25]，忧郁攻其中，其能以无死乎？吾固知尔之必死，然不谓若是其速，又不谓尔子尔仆亦遽尔奄忽也[26]。皆尔自取，谓之何哉！吾念尔三骨之无依而来瘗尔，乃使吾有无穷之怆也。呜呼痛哉！纵不尔瘗，幽崖之狐成群，阴壑之虺如车轮[27]，亦必能葬尔于腹，不致久暴露尔。尔既已无知，然吾何能为心[28]乎？自吾去父母乡国而来此，二年矣，历瘴毒而苟能自全，以吾未尝一日之戚戚也。今悲伤若此，是吾为尔者重而自为者轻也。吾不宜复为尔悲矣。吾为尔歌，尔听之。歌曰：

连峰际天兮[29]，飞鸟不通；游子怀乡兮，莫知西东。莫知西东兮，维天则同[30]。异域殊方兮，环海之中。达观随寓兮[31]，奚必予宫[32]？魂兮魂兮，无悲以恫[33]。

又歌以慰之，曰：

与尔皆乡土之离兮，蛮之人言语不相知兮。性命不可期，吾苟死于兹兮，率尔子仆来从予兮。吾与尔遨以嬉兮，骖紫彪而乘文螭兮[34]，登望故乡而嘘唏兮。吾苟获生归兮，尔子尔

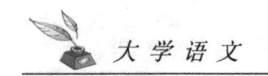

仆尚尔随兮，无以无侣悲兮。道傍之冢累累兮，多中土之流离兮，相与呼啸而徘徊兮。飡风饮露，无尔饥兮；朝友麋鹿，暮猿与栖兮。尔安尔居兮，无为厉于兹墟兮[35]。

（选自王守仁著，王晓昕、赵平略点校《王阳明集》，中华书局，2016年版）

注　释

[1] 正德四年：1509年。正德为明武宗朱厚照年号（1506—1521年）。

[2] 吏目：古官名。明代地方各州置吏目一人，从九品，掌文书、刑狱及官署内务等。

[3] 龙场：龙场驿，在今贵州修文县。

[4] 土苗：土著苗族。

[5] 篱落：篱笆。

[6] 觇（chān）：窥视，探视，查看。

[7] 薄午：近午，临近中午。

[8] 傍：同"旁"。

[9] 暴（pù）骨：暴露尸骨。指死在野外。"暴"同"曝"。

[10] 将：携。畚（běn）：用草绳或竹篾编织成的盛物器具。锸（chā）：铁锹。

[11] 瘗（yì）：掩埋，埋葬。

[12] 悯（mǐn）然：哀怜的样子。

[13] 坎：坑。

[14] 盂：盛汤浆或食物的器皿。此处用作量词。

[15] 涕洟（tì yí）：目出者为涕，鼻出者为洟，即指眼泪和鼻涕。此谓哭泣。

[16] 繄（yī）：发语词，表语气。

[17] 驿丞：掌管驿站的官，主邮传迎送之事。明清时设置，各府、州、县多寡有无不一。品级为未入流。明武宗正德元年（1506年）冬，时任兵部主事的王守仁因营救敢于上疏请求严惩阉官而被押解来京的戴铣等同僚，触怒专权宦官刘瑾，被廷杖四十后贬为贵州龙场驿丞。

[18] 中土之产：出生在中土。中土，古代多指中原地区。

[19] 乌为乎：为了什么。一作"胡为乎"。

[20] 重：看重，重视。

[21] 窜逐：放逐，这里谓贬斥。

[22] 辜：罪。

[23] 蹙（cù）然：皱眉忧愁的样子。

[24] 扳（pān）援：攀援。

[25] 瘴厉（zhàng lì）：指亚热带潮湿地区流行的恶性疟疾等传染病。

[26] 遽尔奄忽：突然死亡。遽（jù）尔：骤然，突然。奄忽：疾速，此指死亡。

[27] 虺（huǐ）：古代的一种毒蛇名，俗称土虺蛇，大者长八九尺。

[28] 为心：违心。

[29] 际天：接近天际。

[30] 维：同"惟"，只有。

[31] 随寓：随处可居。

[32] 奚必：何必。奚，何。予宫：我的房屋。予，我。宫，房屋。

[33] 恫（dòng）：恐惧。

[34] 骖（cān）：古代一车驾三马叫骖。此谓驾驭。紫彪：紫色的老虎。彪：小虎。文螭（chī）：带有条纹的无角的龙。

[35] 厉：厉鬼。墟：村落。

阅 读 提 示

　　该文作于明武宗正德四年（1509 年），是一篇哀悼他人的祭文。哀悼对象是千里迢迢赶往贵州赴任的"吏目"同其子及仆人一行三人，也是作者"不知其名氏""不知尔郡邑"的陌生人。作者埋葬之，想自己景况略如客死之人，既悲客死之人，亦悲己之被贬异域，于是借他人悲剧，抒自我抑郁，写下这篇千古祭文。文章体现了作者的恻隐之心，实践了作者倡导的"致良知"哲学精神，寄托了"同是天涯沦落人"的感慨，浸透了自己深沉的苦闷和无穷的抑郁。故与其说是哀吏目客死他乡之悲凉，不如说是叹自己落泊龙场之哀痛。

　　又，贬谪流放是古代文人常遭之厄运，贬谪幽居，身处偏乡僻壤，如何安身立命？如何安顿心灵？文末王守仁以祭歌的形式表达了出来："莫知西东兮，维天则同。异域殊方兮，环海之中。达观随寓兮，奚必予宫。魂兮魂兮，无悲以恫。"这里，作者既是劝慰吏目，亦是自劝自解。仰望时空，匍匐大地，无论海角与天涯，大抵心安即是家。内心世界的超然洒脱，精神世界的超脱释然，撤去地域局限，四海为家，从而获得人格精神的超升。是故作者终能"达观随寓"，自宽自解。

思 考 与 训 练

1. 谈谈你对王守仁的了解与认知。

2. 如何看待王守仁的瘗尸心情？

3. 本文反映了作者怎样的思想情感？

4. 若说古为今用，此文我们该学习的精髓是什么？或谓当我们遭遇挫折与不幸时，该向王守仁学习什么？

廉　耻

顾炎武

顾炎武（1613—1682），本名绛，明亡后改炎武，字宁人，人称亭林先生，苏州昆山（今江苏省昆山市）人。明末加入复社，清兵入关，在昆山参加抗清活动，失败后离乡北游，考察山川，访求豪杰，徐图复明大业，晚年卜居陕西华阴以终。其一生以气节高尚而被后世景仰，是明末清初著名学者，与黄宗羲、王夫之并称明末清初三大儒。其学以博学于文、行己有耻为主，将问与行、治学与经世融为一体。著有《日知录》《音学五书》等。

《五代史·冯道传论》曰："'礼义廉耻，国之四维。四维不张，国乃灭亡。'善乎，管生之能言也[1]！礼义，治人之大法；廉耻，立人之大节。盖不廉则无所不取，不耻则无所不为。人而如此，则祸败乱亡亦无所不至。况为大臣，而无所不取，无所不为，则天下其有不乱，国家其有不亡者乎！"然而四者之中，耻尤为要。故夫子之论士，曰："行己有耻。"[2]孟子曰："人不可以无耻，无耻之耻，无耻矣。"[3]又曰："耻之于人大矣，为机变之巧者，无所用耻焉。"所以然者，人之不廉而至于悖礼犯义，其原皆生于无耻也。故士大夫之无耻，是谓国耻。吾观三代以下，世衰道微，弃礼义，捐廉耻，非一朝一夕之故。然而松柏后凋于岁寒，鸡鸣不已于风雨，彼昏之日，固未尝无独醒之人也。顷读《颜氏家训》有云："齐朝一士夫尝谓吾曰：'我有一儿，年已十七，颇晓书疏。教其鲜卑语及弹琵琶，稍欲通解。以此伏事公卿，无不宠爱。'吾时俯而不答。异哉，此人之教子也！若由此业自致卿相，亦不愿汝曹为之。"嗟乎，之推不得已而仕于乱世，犹为此言，尚有《小宛》诗人之意[4]，彼阉然媚于世者[5]，能无愧哉！

罗仲素曰[6]："教化者，朝廷之先务；廉耻者，士人之美节；风俗者，天下之大事。朝廷有教化，则士人有廉耻；士人有廉耻，则天下有风俗。"

古人治军之道，未有不本于廉耻者。《吴子》曰："凡制国治军，必教之以礼，励之以义，使有耻也。夫人有耻，在大足以战，在小足以守矣。"《尉缭子》言："国必有慈孝廉耻之俗，则可以死易生。"而太公对武王："将有三胜"，一曰"礼将"，二曰"力将"，三曰"止欲将"。故礼者所以班朝治军，而《兔罝》之武夫皆本于文王后妃之化[7]，岂有淫刍荛[8]，窃牛马，而为暴于百姓者哉！《后汉书》："张奂为安定属国都尉[9]，羌豪帅感奂恩德[10]，上马二十匹，先零酋长又遗金鐻八枚[11]。奂并受之，而召主簿于诸羌前，以酒酹地曰：'使马如羊，不以入廐。使金如粟，不以入怀。'悉以金马还之。羌性贪而贵吏清，前有八都尉，率好财货，为所患苦，及奂正身洁己，威化大行。"呜乎，自古以来，边事之败，有不始于贪求者哉？吾于辽东之事有感。

杜子美诗："安得廉颇将，三军同晏眠。"一本作"廉耻将"，诗人之意未必及此。然吾观《唐书》言："王㔹为武灵节度使[12]。先是，吐蕃欲成乌兰桥，每于河壖先贮材木[13]，皆为节帅遣人潜载之，委于河流，终莫能成。蕃人知㔹贪而无谋，先厚遗之，然后并役成桥，仍筑月城守之[14]。自是朔方御寇不暇，至今为患。"由㔹之黩货也。故贪夫为帅，而边城晚开。得此意者，郢书燕说[15]，或可以治国乎？

[选自顾炎武著，黄汝成集释，栾保群、吕宗力校点《日知录集释》（全校本），上海古籍出版社，2006年版]

注 释

[1] 管生：管仲，春秋时齐国杰出的政治家。

[2] 行己有耻：言为士者立身行事能知耻而有所不为。语出《论语·子路》。

[3] 无耻之耻：不知羞耻的那种羞耻。语出《孟子·尽心上》。

[4]《小宛》：《诗经·小雅》篇名。该诗是大夫遭时之乱，兄弟相戒以免祸的诗。

[5] 阉（yān）然：献媚讨好的样子。

[6] 罗仲素（1072—1135）：罗从彦，字仲素。北宋人，闽学四贤之一。

[7]《兔罝》：《诗经·国风》中的一篇，旨在赞颂武士的英武。罝（jū）：捕兔的网。

[8] 刍荛（chú ráo）：割草打柴之人，草野之人。

[9] 张奂（104—181）：敦煌渊泉（今甘肃瓜州）人，东汉大将。"酹酒还金"，事见《后汉书·张奂传》。属国都尉：官职名，汉代管理内附匈奴人的军事长官。

[10] 豪帅：犹首领，旧时指武装反抗者的首领或部落酋长。

[11] 先零：先零羌族。遗（wèi）：给予，馈赠。镮（jù）：金属制的耳饰。

[12] 王㔹（bì）：唐武将，雄武善骑射，曾任朔方节度使，事见《旧唐书·王㔹传》。

[13] 壖（ruán）：空地。

[14] 月城：瓮城。大城外所筑的半月形小城，用以掩护城门，加强防守。

[15] 郢书燕说：比喻牵强附会，曲解原意，典出《韩非子·外储说左上》。

阅 读 提 示

明清易代之际，士大夫多改仕清朝，士风败坏至极。针对这种情况，顾炎武提出"行己有耻"的口号，认为一切祸败乱亡皆由"不廉"和"不耻"而起，并视士大夫的无耻为"国耻"，强调要做"独醒之人"。

文章开篇即指出"礼义廉耻"是国家的四个纲纪，这四个纲纪不能伸张，则国家就会灭亡。而四个纲纪中又以知耻最为重要，故指出为士必须"行己有耻"，不知羞耻的那种羞耻无耻之极。同时指出，人之不廉，背弃礼义，皆是出于没有羞耻心。接着，以松柏岁寒后凋、鸡鸣风雨不已、颜之推仕于乱世尚有气节等例证，说明在众人昏昏之下还有独醒之人。作者接着指出，人之廉耻与朝廷的教化、天下的风俗等密切相关，"朝廷有教化，则士人有廉耻；士人有廉耻，则天下有风俗"，认为教化、廉耻、风俗三者之间，是互动的关系。然后，回顾古人治军之道，皆本于廉耻。从《吴子》《尉缭子》《诗经》《后汉书》等典籍的相关记载中，都可以找寻到力证。

不知廉耻者必贪财好货，《旧唐书》所载的王伾事例足以为戒。作者最后的落脚点，还是在于廉耻。所谓"天下兴亡，匹夫有责"，有了廉耻之心，则国可治。

作为明末清初的著名学者，顾炎武学识渊博，从本文我们即可管窥。一千来字的文章，所引材料涉猎广泛，《诗经》《论语》《孟子》《管子》《韩非子》《吴子》《尉缭子》《后汉书》《颜氏家训》《旧唐书》《新五代史》《豫章文集》和杜诗等典籍中的材料，信手拈来，运用自如，言之有据，言之有理。

思 考 与 训 练

1. 顾炎武将"礼义廉耻"上升到了国家纲纪的高度，你对此有何看法？
2. 文中引《颜氏家训》一段，作者的旨意是什么？
3. 你准备怎样做一个"行己有耻"之人？

修养重于学识

崔鹤同

崔鹤同（1944—），笔名春秋，祖籍江苏建湖，上海市作家协会会员，《读者》《意林》《语文报》签约作家，全国20位中高考作文热点作家之一。1982年崔鹤同开始发表作品，已发表作品200余万字，文章被《读者》《人民文摘》《青年文摘》《青年博览》《意林》《知音》等众多知名报刊转载，并为百余种丛书选录，也为多种中小学语文课外读本及作文辅材收编，并多次作为中学语文考试试题被选用，已出版哲理随笔集《每天给自己一个希望》《你究竟在为什么而活》。

耶鲁大学在每届学生快要毕业时，校方都会安排一些学生到一个很有名的实验室去参观。

有一次，由一个导师带领20多个快要毕业的学生来到了这个实验室，负责接待他们的是一个女秘书。女秘书先把他们安排到一个会议室，然后，开始给大家倒开水。大多数同学表情都很麻木，有的同学还用很生硬的语气说："有咖啡吗？我要喝咖啡。"

"非常抱歉，咖啡用完了。"女秘书很有礼貌地回答。

女秘书继续给大家倒开水。当轮到一个叫卡尔的学生时，卡尔面带微笑地说了声："谢谢！"这位女秘书非常惊奇，这可是她今天听到的第一句很有礼貌的话。

女秘书给大家倒完水就出去了。过了一会儿，实验室主任走了进来，非常热情地向各位打招呼。然而令人尴尬的是，大多数同学只是无精打采地把屁股在座位上挪了一下，并没有任何回应。当主任走到卡尔面前时，卡尔立即从座位上站起来，非常友好地伸出手，热情地握住了主任的手，面带微笑地说："非常高兴见到您，谢谢您的热情接待。"

实验室主任非常吃惊，脸色一下子舒展开了。主任拍了拍卡尔的肩膀，问道："你叫什么名字？"卡尔做了如实的回答。

两个月后，那家很有名的实验室点名要走了卡尔。其他同学很不服气，理由是卡尔的学习成绩在班里顶多排在中等，为什么那些学习成绩优秀的学生没有这个好机会，而对方偏偏选中了卡尔呢？

导师看出了同学们的心事，语重心长地说："卡尔的学习成绩的确不是很优秀。但是，我希望大家明白，学习成绩只能代表我们掌握了某些知识，走上社会后，我们的学习才刚刚开始。对方点名要卡尔，就是因为他的为人修养略胜一筹。"

当年，苏联准备发射第一艘载人航天器，组织了一批宇航员参观宇宙飞船。当时，其他宇航员都是穿着鞋子走进座舱，只有宇航员加加林脱掉了鞋子，穿着袜子小心翼翼地进入飞船。最终，加加林被选中，成为飞天第一人，铸就了一世英名。素养和品格确实是最好的通行证。

学识可以"教"出来，而修养必须"炼"出来。学识是教会我们如何做事，修养是告诫我们如何做人，只有做好人，才能做好事。所以，在成功的天平上，修养重于学识。修养是第一门必修课。

（选自崔鹤同《修养重于学识》，上海《解放日报》之《"朝花"副刊》，2006年11月25日）

阅 读 提 示

耶鲁大学是世界名校，耶鲁大学培养的学生多半学识渊博、学术精湛。但本文却通过耶鲁大学学生去有名的实验室参观时各位同学尤其是卡尔同学的表现，反映了个人学识与个人修养的不完全对等。

苏联发射载人航天器，组织宇航员们参观宇宙飞船，其他宇航员都穿着鞋子走进座舱，只有加加林脱掉鞋子穿着袜子小心翼翼地进入飞船。最终，加加林成为飞天第一人。应该说，能走进航天器的宇航员们业务素养肯定一流，但具有一流的业务能力不一定代表具有一流的品格修养。于是，个人学识与个人修养的不同，造就了不同的人生。

学识可以通过后天的教育而被"教"出来，但修养必须依靠自身的修为"炼"出来。学识引领我们做事，修养引领我们做人。只有做好人，才能做好事。故此，修养是人生的第一门必修课，在成功的天平上，修养重于学识，修养大于学识。

思 考 与 训 练

1. 为什么说修养重于学识？
2. 既然修养重于学识，那我们还需要好好读书吗？
3. 在学识与修养之间，谈谈你的感受。

为学与做人[1]

梁启超

梁启超（1873—1929），字卓如，号任公，别号饮冰室主人，广东新会人。中国近代思想家、文学家、学者。他和康有为一起倡导变法维新，曾参与组织"公车上书"、百日维新，戊戌变法失败后，流亡日本。梁启超先后创办《清议报》和《新民丛报》，大量介绍西方近代思想学说，批判封建专制主义。1912年梁启超回国，1917年终止政治生涯，开始从事教育和学术研究，晚年任清华大学教授。梁启超学识渊博，著述宏富，倡导晚清"诗界革命""文界革命""小说界革命"，开白话文风气之先，对中国近代散文的变革产生了重大影响，著有《饮冰室合集》。

诸君，我在南京讲学将近三个月了。这边苏州学界里头，有好几回写信邀我，可惜我在南京是天天有功课的，不能分身前来。今天到这里，能够和全城各校诸君聚在一堂，令我感激得很。但有一件，还要请诸君原谅，因为我一个月以来，都带着些病，勉强支持，今天不能作很长的讲演，恐怕有负诸君期望哩。

问诸君："为什么进学校？"我想人人都会众口一辞的答道："为的是求学问。"再问："你为什么要求学问？""你想学些什么？"恐怕各人的答案就很不相同，或者竟自答不出来了。诸君啊，我请替你们总答一句罢："为的是学做人。"你在学校里头学的什么数学、几何、物理、化学、生理、心理、历史、地理、国文、英语，乃至什么哲学、文学、科学、政治、法律、经济、教育、农业、工业、商业等等，不过是做人所需要的一种手段，不能说专靠这些便达到做人的目的。任凭你把这些件件学得精通，你能够成个人不能成个人，还是别问题。

人类心理有知、情、意三部分。这三部分圆满发达的状态，我们先哲名之为三达德——智、仁、勇[2]。为什么叫做"达德"呢？因为这三件事是人类普通道德的标准，总要三件具备才能成一个人。三件的完成状态怎么样呢？孔子说："知者不惑，仁者不忧，勇者不惧。"[3]所以教育应分为知育、情育、意育三方面。——现在讲的智育、德育、体育，不对。德育范围太笼统，体育范围太狭隘。——知育要教到人不惑，情育要教到人不忧，意育要教到人不惧。教育家教学生，应该以这三件为究竟，我们自动的自己教育自己，也应该以这三件为究竟。

怎么样才能不惑呢？最要紧是养成我们的判断力。想要养成判断力，第一步，最少须有相当的常识；进一步，对于自己要做的事须有专门智识；再进一步，还要有遇事能断的智慧。假如一个人连常识都没有，听见打雷，说是雷公发威，看见月食，说是蛤蟆贪嘴，那么，一定闹到什么事都没有主意，碰着一点疑难问题，就靠求神问卜，看相算命去解决。真所谓"大惑不解"，成了最可怜的人了。学校里，小学、中学所教，就是要人有了许多基本的常识，免得凡事都暗中摸索。但仅仅有这点常识还不够。我们做人，总要各有一件专门职业。这门职业，也并不是我一人破天荒去做，从前已经许多人做过。他们积了无数经验，发见出好些原理原则，这就是专门学识。我打算做这项职业，就应该有这项专门学识。例如，我想做农吗，怎样的改良土壤，怎样的改良种子，怎样的防御水旱病虫……等等，都是前人经验有得成为学识的。我们有了这种学识，应用他来处置这些事，自然会不惑；反是则惑了。做工、做商……等等，都各各有他的专门常识，也是如此。我想做财政家吗，何种租税可以生出何样结果，何种公债可以生出何样结果……等等，都是前人经验有得成为学识的。我们有了这种学识，应用他来处置这些事，自然会不惑；反是则惑了。教育家、军事家……等等，都各各有他的专门常识，也是如此。我们在高等以上学校所求的智识，就是这一类。但专靠这种常识和学识就够吗？还不能。宇宙和人生是活的，不是呆的，我们每日所碰见的事理是复杂的，变化的，不是单纯的，印板的。倘若我们只是学过这一件才懂这一件，那么，碰着一件没有学过的事来到跟前，便手忙脚乱了。所以，还要养成总体的智慧，才能得有根本的判断力。这种总体的智慧如何才能养成呢？第一件，要把我们向来粗浮的脑筋，着实磨炼他，叫他变成细密而且踏实。那么，无论遇着如何繁难的事，我都可以彻头彻尾想清楚他的条理，自然不至于惑了。第二件，要把我们向来昏浊的脑筋，着实将养他，叫他变成清明。那么一件事理到跟前，我才能很从容，很莹澈的去判断他，自然不至于惑了。以上所说的常识、学识和总体的智慧，都是智育的要件，目的是教人做知者不惑。

怎么样才能不忧呢，为什么仁者便会不忧呢？想明白这个道理，先要知道中国先哲的人生观是怎么样。"仁"之一字，儒家人生观的全体大用都包在里头。"仁"到底是什么？很难用言语说明。勉强下个解释，可以说是："普遍人格之实现。"孔子说："仁者，人也。"意思说是，人格完成就叫做"仁"。但我们要知道，人格不是单独一个人可以表见的，要从人和人的关系上看出来。所以仁字从二人，郑康成解他做"相人偶"[4]。总而言之，要彼我交感互发，成为一体，然后我的人格才能实现。所以我们若不讲人格主义，那便无话可说，讲到这个主义，当然归宿到普遍人格。换句话说，宇宙即是人生，人生即是宇宙，我的人格，和宇宙无二无别。体验得这个道理，就叫做"仁者"。然则这种仁者为什么就会不忧呢？大凡忧之所从来，不外两端，一曰忧成败，二曰忧得失。我们得着"仁"的人生观，就不会忧成败。为什么呢？因为，我们知道宇宙和人生是永远不会圆满的，所以《易经》六十四卦，始"乾"而终"未济"，正为在这永远不圆满的宇宙中，才永远容得我们创造进化。我们所做的事，不过在宇宙进化几万万里的长途中，往前挪一寸两寸，那里配说成功呢！然则不做怎么样呢？不做便连这一寸两寸都不往前挪，那可真真失败了。"仁者"看透这种道理，信得过只有不做事才算失败，肯做事便不会失败。所以《易经》说："君子以自强不息。"换一方面来看，他们又信得过凡事不会成功的，几万万里路挪了一两寸，算成功吗？所以《论语》说："知其不可而为之。"你想，有这种人生观的人，还有什么成败可忧呢？再者，我们得着"仁"的人生观，便不会忧得失。为什么呢？因为认定这件东西是我的，才有得失之可言。连人格都不是单独存在，不能明确的画出这一部分是我的，那一部分是人家的，然则那里有东西可以为我所得？既已没有东西为我所得，当然也没有东西为我所失。我只是为学问而学问，为劳动而劳动，并不是拿学问、劳动等等做手段，来达某种目的——可以为我们"所得"的。所以老子说："生而不有，为而不恃。""既以为人，己愈有；既以与人，己愈多。"[5]你想，有这种人生观的人，还有什么得失可忧呢？总而言之，有了这种人生观，自然会觉得"天地与我并生，而万物与我为一"，自然会"无入而不自得"。他的生活，纯然是趣味化，艺术化，这是最高的情感教育，目的教人做到仁者不忧。

怎么样才能不惧呢？有了不惑不忧工夫，惧当然会减少许多了。但这是属于意志方面的事。一个人若是意志力薄弱，便有很丰富的智识，临时也会用不着，便有很优美的情操，临时也会变了卦。然则意志怎么才会坚强呢？头一件，须要心地光明。孟子说："浩然之气，至大至刚。行有不慊于心，则馁矣。"又说："自反而不缩，虽褐宽博，吾不惴焉；自反而缩，虽千万人吾往矣。"[6]俗语说得好："生平不作亏心事，夜半敲门也不惊。"一个人要保持勇气，须要从一切行为可以公开做起。这是第一著。第二件，要不为劣等欲望之所牵制。《论语》记："子曰：吾未见刚者。或对曰：申枨。子曰：枨也欲，焉得刚？"[7]一被物质上无聊的嗜欲东拉西扯，那么百炼刚也会变为绕指柔了。总之，一个人的意志，由刚强变为薄弱极易，由薄弱返到刚强极难。一个人有了意志薄弱的毛病，这个人可就完了。自己作不起自己的主，还有什么事可做？受别人压制，做别人奴隶，自己只要肯奋斗，终须能恢复自由。自己的意志做了自己情欲的奴隶，那么真是万劫沉沦，永无恢复自由的余地，终身畏首畏尾，成了个可怜人了。孔子说："和而不流，强哉矫；中立而不倚，强哉矫；国有道，不变塞焉，强哉矫；国无道，至死不变，强哉矫。"[8]我老实告诉诸君说罢，做人不做到如此，决不会成一个人。但做到如此，真是不容易，非时时刻刻做磨炼意志的工夫不可。意志磨炼得到家，自然是看着自己应做的事，一点不迟疑，扛起来便做，"虽千万人吾往矣。"这样才算顶天立地做一世人，绝不会有藏头躲尾、左支右绌的丑态。这便是意育的目的，要教人做到勇者不惧。

我们拿这三件事作做人的标准，请诸君想想，我自己现时做到那一件——那一件稍为有一点把握。倘若连一件都不能做到，连一点把握都没有，嗳哟，那可真危险了，你将来做人恐怕就做不成。讲到学校里的教育吗，第二层的情育，第三层的意育，可以说完全没有，剩下的只有第一层的知育。就算知育罢，又只有所谓常识和学识，至于我所讲的总体智慧靠来养成根本判断力的，却是一点儿也没有。这种"贩卖智识杂货店"的教育，把他前途想下去，真令人不寒而栗。现在这种教育，一时又改革不来，我们可爱的青年，除了他更没有可以受教育的地方。诸君啊，你到底还要做人不要？你要知道危险呀！非你自己抖擞精神想方法自救，没有人能救你呀！

诸君啊，你千万别要以为得些断片的智识，就算是有学问呀！我老实不客气告诉你罢，你如果做成一个人，智识自然是越多越好，你如果做不成一个人，智识却是越多越坏。你不信吗？试想想，全国人所唾骂的卖国贼某人某人，是有智识的呀，还是没有智识的呢？试想想，全国人所痛恨的官僚政客——专门助军阀作恶鱼肉良民的人，是有智识的呀，还是没有智识的呢？诸君须知道啊，这些人当十几年前在学校的时代，意气横厉，天真烂缦，何尝不和诸君一样？为什么就会堕落到这样田地呀？屈原说的："何昔日之芳草兮，今直为此萧艾也！

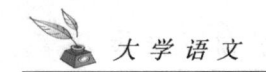

岂其有他故兮，莫好修之害也。"天下最伤心的事，莫过于看着一群好好的青年，一步一步的往坏路上走。诸君猛醒啊，现在你所厌所恨的人，就是你前车之鉴了。

诸君啊，你现在怀疑吗，沉闷吗，悲哀痛苦吗，觉得外边的压迫你不能抵抗吗？我告诉你，你怀疑和沉闷，便是你因不知才会惑；你悲哀痛苦，便是你因不仁才会忧；你觉得你不能抵抗外界的压迫，便是你因不勇才有惧。这都是你的知、情、意未经过修养磨炼，所以还未成个人。我盼望你有痛切的自觉啊！有了自觉，自然会自动。那么学校之外，当然有许多学问，读一卷经，缮一部史，到处都可以发见诸君的良师呀。

诸君啊，醒醒罢！养足你的根本智慧，体验出你的人格人生观，保护好你的自由意志，你成人不成人，就看这几年哩！

（选自梁启超著，吴松、卢云昆、王文光等点校《饮冰室文集点校》第六集，云南教育出版社，2001年版）

注 释

[1] 本文是梁启超 1922 年 12 月 27 日在苏州学生联合会上的讲演。

[2] 达德：通行不变的道德。《礼记·中庸》："知、仁、勇三者，天下之达德也。"

[3] 语出《论语·子罕》，是孔子论人格修养的三个重点。

[4] 相人偶：谓互相致意，表示相亲相敬。人偶：相亲相敬。

[5] 语出《老子》。《老子》第二章云："万物作焉而不辞，生而不有，为而不恃，功成而弗居。"《老子》第八十一章云："圣人不积，既以为人，己愈有，既以与人，己愈多。"有：占为己有。恃：恃功自傲。为：帮助。与：给予。

[6] 语出《孟子·公孙丑上》。意即：反躬自问，正义不在我，对方纵是穿粗衣的卑贱之人，我也不去恐吓他；反躬自问，正义确在我，对方纵是千军万马，我也勇往直前。缩：直（曲直之直），正义。惴（zhuì）：使……惴（惊恐、害怕）。

[7] 语出《论语·公冶长》。刚：刚强，坚强不屈。申枨（chéng）：人名，姓申，名枨，字周。

[8] 语出《礼记·中庸》。和：和顺，与人协调。矫：坚强的样子。

阅 读 提 示

《为学与做人》是梁启超晚年的一篇演讲。当时，他已经远离上层政治，致力于学术文化研究。在此文中，他从为学与做人两方面来启迪学生，明确指出：为学的目的在于做人。

首先，梁启超认为进学校求学问的目的在于做人。青年人即使学得样样精通，但能不能成为一个人还是个问题。只有具备了三达德（智、仁、勇），才能成为一个人。而三达德的完成状态则是"知者不惑，仁者不忧，勇者不惧"。接着，作者从知者不惑、仁者不忧、勇者不惧三方面分述之。要做到不惑，必须要有常识的积累、专门的学识，还要有遇事能断的智慧。这些常识、学识和总体的智慧，都是智育的要件，如此方能"知者不惑"。要做到不忧，得具备"仁"的人格，认识到宇宙和人生永远不会圆满，认识到"既以为人，己愈有，既以与人，己愈多"，只是为学问而学问，为劳动而劳动，并不拿学问、劳动作为达到某种目的的手段，如此方能"仁者不忧"。要做到不惧，必须心地光明，胸中有浩然之气，不为劣等欲望所牵制，时刻磨炼自己的意志，如此方能"勇者不惧"。最后，文章呼吁青年人猛醒，千万不要以为得些断片的智识就是学问，要有一种痛切的自觉，在智育、情育、意育三方面修炼自己，使自己真正成为一个人。

为学与做人，是儒家极为重视的问题，梁启超的这篇讲演基本上是遵循孔孟之道的，他从孔子的"知者不惑，仁者不忧，勇者不惧"入手，论及了教育方面的知、情、意的诸多问题。其思想虽或有唯心论之嫌，但其以传统文化中的积极因素启迪青年不为名利所惑，养足智慧，培养人格，磨炼意志，真正成为一个大写的人；同时，文中大量使用问句和呼告，语言通俗浅显，结构严谨，逻辑严密，风格顺畅，不失为一篇谈治学做人的佳作。

思 考 与 训 练

1. 你认为梁启超所言之知、情、意三方面与当今之智、德、体三方面有何不同？
2. 何谓"仁者"？如何理解"仁者不忧"？
3. 梁启超认为为学的目的在于做人，你赞同他的观点吗？为什么？

自　制[1]

奥里森·马登

奥里森·马登（1848—1924），美国成功学奠基人，成功学之父。其父母早逝，童年生活艰辛。14岁时读到塞缪尔·斯迈尔斯《自己拯救自己》一书，眼睛一亮，开始在黑暗中拯救自己。他断断续续地上学，同时努力工作养活自己。23岁走进大学校门，9年后拿到波士顿大学学士、波士顿大学硕士、哈佛医学院博士等学位。40岁前后成为旅店业大亨。此后的人生，在财富的阶梯上，他曾站在最高处，也曾被抛到谷底，这让他更了解了财富与成功的奥秘。他注重人品质的培养与精神的幸福，同时也对财富等功利主义内容给予了足够的关注。其著作有《一生的资本》《思考与成功》《伟大的励志书》《成功的品质》《高贵的个性》《成功学原理》等。

　　柏拉图说[2]："就人本身而言，最重要与最重大的胜利是征服自己，而最可耻和最可鄙的莫过于被自己的私欲所征服。"
　　自制是一切美德之本，如果一个人屈服于冲动和激情，那么他就立刻放弃了道德上的自由。
　　你有急躁易怒的脾气吗？要是有的话，一时的发作，将会使千里之堤溃于蚁穴，毁掉长期的积累。有时一句怒言会掀起一场经久不息的风波。仅仅一句怒言，就会失去很多朋友。
　　苏格拉底发觉自己要发怒时往往降低声调来抑制怒气和阻止不愉快情绪的发展。如果你意识到你在生气，应缄口少言，免得怒火越烧越盛。不少人在盛怒之下一命呜呼，阵阵愤怒还导致疾病频频发作。韦伯斯特说[3]："要保持冷静，因为愤怒并不代表有理。"乔治·郝伯特也说："辩论要心平气和，因为狂怒会使谬误铸成大错，会使真理变成粗鲁。"毕达哥拉斯说[4]："愤怒始于愚蠢，终于懊悔。"你应当以一个人征服自己感情的能力作为衡量他内在力量的尺度，而不是以感情征服他的力量作为衡量的尺度。
　　你曾见过受到公然侮辱，却只是脸色变得苍白，咬紧颤抖的嘴唇，然后安详作答的人吗？你曾见过心里极为痛苦，却好像从坚石中凿出的雕像一般控制着自己的人吗？你见过天天遭受着绝望的折磨，仍然默默不语，从不对人说有人毁坏了他家庭安宁的人吗？这就是力量。
　　他们就是这样的人：虽然满怀激情，却能洁身自守；虽然满腔怒火，却能随机应变，引而不发；虽受人挑衅，却能严于律己，宽以待人——这些人是强者，是精神世界的英雄。
　　征服自己是人类最后的和伟大的胜利。
　　如果一个人失掉自制，他就几乎失去了一切东西。没有自制就没有耐心，就没有管理自己的能力，他就无以自恃，他也就没有脊梁、力量和刚正不阿的胆识。
　　许多人对感情没有控制，他们放纵欲望，任性而无节制，悲哀与欢乐皆无度。有节制的人不为情绪所左右；他不会失之过多，他的坚定意志战胜消沉，不为一时的高兴而使精神失去平衡，因为狂喜与绝望同样使人陷入不幸。脾气应服从于理性和良知。许多人都以性情急躁为借口，原谅自己做的错事或傻事。但主宰自己的人却控制脾气，变激情为作善而不是作恶的动力。被控制的脾气是一种重要的力量，对其加以明智的协调，它会成为推动工作的能量，就像蒸汽机的热力转化成推动车轮的力量一样。

（选自李良婷编著《世界上最经典的128篇哲理美文》，北京工业大学出版社，2010年版）

注 释

[1] 本文是美国奥里森·马登谈论品格修养的名文。
[2] 柏拉图（公元前427—前347），古希腊著名的哲学家、思想家。他和老师苏格拉底、学生亚里士多德，并称为古希腊三大哲学家。
[3] 韦伯斯特（1782—1852），美国著名的政治家、法学家和律师，曾三次担任美国国务卿，并长期担任美国参议员。
[4] 毕达哥拉斯（约公元前565—约前490），古希腊数学家、哲学家。

阅 读 提 示

人类在征服自然的同时也必须征服自己，而要征服自己，管理好自己是首务，故文章开篇即引用古希腊哲学家柏拉图的话语，言人类"最重要与最重大的胜利是征服自己"。

征服自己是困难的。在日常生活中，我们常常为各种情绪所左右，喜怒哀乐溢于言表，受到委屈勃然大怒，面对挫折失意颓唐；或者遇怒就动粗，得理不饶人；或者困于所溺，玩物丧志，严重影响自己奔向既定的目标。总之，我们不能征服自己的情感、烦恼、痛苦与欲望，这既是自我控制能力差的表现，也是加强自身修养与内涵必须注意的方面。

文章谈及人的力量。但丁说："测量一个人力量的大小，应看他的自制力如何。"衡量一个人的力量，首先是看他能在多大程度上克制自己的情感，而不是看他发怒时爆发出来的威力。一个无法控制自己的人，既不能管理好自己的事务，也不能管理好他人的事务。所以，那些"受到公然侮辱""遭受着绝望的折磨"依然安详宁静的人，才是真正有力量的人。

自制是刚毅的本质，是性格的灵魂，也是一切美德的根本。世界上真正有力量的人，是那些在任何时候都能够要求自己、指引自己、懂得自制的人。

思 考 与 训 练

1. 文中说征服自己是人类最重要的和最重大的胜利，你如何理解？
2. 你的自制力如何？准备如何加强自己自制力方面的修养？

名　誉[1]

叔本华

　　叔本华（1788—1860），19世纪德国哲学家，唯意志论的创始人。祖籍荷兰，生于但泽（今波兰的格但斯克）一个银行家家庭。早年在法国接受教育，后随父母游历英国、瑞士和澳大利亚，1809年进入哥廷根大学学医，后改学哲学。1811年转柏林大学，1814年获耶拿大学博士学位。1822年被聘为柏林大学讲师，后因与黑格尔竞争惨败而离开讲坛，靠父亲遗产过着离群索居的生活，死于法兰克福。其主要著作有：《作为意志和表象的世界》《论大自然的意志》《伦理学的两个基本问题》《附录与补遗》等。

　　由于人性奇特的弱点，我们经常过分重视他人对自己的看法；其实，只要稍加反省就可知道别人的看法并不能影响我们可以获得的幸福。所以我很难了解为什么人人都对别人的赞美夸奖感到十分快乐。如果你打一只猫，它会竖毛发；要是你赞美一个人，他的脸上便浮起一线愉快甜蜜的表情，而且只要你所赞美的正是他引以自傲的，即使这种赞美是明显的谎言，他仍会欢迎之至。

　　只要有别人赞赏他，即使厄运当头，幸福的希望渺茫，他仍可以安之若素；反过来，当一个人的感情和自尊心受到自然、地位或是环境的伤害，当他被冷淡、轻视和忽略时，每个人都难免要感觉苦恼甚至极为痛苦。

　　假使荣誉感便是基于此种"喜褒恶贬"的本性而产生的话，那么荣誉感就可以取代道德律，而有益于大众福利了；可惜荣誉感在心灵安宁和独立等幸福要素上所生的影响非但没有益处反而有害。所以就幸福的观点着眼，我们应该制止这种弱点的蔓延，自己恰当而正确地考虑及衡量某些利益的相对价值，从而减轻对他人意见的高度感受性；不管这种意见是谄媚与否，还是会导致痛苦，因它们都是诉诸情绪的。如果不照以上的做法，人便会成为别人高兴怎么想就怎么想的奴才——对一个贪于赞美的人来说，伤害他和安抚他都是很容易的。

　　因此将人在自己心目中的价值和在他人的眼里的价值加以适当的比较，是有助于我们的幸福的。人在自己心目中的价值是集合了造成我们存在和存在领域内一切事物而形成的。简言之，就是集合了我们前章所讨论的性格、财产中的各种优点在自我意识中形成的概念。另一方面，造成他人眼中的价值的是他人意识，是我们在他人眼中的形象和连带对此形象的看法。这种价值对我们存在的本身没有直接的影响；可是由于他人对我们的行为是依赖这种价值的，所以它对我们的存在会有间接而和缓的影响；然而当这种他人眼中的价值促使我们起而修改"自己心目中的自我"时，它的影响便直接化了。除此而外，他人的意识是与我们漠不相关的；尤其当我们认清了大众的思想是何等无知浅薄，他们的观念是多么狭隘，情操如何低贱，意见是怎样偏颇，错误是何其多时，别人对我们的看法就更不相干了。当我们由经验中知道人在背后是如何地诋毁他的同伴,只要他毋须怕对方也相信对方不会听到诋毁的话,他就会尽量诋毁。这样我们便会真正不在乎他人的意见了。只要我们有机会认清古来多少的伟人曾受过蠢虫的蔑视,也就晓得在乎别人怎么说便是太尊敬别人了。

如果人不能在前述的性格与财产中找到幸福的源头,而需要在第三种,也就是名誉里寻找安慰,换句话说,他不能在他自身所具备的事物里发现快乐的源泉,却寄望他人的赞美,这便陷于危险之境了。因为究实说来我们的幸福应该建筑在全体的本质上,所以身体的健康是幸福的要素,其次重要的是一种独立生活和免于忧虑的能力。这两种幸福因素的重要,不是任何荣誉、奢华、地位和名声所能匹敌和取代的,如果必要我们是会牺牲了后者来成就前者的。要知道任何人的首要存在和真实存在的条件都是藏在他自身的发肤中,不是在别人对他的看法里;而且个人生活的现实情况,例如健康状态、气质、能力、收入、妻子、儿女、朋友、家庭等,对幸福的影响将大于别人高兴怎么对我们的看法千百倍;如果不能及早认清这一点,我们的生活就晦暗了。假使人们还要坚持荣誉重于生命,他真正的意思该是坚持生存和圆满都比不上别人的意见来得重要。当然这种说法可都只是强调如果要在社会上飞黄腾达,他人对自己的看法,即名誉的好坏是非常重要的,关于此点,容后详谈。只是当我们见到几乎每一件人们冒险犯难,刻苦努力,奉献生命而获得的成就,其最终的目的不外乎抬高他人对自己的评价,当我们见到不仅职务、官衔、修饰,就连知识、艺术及一切努力都是为了求取同僚更大的尊敬而发时,我们能不为人类愚昧的极度扩张而悲哀吗?过分重视他人的意见是人人都会犯的错误,这个错误根源于人性深处,也是文明于社会环境的结果,但是不管它的来源到底是什么,这种错误在我们所有行径上所产生的巨大影响以及它有害于真正幸福的事实则是不容否认的。这种错误小则使人们胆怯和卑屈在他人的言语之前,大则可以造成像维吉士将匕首插入女儿胸膛的悲剧[2],也可以使许多人为了争取身后的荣耀而牺牲了宁静与平和、财富、健康,甚至于生命。由于荣誉感(使一个人容易接受他人的控制)可以成为控制同伴的工具,所以在训练人格的正当过程中,荣誉感的培养占了一席要地。人们非常计较别人的想法而不太注意自己的感觉,虽然后者较前者更为直接。他们颠倒了自然的次序,把别人的意见当做真实的存在,而把自己的感觉弄得含混不明。他们把二等的出品当做首要的主体,以为它们呈现在他人前的影响比自身的实体更为重要。他们希望自间接的存在里得到真实而直接的结果,把自己陷进愚昧的"虚荣"中,而虚荣原指没有坚实的内在价值的东西。这种虚荣心重的人就像吝啬鬼,热切追求手段而忘了原来的目的。

事实上,我们置于他人意见上的价值以及我们经常为博取他人欢心而作的努力与我们可以合理地希望获得的成果是不能平衡的,也就是说前者是我们能力以外的东西,然而人又不能抑制这种虚荣心,这可以说是人与生俱来的一种疯癫症。我们每做一件事,首先便会想到:"别人该会怎么讲?"人生中几乎有一半的麻烦与困扰就是来自我们对此项结果的焦虑上;这种焦虑存在于自尊心中,人们对它也因日久麻痹而没有感觉了。我们的虚荣弄假以及装模作样都是源于担心别人会怎么说的焦虑上。如果没有了这种焦虑,也就不会有这么多的奢求了。各种形式的骄傲,不论表面上多么不同,骨子里都有这种担心别人会怎么说的焦虑,然而这种忧虑所费的代价又是多么大啊!人在生命的每个阶段里都有这种焦虑,我们在小孩身上已可见到，而它在老年人身上所产生的作用就更强烈，因为当年华老大没有能力来享受各种感官之乐时，除了贪婪剩下的就只有虚荣和骄傲了。法国人可能是这种感觉的最好例证，自古至今，这种虚荣心像一个定期的流行病时常在法国历史上出现，它或者表现在法国人疯狂的野心上，或者在他们可笑的民族自负上，或者在他们不知羞耻的吹牛上。可是他们不但未达目的，其他的民族不但不赞美却反而讥笑他们，称呼他们说：法国是最会"盖"的民族。

在1846年3月31日的《时代》杂志有一段记载，足以说明这种极端顽固的重视别人的意见的情形。有一个名叫汤默士·魏克士的学徒，基于报复的心理谋杀了他的师傅。虽然这个例子的情况和人物都比较特殊一点，可是却恰好说明了根植在人性深处的这种愚昧是多么根深蒂固，即使在特异的环境中依旧存在。《时代》杂志报道说在行刑的那天清晨，牧师像往常一样很早就来为他祝福，魏克士沉默着表示他对牧师的布道并不感兴趣，他似乎急于在前来观望他不光荣之死的众人面前使自己摆出一副"勇敢"的样子……在队伍开始走时，他高兴地走入他的位置，当他进入刑场时他以足够让身边人听到的声音说道："现在，就如杜德博士所说，我即将明白那伟大的秘密了。"

接近绞刑台时，这个可怜人没有任何协助，独自走上了台子，走到中央时他转身向观众连连鞠躬，这种举动引起台下看热闹的观众们一阵热烈的欢呼声。

这是一个很好的例子，说明一个人当死的阴影就在眼前时，还在担心他留给一群旁观者的印象，以及他们会怎么想他。另外在雷孔特身上也发生了相似的事情，时间也是公元1846年，雷孔特在为企图谋刺国王而被判死刑，在法兰克福被处决。审判的过程中，雷孔特一直为他不能在上院穿着整齐而烦恼。他处决的那天，更因为不许他修面而为之伤心。其实这类事情也不是近代才有的。马提奥·阿尔曼在他著名的传奇小说 Guzmrn be alfarache 的序文中告诉我们[3]，许多中了邪的罪犯，在他们死前的数小时中，忽略了为他们的灵魂祝福和做最后忏悔，却忙着准备和背诵他们预备在死刑台上做的演讲词。

我拿这些极端的例子来说明我的意思，因为从这两个例子中我们可以看到他自己本身放大后的样子。我们所有的焦虑、困扰、苦恼、麻烦、奋发努力几乎大部分都起因于担心别人会怎么说：在这方面我们的愚蠢与那些可怜的犯人并没有两样。羡慕和仇恨经常也源于相似的原因。

要知道幸福是存在于心灵的平和及满足中的。所以要得到幸福就必须合理地限制这种担心别人会怎么说的本能冲动，我们要切除现有分量的五分之四，这样我们才能拔去身体上一根常令我们痛苦的刺。当然要做到这一点是很困难的，因为此类冲动原是人性内自然的执拗。泰西特斯说[4]："一个聪明人最难摆脱的便是名利欲。"制止这种普遍愚昧的唯一方法就是认清这是一种愚昧，一个人如果完全知道了人家在背后怎么说他，他会烦死的。最后，我们也清楚地晓得，与其他许多事情比较，荣誉并没有直接的价值，它只有间接价值。如果人们能从这个愚昧的想法中挣脱出来，他就可以获得现在所不能想象的平和与快乐：他可以更坚定和自信地面对着世界，不必再拘谨不安了。退休的生活有助于心灵的平和，就是由于我们离开了长久受人注视下的生活，不需要时时刻刻顾忌到他们的评语：换句话说，我们能够"归返到本性"上生活了。同时我们也可以避免许多厄运，这些厄运是由于我们现在只追寻别人的意见而造成的，由于我们的愚昧造成的厄运只有当我们不再在意这些不可捉摸的阴影，并注意坚实的真实时才能避免,这样我们方能没有阻碍地享受美好的真实。但是,别忘了:值得做的事都是难做的事。

(选自柏杨、纪伯伦等著《人一生要读的60篇随笔》,中国和平出版社,2006年版)

注 释

[1] 本文是叔本华谈论名誉问题的哲理名文。本文的标题,或译为《名誉》,或译为《人所展现的表象》,本文的内容,有多种译本,均顾此失彼,几经比较,选择了上述版本。

[2] 维吉士,或译为"维吉尼斯""卢修斯·维吉尼斯"等,曾任古罗马保民官(古罗马时期维护平民利益的一种特殊官职),为使女儿维吉尼亚免遭贵族阿庇留斯·克劳狄的强行占有,不得已将女儿杀死。

[3] 马提奥·阿尔曼(1547—约1614),或译为"马迪奥·阿莱曼"等,西班牙小说家。

[4] 泰西特斯(约55—约120),或译为"塔西佗",古罗马历史学家。

阅 读 提 示

对名誉的欲望,是心灵的本能。人的一生总在不同的名誉中奔走,为不同的名誉争夺,甚至在争夺中降低生命的品位。叔本华《名誉》一文,以独特的思考与感受,谈论了人们普遍看重的"名誉"问题。全文可大致划分为三大部分,共谈了三个方面的问题:一是摆现象,二是论危害、究根源,三是提出解决办法。

在摆现象上,作者形象地指出了人们面对即使是虚假的赞美时的喜悦,以及被冷淡、轻视、忽略或受到伤害时的痛苦。这些都是人们对待自身"名誉"的一贯表现。在论危害、究根源上,作者见解独到。他认为看重"名誉"是危险的,它会使人找不到幸福的源头,而寄希望于别人的赞美,结果成为"名誉"的奴隶。而人们之所以看重"名誉",其根源在于人性深处,在于人性的虚荣,在于过分重视他人的意见,当然还在于社会环境。在提出解决办法上,叔本华认为,"制止这种普遍愚昧的唯一方法就是认清这是一种愚昧",即只有从思想上真正彻底地认识到虚荣的危害,认识到它是一种愚昧,才能加以避免和改正。同时指出,这种认识也是比较困难的,因为生活的经验告诉我们:"值得做的事都是难做的事。"这样,既点出了关键,又指出了困难,使大家更加认识到此项任务的艰巨。

叔本华认为,人的欲壑难填,欲望愈大,痛苦愈烈,而与欲望有着直接联系的荣誉感并不能给人们带来持久的幸福感。相反,人们的痛苦很多时候来自对"名誉"的注重。因此,要得到幸福就"必须合理地限制这种担心别人会怎么说的本能冲动",即不要太盲目追求所谓的"名誉",而要时时警惕"虚荣心"的滋生。可谓论述深刻,见解独到。

思 考 与 训 练

1. 叔本华认为"荣誉"是在欲望和功利心的基础上产生的,对此你如何看?

2. 叔本华认为幸福存在于心灵的平和与满足中,人类的痛苦很多时候来自对"名誉"的注重,你赞同这个观点吗?为什么?

3. 读了本文,你认为真正的"名誉"是什么?你将以怎样的态度来审视与对待"名誉"?

我的世界观[1]

爱因斯坦

阿尔伯特·爱因斯坦(1879—1955),生于德国乌尔姆镇,20世纪最伟大的科学家,现代物理学的开创者、集大成者和奠基人,同时也是一位著名的思想家和哲学家。1921年获得诺贝尔物理学奖。1933年因受纳粹政权迫害迁居美国,1940年入美国国籍。爱因斯坦成为人类历史上一位杰出的科学家、创新天才,不仅在于他杰出的科学成就,更在于他恢宏的胸襟和崇高的人格。热爱真理,追求正义,深切关怀社会进步,是他无穷探索、一生奋斗的精神动力。除科学研究外,他还留下了许多关于政治、社会、人生感悟的文字,同样给世人以巨大而深刻的影响。

我们这些总有一死的人的命运是多么奇特呀!我们每个人在这个世界上都只作一个短暂的逗留;目的何在,却无所知,尽管有时自以为对此若有所感。但是,不必深思,只要从日常生活就可以明白:人是为别人而生存的——首先是为那样一些人,他们的喜悦和健康关系着我们自己的全部幸福;然后是为许多我们所不认识的人,他们的命运通过同情的纽带同我们密切结合在一起。我每天上百次地提醒自己:我的精神生活和物质生活都依靠着别人(包括活着的人和已死去的人)的劳动,我必须尽力以同样的分量来报偿我所领受了的和至今还在领受着的东西。我强烈地向往着俭朴的生活,并且时常为发觉自己占有了同胞的过多劳动而难以忍受。我认为阶级的区分是不合理的,它最后所凭借的是以暴力为根据。我也相信,简单淳朴的生活,无论在身体上还是在精神上,对每个人都是有益的。

我完全不相信人类会有那种在哲学意义上的自由。每一个人的行为,不仅受着外界的强迫,而且还要适应内心的必然。叔本华(Schopenhauer)说:"人能够做他所想做的,但不能要他所想要的。"[2]这句话从我青年时代起,就对我是一个非常真实的启示;在我自己和别人生活面临困难的时候,它总是使我们得到安慰,并且永远是宽容的泉源。这种体会可以宽大为怀地减轻那种容易使人气馁的责任感,也可以防止我们过于严肃地对待自己和别人;它还导致一种特别给幽默以应有地位的人生观。

要追究一个人自己或一切生物生存的意义或目的,从客观的观点看来,我总觉得是愚蠢可笑的。可是每个人都有一定的理想,这种理想决定着他的努力和判断的方向。就在这个意义上,我从来不把安逸和快乐看作是生活目的本身——这种伦理基础,我叫它猪栏的理想。照亮我的道路,并且不断地给我新的勇气去愉快地正视生活的理想,是善、美和真。要是没有志同道合者之间的亲切感情,要不是全神贯注于客观世界——那个在艺术和科学工作领域里永远达不到的对象,那么在我看来,生活就会是空虚的。人们所努力追求的庸俗的目标——财产、虚荣、奢侈的生活——我总觉得都是可鄙的。

我对社会正义和社会责任的强烈感觉，同我显然的对别人和社会直接接触的淡漠，两者总是形成古怪的对照。我实在是一个"孤独的旅客"，我未曾全心全意地属于我的国家、我的家庭、我的朋友，甚至我最接近的亲人；在所有这些关系面前，我总是感觉到有一定距离并且需要保持孤独——而这种感受正与年俱增。人们会清楚地发觉，同别人的相互了解和协调一致是有限度的，但这不足惋惜。这样的人无疑有点失去他的天真无邪和无忧无虑的心境；但另一方面，他却能够在很大程度上不为别人的意见、习惯和判断所左右，并且能够不受诱惑要去把他的内心平衡建立在这样一些不可靠的基础之上。

我的政治理想是民主主义。让每一个人都作为个人而受到尊重，而不让任何人成为崇拜的偶像。我自己受到了人们过份的赞扬和尊敬，这不是由于我自己的过错，也不是由于我自己的功劳，而实在是一种命运的嘲弄。其原因大概在于人们有一种愿望，想理解我以自己的微薄绵力通过不断的斗争所获得的少数几个观念，而这种愿望有很多人却未能实现。我完全明白，一个组织要实现它的目的，就必须有一个人去思考，去指挥，并且全面担负起责任来。但是被领导的人不应当受到强迫，他们必须有可能来选择自己的领袖。在我看来，强迫的专制制度很快就会腐化堕落。因为暴力所招引来的总是一些品德低劣的人，而且我相信，天才的暴君总是由无赖来继承，这是一条千古不易的规律。就是这个缘故，我总是强烈地反对今天我们在意大利和俄国所见到的那种制度[3]。象欧洲今天所存在的情况，使得民主形式受到了怀疑，这不能归咎于民主原则本身，而是由于政府的不稳定和选举制度中与个人无关的特征。我相信美国在这方面已经找到了正确的道路。他们选出一个任期足够长的总统，他有充分的权力来真正履行他的职责。另一方面，在德国的政治制度中[4]，我所重视的是，它为救济患病或贫困的人作出了比较广泛的规定。在人类生活的壮丽行列中，我觉得真正可贵的，不是政治上的国家，而是有创造性的、有感情的个人，是人格；只有个人才能创造出高尚的和卓越的东西，而群众本身在思想上总是迟钝的，在感觉上也总是迟钝的[5]。

讲到这里，我想起了群众生活中最坏的一种表现，那就是使我所厌恶的军事制度。一个人能够洋洋得意地随着军乐队在四列纵队里行进，单凭这一点就足以使我对他轻视。他所以长了一个大脑，只是出于误会；单单一根脊髓就可满足他的全部需要了。文明国家的这种罪恶的渊薮应当尽快加以消灭。由命令而产生的勇敢行为，毫无意义的暴行，以及在爱国主义名义下一切可恶的胡闹，所有这些都使我深恶痛绝[6]！在我看来，战争是多么卑鄙、下流！我宁愿被千刀万剐，也不愿参预这种可憎的勾当[7]。尽管如此，我对人类的评价还是十分高的，我相信，要是人民的健康感情没有被那些通过学校和报纸而起作用的商业利益和政治利益加以有计划的败坏，那么战争这个妖魔早就该绝迹了。

我们所能有的最美好的经验是神秘的经验。它是坚守在真正艺术和真正科学发源地上的基本感情。谁要是体验不到它，谁要是不再有好奇心也不再有惊呀的感觉，他就无异于行尸走肉，他的眼睛是迷糊不清的。就是这种神秘的经验——虽然掺杂着恐怖——产生了宗教。我们认识到有某种为我们所不能洞察的东西存在，感觉到那种只能以其最原始的形式为我们感受到的最深奥的理性和最灿烂的美——正是这种认识和这种情感构成了真正的宗教感情；在这个意义上，而且也只是在这个意义上，我才是一个具有深挚的宗教感情的人。我无法想象一个会对自己的创造物加以赏罚的上帝，也无法想象它会有象在我们自己身上所体验到的那样一种意志。我不能也不愿去想象一个人在肉体死亡以后还会继续活着；让那些脆弱的灵魂，由于恐惧或者由于可笑的唯我论，去拿这种思想当宝贝吧[8]！我自己只求满足于生命永恒的神秘，满足于觉察现存世界的神奇的结构，窥见它的一鳞半爪，并且以诚挚的努力去领悟在自然界中显示出来的那个理性的一部分，即使只是其极小的一部分，我也就心满意足了。

（选自赵中立、许良英编译《纪念爱因斯坦译文集》，上海科学技术出版社，1979年版）

注　释

[1] 本文是爱因斯坦谈论自己人生观与世界观的名文，最初发表在 1930 年出版的《论坛和世纪》（Forum and Century），84 卷，193—194 页，当时用的标题为《我的信仰》（What I believe）。

[2] 叔本华这句话的德文原文是："Ein Mensch kann zwar tun, was er will, aber nichi wollen, was er will."——编译者。

[3] 第二次世界大战期间，爱因斯坦承认他在战前很长一段时期受了反苏宣传的影响，以后他对这个问题的看法有一些改变。参见他 1942 年 10 月 25 日在美国"犹太人支援俄国战争公会"一次宴会上的演讲和 1950 年 3 月 16 日给美国反共理论家胡克的一封信——编译者。

[4] 指 1918 年第一次世界大战结束时建立，1933 年被希特勒推翻的"魏玛（Weimar）共和国"。本文最初发表时用的不是"德国的政治制度"，而是"我们的政治制度"——编译者。

[5] 爱因斯坦由于目睹了德国军国主义的泛滥和法西斯瘟疫的蔓延，对群众和群众运动产生了非常错误的看法，这种错误看法也常在别的文章中流露出来——编译者。

[6] 以上这段议论，是他对当时意大利墨索里尼、德国希特勒法西斯专制势力正企图掀起战争暴力和其他种种暴行的严厉斥责。

[7] 1933 年 7 月以后，爱因斯坦改变了这种绝对的反战态度，积极号召反法西斯力量武装起来，以打击法西斯的武装侵略。参见 1933 年 7 月 20 日给 A. 纳翁的信——编译者。

[8] 这些话表明他有的并不是一般意义上的宗教感情，而是深刻关怀人类福祉的那种挚爱之情。

阅　读　提　示

　　本文是爱因斯坦在谈自己世界观方面最具代表性也最著名的一篇文章。他从人应当为别人而生存、人不能要他所想要的、他自身追求真善美的人格理想、他自身崇尚民主主义的政治理想，以及他的宗教情结等方面，述说了自己的人生观和世界观。全文言辞恳切，坦诚自然，深刻锐利，举重若轻，显示了作者开阔的胸襟和恢宏的气度。

　　文章开篇即宣言：人是为别人而生存的，首先为那些其喜悦和健康关系着我们自己全部幸福的人，其次为那些彼此虽不相识但其命运却通过同情的纽带同我们密切关联的人。因此，他每天上百次地提醒自己，其精神生活和物质生活都依靠着别人的劳动，自己必须尽力报偿他们。这是其人生观和世界观的基础与核心。

接着,作者说人类不会有真正哲学意义上的自由,叔本华所言"人虽然能够做他所想做的,但不能要他所想要的"这句话给了他真正的启示,使他在困难时得到安慰,而且永远是宽容的源泉。他认为,人应该尽量做想做的,不能要所想要的,这是其基于社会群体意识的严格自律。

在探求个人或一切生物生存的意义或目的上,爱因斯坦认为,每个人都有自己的理想,这种理想决定了他努力和判断的方向。他自己的理想是追求真善美,并认为追求安逸和享乐是猪栏的理想,还认为追求财产、虚荣、奢侈的世俗生活庸俗可鄙。

爱因斯坦坚持独立思考,崇尚民主,其政治理想是民主主义。他认为天才的暴君总是由无赖来继承,真正可贵的不是政治上的国家,而是有创造性的、有感情的个人,是人格。

爱因斯坦高度评价人类对宇宙奥妙的探索精神,坚守真正艺术和真正科学发源地上的基本感情。作为一个具有深挚的宗教感情的人,科学精神与人文精神在其身上得到了高度统一与体现。

思 考 与 训 练

1. 爱因斯坦认为"人是为别人而生存的",自己的物质生活和精神生活都依靠着别人,因此必须对别人尽力以同样的分量来报偿,你赞同这个观点吗?为什么?

2. 爱因斯坦认为简单淳朴的生活对人身心有益,追求财产、虚荣、奢侈的生活庸俗可鄙,那么在物质文明与精神文明共建的今天,我们该如何平衡身心?

3. 如何理解叔本华"人虽然能够做他所想做的,但不能要他所想要的"这句话?

4. 自然科学家关心政治,也追求真善美,这对科学研究是否有必要?是否在浪费精力和时间?文科生要学点理科知识,理科生要学点文科知识,这能有什么好处?二者能否渗透互补?

第三单元 经济人文

德国哲学家卡西尔认为:"科学是人的智力发展中的最后一步,并且可以被看成是人类文化最高最独特的成就。"科学离不开文学,"几乎所有的自然科学都不得不通过一个神话阶段"。科学家在观察"天空的美"的时候,几乎同"大艺术家所精心绘制的图案画或肖像画的美一样"。科学家虽然靠理性和理智来把握,但他始终离不开神话般的想象力。同样,文学也离不开科学精致的成果和理智的光辉。一旦被"遗忘和遮蔽",文学就会陷于困境。所以它在"文艺复兴的时代不得不被重新发现重新建立"(卡西尔《人论》)。自然科学尚且如此,作为社会科学的经济,它与人文科学的关系更是密不可分。正如何清涟女士所说:"缺乏人文精神的经济发展,在利益的角逐中人们将不再受到自制、理性、公正、博爱等精神的约束,只有对金钱赤裸裸的无耻追逐。这样的'发展'就算是暂时获得了效益,但充其量只是一种残缺的发展。"(何清涟《现代化的陷阱》)这样的"发展",只能造成"泡沫经济"。

正是基于这样的社会背景,我们要求财经类院校的学生,在经济学科的浸透中,关注人文;在人文经典的熏陶中,温习经济。本模块正是基于这样的理念,精心选择兼顾经济人文的经典作品。这些作品以文学的眼光,对当时人的经济生活进行了深切的理性关怀。

文学是以语言为工具的、对社会生活的形象反映。经济生活作为现实生活的重要部分,注定了必然被文学关注的命运。《诗经》作为中国文学的源头,更是广泛地展示几千年前人们的经济社会生活现实。《七月》是《诗经·国风》中公认的具有极高历史价值和文学价值的作品。它广泛而真实地展示了西周初年农耕奴隶们的生活图景。诗风古朴淳厚,虽然没有像春秋时代某些作品那样对奴隶主强烈的指控与反抗,但我们从这种平淡、低沉而凄婉的调子中,从全诗摆出来的一系列事实中,可以具体而深切地感受到农耕奴隶们被奴役、被剥削、被践踏的深重苦难。奴隶主不但剥削他们的劳动,霸占他们创造的财富,还占有奴隶的人身自由,这篇诗是奴隶社会阶级压迫的真实写照。

可以说,对现实社会中人的关注,一直是中国古代哲人思考的永恒主题。在孟子看来,给予人民一定的固定产业,是关乎人民生存的大事。孟子说"是故明君制民之产,必使仰足以事父母,俯足以畜妻子,乐岁终身饱,凶年免于死亡"(《梁惠王上》)。

孟子认为"若民，则无恒产，因无恒心，苟无恒心，放辟邪侈，无不为已"（《滕文公上》）。在孟子看来，恒产是关乎人民生存、生活之大事，百姓是否拥有固定产业关系到统治者能否很好地进行统治的重要问题。孟子不是经济学家，他不可能提出一系列系统的经济思想，但是作为一个哲人，他用诗一般的语言，勾画了一个理想的小农经济社会蓝图："五亩之宅，树之以桑，五十者可以衣帛矣。鸡豚狗彘之畜，无失其时，七十者可以食肉矣。百亩之田，勿夺其时，数口之家可以无饥矣；谨庠序之教，申之以孝悌之义，颁白者不负戴于道路矣。"这是一个2000多年前的梦想，今天读来，仍然是那么令人神往。

在经济生活中，农民问题、粮食问题一直是千百年来人们最为关注的重大问题。晁错《论贵粟疏》提出了"重农贵粟"的思想。晁错认为："今法律贱商人，商人已富贵矣；尊农夫，农夫已贫贱矣。"在晁错看来，整个农业生产过程充满了年复一年的艰辛，农民的日常生活亦充满了无休无止的劳作之苦："春不得避风尘，夏不得避暑热，秋不得避阴雨，冬不得避寒冻，四时之间，无日休息。"而农业劳动生产率又很低：农民五口之家，"其能耕者不过百亩，百亩之收不过百石"。而且农民的负担又十分沉重：一是"又私自送往迎来，吊死问疾，养孤长幼在其中"，日常费用开支极大；二是赋役负担极为繁重。五口之家"其服役者不下二人"；三是深受商人和高利贷者的多重盘剥。农民为缴纳赋税"赋敛不时"，只有"当具有者半贾而卖"，高利贷者与商人乘机兼并农民，从而加重了农民的痛苦和灾难，农民又得承受"卖田宅、鬻子孙以偿债"的苦楚。这种对农民经济生活地位的分析，可谓字字沉重。

长久以来，在中国古代的社会秩序中，商人一直是最受歧视的对象。然而，司马迁《货殖列传》从重商主义出发，认为农虞工商四业是"民所衣食之原"，人民的生产生活都离不开这四个部门。农、虞、工、商四业并举，互相联合，将生产、分配、交换、消费四个环节实现有机联系，从而形成完整系统的生产和再生产体系。整个国民经济更是由此四个部门组成的，彼此相依，缺一不可，否则，"农不出则乏其食，工不出则乏其事，商不出则三宝绝，虞不出则财匮少"。农工商虞四个部门都发展起来，对国家和人民皆有好处，"上则富国，下则富家"。他反对人为限制四个部门。就工商业而言，他突破了传统重本抑末观念的陈见，高度肯定工商的作用，并且主张四业并重，主张给与商人应有的社会地位。司马迁指出要调整好农业和工商业的关系，要均衡处理好农民和工商业者之间利益分配及冲突问题。夫粜，二十病农，九十病末。末病则财不出，农疾则草不辟也。"由此可见，他认为农民与工商业者都得到合理的利益，彼此共赢，从而更充分地发展生。

对农民现实生活与地位的关注，构成了中国文学史上一道不朽的风景。白居易作为新乐府运动的倡导者，远承乐府，近绍杜甫，提出"文章合为时而著，歌诗合为事而作"的诗歌理论。白居易认为，诗歌创作的目的只有一个，那就是补察时政。他在《与元九书》中，回顾早年的创作情形说："自登朝来，年齿渐长，阅事渐多，每与人言，多询时务；每读书史，多求理道，始知文章合为时而著，歌诗合为事而作。"他还说，"但伤民病痛，不识时忌讳"（《伤唐衢二首》），同时创作了大量反映民生疾苦的讽喻诗，其总体意图是"惟歌生民病，愿得天子知"（《寄唐生》）。唯有民情上达天听，上层开壅蔽、达人情，国家政治才会趋向清明。《红线毯》以尖锐之笔，对宣州太守掠夺蚕桑的恶劣行径进行了严厉的谴责，他几乎是指着宣州太守的鼻子厉声喝问，表现了为民请命而"不惧权豪怒"（《寄唐生》）的精神。诗人在痛苦愤慨之余，不由发出振聋发聩的呐喊："地不知寒人要暖，少夺人衣作地衣！"这是控诉，也是怒斥，锋芒毕露，直指时弊。

在封建时代庞大的官僚体系中，王安石不愧为一位杰出的改革者。在作为地方官时，他曾大修农田水利，起堤堰，决陂塘，为水陆之利。此后受朝廷重用，大刀阔斧施行新政，提出"天变不足畏，祖宗不足法，人言不足恤"，表现了卓越的气魄和胆识。《答司马谏议书》针对保守派司马光指责新法为侵官、生事、征利、拒谏等四事，严加驳斥，体现了作者刚毅果断和坚持原则的政治家风度。

宋元以来，历代文人对市民社会的关注，已成为文学中不可忽视的潮流。张岱生活于明清鼎革之际，其散文《西湖香市》描写春夏之交，普通民众在西湖香市进行的一种富有地方特色的民俗活动。香市是民间长期自然形成的一种商贸市场，交换的大多是小手工业产品或农牧畜猎产品。张岱以真实生动而富于变化的笔触，对西湖昭庆寺的人山人海、繁华热闹的场面进行了着意的渲染，令人感受到西湖香市特有的浓郁经济文化氛围。

洪亮吉《治平篇》作于清乾隆五十八年（1793年），针对人口学问题提出了一些不同于前人的卓越见解，就人口增长过速的问题，深刻地指出：治平之世的人口激增与经济发展存在着巨大的矛盾，由此可能引发严重的社会危机，这是当前最大的隐忧。在"康乾盛世"能提出这样的问题，足见作者眼光之长远，思想之敏锐。尽管囿于历史局限，将太平之世的危机仅仅归于人口的增加，难免失之偏颇，但是作者的这一忧患意识，不仅在当时振聋发聩，一新天下人之耳目，而且在中国处于经济高速增长的今天，仍不乏启迪和警醒作用。

"古有陶朱公，今有胡雪岩。"胡雪岩为晚清时代风云传奇人物。他出身贫寒，在短短十几年内发展迅猛，成为当时最为杰出的巨商富贾；胡雪岩为清朝政府向外国银行担保贷款，为左宗棠收复新疆筹备军饷，功成后慈禧太后赐其黄褂，被誉为红顶商人；胡雪岩奉母亲之命建起胡庆余堂，童叟无欺、市不二价，当瘟疫盛行时向百姓捐药舍粥，故有胡大善人之称。然功高一世富可敌国的胡雪岩，在短短几年内家产荡尽，60余岁郁郁而终。一个多世纪过去了，人们为什么依然记得胡雪岩？乃是因为他创办的胡庆余堂还在，其修建的大宅基业还在，更因为他传奇的一生给我们留下了无尽的思考。

自古以来，读书如品食，得其法，营养与美味兼得；不得其法，或不得美味，或不得滋养，或伤害身心。然而其法何在？古今中外名人读书各不相同，皆因事、因人、因书而变。苏轼是宋代著名文学家，他在文学艺术领域如诗、词、散文、书法、绘画等成就卓著。即使在读书方法上也独具特色，提出了著名的"八面受敌"读书法。他在《又答王庠书》中说："卑意欲少年为学者，每一书皆作数过尽之。书富如入海，百货皆有，人之精力，不能兼收尽取，但得其所欲求者尔。故愿学者每次作一意求之。"书富如海，不可穷尽，故要求"每一书作数次读"、每次"且只作此意求之"，就是把一部书按内容分成若干项目，一个一个有重点地深入学习、研究，集中精力打"歼灭战"，然后在分项研究的基础上，进行综合，达到融会贯通。这样就算"八面受敌"也能应对。"受敌"指经得住考验，抵挡住各种疑难的袭击。这的确是苏东坡读书、治学的经验之谈。苏东坡在谈到他读《汉书》的经验时说："吾尝读《汉书》矣，盖数过而始尽之。如治道、人物、地理、官制、兵法、财货之类，每一过专求一事。不待数过，而事事精窍矣。"本模块侧重从经济角度关注人文经典，要求学生在人文经典的文学熏陶中，发现历代经济兴衰的蛛丝马迹，从而实现经济与人文的融合与贯通，为我校锻造"儒魂商才"提供基本的理论支撑。

课外阅读篇目

庄子《庄子·胠箧》；司马迁《史记·平准书》；桓宽《盐铁论》；《战国策·秦策》（吕不韦奇货可居）；辛弃疾《美芹十论》；茅盾《子夜》《春蚕》；[美]马克·吐温《百万英镑》；马寅初《中国何以如此贫弱》（演讲稿）；梁启超《生计学学说沿革小史》；梁小民《小民话晋商》；梁小民《经济学是什么》；高阳《胡雪岩》（上、下）；黄维若《大清徽商》（上、下）；宫达非、胡伟希主编《儒商读本》（人物卷）。

七 月

《诗经》

《诗经》简介见第一单元《无衣》。

七月流火[1]，九月授衣[2]。一之日觱发[3]，二之日栗烈[4]。无衣无褐，何以卒岁[5]？三之日于耜，四之日举趾[6]。同我妇子，馌彼南亩[7]。田畯至喜[8]。

七月流火，九月授衣。春日载阳，有鸣仓庚[9]。女执懿筐，遵彼微行，爰求柔桑[10]。春日迟迟[11]，采蘩祁祁[12]。女心伤悲，殆及公子同归[13]。

七月流火，八月萑苇[14]。蚕月条桑[15]，取彼斧斨[16]，以伐远扬[17]，猗彼女桑[18]。七月鸣鵙，八月载绩[19]。载玄载黄，我朱孔阳，为公子裳[20]。

四月秀葽，五月鸣蜩[21]。八月其获，十月陨萚[22]。一之日于貉，取彼狐狸，为公子裘[23]。二之日其同，载缵武功[24]。言私其豵，献豣于公[25]。

五月斯螽动股，六月莎鸡振羽[26]。七月在野，八月在宇，九月在户，十月蟋蟀入我床下[27]。穹窒熏鼠，塞向墐户[28]。嗟我妇子，曰为改岁，入此室处[29]。

六月食郁及薁，七月亨葵及菽[30]。八月剥枣，十月获稻[31]。为此春酒，以介眉寿[32]。七月食瓜，八月断壶，九月叔苴[33]。采荼薪樗，食我农夫[34]。

九月筑场圃，十月纳禾稼[35]。黍稷重穋，禾麻菽麦[36]。嗟我农夫，我稼既同，上入执宫功[37]。昼尔于茅，宵尔索绹[38]。亟其乘屋，其始播百谷[39]。

二之日凿冰冲冲，三之日纳于凌阴[40]。四之日其蚤，献羔祭韭[41]。九月肃霜，十月涤场[42]。朋酒斯飨，曰杀羔羊[43]。跻彼公堂，称彼兕觥，万寿无疆[44]！

（选自王秀梅译注《诗经》，中华书局，2006年版）

注 释

[1] 七月：夏历七月。流：天空中行星的位置向下移动。火：星名，即心宿，古又称大火星。每年夏历的六月黄昏，大火星出现于南方天空，也就是正中和最高位置。七月以后，逐渐向西偏下，气候也逐渐寒冷。

[2] 九月：夏历九月。授衣：把裁制冬衣的差事分配给妇女。马瑞辰《毛诗传笺通释》："凡言'授'者，皆授使为之也。此诗'授衣'，亦授冬衣使为之。盖九月妇功成，丝麻之事已毕，始可为衣。非谓九月冬衣已成，遂以授人也。"

[3] 一之日：周历的正月，即夏历的十一月。周代建子，以正月为岁首。夏代建寅，故周历正月相当于夏历的十一月。下文的"二之日""三之日""四之日"可顺序类推。觱发（bì bō）：寒风吹物发出的声音。

[4] 栗烈：寒气袭人。

[5] 褐（hè）：粗布衣服。卒岁：终岁，年底。这两句大意是说，没有衣服，怎样过冬？

[6] 于：为，修理。耜（sì）：古代的一种农具。举趾：抬足，这里指下地种田。

[7] 馌（yè）：往田里送饭。南亩：泛指田地。

[8] 田畯（jùn）：农官。至喜：甚喜。

[9] 春日：夏历的三月。载：开始。阳：天气和暖。有：语助词，无意义。仓庚：黄莺。

[10] 懿筐：深筐，大篮子。遵：沿着。微行：小路。爰：语助词，相当于"于是"。柔桑：嫩桑叶。

[11] 迟迟：舒缓。这句话是说，春天日长。

[12] 蘩：白蒿。祁祁：很多的样子。

[13] 殆：危，危则可畏，引申为害怕。及：与。这两句的意思是说，采桑女心里伤悲，害怕自己被公子们掳去。

[14] 萑（huán）苇：荻草和芦苇，可以制蚕箔以养蚕。

[15] 蚕月：养蚕的月份，指夏历三月。条：修剪。

[16] 斧斨（qiāng）：装柄处圆孔的叫斧，方孔的叫斨。

[17] 远扬：指又高又长的桑枝。

[18] 猗（yī）："掎"的借字，拉着。女桑：嫩桑叶。

[19] 鵙（jú）：伯劳鸟，叫声响亮。绩：织麻布。

[20] 载：语助词，无义。玄：黑而有赤的颜色。朱：深红色。孔阳：鲜明。

[21] 秀：长穗或结子。葽（yāo）：草本植物，今名远志，可入药。蜩（tiáo）：蝉，知了。

[22] 陨：落下。萚（tuò）：枝叶脱落。

[23] 于貉（hé）：去猎取兽皮毛为衣。

[24] 缵：继续。武功：打猎。

[25] 言：语首助词，无义。私：动词，私人占有。豵（zōng）：本指一岁的小猪，此处泛指小兽。豜（jiān）：三岁的野猪，此处泛指大兽。

[26] 斯螽（zhōng）：蚱蜢。动股：两腿相摩擦发出声音。莎（suō）鸡：虫名，即纺织娘。振羽：以翅摩擦发声。

[27] 宇：屋檐。此处指屋檐下。此四句皆写蟋蟀。《郑笺》："自七月在野，至十月入我床下，皆谓蟋蟀也。言此三物之如此，著将寒有渐，非卒来也。"

[28] 穹（qióng）室：尽塞室中孔隙。熏鼠：用烟熏赶老鼠。向：朝北的窗户。墐（jìn）：用湿泥把门缝涂满。

[29] 嗟：感叹词。曰：发语词。改岁：过年。处：居住。

[30] 郁：郁李，其果实酸甜可食。薁（yù）：野葡萄，其浆果为紫色，可食。亨：烹。葵：冬葵。菽：大豆。

[31] 剥（pū）：敲击。获稻：割稻。

[32] 春酒：冬天酿酒，春天始成，故名曰春酒。介（gài）：借为"丐"，祈求。眉寿：长寿。人老之后，眉毛变长，故称眉寿。

[33] 断：采摘。壶："瓠"之借字，葫芦。叔：拾取。苴（jū）：秋麻籽，可吃。

[34] 荼（tú）：苦菜。薪：用作动词，砍柴。樗（chū）：臭椿树。

[35] 场：打谷场。圃：菜圃。《毛传》："春夏为圃，秋冬为场。"纳：收进谷仓。

[36] 黍：小米。稷：高粱。重穋（lù）：晚熟作物叫重，早熟作物叫穋。禾：粟。

[37] 同：聚拢、集中。上：同"尚"，还要。执：服役。功：事，此处指为贵族修建宫室。

[38] 于茅：割取茅草。索绹（táo）：搓绳子。

[39] 亟：急忙。乘屋：爬上房顶去修理。其始：将要开始。

[40] 冲冲：用力敲冰的声音。凌阴：冰室。

[41] 蚤：同"早"。一种祭祀仪式。羔：小羊。献上小羊和韭菜以祭祖，为当时开窖取冰前的仪式。

[42] 肃霜：肃爽。双声词，形容秋天气候清朗。涤场：打扫场院。

[43] 朋酒：两杯酒。《毛传》："两樽曰朋。"斯：句中助词。飨（xiǎng）：乡人相聚宴饮。曰：同"聿"，发语词。

[44] 跻（jī）：登上。公堂：族众活动的共同场所，多用于集会、祭祀等活动。称：举杯敬酒。兕觥（sì gōng）：古时的酒器，用犀牛角制成的酒杯。万寿无疆：颂祷常用习语。

阅读提示

豳（bīn），又写作邠，位于今陕西旬邑一带，为周人原祖先居住地。据载周人祖先公刘迁于豳地，至十世后，始迁于岐山之下之周原。《七月》是《国风》中最长的一首诗，采用了长轴画的结构来表现特定的丰富内容，具有极其重要的史料价值，它全面记述了豳地农奴全年的社会和经济生活，从各个侧面展示了当时社会风俗。正如姚际恒《诗经通论》所说："鸟语虫鸣，草荣木实，似《月令》；妇子入室，茅綯升屋，似《风俗书》；流火寒风，似《五行志》；养老慈幼，跻堂称觥，似庠序礼；田官染职，狩猎藏冰，祭献执宫，似国家典制书。其中又有似《采桑图》《田家乐图》《食谱》《谷谱》《酒经》：一诗之中，无不具备，洵天下之至文也！"凡春耕、秋收、冬藏、染绩、狩猎、采桑、缝衣、建房、酿酒、宴飨、劳役等，无所不写，可以说是西周晚期社会的一个横截面。

而关于此诗的内容与艺术，前人也推崇备至。牛运震《诗志》云："此诗以编纪月令为章法，以蚕衣农食为节目，以预备储蓄为筋骨，以上下交相忠爱为血脉，以男女室家之情为渲染，以谷蔬虫鸟之属为点缀，平平常常，痴痴钝钝，自然、充悦、和厚、典则、古雅，此一诗而备三体。又一诗中而藏无数小诗，真绝大结构也。有七八十老人语，然和而不傲；有十七八女子语，然婉而不媚；有三四十壮者语，然忠而不戆。凡诗皆专一性情，此诗兼各种性情，一派古风，满篇春气，斯为诗圣大作手。"

思考与训练

1. 近年来，报刊上屡屡用"七月流火"来形容天气炎热，这种用法是否正确，为什么？
2. 本篇描述了豳地农奴们怎样的社会经济生活？

梁惠王上（节选）

孟　子

孟子（约公元前372—前289），名轲，字子舆，战国中期邹国（今山东邹县）人，著名的思想家、政治家、教育家，孔子学说的继承者，儒家的重要代表人物。

梁惠王曰[1]。"寡人之于国也[2]，尽心焉耳矣[3]。河内凶，则移其民于河东，移其粟于河内[4]。河东凶亦然。察邻国之政，无如寡人之用心者。邻国之民不加少，寡人之民不加多[5]，何也？"

孟子对曰："王好战，请以战喻[6]。填然鼓之[7]，兵刃既接[8]，弃甲曳兵而走[9]。或百步而后止[10]，或五十步而后止。以五十步笑百步，则何如？"

曰："不可，直不百步耳[11]，是亦走也。"

曰："王如知此，则无望民之多于邻国也。

"不违农时，谷不可胜食也[12]；数罟不入洿池[13]，鱼鳖不可胜食也；斧斤以时入山林[14]，材木不可胜用也。谷与鱼鳖不可胜食，材木不可胜用，是使民养生丧死无憾也[15]。养生丧死无憾，王道之始也。

"五亩之宅，树之以桑，五十者可以衣帛矣[16]。鸡豚狗彘之畜，无失其时[17]，七十者可以食肉矣。百亩之田，勿夺其时[18]，数口之家可以无饥矣。谨庠序之教[19]，申之以孝悌之义[20]，颁白者不负戴于道路矣[21]。七十者衣帛食肉，黎民不饥不寒，然而不王者[22]，未之有也。

"狗彘食人食而不知检[23]，涂有饿莩而不知发[24]；人死，则曰：'非我也，岁也[25]。'是何异于刺人而杀之，曰：'非我也，兵也。'王无罪岁[26]，斯天下之民至焉[27]。"

（选自王国轩、张燕婴、蓝旭等译《四书》，中华书局，2011年版）

注　释

[1] 梁惠王：即战国时期魏惠王（公元前369—前319）。魏原都安邑（今山西夏县），公元前361年魏惠王迁都大梁（今河南开封），故魏亦被称为梁，魏惠王亦被称为梁惠王。

[2] 寡人：寡德之人，是人君的自谦之词。

[3] 尽心焉耳矣："尽心"，犹言尽力。"焉耳矣"，句末助词，重叠使用，加强语气。谓于救荒之事已竭尽一己之力。

[4] 河内：黄河以北的今河南省沁阳、济源、博爱一带。河东：黄河以东的今山西省西南部。河内、河东均是魏国的领土。凶：谓年岁饥荒。

[5] 加少：减少。加多：增多。

[6] 请以战喻："喻"，本作谕，譬也，即比譬义。言请用战争为比譬。

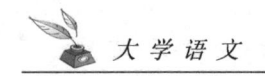

[7] 填然：填塞、充满的样儿，形容鼓声很大。鼓：作动词用，谓击鼓以进军。

[8] 兵：兵器，刀、剑、戈、矛等。刃：锋利的刀。接：接触。

[9] 甲：铠甲。曳：拖。走：逃跑。

[10] 或：有人。

[11] 直：仅，只是。

[12] 不违农时：不误农业生产的季节。胜（shēng）：尽。

[13] 数罟（cù gǔ）：密网，细网。洿（wū）池：大池，深池。

[14] 斤：砍树的斧子。斧斤以时入山林：砍伐木材要在树木凋零的时候。

[15] 养生：供养活着的人。丧死：为死人办丧事。

[16] 衣（yì）：动词，穿衣。

[17] 无：同"毋"。时：繁殖的时机。

[18] 勿夺其时：不要占用农民耕种收割时间。

[19] 谨：谨慎从事。庠序：古代地方所设的学校。

[20] 申：重复，指反复进行。

[21] 颁白：即"斑白"，头发花白。负：背负。戴：顶在头上。

[22] 王（wàng）：动词，君临天下。

[23] 检：同"敛"，储藏。

[24] 涂：同"途"。饿莩（piǎo）：饿死的人。发：开仓赈济。

[25] 岁：年成。

[26] 罪岁：归罪于年成。

[27] 斯：则。

阅读提示

本篇勾画了孟子理想中的经济社会蓝图。《礼记·礼运》有云："大道之行也，天下为公。选贤与能，讲信修睦。故人不独亲其亲，不独子其子，使老有所终，壮有所用，幼有所长，矜寡孤独废疾者皆有所养。男有分，女有归。货恶其弃于地也，不必藏于己；力恶其不出于身也，不必为己。是故谋闭而不兴，盗窃乱贼而不作。故外户而不闭。是谓大同。"《礼记·礼运》是我国古代经典著作中的名篇，体现出儒家的"大同"社会理想。孟子其实也继承并丰富了这一理想："五亩之宅，树之以桑，五十者可以衣帛矣"，"百亩之田，勿夺其时，数口之家可以无饥矣"，然后"谨庠序之教，申之以孝悌之义，颁白者不负戴于道路矣"，"七十者衣帛食肉，黎民不饥不寒，然而不王者，未之有也"。孟子认为，当人民有一块自己的土地，经济自给自足，达到生养、死葬不发愁的小康水平之时，这仅仅是"王道"的开始。"王道"的最终完成还在于教化人民，以提高人的道德素质和培养高尚的精神境界。建立一个道德高尚、丰衣足食、人人安居乐业、和谐安定的社会，这就是孟子理想社会的蓝图。孟子的理想社会与《礼记·礼运》是完全一致的。在孟子看来，"五亩之宅"和"百亩之田"构成了一幅桑麻遍野、五谷丰登、鸡豚满栅、人人欢欣、安富而幸福的"农家乐"图画。这是古代经济思想中对小农经济美化的典型。

思考与训练

1. 本篇体现了孟子怎样的经济思想？
2. 孟子对理想社会的构想与儒家所提出的"大同"世界有何关联？

论贵粟疏

晁 错

晁错（公元前200—前154），颍川（今河南禹州）人，西汉文景时期著名文学家、政治家。曾奉命从博士伏生学习《尚书》，因通晓文献典故，文帝时任太常掌故。后为太子家令，得太子（景帝）信任。后景帝即位，出任御史大夫。他提出"重农贵粟"的重农抑商政策，主张纳粟受爵，移民实边，削藩以巩固中央集权等，得到景帝采纳。公元前154年，以吴王刘濞为首的七国诸侯因此以"请诛晁错，以清君侧"为名，举兵反叛。朝内大臣窦婴、袁盎等以此迫使景帝默许，把晁错腰斩于长安东市。晁错著作较为完整的现存有八篇，散见于《汉书》的《爰盎晁错传》《荆燕吴传》《食货志》。

圣王在上而民不冻饥者，非能耕而食之[1]，织而衣之也[2]，为开其资财之道也[3]。故尧、禹有九年之水[4]，汤有七年之旱[5]，而国无捐瘠者[6]，以畜积多而备先具也[7]。今海内为一，土地人民之众不避禹、汤[8]，加以亡天灾数年之水旱，而畜积未及者，何也？地有余利[9]，民有余力，生谷之土未尽垦，山泽之利未尽出也，游食之民未尽归农也[10]。民贫，则奸邪生。贫生于不足，不足生于不农，不农则不地著，不地著则离乡轻家[11]。民如鸟兽[12]，虽有高城、深池、严法、重刑，犹不能禁也。

夫寒之于衣，不待轻暖[13]，饥之于食，不待甘旨[14]，饥寒至身，不顾廉耻。人情，一日不再食则饥，终岁不制衣则寒。夫腹饥不得食，肤寒不得衣，虽慈母不能保其子[15]，君安能以有其民哉！明主知其然也，故务民于农桑[16]，薄赋敛，广畜积，以实仓廪，备水旱，故民可得而有也。

民者，在上所以牧之[17]。趋利如水走下，四方无择也[18]。夫珠玉金银，饥不可食，寒不可衣，然而众贵之者[19]，以上用之故也。其为物轻微易藏，在于把握[20]，可以周海内而亡饥寒之患[21]。此令臣轻背其主，而民易去其乡，盗贼有所劝[22]，亡逃者得轻资也。粟米布帛，生于地，长于时[23]，聚于力[24]，非一日成也。数石之重，中人弗胜[25]，不为奸邪所利[26]，一日弗得而饥寒至。是故明君贵五谷而贱金玉。

今农夫五口之家，其服役者不下二人[27]，其能耕者不过百亩，百亩之收不过百石[28]。春耕，夏耘，秋获，冬藏，伐薪樵，治官府[29]，给徭役。春不得避风尘，夏不得避暑热，秋不得避阴雨，冬不得避寒冻，四时之间无日休息。又私自送往迎来，吊死问疾，养孤长幼在其中[30]。勤苦如此，尚复被水旱之灾，急政暴虐，赋敛不时[31]，朝令而暮改。当其有者半贾而卖[32]，亡者取倍称之息[33]，于是有卖田宅、鬻子孙以偿债者矣[34]。而商贾大者积贮倍息[35]，小者坐列贩卖[36]，操其奇赢[37]，日游都市，乘上之急，所卖必倍。故其男不耕耘，女不蚕织，衣必文采[38]，食必梁肉，亡农夫之苦，有阡陌之得[39]。因其富厚，交通王侯，力过吏势[40]，以利相倾，千里游敖，冠盖相望，乘坚策肥[41]，履丝曳缟。此商人所以兼并农人、农人所以流亡者也。今法律贱商人[42]，商人已富贵矣；尊农夫，农夫已贫贱矣。故俗之所贵，主之所贱也；吏之所卑，法之所尊也。上下相反，好恶乖迕[43]，而欲国富法立，不可得也。

方今之务，莫若使民务农而已矣。欲民务农，在于贵粟。贵粟之道，在于使民以粟为赏罚[44]。今募天下入粟县官，得以拜爵，得以除罪[45]。如此，富人有爵，农民有钱，粟有所渫[46]。夫能入粟以受爵，皆有余者也。取于有余，以供上用，则贫民之赋可损[47]，所谓损有余、补不足，令出而民利者也。顺于民心，所补者三：一曰主用足，二曰民赋少，三曰劝农功[48]。今令民有车骑马一匹者，复卒三人[49]。车骑者，天下武备也，故为复卒。神农之教曰："有石城十仞、汤池百步、带甲百万，而亡粟，弗能守也。[50]"以是观之，粟者，王者大用[51]，政之本务。令民入粟受爵至五大夫以上[52]，乃复一人耳，此其与骑马之功相去远矣[53]。爵者，上之所擅，出于口而无穷[54]。粟者，民之所种，生于地而不乏。夫得高爵与免罪，人之所甚欲也。使天下人入粟于边，以受爵免罪，不过三岁，塞下之粟必多矣。

（选自钟基、李先银、王身钢译注《古文观止》，中华书局，2009年版）

注　释

[1] 食之：给他们食物吃。

[2] 衣之：给他们衣服穿。

[3] 为开其资财之道也：为，因为。资财：积聚财物。本句的意思为是因为圣王给他们提供积聚财物的方法。

[4] 九年之水：《尚书·尧典》记尧时洪水滔天。《史记·夏本纪》："于是尧听四岳，用鲧治水。九年而水不息，功用不成。于是帝尧乃求人，更得舜。舜登用，摄行天子之政，巡狩。行视鲧之治水无状，乃殛鲧于羽山以死。天下皆以舜之诛为是。于是舜举鲧子禹，而使续鲧之业。"

[5] 七年之旱：汤时天下大旱。《吕氏春秋·季秋纪》载："昔者，汤克夏而正天下，天大旱，五年不收。汤乃以身祷于桑林。"

[6] 捐瘠：捐，被抛弃。瘠，瘦弱，此处指受饿之人。

[7] 以：因为。备：指备荒的物资。

[8] 不避：不让，不亚于。不避禹、汤，即不比汤、禹的时候差。

[9] 余利：这里指未经开发的潜力。

[10] 游食之民未尽归农也：游食之民：指不以农业为职业的人，如手工劳动者、商人等。归农：回归农业生产。

[11] 不地著（zhuó）：不在一个地方定居。著，附着之意。

[12] 民如鸟兽：百姓如鸟兽一样四处奔走。

[13] 轻暖：指轻柔暖和的衣服。

[14] 甘旨：指可味美的食物。

[15] 保：抚养，养育。

[16] 务：使……致力于，此处为使动用法。

[17] 在上所以牧之：上，国君的代称。牧，牧养，此处引为治理。所以牧之，即用以管理统治百姓的方法。

[18] 趋利如水走下，四方无择也：指对利益的追求，就像水往低处流一样，不择方向。

[19] 贵：以……为贵，为形容词的意动用法。

[20] 在于把握：指其可轻易放在手里拿着。
[21] 周海内而亡饥寒之患：指走遍天下也不会有挨冻受饿的顾虑。
[22] 劝：鼓励，此处引申为诱惑之意。
[23] 长于时：指按照固定的时节发育生长。
[24] 聚于力：指依靠一定的人力积聚。
[25] 中人：指一般平常之人。胜（shēng）：胜任，拿得动。
[26] 不为奸邪所利：指不会被奸诈邪恶之人所贪求。
[27] 服役：给官府从事劳役尽义务的人。不下：不少于。
[28] 石：容量单位，十斗为一石。又为重量单位，一百二十斤为一石。
[29] 治官府：修理官府的建筑物。
[30] 长：养大，此处作动词用。
[31] 急政：紧急征收赋税。政，通"征"，征税。赋敛不时：不定期征收田赋、税款，毫无节制。
[32] 半贾（jià）而卖：最初各种赋税都以钱缴纳，由于征收无定期，农民只好半价出售粮食。贾，价钱，这个意义后来写作"价"。
[33] 亡者取倍称（chèn）之息：没有粮食之人获取极重的利息。倍称：借一偿二为倍称，此处指极高的利息。称，举债，借贷。
[34] 鬻（yù）：卖。
[35] 积贮倍息：指通过囤积货物而获取双倍的利息。
[36] 坐列贩卖：摆设货摊，贩卖货物。
[37] 操其奇赢：奇（jī），指余物。赢：指余财。
[38] 衣必文采：穿的一定是华美的衣服。
[39] 有阡陌之得：享有田地里的收获。
[40] 力过吏势：指商人因其富有势力已超过朝廷官吏。
[41] 乘坚策肥：指坐好车，乘肥马。坚、肥：指坚固的车、肥壮的马，此处形容词用作名词。
[42] 今法律贱商人：现法律轻贱商人。封建社会历来重农抑商，商人社会地位较低，如汉初曾明令禁止商人穿高档丝绸衣服和骑马。《史记·平准书》："天下已平，高祖乃令贾人不得农丝乘车，重租税以困辱之。孝惠、高后时，为天下初定，复弛商贾之律，然市井之子孙亦不得仕宦为吏。"贱，意动用法，轻视。
[43] 乖迕（wǔ）：违背。
[44] 以粟为赏罚：把粮食作为赏罚的基本依据。
[45] 得以拜爵：指导通过"入粟"可以获得朝廷封赏的爵位。除罪：免除罪行。
[46] 渫（xiè）：疏通，分散。
[47] 损：减轻，减少。
[48] 劝农功：指积极鼓励农业生产。
[49] 复卒三人：免除三个人的兵役。复：免除。卒，兵，这里指兵役。
[50] 神农：传说神农始教民为耒耜，开创农业，故称其为神农氏。后面神农所说之话当为先秦时代农家学者假托之辞。汤池：指蓄满沸水的护城河。带甲：原意为披挂铠甲的人，此处代指军队。
[51] 大用：大有用处的东西。粮食是治天下者需用最广的物质。
[52] 五大夫：汉朝沿袭秦朝制度，爵位自侯爵以下共分二十五级，五大夫是第九级的爵号。

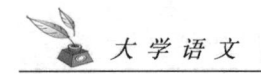

[53] 此其与骑马之功相去远矣：入粟受爵者入粟多而复卒少，其功远比车骑者为大。此其：指入粟受爵之功。
[54] 出于口而无穷：指爵位出于皇帝之口，可以无穷无尽。

阅读提示

农业问题一直是中国古代最根本的问题。汉文帝十一年（公元前169），晁错上书朝廷，指出守卫边塞、劝农务本是当前急迫的两件事。这一篇《论贵粟疏》就是论其中"劝农力本"的部分。汉朝建立之初，实行休养生息政策，社会生产得到了一定的恢复和发展。然随着商业的不断发展壮大，地主、商人势力逐渐膨胀，大肆聚敛财富，兼并、侵夺普通农民大众财产土地，迫使大批农民背井离乡，破产逃亡。使得整个社会生产凋敝，贫富差距日益加剧，阶级矛盾不断激化。针对这种严峻的社会现实，晁错上疏朝廷，提出了重农抑商、入粟受爵的政策主张。

晁错历数工商业者对整个社会秩序所造成的破坏与危害，指出商人"男不耕耘，女不蚕织，衣必文采，食必粱肉，亡农夫之苦，有阡陌之得。因其富厚，交通王侯，力过吏势"，主张对商人予以强力打击，以确保社会大局的统治稳定。就封建统治者而言，最有利的莫过于使百姓全部依附于土地之上，减少社会内部的交流互动。为此，晁错主张"方今之务，莫若使民务农而已矣"。

秦汉以来，法律贱商人，在司马迁的《平准书》中有生动的记载，但商人"因其富厚，交通王侯，力过吏势，以利相倾，千里游敖，冠盖相望，乘坚策肥，履丝曳缟"。这是一种极度反常不合理的现象。晁错指出，只有以农业为本，大力发展生产，才是社会安定、富国强兵之根本大计。只有让人民吃饱穿暖，丰衣足食，才不会产生暴乱。一个英明的统治者应该"贵五谷而贱金玉"，使农民与土地相依为命，不轻易远走他乡。作者尖锐指出汉初农业政策存在的弊端，农民负担沉重，一年四季日复一日劳作辛苦，却所得收获甚微。官府的赋税和劳役沉重不堪，百姓劳作一年的结果往往是即使贩卖儿女都不足以缴纳赋税。与之相反的是，商人通过交通王侯，操纵市场，兼并土地，囤积居奇，牟取暴利，不从事农业生产，不饱经风霜之苦却坐享其成，生活奢侈，地位尊重。有鉴于此，晁错建议朝廷采取贵粟之策，入粟受爵，以粟决定社会地位之高低，藉此打破财产过于集中于商人的状况，提高农业地位，刺激农民大力生产粮食的积极性。正是朝廷采纳了晁错贵粟重民的治国方略，整个社会农业发展迅速，取得了积极效果。各郡县储粮充足，文帝时免交11年田租，景帝时田租亦低至三十税一，从而出现了历史上被誉为盛世的"文景之治"。

思考与训练

1. 晁错提出"贵粟"的目的是什么？
2. 晁错"贵粟"政策的提出，对当时的农业、商业各有什么影响？
3. 晁错的"贵粟"思想对当今解决"三农"问题有何启示？

货殖列传（节选）

司马迁

司马迁（公元前145或前135—不可考），字子长，西汉时期伟大的史学家、文学家、思想家。左冯翊夏阳（今陕西韩城）人。元封三年（公元前108），司马迁继承父业任太史令，在国家藏书处"金匮石室"整理历史资料。太初元年（公元前104），司马迁开始编写《史记》。汉武帝天汉三年（前98年），李陵率孤兵5000人深入匈奴，匈奴以八万骑兵围攻，因弹尽粮绝被俘败降。消息传回朝廷，汉武帝与群臣都声讨李陵罪过，唯司马迁为李陵伸冤，极言李陵降敌出于无奈，目的在于等待时机报答汉朝。司马迁因此触怒武帝，被定为诬罔罪名，受宫刑。太始元年（公元前96）出狱，任中书令。司马迁为完成撰写《史记》之大业，忍辱发奋，艰苦撰述，终于完成了我国古代最早的一部纪传体通史——《史记》。

周书曰[1]："农不出则乏其食[2]，工不出则乏其事，商不出则三宝绝[3]，虞不出则财匮少[4]。"财匮少而山泽不辟矣[5]。此四者，民所衣食之原也[6]。原大则饶，原小则鲜。上则富国，下则富家。贫富之道，莫之夺予[7]，而巧者有余，拙者不足。故太公望封于营丘[8]，地潟卤[9]，人民寡，于是太公劝其女功，极技巧，通鱼盐，则人物归之，繦至而辐凑[10]。故齐冠带衣履天下[11]，海岱之间敛袂而往朝焉[12]。其后齐中衰，管子修之[13]，设轻重九府[14]，则桓公以霸，九合诸侯，一匡天下[15]；而管氏亦有三归[16]，位在陪臣[17]，富于列国之君。是以齐富强至于威、宣也[18]。

故曰："仓廪实而知礼节，衣食足而知荣辱。"[19]礼生于有而废于无。故君子富，好行其德；小人富，以适其力[20]。渊深而鱼生之，山深而兽往之，人富而仁义附焉。富者得势益彰，失势则客无所之[21]，以而不乐。夷狄益甚。谚曰："千金之子，不死于市[22]。"此非空言也。故曰："天下熙熙，皆为利来；天下攘攘，皆为利往[23]。"夫千乘之王，万家之侯，百室之君[24]，尚犹患贫，而况匹夫编户之民乎[25]！

昔者越王句（勾）践困于会稽之上，乃用范蠡、计然[26]。计然曰："知斗则修备[27]，时用则知物[28]，二者形则万货之情可得而观已[29]。故岁在金，穰；水，毁；木，饥；火，旱[30]。旱则资舟，水则资车[31]，物之理也。六岁穰，六岁旱，十二岁一大饥。夫籴[32]，二十病农，九十病末[33]。末病则财不出，农病则草不辟矣[34]。上不过八十，下不减三十，则农末俱利，平籴齐物[35]，关市不乏[36]，治国之道也。积著之理[37]，务完物[38]，无息币[39]。以物相贸，易腐败而食之货勿留[40]，无敢居贵。论其有余不足，则知贵贱。贵上极则反贱，贱下极则反贵。贵出如粪土，贱取如珠玉。财币欲其行如流水。"修之十年，国富，厚赂战士[41]，士赴矢石，如渴得饮，遂报强吴，观兵中国[42]，称号"五霸"[43]。

范蠡既雪会稽之耻[44]，乃喟然而叹曰："计然之策七，越用其五而得意。既已施于国，吾欲用之家。"乃乘扁舟浮于江湖，变名易姓，适齐为鸱夷子皮[45]，之陶为朱公[46]。朱公以为陶天下之中，诸侯四通，货物所交易也。乃治产积居[47]，与时逐而不责于人[48]。故善治生者[49]，能择人而任时[50]。十九年之中三致千金，再分散与贫交疏昆弟[51]。此所谓富好行其德者也。后年衰老而听子孙，子孙修业而息之[52]，遂至巨万。故言富者皆称陶朱公。

子赣既学于仲尼[53]，退而仕于卫，废著鬻财于曹、鲁之间[54]，七十子之徒[55]，赐最为饶益。原宪不厌糟糠[56]，匿于穷巷。子贡结驷连骑[57]，束帛之币以聘享诸侯[58]，所至，国君无不分庭与之抗礼[59]。夫使孔子名布扬于天下者，子贡先后之也[60]。此所谓得势而益彰者乎？

白圭，周人也[61]。当魏文侯时[62]，李克务尽地力[63]，而白圭乐观时变，故人弃我取，人取我与[64]。夫岁孰取谷，予之丝漆；茧出取帛絮[65]，予之食。太阴在卯，穰[66]；明岁衰恶。至午，旱；明岁美。至酉，穰；明岁衰恶。至子，大旱；明岁美，有水。至卯，积著率岁倍[67]。欲长钱，取下谷[68]；长石斗，取上种[69]。能薄饮食，忍嗜欲，节衣服，与用事僮仆同苦乐，趋时若猛兽挚鸟之发[70]。故曰："吾治生产[71]，犹伊尹、吕尚之谋[72]，孙吴用兵[73]，商鞅行法是也[74]。是故其智不足与权变，勇不足以决断，仁不能以取予，强不能有所守，虽欲学吾术，终不告之矣。"盖天下言治生祖白圭。白圭其有所试矣，能试有所长，非苟而已也[75]。

猗顿用盬盐起[76]。而邯郸郭纵以铁冶成业[77]，与王者埒富[78]。

乌氏倮畜牧[79]，及众，斥卖[80]，求奇绘物[81]，间献遗戎王[82]。戎王什倍其偿[83]，与之畜，畜至用谷量马牛[84]。秦始皇帝令倮比封君[85]，以时与列臣朝请[86]。而巴（蜀）寡妇清[87]，其先得丹穴[88]，而擅其利数世，家亦不訾[89]。清，寡妇也，能守其业，用财自卫，不见侵犯。秦皇帝以为贞妇而客之[90]，为筑女怀清台[91]。夫倮鄙人牧长，清穷乡寡妇，礼抗万乘[92]，名显天下，岂非以富邪？

（选自司马迁撰《史记》，中华书局，2011年版）

注　释

[1] 《周书》：周代的文诰，今传有《逸周书》，一部分收入《尚书》之中。此处所引不见两书，理在逸篇之中。

[2] 不出：不工作。

[3] 三宝：有多种说法，这里指农工虞之生产物，即食、事、财。

[4] 虞：古代掌管山泽之官，这里指从事渔猎、林木、采矿等事务的人。

[5] 财匮少：财物缺乏。辟：开辟。

[6] 原：来源。

[7] 莫之夺予：不是别人可赐予的，也不是别人可以剥夺的。这句是指个人的巧拙，即下文所言巧者有余，而拙者不足。

[8] 太公望：西周开国功臣吕尚的尊称，封于齐。营丘：今山东淄博市北，因营丘山而得名。

[9] 潟卤：盐碱地。

[10] 缰至而辐凑：喻四方之人踊跃投奔而来。缰：绳索，特指穿钱的绳索。辐，即车轮上的辐条。

[11] 冠带衣履：四字用如动词，喻国富甲天下，所产冠带衣履供全天下人使用。

[12] 海岱之间：从东海到泰山之间，指齐地。敛袂：又写作"敛衽"，朝拜时整理衣袖，喻恭敬。
[13] 管子：管仲。
[14] 轻重：古代的一种经济理论，指国家权衡轻重所采取的一系列政治经济措施，如调盈济虚、平衡物价、抑制兼并等。这里指九府轻重之法，通过控制钱币的币值及兑换率来调节商品、平衡物价。九府：周代九个掌管财物的官府：大府、玉府、内府、外府、泉府、天府、职内、职金、职币。
[15] 九合诸侯，一匡天下：语出《论语·宪问》，指管仲辅佐齐桓公称霸，多次会盟诸侯，使天下走上尊王攘夷的正轨。九：表示多数。匡：正。
[16] 三归：众说不一，一说为管仲所建台名，一说为管仲受封的地名，一说为三房妻室，一说为桓公赏给管仲的税收常例之归公者。一般取台名之说。
[17] 陪臣：春秋时诸侯为天子之臣，诸侯的大夫对天子自称陪臣，而大夫之家臣对诸侯亦称陪臣，这里指管仲。
[18] 威：齐威王田因齐，公元前356—前320年在位。宣：齐宣王田辟疆，公元前319—前301年在位。
[19] "故曰"二句：语出《管子·牧民》。
[20] 适其力：把他们的力量用在适当的地方。
[21] 客无所之：客无往者，指没有宾客登门。之，往。
[22] 市：弃市。古代对处以极刑的人暴尸于闹市叫弃市。
[23] 熙熙、攘攘：熙熙同攘攘，皆形容拥挤、热闹的样子。
[24] "夫千乘之王"等句：泛指古今天子王侯，但重点是隐喻汉代。千乘之王：天子。万家之侯：大的封君王侯。百室之君：小的封君及大夫。
[25] 编户：齐民，即编入户籍的百姓。
[26] 会稽：在今浙江绍兴市南。范蠡，计然：越王勾践的两位谋臣。范子曰："计然者，葵丘濮上人，姓辛氏，字文子，其先晋国亡公子也。尝南游于越，范蠡师事之。"
[27] "知斗"句：了解战争（斗），才会作好战备。
[28] 时用：什么时候需求什么东西。
[29] "二者形"句：时用和物产二者都了解清楚了，则供求关系也就显现在眼前。
[30] 岁：岁星，即木星。古人依据木星的运行方位来预测年成的丰歉。岁在金，穰：岁星在正西方，这一年丰收。水：正北方。木：正东方。火：正南方。
[31] 资：买进。久旱必雨，久雨必晴，故在旱时买船，雨时买车，才能逐时卖好价钱。
[32] 粜：出售粮食。
[33] 病：伤，损害。斗米二十钱则伤农，九十钱则伤商贾。物价太贱与太贵，均对社会不利。
[34] 草不辟：草不除，即土地荒芜。
[35] 平粜齐物：调节粮食与百货的价格。平、齐：不贵不贱。
[36] 关市不乏：关卡税收和市场供应都不缺废。
[37] 积著：囤积货物。著：同贮。
[38] 完物：坚好之物。
[39] 无息币：不要积压资金。
[40] 食：通蚀，损耗。易腐败，损耗大的货物，不要久留。
[41] 赂：赏赐。

[42] 观兵：炫耀军威。中国：中原各诸侯国。

[43] 五霸：春秋五霸有两说。一是《孟子·告子》赵氏注以齐桓公、秦穆公、晋文公、楚庄王、宋襄公为五霸。二是《荀子·王霸》则以楚庄王、齐桓公、晋文公、越王勾践、吴王阖庐为五霸。

[44] 既：已经。雪：洗刷。

[45] 适：到……去。鸱夷：生牛皮所制的革囊，盛酒用，容量很大。

[46] 之：到……去。陶：邑名，在今山东定陶县。周时为曹国都，春秋属宋，战国属齐。地处经济、交通中心，为春秋战国时期著名的商业城市。

[47] 积居：囤积居奇。

[48] 与时逐：随着时势的需要而追求利润。逐：逐利。不责于人：随时观变，运用智巧发财，而不靠人力经营。

[49] 治生：经营生计，此指经商。

[50] 任时：把握时机。

[51] 再：两次。贫交：贫贱之交。疏昆弟：远房的本家诸兄弟。

[52] 修：治理。息：蕃息，发展。

[53] 子赣（公元前520—？）：子贡，姓端木，名赐，春秋时期卫国人，孔子学生，善于经商。

[54] 废著：卖出买进。鬻财：经商。

[55] 七十子之徒：传言孔子弟子三千，贤者七十二人，此处泛指孔子学生。

[56] 原宪：鲁国人，一说宋国人，字子思，亦称原思，孔子学生，孔子死后，隐居于卫。不厌糟糠：连糟（酒糟）糠（谷糠）都吃不饱，形容极度贫困。厌：通"餍"，饱。

[57] 结驷连骑：车马络绎不绝。

[58] 束帛之币：厚礼。古代帛两丈为一端，两端为一匹，五匹为一束。帛亦称为币，故曰"束帛之币"。聘：访问。享：供奉，给……享用。

[59] 分庭与之抗礼：行平等的礼。古代宾主相见，分站在庭的两边相对行礼以示平等。比喻平起平坐，彼此对等可以抗衡。

[60] 先后之：在人前人后帮助他。

[61] 周：战国初期周考王分封的小诸侯，都今河南洛阳西，称"西周"。后又分裂出一个"东周"小国，都今河南巩义西南。原东周王室所在又称"成周"，都今河南洛阳市东北，故此周地当指今洛阳市一带。

[62] 魏文侯：战国期魏国的创建者魏斯，公元前445—前396年在位。

[63] 李克：为"李悝"之误。李悝为战国时期魏国大臣、政治改革家、法家重要代表人物。李悝主张推行"尽地力"和"善平籴"的经济政策，积极鼓励农民精耕细作，增加粮食产量。尽地力：通过耕细作，将土地的生产潜力发挥到极限。

[64] 取：买进。与：卖出，与"予"相通。

[65] 茧出：蚕茧上市。

[66] 太阴在卯：太阴，指太岁星。古人将黄道附近由东向西分为十二等分，并十二时辰即子、丑、寅、卯、辰、巳、午、未、申、酉、戌、亥命名。太岁星由东向西运行。每年经过一个等分，十二年绕行一周，周而复始。当太岁运行在卯这一空间时，这一年即称为太阴在卯。

[67] 积著率：指利润率。岁倍：每年翻一倍。

[68] 欲长钱，取下谷：想要经商赚钱，就要买进价格低廉、易于出手的粮食。

[69] 上种：良种。

[70] 趋时：争取时机，抓住机会。挚：通"鸷"。发：猛兽凶禽捕获猎物时那种迅捷的动作。

[71] 生产：经商生财致富之事。

[72] 伊尹：商汤大臣。吕尚：姜太公吕望。

[73] 孙：孙武。吴：吴起，著名军事家。

[74] 商鞅：（约公元前 395—前 338），战国著名的政治家、思想家，著名法家代表人物，卫国（今河南安阳黄县梁庄镇）人，因为卫国国君之后，故称为卫鞅，后封于商，亦称之商鞅。前 362 年，秦孝公继位，颁布了著名的求贤令，商鞅藉此入秦，说服秦孝公变法图强。在其位执政 19 年间，秦国大治，为秦国统一六国创造了条件，史称商鞅变法。

[75] 非苟而已也：并不是马虎随便就行的。苟：苟且，马虎。

[76] 猗顿：战国时大富商。《孔丛子·陈士义》中提到，"猗顿，鲁之穷士也。耕则常饥，桑则常寒。闻陶朱公富，往而问术焉。朱公告之曰：'子欲速富，当畜五牸。'于是乃适西河。大畜牛羊于猗氏之南，十年之间其滋息不可计，赀拟王公，驰名天下。以兴富于猗氏，故曰猗顿"。盬（gǔ）盐起：以经营盐业起家。盬：没有经过熬制的盐。

[77] 郭纵：战国时大工商业者，赵国邯郸人，以经营铁冶成业致富。

[78] 埒（liè）：等同。

[79] 乌氏（zhí）：秦县名，在今甘肃平凉西北。倮：人名。

[80] 斥卖：出卖。斥：抛出。

[81] 求奇绘物：谓用卖牲畜得来的钱求奇异之物和丝织品。

[82] 间（jiàn）：秘密地，悄悄地，暗中。戎：我国古代对西部少数民族的称呼。

[83] 什倍其偿：还给他十倍于所赠物品买价的东西。

[84] 谷量马牛：以山谷为计量单位来计算马牛的数量，意味着给得太多，无法以"匹""头"计算。量：计量，计算。

[85] 比封君：与封君并列，地位差不多。

[86] 以时：按规定的时间。朝请：朝见。

[87] 巴：古国名，今重庆市一带。清：人名。

[88] 先：先人，祖先。丹穴：丹砂矿。

[89] 家：家产。不訾（zī）：不计其数。

[90] 以为贞妇：以之为贞妇。把她作为贞妇来看待。客之：以宾客之礼待之。

[91] 为：给她，为她。怀清台：在今重庆长寿区南。

[92] 礼抗万乘：与皇帝分庭抗礼。万乘（shèng）：拥有万辆马车的统治者，指皇帝。

阅读提示

《史记》是我国第一部纪传体通史，位列"二十四史"之首，与后来的《汉书》《后汉书》《三国志》合称"前四史"。《史记》记载了从传说中的黄帝时代开始一直到汉武帝元狩元年（公元前 122）3000 年左右的历史。《史记》全书包括 12 本纪、30 世家、70 列传、10 表、8 书，共 130 篇，52 万余字。《史记》虽是一部史学名著，但对中国史学和文学均发生了重大而深远的影响，尤其是它开创的纪传体通史成为后来历代正史继承书写的典范。同时，《史记》还被认为是一部优秀的文学著作，在中国文学史上有重要地位，被鲁迅誉为"史家之绝唱，无韵之《离骚》"。

　　本篇选自《史记》卷一百二十九《货殖列传》。《货殖列传》载述了从春秋末年到汉初以工商业致富的货殖大家的活动，写了三十余个工商业者的生财之道，以及这一历史时期工商业的发展。文中既有人物传记，又有哲理高论。《货殖列传》的理论建树是多方面的，尤其是它对于商品经济的基本认识，更是超出时流，开创了史学的历史新篇。《货殖列传》的开创性主要体现在以下几个方面：①首创经济史传，意识到经济是社会安定的根基；②提出农、工、商、虞并重说；③为商人树碑立传，总结商品经济运行规律。司马迁是中国历史上第一个为商人立传，总结商人治生之术的史学家。《货殖列传》是一篇商人的颂歌，赞扬商人，肯定商人在社会中的作用，并热情地评价他们的历史贡献，把他们写入列传，与王侯并列，这种卓越的胆识尤其令人敬佩。

思 考 与 训 练

1. 鲁迅说《史记》是"史家之绝唱，无韵之《离骚》"，如何理解？
2. 司马迁为什么如此重视经济，并为商人立传？
3. 谈谈汉代及其以前社会对商人、商业的态度。
4. 在《货殖列传》中，司马迁总结了哪些经济流通规律，这些规律在当代有何意义？
5. 结合现实，谈谈司马迁的经济观念对锻造"儒魂商才"的历史启示。

红线毯

白居易

白居易（772—846），字乐天，晚年又号香山居士，河南新郑人，唐代伟大的现实主义诗人和文学家。他的诗歌题材广泛，形式多样，语言平易通俗，有"诗魔"和"诗王"之称。官至翰林学士、左赞善大夫。有《白氏长庆集》传世，代表诗作有《长恨歌》《卖炭翁》《琵琶行》等。

红线毯，择茧缫丝清水煮[1]，拣丝练线红蓝染[2]。染为红线红于蓝，织作披香殿上毯[3]。披香殿广十丈余，红线织成可殿铺。彩丝茸茸香拂拂，线软花虚不胜物[4]。美人蹋上歌舞来，罗袜绣鞋随步没[4]。太原毯涩毳缕硬，蜀都褥薄锦花冷[6]，不如此毯温且柔，年年十月来宣州[7]。宣城太守加样织[8]，自谓为臣能竭力。百夫同担进宫中，线厚丝多卷不得。宣城太守知不知，一丈毯，千两丝。地不知寒人要暖，少夺人衣作地衣。

（选自杨旭辉主编《唐诗鉴赏大辞典》，中华书局，2011年版）

注 释

[1] 缫：通"缲"。把蚕茧浸在热水里，抽出蚕丝。
[2] 拣：挑选。练：煮缣使熟，又有选择意。
[3] 披香殿：汉代殿名。汉成帝皇后赵飞燕歌舞的地方，这里用来指皇帝欣赏歌舞的宫殿。
[4] 不胜（shēng）：承受不起。
[5] 罗袜：绫罗做成的袜子。
[6] "太原"二句：谓太原出产的毛毯硬涩，四川织的锦花褥又太薄，都不如这种丝毯好。毳（cuì）：鸟兽的细毛。
[7] 宣州：今安徽宣城。
[8] 加样织：用新花样加工精织。

阅 读 提 示

"红线毯"是一种丝织地毯，以宣州（今安徽宣城）所织造的最为有名。据《新唐书·地理志》宣州土贡中有"丝头红毯"之目，即此篇所谓"年年十月来宣州"的"红线毯"。本篇是白居易《新乐府》的第二十九首，副题是"忧蚕桑之费也"。农民养蚕，原为取丝做衣服用，可是穷奢极侈的皇帝，却把农民辛勤劳动得来的蚕丝去造地毯。地方官为升官发财，不顾百姓饥寒死活，年年花样翻新，监督匠人精心织造，以此向君主献媚。白居易对此极为愤慨地指责："宣城太守知不知，一丈毯，千两丝。地不知寒人要暖，少夺人衣作地衣。"诗中对宣州地毯的精巧工艺、优美花色作了详细的描绘，对宫中为何不使用太原地毯、四川蜀锦做了说明。诗歌既反映了当时统治者的骄奢淫逸，也反映了中唐时期我国手工业的发展和丝织业的工艺水平。

思 考 与 训 练

1. 本篇反映了唐代手工业发展中所出现的什么问题？
2. 诗歌反映了白居易怎样的思想？

答司马谏议书

王安石

王安石（1021—1086），字介甫，晚号半山，逝世后追谥号"文"，世人称王文公。抚州临川（今江西抚州）人，中国杰出的政治家、文学家、思想家、改革家。著有《临川先生文集》。熙宁二年（1069），王安石被提为任参知政事，后两度任同中书门下平章事，大力推行新法。其政治变法对北宋后期社会经济具有很深的影响，被列宁誉为"中国十一世纪伟大的改革家"。与韩愈、柳宗元、欧阳修、苏洵、苏轼、苏辙、曾巩并称"唐宋八大家"。

某启：昨日蒙教[1]。窃以为与君实游处相好之日久[2]，而议事每不合，所操之术多异故也[3]。虽欲强聒[4]，终必不蒙见察[5]，故略上报，不复一一自辩。重念蒙君实视遇厚[6]，于反复不宜卤莽[7]，故今具道所以，冀君实或见恕也。

盖儒者所争，尤在于名实[8]，名实已明，而天下之理得矣。今君实所以见教者，以为侵官、生事、征利、拒谏，以致天下怨谤也[9]。某则以谓受命于人主，议法度而修之于朝廷，以授之于有司，不为侵官；举先王之政，以兴利除弊，不为生事；为天下理财，不为征利；辟邪说，难壬人[10]，不为拒谏；至于怨诽之多，则固前知其如此也。

人习于苟且非一日，士大夫多以不恤国事、同俗自媚于众为善。上乃欲变此，而某不量敌之众寡，欲出力助上以抗之，则众何为而不汹汹然[11]？盘庚之迁[12]，胥怨者民也[13]，非特朝廷士大夫而已。盘庚不为怨者故改其度[14]。度义而后动[15]，是以不见可悔故也。

如君实责我以在位久，未能助上大有为，以膏泽斯民[16]，则某知罪矣；如曰"今日当一切不事事，守前所为而已"，则非某之所敢知。无由会晤，不任区区向往之至[17]。

（选自王兆鹏、黄崇浩编选《王安石集》，凤凰出版社，2006年版）

注　释

[1] 某：作者自称。蒙教：蒙你赐教，即收到来信。
[2] 窃：私下，我，自谦口气。游处：交往共处。
[3] 所操之术：所即一个人所固有的主张和方法。术，这里指王安石与司马光二人所持的治国之道、政治主张。
[4] 强聒（guō）：唠叨不休，这里指强作解释。
[5] 见察：见谅。
[6] 视遇厚：这里指看重之意。视遇：看待，对待。
[7] 反复：书信往来。
[8] 名实：名义和实际。

[9] 侵官、生事、征利、拒谏：司马光信中指责王安石变法危害的四个要点。侵官：新官的增加侵犯了原官吏的权利。生事：废旧立新，扰民生事。征利：设立新法，收取赋税，与民争利。拒谏：拒绝接受批评建议。

[10] 难壬（rén）人：驳难巧言献媚之人。

[11] 汹汹然：大声吵闹的样子。

[12] 盘庚之迁：商朝君主盘庚即位后，为挽救政治危机，决定迁都于殷（今河南安阳），改国号为殷，今尚存殷墟遗址。

[13] 胥（xū）：相与，都。

[14] 度：计划。

[15] 度义而后动：度，此处作动词，估计、考虑之义。此句意思为，经过考虑认为是正确的就坚决去做。

[16] 膏泽：动词用，恩惠之意。

[17] 不任区区向往之至：旧时写信的客套语。不任：不胜。区区：情意诚挚恳切。向往之至：倾慕仰慕到极点。

阅读提示

宋神宗熙宁二年（1069年）王安石任参知政事，实行新法，次年为宰相，新法逐步推行，却受到保守派的强烈反对。这时司马光任右谏议大夫，他写了长达三千多言的《与王介甫书》，对新政提出了批评。论私交，王安石与司马光是多年的老朋友，互相比较了解，还在任游牧司判官时，两人就是同事，相处得很好。但在如何治理国家的重大原则问题上，双方存在很大分歧，谁也不肯丝毫让步。司马光属新政的反对派，他引经据典，说明新政不可行，其言论偏于保守，从根本上说，他的这些观点是不正确的。但列举出王安石在实行新法过程中的一些弊病，却是切中时弊的。为此，王安石写了这封回信。王安石在复信中没有对司马光的意见逐条具体地加以反驳，主要辨明"侵官""生事""征利""拒谏""致怨"五事，并对士大夫不恤国事、苟且偷安、墨守成规的保守思想提出了批评，回答了包括司马光在内的保守派对新法改革的指责。从这里可以看出王安石对变法革新的决心和信心。文章简明严整，话说得很坦率，既叙了友情，又坚持了原则，措辞委婉而在原则问题上坚定不移，文章显得峭拔有力。

西湖香市

张　岱

张岱（1597—1679），字宗子，号陶庵，又号蝶庵居士，浙江山阴（今浙江绍兴）人。出身官僚家庭，少时喜好游山玩水，品艺读书，悠游卒岁，无意于科举仕进。明王朝覆灭后，他饱尝亡国奴的苦痛，消极避世，隐居于浙江剡溪山中，一心从事著述。张岱在明末清初堪称散文大家，著有《陶庵梦忆》《西湖梦寻》《琅嬛文集》《石匮书》《夜航船》等。在他所写的散文中，其小品文声誉尤高。他的小品文，多为描叙江南山水风光、风俗民习和自己过去的生活。尤其是入清以后的作品，借写景记胜，常于追忆往昔之繁华中流露对亡明的缅怀，更富有现实意义。

西湖香市，起于花朝[1]，尽于端午。山东进香普陀者日至[2]，嘉湖进香天竺者日至[3]，至则与湖之人市焉[4]，故曰香市。然进香之人市于三天竺，市于岳王坟[5]，市于湖心亭，市于陆宣公祠[6]，无不市，而独凑集于昭庆寺[7]。昭庆寺两廊，故无日不市者，三代八朝之骨董[8]，蛮夷闽貊之珍异[9]，皆集焉。至香市，则殿中甬道上下、池左右、山门内外[10]，有屋则摊，无屋则厂，厂外又棚[11]，棚外又摊，节节寸寸。凡胭脂簪珥[12]、牙尺剪刀[13]，以至经典木鱼，孩儿嬉具之类，无不集。

此时春暖，桃柳明媚，鼓吹清和，岸无留船，寓无留客，肆无留酿。袁石公所谓"山色如娥，花光如颊，波纹如绫，温风如酒"[14]，已画出西湖三月。而此以香客杂来，光景又别：士女闲都[15]，不胜其村妆野妇之乔画[16]；芳兰芝泽[17]，不胜其合香芫荽之薰蒸[18]；丝竹管弦，不胜其摇鼓欱笙之聒帐[19]；鼎彝光怪[20]，不胜其泥人竹马之行情；宋元名画，不胜其湖景佛图之纸贵[21]。如逃如逐，如奔如追，撩扑不开，牵挽不住，数百十万男男女女老老少少，日簇拥于寺之前后左右者，凡四阅月方罢，恐大江以东断无此二地矣。

崇祯庚辰三月[22]，昭庆寺火，是岁及辛巳、壬午涔饥，民强半饿死[23]。壬午虏鲠山东[24]，香客断绝，无有至者，市遂废。辛巳夏，余在西湖，但见城中饿殍异出，扛挽相属[25]。时杭州刘太守梦谦，汴梁人[26]，乡里抽丰者多寓西湖[27]，日以民词馈送[28]。有轻薄子改古诗诮之曰："山不青山楼不楼，西湖歌舞一时休；暖风吹得死人臭，还把杭州送汴州。"[29]可作西湖实录。

（选自张岱著，夏咸淳编《张岱散文选集》，2版，百花文艺出版社，2005年版）

注　释

[1] 俗传农历二月十二日是百花生日，称为花朝。《熙朝乐事》又以二月半为花朝，其说不一。

[2] 普陀：山名，在浙江省舟山群岛中，是我国著名的佛教圣地。

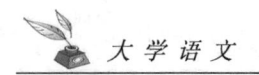

[3] 嘉湖：嘉兴，湖州，今皆属浙江省。天竺：杭州西湖北高峰之上、中、下三天竺寺。
[4] 市：做买卖。
[5] 岳王坟：宋朝抗金名将岳飞墓，在栖霞岭下。
[6] 陆宣公祠：唐朝名臣陆贽，谥忠宣，这里指他的祠堂。
[7] 昭庆寺：在钱塘门外，五代后晋时建。
[8] 三代：夏、商、周。八朝：汉魏及六朝。骨董：古董。
[9] 蛮夷闽貊（mò）：泛指闽、粤及外洋。
[10] 山门：佛寺的大门。
[11] 厂：无四壁的屋，即没有房屋而露天搭建的棚舍。
[12] 胭脂：一种红色颜料。簪：妇女插在头发中的发针，用于插定头发。珥：妇女的珠玉耳饰。
[13] 牙尺：象牙尺。
[14] "山色如娥"四句：引自袁宏道的《西湖游记两则》的《西湖一》。袁石公：袁宏道，号石公。
[15] 闲都：文雅美丽。都：优美，漂亮。
[16] 乔画：妇女涂脂抹粉，妆饰打扮。
[17] 芗泽：香泽，香油。
[18] 芫荽（yán suī）：一种有香味的植物，俗称香菜。
[19] 欱（hē）笙：以口吹笙，靠吹、吸发音。聒（guō）帐：喧杂，吵闹。
[20] 鼎彝：鼎，古代祭祀之鼎，牲器。彝：盛酒之尊。
[21] 湖景佛图：西湖十景与佛像的图片。
[22] 崇祯庚辰：崇祯十三年（1640年）。崇祯为年号，庚辰为干支纪年。
[23] 辛巳、壬午：崇祯十四年（1641年）、十五年（1642年）。洊（jiàn）：再次。饥：连年饥荒。强半：对半。
[24] 虏鲠山东：崇祯十五年，清兵经河北侵入山东。
[25] 饿殍（piǎo）：殍指饿死的人。舁（yú）：抬。舁出：抬出。
[26] 汴梁：今河南开封。
[27] 抽丰：亦作"秋风"，指利用各种借口向人乞财分肥，俗称"打秋风"，意即分肥。
[28] 以民词馈送：太守的同乡经常假借民众的名义称颂太守。
[29] 此诗由南宋林升的《题临安邸》更改而成。原诗为："山外青山楼外楼，西湖歌舞几时休？暖风熏得游人醉，直把杭州作汴州。"该诗是为了讽刺地方官刘梦谦的纳贿贪污、搜刮民脂民膏。

阅读提示

张岱在《西湖香市》里追述了明亡前西湖香市由簇拥繁华到"香客断绝"的变化过程。通过对香市的日常书写，呈现出明代中叶以来，杭州西湖一带的社会经济繁荣状况。伴随日常物品的日益丰富繁多，人流的大量汇聚，西湖香市成为远近闻名的传统性、季节性比较显著的自由贸易集市。明代中叶后，其交易量大增，熙熙攘攘，人流如织，繁华昌盛，标志着当时的资本主义已逐渐萌芽。但到明末，香市遭受火灾、旱灾和战乱后，很快冷落萧条、空寂悲凄。"香客断绝，无有至者"，真乃"山不青山楼不楼，西湖歌舞一时休"。张岱通过对西湖香市由繁华到衰亡的具体描写，深刻揭示了明代资本主义萌芽先天不足的特点。生命力较弱，抗御灾祸的能力很差，难以形成大规模的商品贸易。虽有"岸无留船,寓无留客"的繁忙紧张,但依然是按旧的习惯交换商品,"西湖香市,起于花朝,尽于端午",它是一个受时间、地点限制的季节性市场。它以农民为依托,农民是交换的主体,因此它的经营活动要以农民的习惯为转移,只能安排在农闲时节,人们交换商品,不是为了积累财富,扩大再生产,而是换取必需的生产生活资料,保证其生存和享受。从这个意义上说,香市依然停滞在小商品生产的形态中,带有浓厚的农村自然经济之轨迹,加上信息不畅通,眼界不开阔,不可避免地产生货物来源的单一性、市场格局涣散性等先天不足,它没有条件和能力发展为资本主义大规模的商品贸易格局,所以一遇"风雨",即天灾人祸等,就很容易夭折。

《西湖香市》一文,犹如一幅五光十色的西湖香市风俗画,溢金流彩,繁华盖世,寄寓了作者对大明故国风物民俗的深沉的爱恋。在具体描写过程中,反映了他对国破家亡的感慨,流露着追怀故国、热爱乡土的情怀。

思 考 与 训 练

1. 谈谈西湖香市对社会商品经济发展的积极意义。
2. 谈谈课文的对比和讽刺,效果如何?
3. 结合课文中的例子,说明课文的语言风格。
4. 翻译课文的第二段。

治 平 篇[1]

洪亮吉

洪亮吉（1746—1809），字君直，一字稚存，号北江，江苏阳湖（今江苏常州）人，乾隆进士，曾任翰林院编修、国史馆编纂官、贵州学政等职，著有《洪北江全集》。洪亮吉是清代著名学者，在经学、史学、古今地理、诗文等方面都有显著成就。

人未有不乐为治平之民者也[1]，人未有不乐为治平既久之民者也。治平至百余年，可谓久矣。然言其户口[2]，则视三十年以前增五倍焉[3]，视六十年以前增十倍焉，视百年百数十年以前不啻增二十倍焉[4]。

试以一家计之，高曾之时[5]，有屋十间，有田一顷[6]，身一人[7]，娶妇后不过二人。以二人居屋十间，食田十顷，宽然有余矣。以一人生三计之，至子之世而父子四人，各娶妇即有八人，八人即不能无佣作之助，是不下十人矣[8]。以十人而居屋十间，食田一顷，吾知其居仅仅足，食亦仅仅足也。子又生孙，孙又娶妇，其间衰老者或有代谢，然已不下二十余人。以二十余人而居屋十间，食田一顷，即量腹而食[9]，度足而居[10]，吾以知其必不敷矣[11]。又自此而曾焉[12]，自此而玄焉[13]，视高曾时口已不下五六十倍，是高曾时为一户者，至曾玄时不分至十户不止。其间有户口消落之家，即有丁男繁衍之族[14]，势亦足以相敌。

或者曰高曾之时，隙地未尽辟[15]，闲廛未尽居也[16]，然亦不过增一倍而止矣，或增三倍五倍而止矣，而户口则增至十倍二十倍。是田与屋之数常处其不足，而户与口之数常处其有余也。又况有兼并之家[17]，一人据百人之屋，一户占百户之田，何怪乎遭风雨霜露饥寒颠踣而死者之比比乎[18]？

曰：天地有法乎[19]？曰：水旱疾疫，即天地调剂之法也。然民之遭水旱疾疫而不幸者，不过十之一二矣。曰：君相有法乎？曰：使野无闲田，民无剩力，疆土之新辟者，移种民以居之[20]，赋税之繁重者，酌今昔而减之。禁其浮靡[21]，抑其兼并。遇有水旱疾疫，则开仓廪悉府库以赈之。如是而已，是亦君相调剂之法也。

要之[22]治平之久，天地不能不生人，而天地之所以养人者，原不过此数也；治平之久，君相亦不能使人不生，而君相之所以为民计者，亦不过前此数法也。然一家之中，有子弟十人，其不率教者，常有一二[23]，又况天下之广，其游惰不事者何能一一遵上之约束乎[24]？一人之居以供十人已不足，何况供百人乎？一人之食以供十人已不足，何况供百人乎？此吾所以为治平之民虑也[25]。

（选自洪亮吉撰，刘德权点校《洪亮吉集》，中华书局，2001年版）

注 释

[1] 治平：谓政治清明，社会安定。

[2] 户口：住户和人口的总称。计家为户，计人为口。

[3] 视：比照。

[4] 不啻（chì）：不止。

[5] 高曾：高祖、曾祖。

[6] 顷：土地面积单位之一，百亩为顷。

[7] 身一人：自身一人，自己。

[8] 佣作：受雇为人劳作，指雇工。

[9] 量腹：估算人的饭量。

[10] 度（duó）足而居：计算人身大小而居，形容居住面积狭小。

[11] 不敷：不够。

[12] 曾：曾孙。孙子的儿子。

[13] 玄：玄孙。

[14] 丁男：成年男子。繁衍：人口繁殖。

[15] 隙（xì）地：空地，荒地。

[16] 闲廛（chán）：古称平民一家在城邑中所居的房屋为廛，闲廛指多余的房子，后泛指民居、市宅。

[17] 兼并：吞并，指土地侵并，或经济侵占。

[18] 颠踣（bó）：跌倒。比比：接连不断。

[19] 法：办法，指控制人口增长、解决人口问题的办法。

[20] 种民：佃农，在租赁的土地上耕种的人。

[21] 浮靡：奢侈浪费。

[22] 要之：总之。

[23] 不率教者：不遵从教导的人。率教，遵从教导。

[24] 游惰：游荡懒惰。不事：不务正业，不干活。约束：法令、法纪。

[25] 虑：忧虑，担心。

阅 读 提 示

《治平篇》是我国最早论述人口问题的文章，比英国马尔萨斯的《人口论》还要早5年。洪亮吉抓住人口问题，见前人之所未见，发前人之所未发。200多年前，作者就看到了至今依旧存在并日益尖锐的社会问题，使文章具有重要的社会历史价值与经济价值。《治平篇》提出人都乐为治平之民，但治平却引起"人口增长的速度超过了生活资料增长的速度"，造成生活困难的问题。洪亮吉关于人口问题的提法明显比英国马尔萨斯"人口按几何人数增加，生活资料按算术级数增加"的提法更为合理科学。

《治平篇》彰显的人文精神，主要体现在三个方面：一是盛世之世不颂"治平"，而为"治平"之民虑。二是提出虽是"治平"之世，却不能减少自然灾害，更不能抑制"兼并"之家，贫富不均是百姓堪忧的一个方面。三是提及解决百姓生活困难方法之时，作者提出了减赋税、禁奢侈，抑兼并、重调剂，开仓赈济灾民，希望统治者推行一系列惠民政策，饱含着对人民的同情。在那个年代，能够清楚地意识到人口问题实属不易，故文章不可避免地有一定的局限性，如在行文中，作者将百姓面临的生活困难等诸多问题，归结为人口的增长这单一的因素是

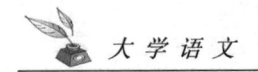

不够全面客观的，文章也没有能够提出真正解决人口增长和经济发展缓慢这一矛盾的有效途径。

思 考 与 训 练

1. 作者关于人口问题的见解有什么积极意义？
2. 对于洪亮吉提出的人口增长问题你有何见解？请结合当今的现实与政策谈一谈你的解决措施和建议。
3. 就某一个地区调查一下人口增加的比例和生活状况，写一份调查报告。

胡雪岩（存目）

高 阳

高阳（1926—1992），本名许晏骈，字雁冰，笔名高阳、郡望、孺洪等，浙江人，出身于钱塘望族。其一生创作颇丰，著作90部，读者遍及全球华人世界。其中代表性作品有《胡雪岩》《慈禧全传》《红楼梦断》系列等。高阳是中国现代、当代文学史上历史小说创作辉煌成就的重要作家之一，他文学创作的独特性在于将学术性和通俗化成功地融合在一起，并且在海内外华人世界拥有崇高的地位，曾被誉为有"有井水处有金庸，有村镇处有高阳"。高阳的历史小说注以历史氛围的真实性为基础，又擅讲述故事，评论者称其"擅长工笔白描，注重墨色五彩，旨在传神，写人物时抓住特征，寥寥数语，境界全书"。

阅读提示

在中国商界历史上有两位圣人，即陶朱公与胡雪岩。民间流传有"古有陶朱公，今有胡雪岩"之说。范蠡即陶朱公，他曾辅佐越王勾践打败强敌吴王夫差，为其越国之复国立下了汗马功劳。范蠡尤为令人称道的是，在他功成名就之时，选择身退，由官转商，短短几年，成为巨富，自号陶朱公。胡雪岩生于1823年，安徽绩溪人（一说浙江杭州人），本名胡光墉，字雪岩。早年在杭州设银号，继而捐纳，入浙江王有龄幕府。1861年曾购运军火、粮食接济杭州湘军，在江面被太平军阻遇，不久杭州陷落，王有龄自杀。1862年他奉左宗棠（兼署浙江巡抚）命，与法国人组织"常捷军"，对抗太平天国军队。1866年9月协助闽浙总督左宗棠创办福州船政局，10月，左宗棠调任陕甘总督，受朝廷授权筹划西征事宜，时胡雪岩主持上海采运局，为左宗棠筹饷。1872年前后，胡雪岩代表左宗棠借内外债达1200余万两白银，继而在南方各省广设阜康银号与当铺，创立杭州胡庆余堂中药店。1885年，胡雪岩由于受洋商排挤破产，同年忧愤而死。很显然，胡雪岩的生平本身就很具传奇性，他以微贱的出身而成为清代显赫一时的大财神，最终又彻底破产，大起大落的一生充满了拔群不凡的色彩，这正是作家求之不得的创作题材。

《胡雪岩》全三册，是高阳"胡雪岩系列"的第一部，书中极力铺陈了主人公的传奇经历。胡雪岩初在钱庄做学徒，因资助潦倒的冗吏王有龄旋升，以致自身失业，王有龄感其恩，遂二人结生死之交。后胡雪岩利用王有龄在官场上的发达，开设钱庄，在官府势力、漕帮首领和外商买办之间，游刃有余，左右逢源，最终在上海、杭州立足，由市井布衣跻于江浙大贾之列。

在《胡雪岩》之后，高阳陆续推出"胡雪岩系列"的《红顶商人》和《灯火楼台》，以极大的热情，用独具匠心的艺术构思、鞭辟入里的艺术笔触，替这位风云一时的巨商立传，为这位盛极而衰的人物精心谱写了一曲慷慨悲歌，对他的生财之道、笼人之方、待人之心、眼光之炬、儿女之情、生活之侈、失败之因等种种情状曲尽描摹，细致刻画，成功地塑造了胡雪岩这个先戴上"红顶"后又摘下"红顶"的巨商的典型形象，生动地表现了胡雪岩作为性情中人的性格特征。小说集中展示了商场文化的景观，如中国商人的经商意识、进取精神、乡党情谊、敬业精神，又如中国近代商界的钱庄、票号、典当乃至上海刺绣的历史，江浙一带船上"宁波麻将"的特殊打法等，加之在《李娃》等众多小说中所表现的市井平民社会风俗画，正如杨照《历史小说与历史民族志》所论述的："铺在故事底下的文化、社会衬垫，是历史小说叙述的整合有机部分。"

  高阳的小说里把胡雪岩坚持的一些理念描述得很清晰，高阳先生的"胡雪岩系列"，展示了一代奇商胡雪岩发迹变化、暴起暴落的全过程，在中国文学的画廊上，成功地塑造了胡雪岩这一极具魅力和文化意蕴的人物形象。胡雪岩从一个市井布衣而风云际会，成为清代绝无仅有的穿黄马褂、紫禁城骑马的红顶商人，虽不乏投机钻营之举，我们却不能用世俗的"无奸不商"的观念来衡量他。相反，高阳笔下的胡雪岩是一个为人忠厚、人情通达、眼光敏锐、手腕圆活的奇商，富有人情味和豪侠之气。无论在为人之道、经商之道还是做官之道方面，高阳先生都赋予这个人物浓郁的江湖色彩。胡雪岩虽然是一个富商，但是从一开始做生意就信奉"前半夜想自己，后半夜想别人"，这也是一种智慧，因为做生意牵涉的人很多，如果一味只想到自己的利益，那么别人说不定在什么时候就不再相信自己，或者在以后的某个时候不再给自己方便，那么自己显然要受到很大的影响。小说中不止一次提到很多和胡雪岩打交道的人都认为和胡雪岩交朋友"很够味"，可见胡雪岩的处事方式是极为高明的。"做人要学曾国藩，做事要学胡雪岩"这句流传民间百年的经典谚语，深刻道出一个洞悉中国传统内圣外王之术的名臣曾国藩和一个深谙中国传统智慧权谋的传奇商人胡雪岩在人们心中不可撼摇的崇高地位。尽管胡雪岩最终失败了，但是他的一生是跌宕起伏的，从普通农家子成为富可敌国的商人，从经商致富到协助左宗棠收复新疆，都很值得我们去回味。

（参阅高阳著《胡雪岩》，生活·读书·新知三联书店，2006年版）

思 考 与 训 练

1. 高阳小说对历史中的胡雪岩做了哪些艺术处理，这些处理有何意义？
2. 高阳《胡雪岩》中揭示了晚清社会怎样的商业状况？
3. 胡雪岩成功的原因是什么？他的成功在当今有何启迪意义？
4. 胡雪岩最终失败的原因是什么？他的失败在当今有何警示意义？

敲　狗

欧阳黔森

　　欧阳黔森（1965—），湖南隆回人，贵州省文学艺术界联合会主席、贵州省作家协会主席、贵州文学院院长。现代以来，对贵州地域乡土文化中淳朴民风、多彩风情的书写，一直是黔地作家绵延不绝的历史传统。在这些作家群体中，第一代以寒先艾为代表，第二代以何士光为代表，第三代则是以欧阳黔森为代表。寒先艾的《在贵州道上》《水葬》，何士光的《乡场上》《种包谷的老人》，欧阳黔森的《断河》《敲狗》，这些作品为我们了解不同时代的贵州留下了不可磨灭的印象。《敲狗》最初发表于《人民文学》2005年第12期，于2008年获全国第二届"蒲松龄短篇小说奖"。《敲狗》最为独特之处在于，它所提供和叙述的贵州花江地区的这项民间美食习俗与技艺，各色人物在职业与道德之间充满矛盾的选择中，呈现出独特的黔地特色。

　　在这里，狗是不能杀的，只能敲狗。狗厨子说，杀猪要放血，宰牛羊要放血，狗血是不能放的，放了就不好吃了。有人说，咋个办？厨子说，敲狗。

　　敲狗比杀狗更凶残，这一带的农家人一般不吃狗肉，也就不敲狗了。可是，花江镇上的人却喜欢吃狗肉。人一爱吃什么东西了就会琢磨出好做法来，好做法就有好味道，到后来这味道，不但香飘花江镇，而且飘到了很远很远的地方。很多人闻名而来，不是为了来看花江大峡谷，都是为了狗肉而来。久而久之，知道花江大峡谷的没几个人，大多知道花江狗肉。

　　花江的小街不长也不宽，这并不影响来往过路的各种车辆。只要有临街的店门，都开狗肉馆。每一个狗肉馆几乎都是这样，灶台上放着一只黄澄澄煮熟了的去了骨的狗，离灶台一二米的铁笼子里关着一只夹着尾巴浑身发抖的狗。

　　那只熟狗旁的锅里，熬着翻滚的汤，汤随着热气散发出一种异常的香味，逗得路过的车辆必须停下来。熟狗与活着的样子差不多，除了皮上没毛了，肉里没骨头了，其余都在。喜爱哪个部位，客人自己选。那只关着的狗，却只是让人看的，无非是说，就是这种狗。

　　这里的狗被送进了狗肉馆，没有活过第二天的。而关在铁笼里的那条狗却能较长时间地活着。这只狗能活得长一点，主要是它的主人不愿意亲自把绳索套在狗的脖子上。初送来的狗，似乎都能预感到它的末日来到了，对着狗馆的厨子龇牙露齿狂吠不已。可主人不离开，它也不逃走。等主人与厨子一番讨价还价后，厨子拿了一条绳索给主人，狗才吓得浑身颤抖，却还是不逃走，反而依偎在主人的两腿之间，夹着尾巴发出呜咽声。主人弯腰把绳索套在狗的头上后，接下来是把狗拴在一棵树上。这样做了，主人再不好意思面对可怜的、恐惧的狗，多半是头也不回地走了。

　　狗见主人一走，眼睛里的绝望便体现在它狂乱的四蹄上，它奋力地迈腿想紧跟主人的脚步，可是它没迈出几步，又被紧绷的绳子拉回来，又奋力地迈步，又被绳子拉回来。狗脖子虽然被绳套勒得呼吸困难，可它的确想叫出声音来，它是在呼喊主人，还是在愤怒绳子，不得而知，总之它平时洪亮的声音变成了呜咽的呻吟。

  狗是比较喜欢叫的动物，它的叫声很久以来一直是伴随着人的。在这块土地上，一户人家也许没有牛羊马叫，甚至没有猪叫，但很少没有狗叫的家。汪汪汪的狗叫，几乎是每个成年人在儿童时期最喜欢模仿的声音。在童年和少年时期，人们最美好的记忆，莫过于自己一吹响口哨，狗就跑到你身边，亲热而又忠诚地摇着尾巴跟着你，无论你要去什么地方。狗叫的声音对主人是忠诚与踏实，对好人是亲切和提醒，对坏人来讲是胆寒和警告。当狗叫不出声音的时候，就好像人在痛苦地呻吟，也像婴儿在哭一样。狗哭的时候，主人是不能听的，他的选择只有不回头。

  任凭狗怎样地挣扎，越挣扎，它脖子上的绳索越紧。当狗由于憋气在地上翻滚时，厨子拉动绳子，把狗吊了起来。狗身子悬空起来，不沾地的四蹄更加挣扎不已。厨子拿来一把包了布头的铁锤猛击狗鼻梁，狗扭曲着身子，被绳子紧勒的喉咙里发出像奶娃哭泣的叫声。狗在这猛击中只能坚持几分钟，便没了声息。这时的狗，样子挺可怜又挺吓人。它的眼睛圆瞪着，两行泪水流过脸庞，舌头夸张地伸出嘴巴。厨子的样子却挺得意，他并不注意狗的可怜。厨子的得意体现在他丢锤子的劲头上，打完最后一锤，厨子把锤子往地上一摔，锤子便连翻了几个跟头。厨子接着用手去摸狗鼻梁，确定没碰烂皮后，顺手摸合了狗眼睛。厨子的手湿湿的，并不是有汗，而是因狗的眼泪。厨子把手掌在腰间的围巾上擦了擦，对徒弟说，看明白了，就这样打。狗鼻子最脆弱，要敲而不破才好。

  徒弟望着厨子的手，也望着厨子腰间那张不知擦了多少狗眼泪的围巾说，师傅，下一个我来敲。

  厨子闻声很高兴，就把手上残留的狗泪拍在了徒弟的头上，说好好干，好好学，以后你就靠这个穿衣吃饭。

  徒弟是厨子新收的。厨子一般两年就收一个徒弟，不是厨子有喜爱收徒弟的嗜好，而是徒弟们没有超过三年而不走的。徒弟们走了，花江狗肉馆就开得到处都是。先是县里、市里有了，再是省城有了，最后有人竟然开到了北京。厨子听说后，不以为然。有人说，你徒弟们都发财了，你老要是去外地开一个，还不更发财呀！厨子一笑说，钱我也喜欢，我更喜欢狗肉。有人说，莫非只有在这里才是狗肉，外地的不是呀！厨子说，不是我们的花江狗。有人说，外地都用花江狗肉的招牌。厨子说，我说过了，不是我们花江狗。

  狗还得吊着，过了半个时辰再放下来。厨子当徒弟时，曾跑过一条狗。不过那狗跑了几天又回来了。那年厨子刚进师门不久，正是大年前夕，师傅想吃狗肉，可过年过节的，没人送狗来卖。师傅叹了口气说，把大黄敲了吧！大黄是师傅养了两年的。师傅敲狗如麻，却还是不敲自己养的狗。于是徒弟去敲。徒弟照着平时师傅敲狗的过程来了一遍，可以说没什么错误的，问题出在徒弟见狗被敲得没了声息，便解了狗的绳套放在地上。死狗是不能马上放下地的，狗会扯地气，地气一上身，狗便会醒过来。等徒弟从屋里端了个大盆来装狗时，大黄早跑得没了踪影。徒弟自然是少不了挨顿臭骂，看着师傅因没有了狗肉吃而暴跳如雷的样子，徒弟心里难过极了，毕竟是要过大年了，把师傅气得这样子，的确不应该。由此徒弟永远地记住敲了狗不能马上放在地上。

狗对主人的无限忠诚，表现在无论主人怎样对它，它始终忠于主人。大黄也是这样的一条狗，在它挨敲死里逃生后的第三天，又肿着个鼻子回到了主人家。

厨子至今也在想，师傅为什么要亲自敲掉大黄。大黄被敲后吊在树干上的样子，厨子这辈子是没法忘记的了。大黄的鼻子肿得发亮，眼睛瞪得圆凸凸的，眼泪特别地多，都死了半晌了，还有几颗晶莹的泪滴挂在下巴上。从那以后厨子敲了狗一定得给狗合眼。

厨子的徒弟从屋里端出一个大木盆放在树下，然后把狗放下来，提起狗的四蹄丢进木盆里。接着徒弟又从灶台上提来一大壶开水，慢慢地把水往狗身上淋。厨子拿了个大铁夹子，给狗翻身子，然后把狗头按压在水里多烫一会儿，又把狗蹄往水里按。

每天，关在铁笼子里的那条狗，都能听见它同类的像哭的声音。这狗先是在狗的哭叫声中，在那个不大仅仅能转身的铁笼里，惊恐地团团转。后是仰着头寻找可以逃走的缝隙，可是那些铁条的间隙只能让它伸出一个鼻子头，它甚至试图对着铁条下嘴咬，可它的牙齿却怎么也咬不到铁条。

后来，铁笼子里的狗不再惊恐了，它似乎听惯了同类像哭的呻吟。它把后腿收在屁股下，前腿朝前伸直平放，这是一种卧着身子却又保持着起跑的姿势。时间长了，狗就把头平放在两个前腿之间，眯着眼。

厨子的徒弟拿来一把刮毛刀等候在厨子旁边。厨子丢了铁夹，猛地从烫水中抓起狗蹄子，嘴巴嘘唏着，把狗放在一块石头上，然后把手放在嘴下吹气。显然厨子的手被水烫得发痛，可他每次都是这样。仿佛他不这样被烫一下就对不起狗一样。徒弟刚来时就见师傅的手被烫，很想给师傅说，有很多办法可以不烫手，比如，抓狗蹄子之前先抓一把凉水，或者一个铁夹使力不够，再多一个铁夹。但徒弟就是徒弟，徒弟教师傅，在这一带是最不敬的事。师傅这么干，徒弟当然也只能这么干。有一次，徒弟终于忍不住说，师傅烫了手怎么办？徒弟说的话，当然不是讲师傅的手，师傅的手天天被烫已经千锤百炼了，徒弟甚至怀疑师傅的手早没了痛感，师傅的嘴巴又是嘘唏又是对着手吹气，可是烫的痛感并未上脸。徒弟知道自己的手，只要是被什么一烫，脸比手更容易让人知道——被烫了。徒弟由此认为，师傅的嘘唏和对手吹气只是个习惯。是呀！徒弟只见过嘴巴对冬天的冷手吹热气。

徒弟问师傅烫了手怎么办？当然不包括师傅的手。徒弟这样问是想找一个师傅同意的理由，使他可以用不烫手的办法去抓烫水里的狗蹄。但是师傅的回答却不给他任何理由。师傅把手伸到徒弟眼前晃动，说烫什么手，我烫了几十年。不要怕烫，手比哪样都快，水还没来得及烫手就离手了嘛！干活嘛就要像干活的样子。徒弟说，师傅真烫手哩！师傅说，烫了也不要紧，去擦点狗油，一会儿就好了。再说烫多了就不烫了。

厨子接过徒弟递到手的刀片，习惯性地用拇指试了试锋口，然后像刮胡子一样刮起了狗毛。刀锋所到之处，泛起白条条的狗皮来。厨子说，刀锋落在皮上，不能轻也不能过重，别破了皮子。下手要快，毛皮凉了就刮不下来了。

徒弟在师傅的吩咐中点着头，却不太认真看刀锋和狗皮，他用心地看着师傅的手，师傅的手红中带着紫色，看来的确烫得不轻。狗毛热气腾腾，烫水在刀锋的起刮处不断地流出来，流过刀片流过师傅的手又流到地上。地上被烫水热起了水泡沫，水泡沫顺着地势又流过那关狗的铁笼子，那铁笼子里眯着眼的狗被散发着热气的狗味道薰得站了起来，一双眼睛亮晶晶地盯着厨子看。

狗的一身毛，根本经不起厨子手里的刀锋几次来回就光了，狗赤条条地被倒提起来，又被挂到树杈上。厨子以欣赏的目光看着狗，然后用他那双微紫色的手掌，在狗白光光的身子上溜了溜说，看见没有，这样才好。

徒弟下意识把手掌在围裙上擦了擦，说下回我来刮。

厨子赞许地说，好，什么事就怕认真，只要认真，哪样都能干好。

徒弟被师傅的赞许弄得有点不好意思了，他双手把尖刀递给师傅诚恳地说，我再看您开一次膛，我肯定就会了。下一回我来。

厨子接过刀，先是用刀尖小心翼翼地把狗胸狗肚上的皮划开，然后挥小斧子砍开胸腔，又用尖刀割开狗肚肌。厨子一边伸双手去掏狗的内脏，一边对徒弟说，狗一身都是宝，特别是狗肝狗肠是大补之物。

徒弟看见狗的内脏在师傅的手里一股脑进了木盆，心里还是一阵恶心，虽然他已不止一次看见这样的情景。他只能去端盆子，把内脏清理出来洗干净是他无法逃脱的事。师傅要去烧狗，怎么烧师傅还未告诉他。他只看见，每次师傅提起湿漉漉的白条条的狗去了后院，出来时，狗身子已是黄澄澄的模样。徒弟知道这是用干草烧烤出来的，他家里宰羊后也是要用稻草或麦秆烧烤一下的，烧烤的时间很短，一般就几分钟，收干水气就行。师傅是不是用稻草或麦秆来烧烤狗，他不知道，但他知道师傅后院没有稻草或麦秆。他曾问过师傅，狗咋个就黄澄澄的了，用的什么草。师傅说，干香草。他又问，干香草是什么草。师傅闻言没有吭气。徒弟以为师傅没听好，又问，什么是干香草？师傅说，师傅不想说的，就是你暂时不该知道的。

徒弟还有不知道的，是师傅怎样把狗体内所有的骨头都取了出来，而又不伤及任何一小块狗皮。徒弟更不知道的，是那一锅芳香四溢的汤到底放了些什么。徒弟知道，光靠平常的八角、草果、鱼香等香料是没法做出这种汤来的。煮熟了的整只狗黄澄澄的油光光的，往灶台上一放，那汤又在狗旁翻滚着异香，没有过路的食客不停下来解馋的，而且回头客几乎是百分之百。真正懂得吃花江狗肉的人是从不吃外地的所谓花江狗肉，或者是吃过花江镇上的花江狗肉的人，也决不会吃外地的花江狗肉。就像喝国酒茅台一样，喝不到正宗的，你就别喝。是嘛！哪来这么多的国酒，哪来这么多的花江狗。

花江狗是花江大峡谷特有的一种土狗。这狗个体不大，最大的不过十余公斤，一般的成年狗都在七八公斤上下。这里的人家绝大部分是不吃狗肉的，可就是那小部分人家吃狗，却吃出了名气吃出了经验来。这里吃狗的人都有一黄二黑三花四白之说。都是狗肉，为什么黄狗肉上乘而白狗肉下乘，也只有这些老吃狗肉的主儿知道其中的微小差异。

花江狗繁衍力很强，一般一年一胎，一胎生下来多达七八只小狗。一胎生一只或两只小狗的母狗极少。于是便有歌谣唱狗道，一龙二虎三狼四鼠。这歌谣说明了花江狗生一胎一仔、二仔罕见而珍贵，生四只以上便为平淡无奇了。

一般人家最多留两只狗来看家护院，其余都送人。大多数人家是不卖狗的，小狗更是不会卖。在乡场上，出卖的东西很多，如鸡鸭牛羊猪马，就是没有出卖狗的。这里流传着一个古老的训诫——卖猪富，卖狗穷。有年青人问，卖狗为何就穷。老人说，你家连看家的狗都给卖了，还有哪样不能卖的。不穷才怪呢？

这一带人家从古到今一直坚持着不卖狗的祖规，就是有人好吃狗，也是自家养了狗来敲。这一带的人家对好吃狗的人是有看法的，老人们教育子女说，连狗都要吃的人，良心一定不善。你们看看，人们鄙视的所谓狗肉朋友是什么？狗肉朋友就是有吃有穿聚在一起，一旦有事就出卖良心的朋友。有些子女听话，有些子女却不以为然，说总不能吃狗肉的人就是坏人吧！老人说，不是坏人也不是善人吧！有子女反驳说，要善良就别吃肉，当和尚去。

这样的争论在这一带经常发生，特别是花江镇形成了一条街的狗肉馆以后。有人继续坚持不卖狗，有人忍不住卖了狗。一条街有十几家狗肉馆，每天要敲几十条狗才够吃。狗价不断地上涨，从原来三十元一只到五十元一只，最后涨到了一百元一只。为了钱，不少人家加入了卖狗的行列。也有人自家没有了狗就偷别人家的狗卖。这便使更多的人家加入了卖狗的行列，理由是，与其被别人偷掉，还不如换点钱来用。有这样的理由存在，必然也有那样的理由存在，这个那样的理由就是再缺钱用，也不卖狗。这样的理由和那样的理由是矛盾的，这个矛盾有时候逗得一家人为之争吵甚至打架。

徒弟来到狗肉馆已经有一个多月了。只见过为狗吵架的，还未见过为狗打架的。这吵架的事一般都发生在送狗来的时候，花江狗对主人很忠诚很温顺，对外人却是又凶又恶。一般情况下，主人卖了狗，厨子在付钱之前，会拿一条绳索要求狗的主人套上狗脖子。厨子是不会去套狗脖子的，怕咬。也常遇见只卖狗不给套狗脖子的主人。厨子也无奈，照样付钱。狗是越来越少了，狗肉馆却越开越多，说不起硬气话呀！

主人不愿套脖子的狗，就关在铁笼子里，一是给食客看，二是哪天没人送狗来时应急。狗肉馆缺了狗是无论如何讲不过去的。这应急的狗，一般都能多活个十天半月的。

关在铁笼的狗是一条黄色的狗，从肉质来讲是花江狗中的上品。狗的主人是一个中年汉子，身着土布衣裤，脚穿一双草鞋。徒弟一看就知道，这种装扮的一般都是生活在大峡谷深处的人。厨子见黄狗比一般的狗高大，便一定要这汉子给狗上了绳套才能走。中年汉子态度很明确，坚决不干这事。厨子说，你不上套子可以，总得把狗哄进笼子里吧！常言说儿不嫌母丑，狗不嫌家穷。我这里虽有好吃好喝的，也留不住你那狗。中年汉子神色暗淡，很不情愿又无可奈何地抱起狗放进铁笼子。

厨子知道要敲掉这条黄狗，是得费点力。上个月有一条黑狗，也是主人不给上绳套，厨子去给狗上绳套时，差点被狗咬掉了指头，幸亏厨子躲得快，狗只咬断了厨子手上的木棍。后来厨子换了一根铁棒，把绳套拴在铁棒头，伸进铁笼里去套狗脖子。狗当然也不傻，知道那绳子是来套它的，虽然笼子里躲闪的空间也并不大，但那黑狗尽力甩动着脑袋，使厨子的绳套难以套上它的脖子。折腾了半天，狗累得动作稍迟缓了，厨子才把绳索套住那黑狗。

这条黄狗能多活了半个月，除了它比黑狗更加凶悍外，还有这些天不缺狗，厨子就懒得去折腾这条黄狗了。再说那卖狗的中年汉子留下话，说是急用钱才卖这狗，等有了钱再来赎回。当时厨子说，我这里不是典当铺。中年汉子说，您一定给多留些天，我一定回来。厨子挥手说，去吧去吧。中年汉子才硬着头皮一步一回头地走了。

厨子看着中年汉子远去的背影对徒弟说，这条狗好。徒弟说，当然了，是条黄狗。一黄二黑三花四白嘛！

厨子说，你只知其一，不知其二。你看这狗皮毛黄得发光，胸宽蹄健，定是一条一胎一仔或二仔的龙虎之狗。少见、少见。师傅我都有点舍不得刮它的毛，想剥了它的皮来垫床，真是个绝好的东西。

黄狗在铁笼子里天天看见厨子敲狗，开始两天不吃不喝，白天在铁笼里又咬又跳，晚上对着夜空呜咽嚎叫。后来见多了，也就不再那么折腾了。厨子开始叫徒弟拿了剔下来的狗骨头给黄狗吃，黄狗嗅了嗅根本不下嘴。

厨子说，怪了，有狗不爱骨头的了。

徒弟说，不怪，它闻出是狗的骨头了。

厨子说，狗吃骨头，从不挑是哪样骨头。我就没见过这样的狗。

黄狗几天下来就饿瘦了，本来极有光泽的黄毛也开始有点褪色。厨子有点急了，对徒弟说，把骨头煮熟搅和剩饭剩菜给它吃，我不信它还能嗅出什么来。

徒弟照办了。黄狗果然开始吃，几天下来黄狗的毛发依然光泽闪亮。黄狗的毛发是恢复了，可徒弟却总感觉黄狗与原来不一样。咋个不一样，真要徒弟说，一时还说不清楚。后来经过几天的琢磨，徒弟终于明白了其中的差别，黄狗开始是目露凶光，脸庞呈恶相。现在黄狗的眼光暗淡，眼角边的毛像沾了米汤总是毛与毛紧靠在一起，徒弟知道那是狗泪流过的痕迹。但是狗是什么时候在哭，他却无法知道。还有他知道狗被主人刚带进这院子时，狗是一脸的灿烂，尾巴翘得老高。狗的尾巴是翘起的，说明狗那时没有恐惧感。它当然不知道主人带它来的目的。当狗被主人关进铁笼走后，它才意识到不对。狗想跟着主人走，又出不了铁笼，只好朝着主人走的方向又叫又跳。当主人的背影在它眼里消失时，它的尾巴低了下来并夹进了两股之间。狗一夹尾巴，说明它已充满了恐惧。徒弟最后终于看出经过这一段时间的折腾，黄狗已变得一脸的苦相是确实细心琢磨了的。

厨子更加喜欢这条黄狗了，闲暇时，厨子与徒弟闲聊说，这黄狗暂时不敲掉，等立冬了敲了剥皮。

徒弟说，狗的主人真的要是回来赎狗咋办？

厨子说，不可能，没这种规矩。

说是这样说，其实厨子也有点担心那中年汉子来赎狗。厨子遇见过那种又想要钱又舍不得狗的人，这些人也曾有人说是要赎狗，可拿了钱几乎没有人回来的。不过厨子觉得黄狗的主人那个中年汉子确实与其他卖狗人不一样。到底怎么不一样他也说不清。

厨子的担心说来就来了。黄狗的主人，那个身着土布衣裤，脚穿草鞋的中年汉子来的时候，厨子正在后院子用干香草熏烧刚才开了膛的狗。只有徒弟在前院坝清理狗肠子。

中年汉子见厨子不在，也没与厨子的徒弟招呼，直接走到了那铁笼子旁。黄狗一见主人，伸开前爪猛拔铁笼的铁条，屁股团团转地摇着尾巴，夹了半个多月的尾巴一下子就翘了起来。

徒弟看着黄狗的一张脸舒展开来，眼睛也不再暗淡显得亮晶晶的。

黄狗快乐而兴奋地想从铁笼里伸出头来，可是随它怎样努力，铁条的间隙只能伸出它的鼻子来。徒弟知道，黄狗是想用头去亲热主人的腿，还想后腿立起用前爪去搭主人的手。徒弟家也养有一条狗，他每次回家狗都这样亲热，狗的一张脸还会因为高兴而无比的灿烂，就连眼睛也会眯起来，使人觉得狗似乎在笑。

这时的黄狗高兴得眯起了眼，徒弟明白，这是黄狗半月来第一次开了笑脸。黄狗的主人显然被狗的热情感染了，一手去摸狗鼻子，一手去摘铁锁。中年汉子的双手一冷一热，热是因狗舌头舔着，冷是因铁锁冰凉地死扣着。

中年汉子走向徒弟，盯着徒弟手里的狗肠子说，你师傅呢？

徒弟说，在院后烧狗。

中年汉子说，我可以进去么？

徒弟说，不行，师傅烧狗从不准人看。

中年汉子说，要多久？

徒弟说，快了。

中年汉子说，我来赎狗。

徒弟说，要赎，当初就别卖。

中年汉子说，我爹得急病要钱救命。

徒弟正想再说点什么，他师傅提着烧好的狗出来了。见了中年汉子说，还真遇见要赎狗的人了。说完把狗丢进一个大木盆吩咐徒弟去清洗。

中年汉子从一个小布袋子里，掏出了一大把零票子，递给厨子说，你数一数。

厨子不接钱说，我这儿从不卖活狗。

中年汉子说，是我的狗。

厨子说，你的狗，咋到我这里来了？告诉你，这狗是我的。

中年汉子说，讲好的，我要赎回的。

厨子说，那是你这么说，我没答应过你。再说你卖一百元，赎回还是一百元，有这么便宜的事么？

中年汉子又把钱往厨子手里送，说这是一百二十块。

厨子说，那不行，我不卖活狗。

中年汉子说，狗我是一定要赎回的。

厨子说，快走开，再不走我叫警察了。

中年汉子说，你不赎回给我，我就不走。

厨子掏出手机给镇里派出所打电话。一会儿一个与厨子称兄道弟的狗肉朋友来了。

厨子的朋友一进院子就大咧咧地叫嚷，咋个回事？

厨子说，这个乡巴佬在这儿耍赖。

厨子的朋友看着中年汉子说，你这种人我见多了，别在这儿耍赖，这不是你耍赖的地方。

中年汉子指着铁笼里的大黄狗说，我没耍赖，这狗是我的。

厨子的朋友说，凭什么是你的。

中年汉子说，打开锁放出来，看它跟哪个走，就是哪个的。

厨子对朋友说，你看看，他这不是在耍赖是在干什么。这狗他早卖给我了的。和他啰嗦些什么，带到所里关他几天再说。

厨子的朋友对中年汉子说，你说说，是不是这回事。

中年汉子说，是这回事，我说要赎回的。

厨子的朋友说，你们这种纠纷，我们所里不能解决，你们自己商量解决。说完转身走了。

厨子追了几十步才追上他的朋友。他拉着朋友的手说，咋搞的，就这么呀！这乡巴佬讨厌得很，你把他带到所里一吓唬，他准跑了。

厨子的朋友眼睛一横说，你又害我，现在不同原来了，上面的禁令下发后，我们这一行是不好干了，动不动就说我们违法了。你们这是经济纠纷我没法管。你们要是打了一架嘛，属于治安问题，我还可以管一管。

厨子回头看了中年汉子一眼说，这小子有些硬力气。

厨子的朋友不理厨子想抽身走。厨子一把抓住朋友的手说，你说要打一架是不是？

厨子的朋友说，你别张起嘴巴乱说，我什么时候叫你打架了。

厨子说，好，你没说。要是打架了咋个办？

厨子的朋友说，打架就按治安条例处理。

厨子说，狗咋个解决？

厨子的朋友说，还是你们俩自己商量解决。我又不是法院的。

厨子说，那不是白打一架。

厨子的朋友说，你咋个这么不懂事呢？没人叫你打架，我还要劝你好好商量解决你们的纠纷。都什么时候了，打什么架。说完，挣脱厨子的手走了。

厨子回到院子里笑着对中年汉子说，听人劝好一半。我就不与你一般见识了。我的朋友说了，看你可怜就不带你到所里了。你先回去吧！

中年汉子说，我回去狗也要回去才行。

厨子眼一瞪说，给你脸就翘尾巴。一百二十块我不卖，要二百块。没得商量的，回去找到钱再来。

中年汉子说，我没得这么多钱。

厨子说，有没有钱是你的事。

中年汉子沉默了半响，走到铁笼子旁，从上衣口袋里摸出一个红苕喂大黄狗。大黄狗一边啃咬一边把尾巴摇得团团转。中年汉子回头对厨子说，你等着，我筹好钱就来。

中年汉子又一步一回头地走了。

大黄狗见主人走了，不再啃吃红苕，又是又叫又跳的。直到主人的背影不见了，它才停止蹦跳，嘴里又发出一阵呜咽之声。

晚上，关了店门，师傅临走对守店过夜的徒弟说，明天早一点起床，要敲两条狗。

徒弟说，为什么？

师傅说，铁笼里的狗也敲了，我要它的皮，真是一条好狗。

徒弟说，狗的主人不是去筹钱来赎么？

师傅说，这个乡巴佬，就是不赎给他。

徒弟不再说什么。师傅骑着摩托车走了。

深夜徒弟翻来覆去地睡不着，后半夜拿了一根铁棍，插入锁洞使力一撬锁便开了。徒弟打开铁门把大黄狗放了。放了狗后，徒弟一直无法入睡。凌晨时，徒弟忍不住打了个盹，便做了一个梦，他梦见大黄狗跑进了它的主人家，主人惊喜地迎出来，大黄狗后腿直立，前爪搭上了主人的肩，尾巴摇得团团转，眼睛眯起来充满着笑意，使狗的脸一片灿烂。在徒弟梦到大黄狗伸出舌头去舔主人的脸庞时，他感觉到自己的脸也湿漉漉的，猛地一下就惊醒了。

徒弟醒后没马上起来，他也知道时间不早了，师傅就要到了。但是他太困了，他想懒几分钟床。还没等他懒上一分钟，师傅在院子里吼了起来。偷狗了！狗被偷了！接着他听见师傅向他奔来的脚步声，在他还没有来得及翻身下床，他的脸上顿时挨了一巴掌。他听见师傅吼到，你狗日的，还睡个毬。

一会儿，厨子的警察朋友来了，看了铁笼子说，锁是被撬开的。又审问徒弟说，你没听见有人撬锁和狗叫？

徒弟说，没听见。

厨子的朋友说，撬锁不一定有声音，狗应该叫呀！

厨子火冒三丈地指着徒弟说，是嘛！你狗日的睡死了，狗不可能睡死。

厨子的朋友说，要么就是熟人来撬的。

厨子说，对，一定是那个乡巴佬干的。咋个办？

厨子的朋友说，咋个办？凉拌。你又不知道那人住哪里，咋个找他。

厨子说，这是个案件。

厨子的朋友说，你报案了，当然是案件，一百元的案件咋个搞？我们不可能为了一条狗成立专案组吧。为了一百元的狗，可能要花几百元找狗！还不一定能找到。

厨子说，是二百元的案子。

厨子的朋友说，别逗了，哪有二百元一条的狗。走，到所里做笔录。

厨子说，是我丢的狗，去你那里干什么？

厨子的朋友说，你要报案，当然要去做笔录。不能空口无凭嘛！

厨子说，搞得这么复杂，算了，没时间折腾，别耽搁做生意。

晚上食客们走完了，厨子整理完钞票后，把徒弟叫到柜台旁，说你的错误很大，留你下来继续干就不错了，狗嘛，也不要你赔二百元了，扣你工资一百二十元算了。

一个星期后，中年汉子走进了狗肉馆，送来了二百块钱。并感谢了厨子对他的信任，说狗早回了家，为了对厨子表示感谢，还给厨子带来了几斤自家种的花生。

晚上，厨子油炸了花生，一个人喝闷酒。徒弟三天前已离他而去，他在思考再到哪里招一个徒弟。

(选自欧阳黔森著《欧阳黔森短篇小说选》，贵州人民出版社，2014年版)

阅 读 提 示

《敲狗》描写的是在贵州远近闻名的花江狗肉行业的敲狗习俗，小说通过写狗对主人的依恋，厨子对情感的冷漠及徒弟的被感动折射出人性的光芒，把人性的复杂性呈现得淋漓尽致。厨子是一个有着精湛做狗肉手艺的职业手艺人，他在面对狗作为他挣钱的工具时，冷静、谨慎、严谨，身上无不展现出一个手艺人的"工匠精神"。作者描写花江地区敲狗的习俗、讲述厨子敲狗的故事，目的在于藉此刻画人性之复杂、凸显人性之光芒，从而为读者呈现这一片淳朴土地上的乡土世界与风土人情。徒弟宁愿失业也要选择放狗，中年汉子在父亲与黄狗之间的痛苦抉择，无不折射出人的良知之光，反映人在生存、职业与道德之间的艰难抉择中流露出的令人温暖感动的人性光辉。为此，第二届"蒲松龄短篇小说奖"的颁奖词指出："小说在无情中写温情，在残酷中写人性之光，是大家手笔和大家气派。大黄狗再次绽开的笑脸，狗主人与大黄狗之间难以割舍的真情，使得徒弟冒险放掉了师傅势在必得的大黄狗。大量生动鲜活的如何敲狗的细节的铺排，只是为了最后放狗的一笔。在狗的眼泪里我们看见了人的眼泪，由狗性引申出来的是对人性的思考，对提升人的精神品质的呼唤。"欧阳黔森对人性的拷问和批判，不只表现于人与人的社会关系中，同时也表现于人与自然、人与动物的关系中。正是这种对黔地风俗深层的思考，使得《敲狗》成为短篇小说中的典范文本。

思 考 与 训 练

1. 小说反映了什么样的主题？
2. 从职业角度试分析厨子的形象。
3. 厨子的徒弟为何要放大黄狗？

第四单元 管理智慧

就人类社会而言，智慧是生物所具有的高级综合能力，譬如感知、记忆、理解、联想、情感、逻辑、辨别、计算、分析、判断、沟通、决定、合作、包容等能力，能让人深刻地理解人、事、物、情、欲、社会、宇宙、存在、现在、过去、将来等，进而深入把握物理、事理、心理、情理、真理。而人在社会属性规约下，其管理能力成为一个重要问题。管理是以人为中心，在特定环境条件下，对组织所拥有的人力、物力、财力和信息等资源进行有效的处理，以期高效地达到既定组织目标的过程。在人类社会的行为中，上至部落、国家，下至社区、家庭，都存在管理，管理优劣甚至关乎所在族群的生存、发展，乃至消亡。中华民族历史悠久，有着大量族群管理的实践经验，其中管理智慧很早就凸显出来，先秦诸子的概括与总结显示出中华民族的"早慧"，例如《道德经》《论语》《春秋》《孙子兵法》均十分耐人寻味；秦汉以降，至唐宋明清，在"修齐治平"的主旋律背景下，国家管理乃至家族管理都有诸多经验总结，从史著《战国策》《史记》《资治通鉴》，到治世能臣的作品，例如诸葛孔明的《出师表》、苏轼的《思治论》，还有曾国藩的奏折、家书与张之洞的《劝学篇》，乃至小说《三国演义》《红楼梦》，都显示出封建专制王朝时代的管理智慧火花。值得一提的是，近代以来中国现代化的过程中，新旧文化撞击的时代背景下，诸多志士仁人在社会管理中矢志不渝、躬耕前行，例如蔡元培先生，不仅在辛亥革命后执掌民国教育部，为中国的现代教育引路导航，而且之后以北京大学为中心，为中国现代高等教育确立办学理念与发展方向。可以说，在我们光辉灿烂的历史文化中，展现出管理智慧的事例不胜枚举，本书选篇尽可能体现其代表性。

本单元"管理智慧"所选篇目共十篇，其中《战国策》两篇各有侧重，曾国藩的两篇角度不同。总体上来看，荟萃了我国文明史上的精华，去伪存真，剔除糟粕，彰显管理智慧的光彩。

课外阅读篇目

韩非子《五蠹》；司马迁《史记》；司马光《资治通鉴》；陈寿《三国志》；罗贯中《三国演义》；[英]亚当·斯密《国富论》；[德]马克斯·韦伯《社会组织和经济组织理论》。

道德经（节选）

老　子

　　《道德经》是中国古代先秦时期的一部著作，传说由春秋时期的老子所撰写，是道家哲学思想的重要来源。《道德经》分上下两篇，原文上篇《德经》、下篇《道经》；后改为《道经》在前，有37章，之后为《德经》，有44章，总共81章。作者老子，姓李名耳，字聃，一字伯阳，春秋末期人，生卒年不可考，据《史记》等多部古籍记载，老子是春秋时期陈国苦县人，为中国古代思想家、哲学家、文学家，道家学派创始人，与庄子并称"老庄"。

一　章

　　道可道，非常道；名可名，非常名[1]。无名天地之始，有名万物之母。故常无欲，以观其妙；常有欲，以观其徼[2]。此两者同出而异名，同谓之玄[3]，玄之又玄，众妙之门。

二　章

　　天下皆知美之为美，斯恶已；皆知善之为善，斯不善已。故有无相生，难易相成，长短相较，高下相倾，音声相和[4]，前后相随。是以圣人处无为之事，行不言之教，万物作焉而不辞，生而不有，为而不恃[5]，功成而弗居。夫唯弗居，是以不去。

三　章

　　不尚贤，使民不争；不贵难得之货，使民不为盗；不见可欲，使民心不乱。是以圣人之治，虚其心，实其腹；弱其志，强其骨。常使民无知无欲，使夫智者不敢为也。为无为，则无不治。

八　章

　　上善若水[6]。水善利万物而不争，处众人之所恶，故几于道。居善地，心善渊，与善仁，言善信，正善治，事善能，动善时。夫唯不争，故无尤[7]。

十七章

　　太上[8]，下知有之。其次，亲而誉之。其次，畏之。其次，侮之。信不足，焉有不信焉。悠兮其贵言。功成事遂，百姓皆谓我自然。

三十七章

道常无为而无不为，侯王若能守之，万物将自化。化而欲作，吾将镇之以无名之朴。无名之朴[9]，夫亦将无欲。不欲以静，天下将自定。

五十四章

善建者不拔，善抱者不脱，子孙以祭祀不辍。修之于身，其德乃真；修之于家，其德乃馀；修之于乡，其德乃长；修之于国[10]，其德乃丰；修之于天下，其德乃普。故以身观身，以家观家，以乡观乡，以国观国，以天下观天下。吾何以知天下然哉？以此。

（选自王弼注，楼宇烈校释《老子道德经注校释》，中华书局，2008年版）

注释

[1] 第一个"道"可以理解为构成宇宙的实体与动力，第二个"道"意为用语言表达出来。第一个"名"在这里指道的名称，即文化思想，第二个"名"同第二个"道"。王弼注："可道之道，可名之名，指事造形，非其常也。故不可道，不可名也。"

[2] "徼"读作 jiào。王弼注："徼，归终也。"

[3] 玄：幽昧深远。王弼注："玄者，冥也，默然无有也。"

[4] 音声：古代音和声是有区别的。单调的、无节奏的叫"声"，复杂的、有节奏的叫"音"。

[5] 恃（shì）：依赖，依靠。

[6] 上善：最高等的善。

[7] 尤：怨咎。

[8] 太上：王弼注："太上，谓大人也。大人在上，故曰太上。"

[9] "无名"指"道"。"朴"形容"道"的真朴。

[10] 另有版本用"邦"。

阅读提示

老子思想对中国哲学具有深刻的影响，其思想核心是朴素的辩证思维。老子主张无为而治、不言之教，讲究物极必反。老子又是道家性命双修的始祖，讲究虚心实腹、不与人争。"道"是老子的最高范畴，"无为"是老子的核心思想。在社会政治观上，《老子》主张无为而治，"我无为，而民自化""治大国若烹小鲜"，又描绘了一幅"小国寡民"的理想国图画。《老子》倡导"清静为天下正"，因此司马谈《论六家要旨》称道家"以虚无为本"。从郭店楚简本到马王堆书本，可以看到其学反对儒家，主张"绝仁弃义"，把锋芒直指儒家的核心理念。无为而治的政治思想，对于历代王朝更替由乱入治，都有相当的启发意义。

思考与训练

1. 结合以上《道德经》选文，说一说你对"为无为，则无不治"的理解。
2. 说一说你对"道可道，非常道"的认识。

谋 攻 篇

孙 武

孙武（约公元前545—约前470），字长卿，春秋末期军事家，齐国乐安（今山东广饶县，一说山东惠民县）人。后人尊称其为孙武子、孙子、兵家至圣，誉其为"东方兵学的鼻祖"。著有《孙子兵法》。

孙子曰：凡用兵之法，全国为上，破国次之[1]；全军为上，破军次之；全旅为上，破旅次之；全卒为上，破卒次之；全伍为上，破伍次之。是故百战百胜，非善之善者也[2]；不战而屈人之兵，善之善者也。

故上兵伐谋[3]，其次伐交[4]，其次伐兵，其下攻城。攻城之法，为不得已。修橹轒辒[5]，具器械[6]，三月而后成，距堙[7]，又三月而后已。将不胜其忿而蚁附之[8]，杀士三分之一而城不拔者，此攻之灾也。

故善用兵者，屈人之兵而非战也，拔人之城而非攻也，毁人之国而非久也，必以全争于天下，故兵不顿而利可全，此谋攻之法也。

故用兵之法，十则围之，五则攻之，倍则分之，敌则能战之，少则能逃之，不若则能避之。故小敌之坚，大敌之擒也[9]。

夫将者，国之辅也，辅周则国必强，辅隙则国必弱[10]。

故君之所以患于军者三[11]：不知军之不可以进而谓之进[12]，不知军之不可以退而谓之退，是谓縻军[13]。不知三军之事，而同三军之政者[14]，则军士惑矣。不知三军之权，而同三军之任，则军士疑矣。三军既惑且疑，则诸侯之难至矣[15]，是谓乱军引胜[16]。

故知胜有五：知可以战与不可以战者胜；识众寡之用者胜[17]；上下同欲者胜[18]；以虞待不虞者胜；将能而君不御者胜[19]。此五者，知胜之道也。

故曰：知彼知己者，百战不殆[20]；不知彼而知己，一胜一负；不知彼，不知己，每战必殆。

（选自孙武著，黄朴民译注《孙子兵法》，岳麓书社，2006年版）

注 释

[1] 全国为上，破国次之：指未诉诸武力而使敌国屈服，此为上等用兵策略。经过交战攻破敌国使之降服是第二等用兵策略。曹操注："兴师深入长驱，距其城郭，绝其内外，敌举国来服，为上。以兵击破，败而得之，其次也。"

[2] 百战百胜，非善之善者也：百战百胜终有杀伤、损耗，所以说是"非善之善者"。

[3] 上兵伐谋：上兵，用兵作战的上策。张预注："兵之上也。"伐谋：用智谋使敌人屈服。曹操注："敌始有

谋，伐之易也。"此句意为上等用兵之策是以谋略取胜。

[4] 伐交：在两军将开战之际，向敌显示己方的强大实力，震慑对方，从而使敌对方丧失斗志和信心，被迫退兵或投降。

[5] 修橹轒辒：修，意为"修整、修建"之动作；橹（lǔ），大盾牌，曹操注："大楯也。"轒辒（fén wēn），指古代攻城用的四轮战车。

[6] 具器械：具，修置，准备。此句言置备攻城的各种器用、械具。

[7] 距闉：是古代攻城必修的工事，指为攻城而堆积的土丘，以观察敌情，攻击守城之敌。杜佑注："距闉者，踊土积高而前，以附于城也。积土为山曰堙，以距敌城，以观虚实。"闉，通"堙"。

[8] 蚁附之：曹操注云"使士卒缘城而上，如蚁缘墙"。意思是像蚂蚁一样附在上面。

[9] 小敌之坚，大敌之擒也：此句意为：只知固执硬拼的小敌，必为大敌所擒。

[10] 隙：缺也，"缺"意，指疏漏之意。

[11] 患于军：患，作动词，为患、贻害。

[12] 谓之进：谓，可训"使"，见《广雅·释诂》。故"谓之进"可作"使之进"，命令他们前进。

[13] 縻军：縻，原意为牛辔，可引申为羁绊、束缚。杜牧注："縻军，犹驾御羁绊，使不自由也。"

[14] 同三军之政：同，毕以珣《孙子叙录》谓有"冒"义，有干预之意。政，政事，指军中行政事务。曹操注："军容不入国，国容不入军，礼不可以治兵也。"

[15] 诸侯之难：诸侯国乘其军士疑惑之机，起而攻之的灾难。

[16] 乱军引胜：乱军，自乱其军；引胜，失去胜利。梅尧臣注云："自乱其军，自去其胜"，可谓精确。

[17] 识众寡之用：懂得众与寡的灵活运用。

[18] 上下同欲：同欲，亦即同心同德之谓。上下，曹操注指君臣。此句言君臣上下同心同德。

[19] 将能而君不御：御，驾驭。在此为制约之意。此句意为将领有才能，君主不参与干涉。

[20] 百战不殆：殆，危。百战不殆，即言每战必胜而无危险。

阅读提示

《孙子兵法》现仅存13篇。13篇兵法讲的全部都是克敌制胜的战略战术，全书构成了一个严密的体系。《始计篇》论述怎样在开战之前和战争中实行谋划的问题，并论述谋划在战争中的重要意义。《作战篇》论述速战速胜的重要性。《谋攻篇》论述用计谋征服敌人的问题。《军形篇》论述用兵作战要先为自己创造不被敌人战胜的条件，以等待敌人可以被自己战胜的时机，使自己"立于不败之地"。《兵势篇》论述用兵作战要造成一种可以压倒敌人的迅猛之势，并要善于利用这种迅猛之势。《虚实篇》论述用兵作战须采用"避实而击虚"的方针。《军争篇》论述如何争夺制胜的有利条件，使自己掌握作战主动权的问题。《九变篇》论述将帅指挥作战应根据各种具体情况灵活机动地处置问题，不要机械死板而招致失败，并对将帅提出了要求。《行军篇》论述行军作战中怎样安置军队和判断敌情的问题，还论述了军队在遇到各种地形时的处置办法。《地形篇》论述用兵作战怎样利用地形的问题，着重论述深入敌国作战的好处。《九地篇》论述九种不同作战地区及其用兵原则，提出了"兵之情主速，乘人之不及，由不虞之道，攻其所不戒也"的突然袭击的作战思想。《火攻篇》论述在战争中使用火攻的办法、条件和原则等问题。《用间篇》论述使用间谍侦察敌情在作战中的重要意义，并论述了间谍的种类和使用间谍的方法。

思 考 与 训 练

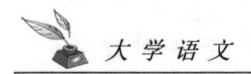

1. 结合某个具体商战案例,谈谈"知彼知己"的重要性。
2. 请列出《孙子兵法》的13篇篇目并介绍各篇内容。

濮阳人吕不韦贾于邯郸

《战国策》

《战国策》，原作者不明，一般认为非一人之作。资料年代大部分出于战国时代，包括策士的著作和史料的记载。后经汉代刘向编撰，删去其中明显不可靠的内容，按照国别编排体例，定名"战国策"。全书共33卷，内容以战国时期策士的游说活动为中心，同时反映了当时的一些历史特点和社会风貌，是研究战国历史文化的重要典籍。《战国策》善于述事明理，描写人物形象逼真，大量运用寓言、譬喻，语言生动，富于文采。无论个人陈述还是双方辩论，都具有很强的说服力，对中国两汉以来史传文政论文的发展有相当影响。全书现存497篇，早在宋代就已有不少缺失，由曾巩"访之士大夫家"，得以校补，后又经多次修订。刘向（约公元前77—前6），又名刘更生，字子政，汉成帝即位后，得进用，任光禄大夫，改名为"向"，祖籍沛郡（今沛县）人，西汉经学家、目录学家、文学家。

濮阳人吕不韦贾于邯郸[1]，见秦质子异人[2]，归而谓父曰："耕田之利几倍？"曰："十倍。""珠玉之赢[3]几倍？"曰："百倍。""立国家之主赢几倍？"曰："无数。"曰："今力田疾作，不得暖衣余食；今建国立君，泽可以遗世。愿往事之。"

秦子异人质于赵，处于㠅城[4]。故往说之曰："子傒[5]有承国之业，又有母在中。今子无母于中[6]，外托于不可知之国，一日倍[7]约，自为粪土。今子听吾计事，求归，可以有秦国。吾为子使秦，必来请子。"

乃说秦王后[8]弟阳泉君曰："君之罪至死，君知之乎？君之门下无不居高尊位，太子门下无贵者。君之府藏珍珠宝玉，君之骏马盈外厩，美女充后庭。王之春秋高[9]，一日山陵崩[10]，太子用事，君危于累卵而不寿于朝生[11]。说有可以一切，而使君富贵千万岁，其宁于太山[12]四维，必无危亡之患矣。"阳泉君避席[13]，请闻其说。不韦曰："王年高矣，王后无子，子傒有承国之业，士仓[14]又辅之。王一日山陵崩，子傒立，士仓用事，王后之门必生蓬蒿。子异人贤材也，弃在于赵，无母于内，引领西望，而愿一得归。王后诚请而立之，是子异人无国而有国，王后无子而有子也。"阳泉君曰："然。"入说王后，王后乃请赵而归之。

赵未之遣，不韦说赵曰："子异人，秦之宠子也，无母于中，王后欲取而子之。使秦而欲屠赵，不顾一子而留计[15]，是抱空质也。若使子异人归而得立，赵厚送遣之，是不敢倍德畔施[16]，是自为德讲。秦王老矣，一日晏驾[17]，虽有子异人，不足以结秦。"赵乃遣之。

异人至，不韦使楚服而见。王后悦其状，高其知，曰："吾楚人也。"而自子之，乃变其名曰楚，王使子诵，子曰："少弃捐在外，尝无师傅所教学，不习于诵。"王罢之，乃留止。间曰："陛下尝轫车[18]于赵矣，赵之豪杰得知名者不少。今大王反[19]国，皆西面而望。

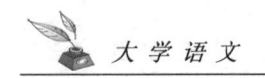

大王无一介之使以存之，臣恐其皆有怨心，使边境早闭晚开。"王以为然，奇其计。王后劝立之。王乃召相，令之曰："寡人子莫若楚。"立以为太子。

子楚立[20]，以不韦为相，号曰文信侯，食蓝田[21]十二县。王后为华阳太后，诸侯皆致秦邑。

（选自缪文远、缪伟、罗永莲译注《战国策》，中华书局，2012年版）

注 释

[1] 濮阳：卫邑，在今河南濮阳西南。贾（gǔ）：做买卖。

[2] 异人：秦孝文王子，时在赵做人质，后即位为庄襄王。

[3] 赢：商业利润。

[4] 廖（yí）城：即聊城，在今山东聊城西北十五里。

[5] 子傒（xī）：异人的异母弟，都是安国君（后即位为孝文王）之子。

[6] 今子无母于中：异人母夏姬，未受到宫中宠爱，异人等于无母。

[7] 倍：通"背"，意为违背。

[8] 秦王后：指安国君妻华阳夫人。

[9] 王之春秋高：言其年老。王，指孝文王。

[10] 山陵崩：比喻秦王死，这是一种避讳的说法。

[11] 朝生：指朝生夕落的槿花。

[12] 太山：即泰山，在今山东泰安北。

[13] 避席：表示恭敬。

[14] 士仓：即昭王时的秦相杜仓。

[15] 留计：延缓其计划。

[16] 倍：通"背"，背弃。畔：通"叛"，违背，叛离。

[17] 晏驾：对天子死的避讳说法。

[18] 轫（rèn）车：停车。轫，阻止车轮滚动的木头。

[19] 反：同"返"。

[20] 子楚立：是为秦庄襄王。

[21] 蓝田：在今陕西蓝田西十一里。

阅 读 提 示

本文出自《战国策·秦策五》。吕不韦凭他多年从事商业的经验，看出当时在赵国做人质的秦公子异人"奇货可居"，于是和异人结为政治投机的伙伴。秦安国君妻华阳夫人在政治上很有势力，但膝下无子，吕不韦通过夫人弟阳泉君，说服华阳夫人，从赵国召回异人。华阳夫人是楚人，异人返秦，吕不韦让他穿上楚地服装去参拜夫人，夫人一见，大为高兴，决定把异人收为己子，给他改名为"楚"，并劝安国君（即位后为孝文王）把子楚立为太子。孝文王即位，三日即死。接着子楚登位，是为庄襄王。由于吕不韦有拥立的大功，于是让他担任相国，主持国政，号为"文信侯"，并把蓝田十二县作为他的封邑。吕不韦终于如愿以偿，从一个精明的商人变成大权在握的政治家。

思考与训练

1. 依据原文,分析吕不韦富有远见的具体表现。
2. 依据选文中的事例,阐释人际交往中的有效沟通方式。

燕 攻 齐

《战国策》

《战国策》简介见前文《濮阳人吕不韦贾于邯郸》。

燕攻齐，齐破。闵王奔莒，淖齿[1]杀闵王。田单守即墨之城，破燕兵，复齐墟。襄王为太子微[2]。齐以破燕，田单之立疑，齐国之众皆以田单为自立也。襄王立，田单相[3]之。

过菑水[4]，有老人涉菑而寒，出不能行，坐于沙中。田单见其寒，欲使后车分衣，无可以分者，单解裘而衣之。襄王恶之，曰："田单之施，将欲以取我国乎？不早图，恐后之。"左右顾无人，岩下有贯珠者[5]，襄王呼而问之曰："女[6]闻吾言乎？"对曰："闻之。"王曰："女以为何若？"对曰："王不如因以为己善。王嘉单之善，下令曰：'寡人忧民之饥也，单收而食之；寡人忧民之寒也，单解裘而衣之；寡人忧劳百姓，而单亦忧之，称寡人之意。'单有是善而王嘉之，善单之善，亦王之善已。"王曰："善。"乃赐单牛酒，嘉其行。

后数日，贯珠者复见王曰："王至朝日，宜召田单而揖之于庭，口劳[7]之。"乃布令求百姓之饥寒者，收谷[8]之。乃使人听于闾[9]里，闻丈夫之相与语，举曰："田单之爱人，嗟，乃王之教泽也！"

（选自缪文远、缪伟、罗永莲译注《战国策》，中华书局，2012年版）

注　释

[1] 淖齿：当时的齐相。
[2] 微：隐藏。
[3] 相：做相国。
[4] 菑（zī）水：淄水。
[5] 贯珠者：连珠成串的人，采珠人。
[6] 女：通"汝"。
[7] 口劳：慰问。
[8] 收谷：收留抚养，赈济。
[9] 闾（lǘ）里：街头里巷。

阅读提示

本文出自《战国策·齐策六》。周赧王三十年（公元前285），大将军田单收复齐国的失地，击退了燕国的侵略。故此，田单功高震主。当田单关心老人的时候，齐王认为他在收买人心，很不高兴。采珠人劝他顺水推舟，表扬田单，从而使自己的形象也得到提高。采珠人对上可以解除齐王的不满，对下可以让田单摆脱困境，消除了君臣间的隔阂，可算是一举两得。

思 考 与 训 练

1. 针对文中齐襄王的人物塑造，分析其心理。
2. 结合作品，阐释"贯珠者"如何解决"功高震主"这一难题。

思 治 论

苏 轼

苏轼简介见第二单元《定风波·莫听穿林打叶声》
宋真宗景德元年（1004）与辽国订立"澶渊之盟"以后，社会危机日趋严重，到嘉祐年间（1056—1063），财政、吏治、军事等方面都陷入极端困境之中。对此，当时以大理评事签书凤翔府判官的苏轼有着清醒的认识，作于嘉祐八年（1063）的《思治论》就充分地说明了这一点。

方今天下何病哉！其始不立，其卒不成，惟其不成，是以厌之而愈不立也。凡人之情，一举而无功则疑，再则倦，三则去之矣。今世之士，所以相顾而莫肯为者，非其无有忠义慷慨之志也，又非其才术谋虑不若人也，患在苦其难成而不复立。不知其所以不成者，罪在于不立也。苟立而成矣。

今世有三患而终莫能去，其所从起者，则五六十年矣。自宫室祷祠之役兴[1]，钱币茶盐之法坏[2]，加之以师旅[3]，而天下常患无财。五六十年之间，下之所以游谈聚议，而上之所以变政易令以求丰财者，不可胜数矣，而财终不可丰。自澶渊之役[4]，北虏虽求和，而终不得其要领，其后重之以西羌之变，而边陲不宁，二国益骄。以战则不胜，以守则不固，而天下常患无兵。五六十年之间，下之所以游谈聚议，而上之所以变政易令以求强兵者，不可胜数矣，而兵终不可强。自选举之格严，而吏拘于法，不志于功名；考功课吏之法坏，而贤者无所劝，不肖者无所惧，而天下常患无吏。五六十年之间，下之所以游谈聚议，而上之所以变政易令以求择吏者，不可胜数矣，而吏终不可择。财之不可丰，兵之不可强，吏之不可择，是岂真不可耶？故曰：其始不立，其卒不成，惟其不成，是以厌之而愈不立也。

夫所贵于立者，以其规摹先定也。古之君子，先定其规摹，而后从事，故其应也有候，而其成也有形。众人以为是汗漫不可知，而君子以为理之必然，如炊之无不熟，种之无不生也。是故其用力省而成功速。

昔者子太叔问政于子产[5]。子产曰："政如农功，日夜以思之，思其始而图其终，朝夕而行之，行无越思，如农之有畔。"子产以为不思而行，与凡行而出于思之外者，如农之无畔也，其始虽勤，而终必弃之。今夫富人之营宫室也，必先料其赀财之丰约，以制宫室之大小，既内决于心，然后择工之良者而用一人焉，必告之曰："吾将为屋若干，度用材几何？役夫几人？几日而成？土石材苇，吾于何取之？"其工之良者必告之曰："某所有木，某所有石，用材役夫若干，某日而成。"主人率以听焉。及期而成，既成而不失当，则规摹之先定也。

今治天下则不然。百官有司不知上之所欲为也，而人各有心。好大者欲王，好权者欲霸，而偷者欲休息。文吏之所至，则治刑狱，而聚敛之臣，则以货财为急。民不知其所适从也。及其发一政，则曰：姑试行之而已，其济与否，固未可知也。前之政未见其利害，而后之政复发矣。凡今之所谓新政者，听其始之议论，岂不甚美而可乐哉？然而布出于天下，而卒不知其所终。何则？其规摹不先定也。用舍系于好恶，而废兴决于众寡。故万全之利，以小不便而废者有之矣；百世之患，以小利而不顾者有之矣。所用之人无常责，而所发之政无成效。此犹适千里不赍粮而假丐于涂人[6]；治病不知其所当用之药，而百药皆试，以侥倖于一物之中。欲三患之去，不可得也。

昔者太公治齐，周公治鲁，至于数十世之后，子孙之强弱，风俗之好恶，皆可得而逆知之。何者？其所施专一，则其势固有以使之也。管仲相桓公，自始为政而至于霸，其所施设，皆有方法。及其成功，皆知其所以然，至今可覆也。咎犯之在晋[7]，范蠡之在越，文公、勾践尝欲用其民，而二臣皆以为未可，及其以为可用也，则破楚灭吴，如寄诸其邻而取之。此无他，见之明而策之熟也。

夫今之世，亦与明者熟策之而已。士争言曰：如是而财可丰，如是而兵可强，如是而吏可择。吾从其可行者而规摹之，发之以勇，守之以专，达之以强，日夜以求合于其所规摹之内，而无务出于其所规摹之外。其人专，其政一，然而不成者，未之有也。财之不丰，兵之不强，吏之不择，此三者，存亡之所从出，而天下之大事也。夫以天下之大事，而有一人焉，独擅而兼言之，则其所以治此三者之术，其得失固未可知也。虽不可知，而此三者决不可不治者可知也。

是故不可以无术。其术非难知而难听，非难听而难行，非难行而难收。孔子曰："好谋而成。"[8]使好谋而不成，不如无谋。盖世有好剑者，聚天下之良金，铸之三年而成，以为吾剑天下莫敌也，剑成而狼戾[9]缺折不可用。何者？是知铸而不知收也。今世之举事者，虽其甚小，而欲成之者常不过数人，欲坏之者常不可胜数。可成之功常难形，若不可成之状常先见。上之人方且眩瞀而不自信，又何暇及于收哉！

古之人，有犯其至难而图其至远者，彼独何术也？且非特圣人而已。商君之变秦法也，撄万人之怒，排举国之说，势如此其逆也。苏秦之为从也，合天下之异以为同，联六姓之疏以为亲，计如此其迂也。淮阴侯请于高帝，求三万人，愿以北举燕、赵，东击齐，南绝楚之粮道，而西会于荥阳。耿弇[10]亦言于世祖，欲先定渔阳，取涿郡，还收富平而东下齐，世祖以为落落难合。此皆越人之都邑而谋人国，功如此其疏也。然而四子者行之若易然。出于其口，成于其手，以为既已许吾君，则亲挈而还之。今吾以自有之天下，而行吾所得为之事，其事又非有所拂逆于天下之意也，非有所待于人而后具也，如有财而自用之，有子而自教之耳。然而政出于天下，有出而无成者，五六十年于此矣。是何也？意者知出而不知收欤？非不知收，意者汗漫而无所收欤？故为之说曰：先定其规摹而后从事。先定者，可以谋人。不先定者，自谋常不给，而况于谋人乎！

且今之世俗，则有所可患者，士大夫所以信服于朝廷者不笃，而皆好议论以务非其上，使人眩于是非，而不知其所从。从之，则事举无可为者；不从，则其所行者常多故而易败。夫所以多故而易败者，人各持其私意以贼之，议论胜于下，而幸其无功者众也。富人之谋利也常获，世以为福，非也。彼富人者，信于人素深，而服于人素厚，所为而莫或害之，所欲而莫或非之，事未成而众已先成之矣。夫事之行也有势，其成也有气。富人者，乘其势而袭其气也。欲事之易成，则先治其所以信服天下者。

天下之事，不可以力胜。力不可胜，则莫若从众。从众者，非从众多之口，而从其所不言而同然者，是真从众也。众多之口非果众也，特闻于吾耳而接于吾前，未有非其私说者也。于吾为众，于天下为寡。彼众之所不言而同然者，众多之口，举不乐也。以众多之口所不乐，而弃众之所不言而同然，则乐者寡而不乐者众矣。古之人，常以从众得天下之心，而世之君子，常以从众失之。不知夫古之人，其所从者，非从其口，而从其所同然也。何以明之？世之所谓逆众敛怨而不可行者，莫若减任子[11]。然不顾而行之者，五六年矣，而天下未尝有一言。何则？彼其口之所不乐，而心之所同然也。从其所同然而行之，若犹有言者，则可以勿恤矣。

故为之说曰：发之以勇，守之以专，达之以强。苟知此三者，非独为吾国而已，虽北取契丹可也。

（选自王水照、聂安福选注《苏轼散文精选》，东方出版中心，1998年版）

注　释

[1] 宫室祷祠之役兴：指宋真宗自大中祥符年间（1008—1016年）起，兴建大批宫观，祈神求福。

[2] 钱币茶盐之法坏：指宋初钱法、茶法、盐法等屡有变更，财经紊乱。

[3] 师旅：军队。此指战争。宋初与契丹、西夏多有交战。

[4] 澶（chán）渊之役：宋真宗景德元年（1004年），辽军南侵，进抵澶州（今河南濮阳）。宰相力促真宗亲征，渡河登澶州城，宋军士气高涨。辽军大将萧挞凛被射死，处境不利。但真宗急于求和，与辽订立盟约，宋每年输辽银十万两，绢二十万匹。澶州，郡名澶渊。所以史称此战为"澶渊之役"。

[5] 子产：公孙侨（字子产），郑国大夫，执政四十余年，颇有佳绩。

[6] 涂人：路人。涂，道路。

[7] 咎犯：春秋时晋国大夫狐偃，字子犯，为晋文公的舅舅。《左传·僖公二十七年》载子犯曾三次因时机未成熟而谏阻晋文公用兵。鲁僖公二十八年，子犯认为时机已到，晋国出兵救宋，于城濮（今山东鄄城西南）大败楚军。随后晋文公在践土（今河南荥阳东北）大会诸侯，成为霸主。

[8] 好谋而成：语见《论语·述而》，能谋事且能成事。

[9] 狼戾（lì）：狼藉。这里指不收藏好。

[10] 耿弇（yǎn）：后汉茂陵（今陕西兴平县）人，字伯昭。辅佐刘秀即位，拜建威大将军，封好畤侯。

[11] 任子：西汉时，二千石以上的官吏任满一定年限可保举子弟一人为郎，称任子。后世用以指由父兄功绩而得官，亦称补荫。

阅　读　提　示

苏轼是中国文化史上一位多才多艺的文化巨人，在诗、词、书法、绘画等文学艺术方面均有建树，同时在散文领域中也取得了令人瞩目的成就。正如王水照先生所言，苏轼是继欧阳修之后宋代古文运动的领袖，其杰出的散文作品标志着从西魏发端、历经唐宋的古文运动的胜利结束，在中国散文史中有着重要的地位和影响；苏轼的散文又以雄健奔放、挥洒自如为特色，区别于其他宋代散文家；苏轼的政论和史论，主要集中写于初入仕途时期（参见《苏轼散文精选·前言》，1998年）。他在应"制举"时所写的《进策》《进论》等系列论文多篇，总结历史教训，分析当前形势，研究治国之策，反映了他对国计民生的关心和对形势发展趋势的洞察力；这些虽不是纯文学散文，但苏轼饱含政治激情，旁征博引，巧譬善喻，写得迂回往复，波澜层层而又主旨集中，一气呵成，充满了古代仕人的管理智慧，如《思治论》就是其中的代表。

思考与训练

1. 作者认为"商君之变秦法也，攖万人之怒，排举国之说，势如此其逆也"。谈谈你的看法。
2. 请深入理解苏轼所说的"富人者，乘其势而袭其气也"。

王熙凤协理宁国府[①]

曹雪芹

曹雪芹（1715-1763），名霑（zhān），字梦阮，号雪芹，又号芹溪、芹圃，清代小说家，著名文学家。他出身于"百年望族"的大官僚地主家庭，后因家道中落而饱尝人生的辛苦。他爱好广泛，对金石、诗画、园林、中医、织补、工艺、饮食等均有所研究。在人生的最后阶段，曹雪芹以坚韧不拔的毅力，历经十年创作了《红楼梦》并专心致志地做着修订工作，死后遗留《红楼梦》前八十回书稿。

只是贾珍虽然此时心意满足，但里面尤氏又犯了旧疾，不能料理事务，惟恐各诰命来往，亏了礼数，怕人笑话，因此心中不自在。当下正忧虑时，因宝玉在侧问道："事事都算安贴了，大哥哥还愁什么？"贾珍见问，便将里面无人的话说了出来。宝玉听说笑道："这有何难，我荐一个人与你权理这一个月的事，管必妥当。"贾珍忙问："是谁？"宝玉见座间还有许多亲友，不便明言，走至贾珍耳边说了两句。贾珍听了喜不自禁，连忙起身笑道："果然妥贴，如今就去。"说着拉了宝玉，辞了众人，便往上房里来。

可巧这日非正经日期[1]，亲友来的少，里面不过几位近亲堂客，邢夫人、王夫人、凤姐并合族中的内眷陪坐。闻人报："大爷进来了。"唬的众婆娘唿的一声，往后藏之不迭，独凤姐款款站了起来。贾珍此时也有些病症在身，二则过于悲痛了，因拄个拐踱了进来。邢夫人等因说道："你身上不好，又连日事多，该歇歇才是，又进来做什么？"贾珍一面扶拐，拃挣着要蹲身跪下请安道乏。邢夫人等忙叫宝玉搀住，命人挪椅子来与他坐。

贾珍断不肯坐，因勉强陪笑道："侄儿进来有一件事要求二位婶子并大妹妹。"邢夫人等忙问："什么事？"贾珍忙笑道："婶子自然知道，如今孙子媳妇没了，侄儿媳妇偏又病倒，我看里头着实不成个体统。怎么屈尊大妹妹一个月，在这里料理料理，我就放心了。"邢夫人笑道："原来为这个。你大妹妹现在你二婶子家，只和你二婶子说就是了。"王夫人忙道："他一个小孩子家，何曾经过这样事，倘或料理不清，反叫人笑话，倒是再烦别人好。"贾珍笑道："婶子的意思侄儿猜着了，是怕大妹妹劳苦了。若说料理不开——我包管必料理的开——便是错一点儿，别人看着还是不错。从小儿大妹妹顽笑着就有杀伐决断，如今出了阁，又在那府里办事，越发历练老成了。我想了这几日，除了大妹妹再无人了。婶子不看侄儿、侄儿媳妇的分上，只看死了的分上罢！"说着滚下泪来。

王夫人心中怕的是凤姐儿未经过丧事，怕他料理不清，惹人耻笑。今见贾珍苦苦的说到这步田地，心中已活了几分，却又眼看着凤姐出神。那凤姐素日最喜揽事办，好卖弄才干，

[①] 为与本单元主题相对应，引文分别为《红楼梦》第十三回、第十四回，引用部分内容，其中不再另分章节。

虽然当家妥当，也因未办过婚丧大事，恐人还不服，巴不得遇见这事。今见贾珍如此一来，他心中早已欢喜。先见王夫人不允，后见贾珍说的情真，王夫人有活动之意，便向王夫人道："大哥哥说的这么恳切，太太就依了罢。"王夫人悄悄的道："你可能么？"凤姐道："有什么不能的。外面的大事已经大哥哥料理清了，不过是里头照管照管，便是我有不知道的，问问太太就是了。"王夫人见说的有理，便不作声。贾珍见凤姐允了，又陪笑道："也管不得许多了，横竖要求大妹妹辛苦辛苦。我这里先与妹妹行礼，等事完了，我再到那府里去谢。"说着，就作揖下去，凤姐儿还礼不迭。

贾珍便忙向袖中取了宁国府对牌出来[2]，命宝玉送与凤姐，又说："妹妹爱怎样就怎样，要什么只管拿这个取去，也不必问我。只求别存心替我省钱，只要好看为上；二则也要同那府里一样待人才好，不要存心怕人抱怨。只这两件外，我再没不放心的了。"凤姐不敢就接牌，只看着王夫人。王夫人道："你哥哥既这么说，你就照看照看罢了。只是别自作主意，有了事，打发人问你哥哥、嫂子要紧。"宝玉早向贾珍手里接过对牌来，强递与凤姐了。贾珍又问："妹妹住在这里，还是天天来呢？若是天天来，越发辛苦了。不如我这里赶着收拾出一个院落来，妹妹住过这几日倒安稳。"凤姐笑道："不用。那边也离不得我，倒是天天来的好。"贾珍听说，只得罢了。然后又说了一回闲话，方才出去。

一时女眷散后，王夫人因问凤姐："你今儿怎么样？"凤姐儿道："太太只管请回去，我须得先理出一个头绪来，才回去得呢。"王夫人听说，便先同邢夫人等回去，不在话下。

这里凤姐儿来至三间一所抱厦内坐了，因想：头一件是人口混杂，遗失东西；第二件，事无专执，临期推委；第三件，需用过费，滥支冒领；第四件，任无大小，苦乐不均；第五件，家人豪纵，有脸者不服钤束[3]，无脸者不能上进。此五件实是宁国府中风俗，不知凤姐如何处治，且听下回分解。正是：

金紫万千谁治国，裙钗一二可齐家。

话说宁国府中都总管来升闻得里面委请了凤姐，因传齐同事人等说道："如今请了西府里琏二奶奶管理内事，倘或他来支取东西，或是说话，我们须要比往日小心些。每日大家早来晚散，宁可辛苦这一个月，过后再歇着，不要把老脸丢了。那是个有名的烈货，脸酸心硬，一时恼了，不认人的。"众人都道："有理。"又有一个笑道："论理，我们里面也须得他来整治整治，都忒不像了。"正说着，只见来旺媳妇拿了对牌来领取呈文京榜纸札[4]，票上批着数目。众人连忙让坐倒茶，一面命人按数取纸来抱着，同来旺媳妇一路来至仪门口，方交与来旺媳妇自己抱进去了。

凤姐即命彩明订造簿册。即时传来升媳妇，兼要家口花名册来查看，又限于明日一早传齐家人媳妇进来听差等语。大概点了一点数目单册，问了来升媳妇几句话，便坐车回家。一宿无话。

至次日，卯正二刻便过来了。那宁国府中婆娘媳妇闻得到齐，只见凤姐正与来升媳妇分派，众人不敢擅入，只在窗外听觑。只听凤姐与来升媳妇道："既托了我，我就说不得要讨你们嫌了。我可比不得你们奶奶好性儿，由着你们去。再不要说你们'这府里原是这样'的话,如今可要依着我行,错我半点儿,管不得谁是有脸的,谁是没脸的,一例现清白处治。"说着,便吩咐彩明念花名册,按名一个一个的唤进来看视。

一时看完,便又吩咐道:"这二十个分作两班,一班十个,每日在里头单管人客来往倒茶,别的事不用他们管。这二十个也分作两班,每日单管本家亲戚茶饭,别的事也不用他们管。这四十个人也分作两班,单在灵前上香添油,挂幔守灵,供饭供茶,随起举哀[5],别的事也不与他们相干。这四个人单在内茶房收管杯碟茶器,若少一件,便叫他四个描赔[6]。这四个人单管酒饭器皿,少一件,也是他四个描赔。这八个单管监收祭礼。这八个单管各处灯油、蜡烛、纸札,我总支了来,交与你八个,然后按我的定数再往各处去分派。这三十个每日轮流各处上夜,照管门户,监察火烛,打扫地方。这下剩的按着房屋分开,某人守某处,某处所有桌椅古董起,至于痰盒掸帚,一草一苗,或丢或坏,就和守这处的人算账描赔。来升家的每日揽总查看,或有偷懒的、赌钱吃酒的、打架拌嘴的,立刻来回我。你有徇情,经我查出,三四辈子的老脸就顾不成了。如今都有定规,以后那一行乱了,只和那一行说话。素日跟我的人,随身自有钟表,不论大小事,我是皆有一定的时辰。横竖你们上房里也有时辰钟。卯正二刻我来点卯,巳正吃早饭,凡有领牌回事的,只在午初刻。戌初烧过黄昏纸[7],我亲到各处查一遍,回来上夜的交明钥匙。第二日仍是卯正二刻过来。说不得咱们大家辛苦这几日罢,事完了,你们家大爷自然赏你们。"

说罢,又吩咐按数发与茶叶、油烛、鸡毛掸子、笤帚等物。一面又搬取家伙:桌围、椅搭、坐褥、毡席、痰盒、脚踏之类。一面交发,一面提笔登记,某人管某处,某人领某物,开得十分清楚。众人领了去,也都有了投奔,不似先时只拣便宜的做,剩下的苦差没个招揽。各房中也不能趁乱失迷东西。便是人来客往,也都安静了,不比先前一个正摆茶,又去端饭,正陪举哀,又顾接客。如这些无头绪、荒乱、推托、偷闲、窃取等弊,次日一概都蠲了[8]。

凤姐儿见自己威重令行,心中十分得意。因见尤氏犯病,贾珍又过于悲哀,不大进饮食,自己每日从那府中煎了各样细粥,精致小菜,命人送来劝食。贾珍也另外吩咐每日送上等菜到抱厦内,单与凤姐。那凤姐不畏勤劳,天天于卯正二刻就过来点卯理事,独在抱厦内起坐,不与众妯娌合群,便有堂客来往,也不迎会。

这日乃五七正五日上,那应佛僧正开方破狱[9],传灯照亡[10],参阎君,拘都鬼,筵请地藏王[11],开金桥[12],引幢幡[13];那道士们正伏章申表[14],朝三清[15],叩玉帝[16];禅僧们行香,放焰口[17],拜水忏[18];又有十三众尼僧,搭绣衣,靸红鞋,在灵前默诵接引诸咒[19],十分热闹。

那凤姐必知今日人客不少,在家中歇宿一夜,至寅正,平儿便请起来梳洗。及收拾完备,更衣盥手,吃了两口奶子糖粳米粥,漱口已毕,已是卯正二刻了。来旺媳妇率领诸人伺候已久。凤姐出至厅前,上了车,前面打了一对明角灯[20],大书"荣国府"三个大字,款款来至宁府。

大门上门灯朗挂,两边一色戳灯[21],照如白昼,白汪汪穿孝仆从两边侍立。请车至正门上,小厮等退去,众媳妇上来揭起车帘。凤姐下了车,一手扶着丰儿,两个媳妇执着手把灯罩,簇拥着凤姐进来。宁府诸媳妇迎来请安接待。凤姐缓缓走入会芳园中登仙阁灵前,一见了棺材，那眼泪恰似断线之珠，滚将下来。院中许多小厮垂手伺候烧纸。凤姐吩咐得一声："供茶烧纸。"只听一棒锣鸣，诸乐齐奏，早有人端过一张大圈椅来，放在灵前，凤姐坐了，放声大哭。于是里外男女上下，见凤姐出声，都忙忙接声嚎哭。一时贾珍尤氏遣人来劝，凤姐方才止住。

来旺媳妇献茶漱口毕，凤姐方起身，别过族中诸人，自入抱厦内来。按名查点，各项人数都已到齐，只有迎送亲客上的一人未到。即命传到，那人已张惶愧惧。凤姐冷笑道："我说是谁误了，原来是你！你原比他们有体面，所以才不听我的话。"那人道："小的天天都来的早，只有今儿，醒了觉得早些，因又睡迷了，来迟了一步，求奶奶饶过这次。"正说着，只见荣国府中的王兴媳妇来了，在前探头。

凤姐且不发放这人，却先问："王兴媳妇作什么？"王兴媳妇巴不得先问他完了事，连忙进去说："领牌取线，打车轿网络[22]。"说着，将个帖儿递上去。凤姐命彩明念道："大轿两顶，小轿四顶，车四辆，共用大小络子若干根，用珠儿线若干斤。"凤姐听了，数目相合，便命彩明登记，取荣国府对牌掷下。王兴家的去了。

凤姐方欲说话时，见荣国府的四个执事人进来，都是要支取东西领牌来的。凤姐命彩明要了帖念过，听了一共四件，指两件说道："这两件开销错，再算清了来取。"说着掷下帖子来。那二人扫兴而去。

凤姐因见张材家的在旁，因问："你有什么事？"张材家的忙取帖儿回说："就是方才车轿围作成，领取裁缝工银若干两。"凤姐听了，便收了帖子，命彩明登记。待王兴家的交过牌，得了买办的回押相符，然方与张材家的去领。一面又命念那一个，是为宝玉外书房完竣，支买纸料糊裱。凤姐听了，即命收帖儿登记，待张材家的缴清，又发与这人去了。

凤姐便说道："明儿他也睡迷了，后儿我也睡迷了，将来都没了人了。本来要饶你，只是我头一次宽了，下次人就难管，不如现开发的好。"登时放下脸来，喝命："带出去，打二十板子！"一面又掷下宁国府对牌："出去说与来升，革他一月银米！"众人听说，又见凤姐眉立，知是恼了，不敢怠慢，拖人的出去拖人，执牌传谕的忙去传谕。那人身不由己，已拖出去挨了二十大板，还要进来叩谢。凤姐道："明日再有误的，打四十，后日的六十，有不怕挨打的，只管误！"说着，吩咐："散了罢。"

窗外众人听说，方各自执事去了。彼时宁府荣府两处执事领牌交牌的，人来人往不绝，那抱愧被打之人含羞去了，这才知道凤姐利害。众人不敢偷闲，自此兢兢业业，执事保全。不在话下。

如今且说宝玉因见今日人众，恐秦钟受了委曲，因默与他商议，要同他往凤姐处来坐。秦钟道："他的事多，况且不喜人去，咱们去了，他岂不烦腻。"宝玉道："他怎好腻我们，不相干，只管跟我来。"说着，便拉了秦钟，直至抱厦。凤姐才吃饭，见他们来了，便笑道："好长腿子，快上来罢。"宝玉道："我们偏了[23]。"凤姐道："在这边外头吃的，还是那边吃的？"宝玉道："这边同那些浑人吃什么！原是那边，我们两个同老太太吃了来的。"一面归坐。

凤姐吃毕饭，就有宁国府中的一个媳妇来领牌，为支取香灯事。凤姐笑道："我算着你们今儿该来支取，总不见来，想是忘了。这会子到底来取，要忘了，自然是你们包出来，都便宜了我。"那媳妇笑道："何尝不是忘了，方才想起来，再迟一步，也领不成了。"说罢，领牌而去。

一时登记交牌。秦钟因笑道："你们两府里都是这牌，倘或别人私弄一个，支了银子跑了，怎样？"凤姐笑道："依你说，都没王法了。"宝玉因道："怎么咱们家没人领牌子做东西？"凤姐道："人家来领的时候，你还做梦呢。我且问你，你们这夜书多早晚才念呢？"宝玉道："巴不得这如今就念才好，他们只是不快收拾出书房来，这也无法。"凤姐笑道："你请我一请，包管就快了。"宝玉道："你要快也不中用，他们该作到那里的，自然就有了。"凤姐笑道："便是他们作，也得要东西，搁不住我不给对牌是难的。"宝玉听说，便猴向凤姐身上立刻要牌[24]，说："好姐姐，给出牌子来，叫他们要东西去。"凤姐道："我乏的身子上生疼，还搁的住揉搓。你放心罢，今儿才领了纸裱糊去了，他们该要的还等叫去呢，可不傻了？"宝玉不信，凤姐便叫彩明查册子与宝玉看了。

正闹着，人回："苏州去的人昭儿来了。"凤姐急命唤进来。昭儿打千儿请安。凤姐便问："回来做什么的？"昭儿道："二爷打发回来的。林姑老爷是九月初三日巳时没的。二爷带了林姑娘同送林姑老爷灵到苏州，大约赶年底就回来。二爷打发小的来报个信请安，讨老太太示下，还瞧瞧奶奶家里好，叫把大毛衣服带几件去。"凤姐道："你见过别人了没有？"昭儿道："都见过了。"说毕，连忙退去。凤姐向宝玉笑道："你林妹妹可在咱们家住长了。"宝玉道："了不得，想来这几日他不知哭的怎样呢。"说着，蹙眉长叹。

凤姐见昭儿回来，因当着人未及细问贾琏，心中自是记挂，待要回去，争奈事情繁杂，一时去了，恐有延迟失误，惹人笑话。少不得耐到晚上回来，复令昭儿进来，细问一路平安信息。连夜打点大毛衣服，和平儿亲自检点包裹，再细细追想所需何物，一并包藏交付昭儿。又细细吩咐昭儿："在外好生小心服侍，不要惹你二爷生气；时时劝他少吃酒，别勾引他认得混账老婆，果然有这些事，回来打折你的腿"等语。赶乱完了，天已四更将尽，总睡下又走了困，不觉天明鸡唱，忙梳洗过宁府中来。

那贾珍因见发引日近，亲自坐车，带了阴阳司吏，往铁槛寺来踏看寄灵所在。又一一嘱咐住持色空，好生预备新鲜陈设，多请名僧，以备接灵使用。色空忙看晚斋。贾珍也无心茶饭，因天晚不得进城，就在净室胡乱歇了一夜[25]。次日早，便进城来料理出殡之事，一面又派人先往铁槛寺，连夜另外修饰停灵之处，并厨茶等项接灵人口坐落。

里面凤姐见日期有限，也预先逐细分派料理，一面又派荣府中车轿人从跟王夫人送殡，又顾自己送殡去占下处。目今正值缮国公诰命亡故，王邢二夫人又去上祭送殡；西安郡王妃华诞[26]，送寿礼；镇国公诰命生了长男，预备贺礼；又有胞兄王仁连家眷回南，一面写家信禀叩父母并备带往之物；又有迎春染病，每日请医服药，看医生启帖、症源、药案等事，亦难尽述。又兼发引在迩，因此忙的凤姐茶饭也没工夫吃得，坐卧不能清净。刚到了宁府，荣府的人又跟到宁府；既回到荣府，宁府的人又找到荣府。凤姐见如此，心中倒十分欢喜，并不偷安推托，恐落人褒贬，因此日夜不暇，筹画得十分的整肃。于是合族上下无不称叹者。

（选自曹雪芹著，无名氏续，《红楼梦》，第3版，人民文学出版社，2008年版）

注　释

[1] 正经日期：丧礼诵经期间吊祭死者的正日子。经：诵经。

[2] 对牌：用木、竹制成的凭证，上有标记，从中劈作两半。支领财物时，以两半标记相合为凭。

[3] 钤（qián）束：约束、管制。钤：锁，比喻管束。

[4] 呈文京榜：纸名。呈文纸是一种质地较结实而价格便宜的纸，旧时书写呈文及商店簿记时常用。京榜是一种比较高级的榜纸，因其适宜于向京城销售，故称京榜。纸扎：也作"纸扎"，这里是"纸张"的意思。札：古代无纸，字写在小木板上，叫"札"。

[5] 随起举哀：这里指分派奴仆随同死者亲眷一起号哭。举哀本是孝眷的事，但旧时有钱人家为了装潢门面，也令奴仆或专门雇人来一同哭丧，以示悲痛。

[6] 描赔：照原样或原价赔偿。描：照底样描摹。

[7] 黄昏纸：旧时有丧人家，每天按一定时间在灵前烧纸钱。日落黄昏时烧的那一次，叫"黄昏纸"。

[8] 蠲（juān）：减去，免除。

[9] 应佛僧：也叫"应付僧""应赴僧"，专门支应佛事的和尚。开方破狱：民间习俗在人死亡后邀僧尼、道士大作超度亡灵的迷信活动之一种。开方（放）：开度。

[10] 传灯照亡：旧时迷信，认为人死后走向冥途，黑暗无边，而佛法能破除黑暗，犹如明灯。《维摩诘经·菩萨品》："无尽灯者，譬如一灯燃百千灯，冥者皆明，明终不尽。"因此于人将死时在脚后燃灯以照亡灵，故云"传灯照亡"。

[11] 地藏王：菩萨名，他"安忍不动如大地，静虑深密如秘藏"，故名地藏。据佛教传说，他于释迦既灭之后，弥勒未生之前，在"六道众生"之中救苦救难。

[12] 开金桥：迷信传说，"善人"死后鬼魂所走的是金桥。为死者开金桥，使他来世能"托生"于福禄之地。

[13] 幢幡（chuáng fān）：都是旗子一类的东西。幢：竿头安装宝珠，竿身饰以锦帛的旗子。幡：一种垂直悬挂在高竿上的长条形旗子。

[14] 伏章申表：道士斋醮时俯首屈身恭读表章。这里章与表皆系向玉帝奏告的文书。

[15] 三清：道教合称该教的最高境界"玉清""上清""太清"为"三清"；也称居住在其中的"玉清元始天尊""上清灵宝天尊""太清太上老君"三位尊神为"三清"。

[16] 玉帝：玉皇大帝，是道教所尊奉的最高天神。据道书说："玉帝居玉清三元宫第一中位。"宋徽宗赵佶尊之为"太上开天执符御历含真体道昊天玉皇上帝"。

[17] 放焰口：和尚替丧事人家念"焰口经"及施舍饮食于众鬼神，为饿鬼超度，为死者祈福的迷信活动。焰口，据佛教传说，地狱中的饿鬼，一切饮食到了口边即化为火炭，故称"焰口"。

[18] 拜水忏：和尚念"水忏经"为死者祈求免除冤孽灾祸的迷信活动。水忏：又叫慈悲水忏，佛教经文之一。

[19] 接引诸咒：接引死者至"极乐世界"的咒语。

[20] 明角灯：又叫羊角灯，灯罩用羊角胶制成，半透明，能防风雨。

[21] 戳灯：又名高灯。是一种竖在地上的灯笼。戳：又作绰、矗。

[22] 车轿网络：车轿上用丝线编织成的网状装饰品。

[23] 偏了：已经吃过了。偏：谦辞，占先。

[24] 猴：像猴子一样去依偎、纠缠。

[25] 净室：和尚的住室。

[26] 华诞：旧时对别人生日的敬称。

阅 读 提 示

"王熙凤协理宁国府"在《红楼梦》第十三、十四回，内容广为人知，成为学习管理学的经典案例。这一案例让我们明白：第一，要有机遇。宁国府的秦可卿不死，贾珍的夫人尤氏不病，自然没有王熙凤施展才华的机会。第二，要有伯乐。贾宝玉出主意请王熙凤协理宁国府，可见贾宝玉慧眼识珠，这又正中了贾珍下怀。他早就看好王熙凤，正所谓伯乐给力，里应外合。第三，要有勇气。贾珍亲自出马来求王夫人帮忙，很多人可能躲之不及，唯有王熙凤"款款站了起来"，求之不得，敢于挑战自我。第四，要有能力。王熙凤之所以答应协理宁国府，并且信心十足，也因为她对自己的能力有认知，自信能把这件棘手的事情处理好。王熙凤上任以后，首先是"理理头绪"。她的管理思路是针对宁国府当时存在的诸多问题，提纲挈领，雷厉风行，一一拿出解决的有效方案。第五，要有责任。王熙凤虽然只是临时管理宁国府，却也兢兢业业，认真负责，使得最终的管理卓有成效。第六，要有名义。所谓"名不正则言不顺，言不顺则事不成"。贾珍把宁国府的对牌交给王熙凤，鼎力支持，委以重任，使得王熙凤做起事情有名分，更有威信。以上六个"要有"在人事管理问题的处理上十分重要，关系到管理的成效与水平。

思 考 与 训 练

1. 王熙凤是怎样将宁国府管理得井井有条的？说明了什么？
2. 从小说创作的角度，谈谈作者在塑造王熙凤这一人物形象上有何过人之处？

拟选聪颖子弟赴泰西各国肄业折

曾国藩

曾国藩（1811—1872），初名子城，字伯涵，号涤生，晚清著名政治家、军事家、思想家、文学家，出生于长沙府湘乡荷叶塘白杨坪一户普通耕读人家，以其坚苦卓绝之精神，成立"三不朽"之事业，被誉为传统中国最后一个完人。曾国藩是"派遣留学"的重要决策者，具有开风气、开先河之气势。曾国藩著述丰厚，其中影响最大、传播最深广的，莫过于《曾文正公家书》。《清史稿》说曾国藩"事功本于学问，善以礼运"。

奏为拟选聪颖子弟前赴泰西[1]各国肄习技艺，以培人才，恭折仰祈圣鉴事[2]。

窃臣国藩上年在天津办理洋务[3]，前任江苏巡抚丁日昌奉旨来津会办，屡与臣商榷，拟选聪颖幼童送赴泰西各国书院学习军政、船政、步算、制造诸书，约计十余年，业成而归，使西人擅长之技中国皆能谙悉，然后可以渐图自强。且谓携带幼童前赴外国者，如四品衔刑部主事陈兰彬、江苏候补同知容闳皆可胜任等语。臣国藩深韪[4]其言，曾于上年九月、本年正月两次附奏在案。臣鸿章复往返函商，窃谓自斌椿及志刚、孙家毂[5]两次奉命游历各国，于海外情形亦已窥其要领。如舆图、算法、步天、测海、造船、制器等事，无一不与用兵相表里。凡游学他国得有长技者，归即延入书院，分科传授，精益求精，其余军政、船政直视为身心性命之学。今中国欲仿效其意而精通其法，当此风气既开，似宜亟选聪颖子弟携往外国肄业，实力讲求，以仰副[6]我皇上徐图自强之至意。

查美国新立和约第七条内载，嗣后中国人欲入美国大小官学学习各等文艺，须照相待最优国人民一体优待。又美国可以在中国指准外国人居住地方设立学堂，中国人亦可在美国一体照办等语。本年春间，美国公使过天津时，臣鸿章面与商及，允俟知照[7]到日，即转致本国妥为照料。三月间，英国公使来津接见，亦以此事有无相询。臣鸿章当以实告，意颇欣许，亦谓先赴美国学习。英国大书院极多，将来亦可随便派往，此固外国人所深愿，似于和好大局有益无损。臣等伏思外国所长，既肯听人共习，志刚、孙家毂又已导之先路，计由太平洋乘轮船径达美国，月余可至，当非甚难之事。或谓天津、上海、福州等处，已设局仿造轮船、枪炮、军火，京师设同文馆选满汉子弟延西人教授。又上海开广方言馆[8]选文童肄业，似中国已有基绪，无须远涉重洋。不知设局制造，开馆教习，所以图振奋之基也。远适肄业，集思广益，所以收远大之效也。西人学求实济，无论为士、为工、为兵，无不入塾读书，共明其理，习见其器，躬亲其事，各致其心，思巧力递相师授，期于月异而岁不同。中国欲取其长，一旦遽[9]图尽购其器，不惟力有不逮，且此中奥密，苟非遍览久习，则本源无由洞彻，而曲折无以自明。古人谓学齐语者，须引而置之庄岳之间[10]；又曰百闻不如一见，比物此志也。况诚得其法，归而触类引伸，视今日所为，孜孜以求者，不更扩充于无穷耶？惟是试办之难有二：一曰选材，一曰筹费。盖聪颖子弟不可多得，必其志趣远大，品质朴实，不牵于家累，不役于纷华[11]者，方能远游异国，安心学习，则选材难；国家帑项[12]，岁有常额，增此派人出洋肄习之款，更须措办，则筹费又难。凡此二者，臣等亦深知其难，第以成山始于一篑[13]，蓄艾期[14]以三年，及今以图，庶他日继长增高稍易为力。爰饬[15]陈兰彬、容闳等悉心酌议，加以复核，拟派员在沪设局访选沿海各省聪颖幼童，每年以三十名为率[16]，四年计一百二十名，分年搭船赴洋在外国肄习，十五年后按年分起挨次回华。计回华之日，各幼童不过三十岁上下，年力方强，正可及时报效。闻前此闽、粤、宁波子弟亦时有赴洋学习者，但只图识粗浅洋文洋话，以便与洋人交易，为衣食计。此则入选之初，慎之又慎。至带赴外国，悉归委员管束，分门别类，务求学术精到。又有翻译教习，随时课以中国文义，俾[17]识立身大节，可冀成有用之材。虽未必皆为伟器，而人才既众，当有瑰异者[18]出乎其中。此拔十得五之说也。

至于通计[19]费用，首尾二十年需银百二十万两，诚属巨款。然此款不必一时凑拨，分析[20]计之，每年接济六万，尚不觉其过难。除初年盘川发给委员携带外，其余指有定款按年预拨交与银号陆续汇寄，事亦易办。

总之，图事之始，固不能予之甚吝，而遽望之甚奢，况远适异国，储才备用，更不可以经费偶乏浅尝中辍。近年来设局制造，开馆教习，凡西人擅长之技，中国颇知究心，所需经费，均蒙谕旨准拨，亦以志在必成，虽难不惮，虽费不惜，日积月累，成效渐有可观。兹拟选带聪颖子弟赴外国肄业，事虽稍异，意实相同。谨将章程十二条恭呈御览，合无仰恳天恩饬下江海关[21]于洋税项下按年指拨，勿使缺乏。恭候命下，臣等即饬设局挑选聪颖子弟妥慎办理，如有章程中未尽事宜，并请敕下总理衙门酌核更改，臣等亦可随时奏请更正。所有拟选聪颖子弟前赴泰西各国肄习技艺缘由，谨合词恭折具奏，伏乞皇太后[22]、皇上圣鉴训示。谨奏。

谨将挑选幼童前赴泰西肄业酌议章程，恭呈御览。

一、商知美国公使照会大伯尔士顿，将中国派员每年选送幼童三十名至彼中书院肄业缘由，与之言明，其束修膏火[23]一切均中国自备，并请俟学识明通，量材拨入军政、船政两院肄习。至赴院规条，悉照美国向章办理。

一、上海设局经理挑选幼童派送出洋等事，拟派大小委员三员，由通商大臣札饬[24]在于上海、宁波、福建、广东等处，挑选聪慧幼童年十三四岁至二十岁为止，曾经读中国书数年，其亲属情愿送往西国肄业者，即会同地方官取具亲属甘结，并开明年貌、籍贯存案，携至上海公局考试。如资性聪颖并稍通中国文理者，即在公局暂住听候齐集出洋，否即撤退以节糜费[25]。

一、选送幼童每年以三十名为率，四年计一百二十名，驻洋肄业十五年后，每年回华三十名。由驻洋委员胪列[26]各人所长，听候派用，分别奏赏顶戴[27]官阶差事。此系官生，不准在外洋入籍、逗留及私自先回遽谋别业。

一、赴洋幼童学习一年，如气性顽劣，或不服水土，将来难望成就，应由驻洋委员随时撤回。如访有金山地方华人年在十五岁内外，西学已有几分工夫者，应由驻洋委员随时募补以收得人之效，临时斟酌办理。

一、赴洋学习幼童，入学之初，所习何书，所肄何业，应由驻洋委员列册登注，四月考验一次，年终注明等第，详载细册，赍送上海道转报。

一、驻洋派正副委员二员，每员每月薪水银四百五十两；翻译一员，每月薪水银二百五十两；教习[28]二员，每员每月薪水银一百六十两。

一、每年驻洋公费银共约六百两，以备医药、信资、文册、纸笔各项杂用。

一、正副委员、翻译、教习来回川费[29]，每员银七百五十两。

一、幼童来回川费及衣物等件，每名银七百九十两。

一、幼童驻洋束修、膏火、房租、衣服、食用等项，每名每年计银四百两。

一、每年驻洋委员将一年使费开单知照上海道[30]转报，倘正款有余，仍涓滴归公；若正款实有不足之处，由委员随时知照上海道禀请补给。

一、每年驻洋薪水、膏火等费，约计库平银[31]六万两，以二十年计之，约需库平银一百二十万两。

（选自《曾国藩全集·奏稿之十二》修订版，岳麓书社，2011年版）

注　释

[1] 泰西：旧时泛指西方国家，后称"西洋"。

[2] 这篇奏折与李鸿章会衔具奏。李鸿章（1823—1901），字子黻、渐甫，号少荃，安徽合肥人，中国清朝晚期政治家、外交家、军事将领，洋务运动的主要倡导者，世人多称"李中堂""李文忠"。

[3] 同治七年至九年（1868—1870），曾国藩任直隶总督，曾在天津办理洋务。

[4] 深惬：深以为……正确。

[5] 斌椿、志刚、孙家毂（所选《曾国藩全集》版本中记为"孙家谷"）均为清王朝外派洋务人员。

[6] 仰副：尽全力符合。

[7] 知照：通知照会。

[8] 广方言馆：清末设立的近代新式学堂。1863年由李鸿章奏请在上海设立，始称外国语言文字学馆、同文学馆。

[9] 遽：急速地，匆忙地。

[10] 庄岳之间：齐国都临淄著名的闹市区。

[11] 纷华：繁华。

[12] 帑（tǎng）项：国库钱财，财政预算。

[13] 蒉：盛土的竹筐。

[14] 蓄艾期：要像使艾草发挥药效那样保存。

[15] 爰：句首语气助词；饬：命令。

[16] 率：大概。

[17] 俾（bǐ）：使。

[18] 瑰异者：出类拔萃的人。

[19] 通计：总共。

[20] 分析：分开。

[21] 江海关：清朝宣布开放海禁后，于康熙二十三至二十四年（1684—1685），首次以"海关"命名，先后设置粤（广州）、闽（福州）、浙（宁波）、江（上海）四个海关。江海关最初设在连云港云台山，后移至上海松江。

[23] 束修膏火：均指学费。

[24] 札饬（zhá chì）：旧时官府上级对下级发文训示。

[25] 糜费：浪费。

[26] 胪（lú）列：罗列，列举。

[27] 顶戴：清代用以区别官员等级的帽饰。通常皇帝可赏给无官的人某品顶戴，亦可对次一等的官赏加较高级的顶戴。顶戴指代表官阶的顶珠，不同的顶珠质料和不同的颜色代表不同品级。

[28] 教习：学官名。明代选进士入翰林院学习，称庶吉士，训课庶吉士者曰教习。清代沿用此制，清末兴办学堂，其教师也沿称为教习。

[29] 川费：即川资，旅费、路费。

[30] 上海道：清朝的行政区划，其正式名称是"分巡苏松太常等地兵备道"。鸦片战争后，上海道员的职责增设办理外交，从事洋务活动。

[31] 库平银：清朝国库收支使用的标准货币单位，起于康熙年间。

阅读提示

这篇奏折也传有《拟选子弟出洋学艺折》《拟选聪颖子弟出洋习艺疏》等名称。1871年8月两江总督曾国藩与直隶总督李鸿章会衔一同上奏，建议清廷选送聪颖的满汉子弟留学深造，第二年，该派遣计划大体得以实施。这一计划培养出了诸多精专人才，其中包含詹天佑、唐绍仪等近代著名人物，为中国社会开阔了眼界，为中国进入现代化奠定了较好的基础。

思考与训练

1. 了解文中提到的各项财务预算，把握早期海外官费留学生的经济成本。
2. 结合曾国藩所处的时代背景，谈一谈作者具有开放眼光与胸襟的重要性。

谕纪泽纪鸿

曾国藩

曾国藩简介见前文《拟选聪颖子弟赴泰西各国肄业折》。

字谕纪泽、纪鸿儿[1]：

接二月二十三日信，知家中五宅平安，甚慰甚慰。

余以初三日至休宁县，即闻景德镇失守[2]之信。初四日写家书，托九叔处寄湘，即言此间局势危急，恐难支持，然犹意力攻徽州，或可得手，即是一条生路。初五日进攻，强中、湘前等营在西门挫败一次。十二日再行进攻，未能诱贼出仗。是夜二更，贼匪偷营劫村，强中、湘前等营大溃。凡去二十二营，其挫败者八营（强中三营、老湘三营、湘前一、震字一），其幸而完全无恙者十四营（老湘六、霆三、礼二、亲兵一、峰二），与咸丰四年十二月十二夜贼偷湖口水营情形相仿。此次未挫之营较多，以寻常兵事言之，此尚为小挫，不甚伤元气。目下值局势万紧之际，四面梗塞，接济已断，加此一挫，军心尤大震动。所盼望者，左军[3]能破景德镇、乐平之贼，鲍军[4]能从湖口迅速来援，事或略有转机，否则不堪设想矣。

余自从军以来，即怀见危授命之志。丁、戊年在家抱病，常恐溘逝牖下，渝我初志，失信于世。起复再出，意尤坚定。此次若遂不测，毫无牵恋。自念贫婆[5]无知，官至一品，寿逾五十，薄有浮名，兼秉兵权，忝窃[6]万分，夫复何憾！惟古文与诗，二者用力颇深，探索颇苦，而未能介然[7]用之，独辟康庄。古文尤确有依据，若遽先朝露[8]，则寸心所得，遂成广陵之散[9]。作字[10]用功最浅，而近年亦略有入处。三者一无所成，不无耿耿。至行军本非余所长，兵贵奇而余太平，兵贵诈而余太直，岂能办此滔天之贼？即前此屡有克捷，已为侥幸，出于非望矣。尔等长大之后，切不可涉历兵间，此事难于见功，易于造孽，尤易于诒[11]万世口实。余久处行间，日日如坐针毡，所差不负吾心，不负所学者，未尝须臾忘爱民之意耳。近来阅历愈多，深谙督师之苦。尔曹惟当一意读书，不可从军，亦不必作官。

吾教子弟不离八本[12]、三致祥[13]。八者曰：读古书以训诂为本，作诗文以声调为本，养亲以得欢心为本，养生以少恼怒为本，立身以不妄语为本，治家以不晏起[14]为本，居官以不要钱为本，行军以不扰民为本。三者曰：孝致祥，勤致祥，恕致祥。吾父竹亭公[15]之教人，则专重孝字。其少壮敬亲，暮年爱亲，出于至诚，故吾纂墓志，仅叙一事。吾祖星冈公[16]之教人，则有八字，三不信。八者曰：考、宝、早、扫、书、蔬、鱼、猪。三者，曰僧巫，曰地仙，曰医药，皆不信也。处兹乱世，银钱愈少，则愈可免祸；用度愈省，则愈可养福。尔兄弟奉母，除劳字俭字之外，别无安身之法。吾当军事极危，辄将此二字叮嘱一遍，此外亦别无遗训之语，尔可禀告诸叔及尔母无忘。

（选自唐浩明著，《唐浩明评点曾国藩家书》，岳麓书社，2015年版）

注　释

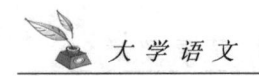

[1] 纪泽、纪鸿：曾国藩的两个儿子。
[2] 失守：1861年3月，太平军多次击败湘军，使曾国藩几乎陷入绝境。
[3] 左军：左宗棠率领的清军。
[4] 鲍军：鲍超率领的清军。
[5] 贫窭（jù）：贫穷。
[6] 忝（tiǎn）窃：谦辞，表示自己因幸运而拥有某种名利或地位感到难以胜任。
[7] 介然：形容坚定执着的样子。
[8] 遽先朝露：如朝露般突然逝去。
[9] 广陵之散：魏末嵇康遭到司马昭杀害，临刑前他从容弹奏此曲，奏完叹息道："《广陵散》于今绝矣！"
[10] 作字：练书法。
[11] 诒（yí）：传给、留与。
[12] 本：根本。
[13] 祥：吉祥。
[14] 晏起：晚起。
[15] 竹亭公：曾麟书，字竹亭，曾国藩之父。
[16] 星冈公：曾玉屏，号星冈，曾国藩之祖父。

阅　读　提　示

　　曾国藩是中国近代史上地位显赫而又颇具争议的一个人，其所著的家书家训是研究他本人及这一时期历史的重要资料。对其著述批判性地"拿来"，取其精华，去其糟粕。曾氏家书行文形式自由，随想而至，在平淡家常事中蕴含真知良言，一部家书足以体现他的学识造诣和道德修养。曾国藩的成功，可以归结为两方面的因素：一是其识人用人的本领，一是其"内用黄老"的谋略。可以说，曾国藩家书里面就不同程度承载显示着这两个因素，是一个思想者对世道人心的观察体验，是一个思想者对世道人心的体察，是一个学者对读书治学的经验，是一个成功者造就事业有成的经历，更是一个胸有万千沟壑世界的袒露。阅读这些家书，正是与民族文化传统的一次对话，而解决现实新需求的机会，或许就蕴藏在现实与传统的对话之中。这里选取的这封家书是曾国藩写于清咸丰十一年三月十三日。

思　考　与　训　练

1. 谈一谈曾国藩为何告诉儿子："尔曹惟当一意读书，不可从军，亦不必作官。"
2. 曾国藩在家庭教育中强调"八本""三致祥"的准则，在今天会给我们什么启发？

劝学篇（节选）

张之洞

张之洞（1837—1909），字孝达，号香涛，晚年自号抱冰老人。汉族，祖籍今河北南皮，生长于贵州①，同治年间中了进士。曾任翰林院编修、湖北学政、四川学政、内阁学士等职，是著名的清流党人。光绪十年（1884）为两广总督，悉心推动洋务建设，中法战争期间竭力主战抗法，在广西边境击败法军。光绪十五年（1889）调任湖广总督。此后在总督任上，开办汉阳铁厂、湖北枪炮厂，设立织布、纺纱、缫丝、制麻四局，筹建芦汉铁路（后改名京汉铁路），兴建各类学堂，大量派遣留学生，组训湖北新军，形成了震动朝野视听的格局。张氏长期坐镇武汉，使之继上海、天津之后，成为又一洋务基地和实力中心。张之洞是洋务派代表人物之一，曾提出"中学为体，西学为用"的主张，与曾国藩、李鸿章、左宗棠并称"晚清四大名臣"。

外篇　益智第一

自强生于力，力生于智，智生于学。孔子曰："虽愚必明，虽柔必强。"[1]未有不明而能强者也。人力不能敌虎豹，然而能禽[2]之者，智也。人力不能御大水堕高山，然而能阻之开之者，智也。岂西人智而华人愚哉？欧洲之为国也多，群虎相伺，各思吞噬，非势均力敌，不能自存，故教养富强之政，步天测地格物利民之技能，日出新法，互相仿效，争胜争长。且其壤地相接，自轮船铁路畅通以后，来往尤数，见闻尤广，故百年以来，焕然大变，三十年内，进境尤速，如家处通衢，不问而多知，学有畏友，不劳而多益。中华春秋、战国、三国之际，人才最多，累朝混一以后，傫然[3]独处于东方，所与邻者，类皆陬澨[4]蛮夷，沙漠蕃部，其治术学术，无有胜于中国者，惟是循其旧法，随时修饬，守其旧学，不逾范围，已足以治安而无患。迨去古益远，旧弊日滋，而旧法旧学之精意渐失。今日五洲大通，于是相形而见绌矣。假使西国强盛开通，适当我圣祖高宗之朝，其时朝廷恢豁大度，不欺远人，远识雄略，不囿迂论，而人才众多，物力殷阜[5]，吾知必已遣使通问，远游就学，不惟采其法，师其长，且可引为外惧，藉以儆我中国之泄沓，戢我中国之盈侈，则庶政百能，未必不驾而上之。乃通商用兵，待之道光之季，其时西国国势愈强，中国人才愈陋，虽被巨创，罕有儆

---

① 参见郭连保的文章《张之洞的籍贯、科考与贵州情》（《文史天地》2016年第1期）："张之洞祖籍河北南皮，其父张锳1826年分发到贵州任知县，先后履职贵筑、德江、榕江等县。1837年9月，张之洞出生于贵阳南明河畔的六洞桥边。1841年，张锳调任兴义知府，4岁的张之洞随父迁到兴义府治安龙，并接受启蒙教育。张之洞聪明而又好学，在一批名儒的教导下，他9岁读完四书五经；11岁读完《春秋》经传及历代诗词，时年作七百余言的《半山亭记》，令人赞叹不已；12岁他在贵阳出版了第一部诗集《天香阁课草》，一时声名远扬，被称为神童。"

悟，又有发匪之乱，益不暇及。林文忠尝译《四洲志》、《万国史略》[6]矣，然任事而不终。曾文正[7]尝遣学生出洋矣，然造端而不寿。文文忠[8]创同文馆、遣驻使、编西学各书矣，然孤立而无助。迂谬之论，苟简之谋，充塞于朝野，不惟不信不学，且诟病焉。一儆于台湾生番[9]，再儆于琉球[10]，三儆于伊犁[11]，四儆于朝鲜[12]，五儆于越南、缅甸[13]，六儆于日本[14]。祸机急矣，而士大夫之茫昧如故，骄玩如故。天自牖[15]之，人自塞之，谓之何哉！

夫政刑兵食，国势邦交，士之智也；种宜土化，农具粪料，农之智也；机器之用，物化之学，工之智也；访新地，创新货，察人国之好恶，较各国之息耗，商之智也；船械营垒，测绘工程，兵之智也；此教养富强之实政也，非所谓奇技淫巧也。华人于此数者，皆主其故常，不肯殚心力以求之。若循此不改，西智益智，中愚益愚，不待有吞噬之忧，即相忍相持，通商如故，而失利损权，得粗遗精，将冥冥之中，举中国之民，已尽为西人之所役矣。役之不已，吸之朘之[16]不已，则其究必归于吞噬而后快。是故智以救亡，学以益智，士以导农工商兵。士不智，农工商兵不得而智。政治之学不讲，工艺之学不得而行也。大抵国之智者，势虽弱，敌不能灭其国；民之智者，国虽危，人不能残其种（印度属于英，浩罕、哈萨克属于俄，阿非利加[17]分属于英、法、德，皆以愚而亡。美国先属于英，以智而自立。古巴属于西班牙，以不尽愚而复振）。求智之法如何？一曰去妄，二曰去苟。固陋虚骄，妄之门也。侥幸怠惰，苟之根也。二蔽不除，甘为牛马土芥[18]而已矣。

愚民辨

三年以来，外强中弱之形大著。海滨人士，稍稍阅《万国公报》[19]，读沪局[20]译书，接西国教士，渐有悟华民之智不若西人者，则归咎于中国历代帝王之愚其民。此大谬矣。《老子》曰："有道者，非以明民，将以愚之。"此李斯、韩非之学，暴秦之政也，于历代何与焉？汉求遗书，尊六经，设博士，举贤良，求茂才[21]异等，绝国使才，非愚民也。唐设科目多至五十余，宋广立学校，并设武学，明洪武三年开科，经义以外，兼考书算骑射律[22]，非愚民也。自隋以词章取士，沿袭至今，此不过为荐举公私无凭，词章考校有据耳，谓立法未善则可，谓之愚民则诬。至我朝列圣，殷殷以觉世牖民为念：刊布数理精蕴、历象考成、仪象考成，教天算西学也；遣使测经纬度，绘天下地图，教地舆西学也；刊布授时通考，教农学也；纂七经义疏，刊布十三经、二十四史、九通，开四库馆修书，分藏大江南北，纵人入读，教经史百家之学也；同治军务敉平[23]以后，内外开同文方言馆，教译也；设制造局，教械也；设船政衙门，教船也；屡遣学生出洋赴美、英、法、德，学公法、矿学、水师、陆师、炮台、铁路也；总署[24]编刊公法、格致、化学诸书，沪局译刊西书七十余种，教各种西学也。且同文馆三年有优保[25]，出洋随员三年有优保，学堂学生有保奖，游历有厚资。朝廷欲破民之愚，望士之智，皇皇如恐不及。无如陋儒俗吏，动以新学为诟病，相戒不学，故译书不广，学亦不精，出洋者大半志不在学，故成材亦不多，是不学者负朝廷耳。且即以旧制三场之法言之，虽不能兼西学，固足以通中学，咎在主司偏重，士人剽窃，非尽法之弊也。果能经义策问，事事博通，其于经济大端，百家学术，必能贯彻，任以政事，必能有为，且必能通达事变，决不至于愚矣。譬如子弟不肖，椟有书而不读，家有师而不亲，过庭入塾，惟务欺饰，及至颓废贫困，乃怨怼[26]其父母，岂不悖哉？

大率近日风气，其赞羡西学者，自视中国朝政民风无一是处，殆不足比于人数，自视其高、曾、祖、父，亦无不可鄙贱者，甚且归咎于数千年以前，历代帝王无一善政，历代将相师儒无一人才。不知二千年以上，西国有何学，西国有何政也？

（选自张之洞著，李忠兴评注《劝学篇》，中州古籍出版社，1998年版）

注 释

[1] 语出《礼记·中庸》："人一能之，己百之；人十能之，己千之。果能此道矣，虽愚必明，虽柔必强。"

[2] 禽，通"擒"。

[3] 儡（lěi）然：萎靡不振的样子。

[4] 陬（zōu）澨（shì）：山陬海澨的缩词，意指僻远处，犹言天涯海角。陬，山脚。澨，水边。

[5] 殷阜：富足。

[6] 指林则徐在广东禁烟期间，为了解西方情况，派人翻译外文书报，并亲自主持编译书籍。特别是《四洲志》一书，介绍了世界五大洲三十多个国家的地理、历史、政情，是中国近代第一部较有系统地介绍世界史地的著作。

[7] 曾文正：以其谥号称呼曾国藩。

[8] 文文忠：即文祥（1818—1876），满洲正红旗人，字博川，号文山，谥号文忠。自1861年起，担任军机大臣兼总理衙门大臣达15年之久，积极推行洋务"新政"，是清朝中央政府中的洋务派首领之一。

[9] 指1874年日本、美国武力侵犯中国台湾时，高山族人民的反抗。

[10] 指1879年日本以武力正式吞并琉球。

[11] 指1871年沙俄武力侵占伊犁。

[12] 指19世纪70年代始日本对朝鲜的侵略。

[13] 指法国武力侵占越南、英国武力侵占缅甸。

[14] 指1894~1895年中日甲午战争。

[15] 牖（yǒu），原意是窗户，引申为打开、启示，出自《礼记·乐记》："天之牖民。"

[16] 朘（juān）：剥削。

[17] 阿非利加：一般指非洲（Africa）。

[18] 土芥：泥土草芥。比喻微贱的东西，无足轻重。

[19] 《万国公报》：英、美传教士在中国出版的中文周报。1868年创刊于上海。美国传教士林乐知任主笔，初名《中国教会新报》，1874年9月改为现名。

[20] 沪局：江南制造总局的简称。由李鸿章1856年在上海创办。1867年由虹口迁至高昌庙，不断扩充，成为清政府规模最大的军事企业。

[21] 茂才：秀才的别称，本义是才华优秀者，汉代成为举士科目。东汉时期为避光武帝刘秀讳，改称茂才。隋唐时，与明经、进士并立科目。宋代凡应举都称秀才。明清两代秀才成为府、州、县学的生员的专称。

[22] 原文此处有"（《日知录》引《明太祖实录》。）"字样。

[23] 敉（mǐ）：安抚，安定。

[24] 总署：总理各国事务衙门的简称，又称"译署"。

[25] 优保：优先保举。

[26] 怨怼（duì）：怨恨。

阅读提示

张之洞的《劝学篇》，撰写于光绪二十四年（1898），分为内篇与外篇两大部分，共24单篇，4万余字，"内篇务本，以正人心；外篇务通，以开风气。"全书贯穿"中体西用"思想，主张在君主专制制度下接受西方列强的技艺，并以这种新技艺"补"原体制之"阙"。张之洞倡导的"新旧兼学"中的"新学"也包括"西政"，扩及留学、学校、学制、翻译、外交、宗教，还有办报纸、求变法、变科举、兴工商、强军事、开矿藏、修铁路等诸项。总的来说，张之洞的公式是："中学为内学，西学为外学；中学治身心，西学应世事。"（《劝学篇·会通》）自然，张之洞自有历史的局限，但是他的主张与行动推动了中国近代化的进程。张之洞的《劝学篇·外篇·益智第一》就是"外篇"中的首篇，比较充分地显示了张之洞的思想面貌。除却他自身的时代限制不谈，仅就其为国家提出改革方案的可行性来说，体现出了不一般的视野与睿智。

思考与训练

1. 《外篇·益智第一》有这样的结论："是故智以救亡，学以益智，士以导农工商兵。士不智，农工商兵不得而智也。"对此，请谈一谈你的看法。

2. 结合作者所处的时代背景，说一说作者强调自强不息的意义。

我在北京大学的经历

蔡元培

蔡元培(1868—1940),字鹤卿,号孑民,生于浙江绍兴府山阴县,是我国近代民主革命家、教育家。他17岁考取秀才,18岁设馆教书,之后中举人、取进士、点翰林、授编修。1898年弃官从教,初任绍兴中西学堂监督、嵊县剡山书院院长、南洋公学特班总教习;1902年组织中国教育会并任会长,创立爱国学社和爱国女学。1904年组织光复会,1905年参加同盟会。1907年赴德国莱比锡大学研读哲学、心理学和美术史等。辛亥革命后回国,1912年1月就任民国政府教育总长。后因不满袁世凯的专制而辞职,再赴德、法等国学习和考察。1916年被邀请回国,次年任北京大学校长,使北京大学焕然一新,并且推动了新文学革命和新文化革命。1932年,在上海同宋庆龄等组织中国民权保障同盟,蔡元培被推为副主席,1938年,被推为国际反侵略运动大会名誉主席。1940年3月5日,蔡元培先生病逝于香港。

北京大学的名称,是从民国元年起的。民元以前,名为京师大学堂,包有师范馆、仕学馆等,而译学馆亦为其一部。我在民元前六年,曾任译学馆教员,讲授国文及西洋史,是为我在北大服务之第一次。

民国元年,我长教育部[1],对于大学有特别注意的几点:一、大学设法、商等科的,必设文科;设医、农、工等科的,必设理科。二、大学应设大学院(即今研究院),为教授、留校的毕业生与高级学生研究的机关。三、暂定国立大学五所,于北京大学外,再筹办大学各一所于南京、汉口、四川、广州等处。(尔时想不到后来各省均有办大学的能力。)四、因各省的高等学堂,本仿日本制,为大学预备科,但程度不齐,于入大学时发生困难,乃废止高等学堂,于大学中设预科。(此点后来为胡适之先生等所非难,因各省既不设高等学堂,就没有一个荟萃较高学者的机关,文化不免落后;但自各省竞设大学后,就不必顾虑了。)

是年,政府任严幼陵君[2]为北京大学校长。两年后,严君辞职,改任马相伯君。不久,马君又辞,改任何锡侯君,不久又辞,乃以工科学长胡次珊君代理。民国五年冬,我在法国,接教育部电,促回国,任北大校长。我回来,初到上海,友人中劝不必就职的颇多,说北大太腐败,进去了,若不能整顿,反于自己的声名有碍。这当然是出于爱我的意思。但也有少数的说,既然知道他腐败,更应进去整顿,就是失败,也算尽了心。这也是爱人以德的说法。我到底服从后说,进北京。

我到京后,先访医专校长汤尔和君,问北大情形。他说:"文科预科的情形,可问沈尹默君;理工科的情形,可问夏浮筠君。"汤君又说:"文科学长如未定,可请陈仲甫君。陈君现改名独秀,主编《新青年》杂志,确可为青年的指导者。"因取《新青年》十余本示我。

我对于陈君，本来有一种不忘的印象，就是我与刘申叔君同在《警钟日报》服务时，刘君语我："有一种在芜湖发行之白话报，发起的若干人，都因困苦及危险而散去了，陈仲甫一个人又支持了好几个月。"现在听汤君的话，又翻阅了《新青年》，决意聘他。从汤君处探知陈君寓在前门外一旅馆，我即往访，与之订定。于是陈君来北大任文科学长[3]，而夏君原任理科学长，沈君亦原任教授，一仍旧贯；乃相与商定整顿北大的办法，次第执行。

我们第一要改革的，是学生的观念。我在译学馆的时候，就知道北京学生的习惯。他们平日对于学问上并没有什么兴会，只要年限满后，可以得到一张毕业文凭。教员是自己不用功的，把第一次的讲义，照样印出来，按期分散给学生，在讲坛上读一遍，学生觉得没有趣味，或瞌睡，或看看杂书，下课时，把讲义带回去，堆在书架上。等到学期、学年或毕业的考试，教员认真的，学生就拼命的连夜阅读讲义，只要把考试对付过去，就永远不再去翻一翻了。要是教员通融一点，学生就先期要求教员告知他要出的题目，至少要求表示一个出题目的范围；教员为避免学生的怀恨与顾全自身的体面起见，往往把题目或范围告知他们了。于是他们不用功的习惯，得了一种保障了。尤其北京大学的学生，是从京师大学堂老爷式学生嬗继下来（初办时所收学生，都是京官，所以学生都被称为老爷，而监督及教员都被称为中堂或大人）。他们的目的，不但在毕业，而尤注重在毕业以后的出路。所以专门研究学术的教员，他们不见得欢迎。要是点名时认真一点，考试时严格一点，他们就借个话头反对他，虽罢课也所不惜。若是一位在政府有地位的人来兼课，虽时时请假，他们还是欢迎得很，因为毕业后可以有阔老师做靠山。这种科举时代遗留下来劣根性，是于求学上很有妨碍的。所以我到校后第一次演说，就说明："大学学生，当以研究学术为天职，不当以大学为升官发财之阶梯。"然而要打破这些习惯，止有从聘请积学而热心的教员着手。

那时候因《新青年》上文学革命的鼓吹，而我们认识留美的胡适之君，他回国后，即请到北大任教授。胡君真是"旧学邃密"而且"新知深沈"的一个人，所以一方面与沈尹默、兼士兄弟[4]，钱玄同、马幼渔、刘半农诸君以新方法整理国故，一方面整理英文系。因胡君之介绍而请到的好教员，颇不少。

我素信学术上的派别是相对的，不是绝对的；所以每一种学科的教员，即使主张不同，若都是"言之成理、持之有故"的，就让他们并存，令学生有自由选择的余地。最明白的是胡适之君与钱玄同君等绝对的提倡白话文学，而刘申叔、黄季刚诸君仍极端维护文言的文学；那时候就让他们并存。我信为应用起见，白话文必要盛行，我也常常作白话文，也替白话文鼓吹；然而我也声明：作美术文，用白话也好，用文言也好。例如我们写字，为应用起见，自然要写行楷，若如江艮庭君的用篆隶写药方，当然不可；若是为人写斗方或屏联，作装饰品，即写篆隶章草，有何不可？

那时候各科都有几个外国教员，都是托中国驻外使馆或外国驻华使馆介绍的，学问未必都好，而来校既久，看了中国教员的阑珊，也跟了阑珊起来。我们斟酌了一番，辞退几人，都按着合同上的条件办的。有一法国教员要控告我；有一英国教习竟要求英国驻华公使朱尔典来同我谈判，我不答应。朱尔典出去后，说："蔡元培是不要再做校长的了。"我也一笑置之。

我从前在教育部时，为了各省高等学堂程度不齐，故改为各大学直接的预科。不意北大的预科，因历年校长的放任与预科学长的误会，竟演成独立的状态。那时候预科中受了教会学校的影响，完全偏重英语及体育两方面；其他科学比较的落后，毕业后若直升本科，发生困难。预科中竟自设了一个预科大学的名义，信笺上亦写此等字样。于是不能不加以改革，使预科直接受本科学长的管理，不再设预科学长。预科中主要的教课，均由本科教员兼任。

我没有本校与他校的界限，常为之通盘打算，求其合理化。是时北大设文、理、工、法、商五科，而北洋大学亦有工、法两科。北京又有一工业专门学校，都是国立的。我以为无此重复的必要，主张以北大的工科并入北洋，而北洋之法科，刻期停办。得北洋大学校长同意及教育部核准，把土木工与矿冶工并到北洋去了。把工科省下来的经费，用在理科上。我本来想把法科与法专并成一科，专授法律，但是没有成功。我觉得那时候的商科，毫无设备，仅有一种普通商业学教课，于是并入法科，使已有的学生毕业后停止。

我那时候有一个理想，以为文、理两科，是农、工、医、药、法、商等应用科学的基础，而这些应用科学的研究时期，仍然要归到文、理两科来。所以文、理两科，必须设各种的研究所；而此两科的教员与毕业生必有若干人是终身在研究所工作，兼任教员，而不愿往别种机关去的。所以完全的大学，当然各科并设，有互相关联的便利。若无此能力，则不妨有一大学专办文、理两科，名为本科；而其他应用各科，可办专科的高等学校，如德、法等国的成例。以表示学与术的区别。因为北大的校舍与经费，决没有兼办各种应用科学的可能，所以想把法律分出去，而编为本科大学；然没有达到目的。

那时候我又有一个理想，以为文、理是不能分科的。例如文科的哲学，必植基于自然科学；而理科学者最后的假定，亦往往牵涉哲学。从前心理学附入哲学，而现在用实验法，应列入理科；教育学与美学，也渐用实验法，有同一趋势。地理学的人文方面，应属文科，而地质地文等方面属理科。历史学自有史以来，属文科，而推原于地质学的冰期与宇宙生成论，则属理科。所以把北大的三科界限撤去而列为十四系，废学长，设系主任。

我素来不赞成董仲舒罢黜百家、独尊孔氏的主张。清代教育宗旨有"尊孔"一款，已于民元在教育部宣布教育方针时说他不合用了。到北大后，凡是主张文学革命的人，没有不同时主张思想自由的；因而为外间守旧者所反对。适有赵体孟君以编印明遗老刘应秋先生遗集，贻我一函，属约梁任公、章太炎、林琴南诸君品题。我为分别发函后，林君复函，列举彼对于北大怀疑诸点；我复一函，与他辩。这两函颇可窥见那时候两种不同的见解，所以抄在下面[5]。

这两函虽仅为文化一方面之攻击与辩护，然北大已成为众矢之的，是无可疑了。越四十余日，而有五四运动。我对于学生运动，素有一种成见，以为学生在学校里面，应以求学为最大目的，不应有何等政治的组织。其有年在二十岁以上，对于政治有特殊兴趣者，可以个人资格参加政治团体，不必牵涉学校。所以民国七年夏间，北京各校学生，曾为外交问题，结队游行，向总统府请愿；当北大学生出发时，我曾力阻他们，他们一定要参与；我因此引咎辞职。经慰留而罢。到八年五月四日，学生又有不签字于巴黎和约与罢免亲日派曹、陆、章[6]的主张，仍以结队游行为表示，我也就不去阻止他们了。他们因愤激的缘故，遂有焚曹汝霖住宅及攒殴章宗祥的事，学生被警厅逮捕者数十人，各校皆有，而北大学生居多数；我与各专门学校的校长向警厅力保，始释放。但被拘的虽已保释，而学生尚抱再接再厉的决心，政府亦且持不做不休的态度。都中喧传政府将明令免我职而以马其昶君任北大校长，我恐若因此增加学生对于政府的纠纷，我个人且将有运动学生保持地位的嫌疑，不可以不速去。乃一面呈政府，引咎辞职，一面秘密出京，时为五月九日。

那时候学生仍每日分队出去演讲，政府逐队逮捕，因人数太多，就把学生都监禁在北大第三院。北京学生受了这样大的压迫，于是引起全国学生的罢课，而且引起各大都会工商界的同情与公愤，将以罢工、罢市为同样之要求。政府知势不可侮，乃释放被逮诸生，决定不签和约，罢免曹、陆、章，于是五四运动之目的完全达到了。

五四运动之目的既达，北京各校的秩序均恢复，独北大因校长辞职问题，又起了多少纠纷。政府曾一度任命胡次珊君继任，而为学生所反对，不能到校；各方面都要我复职。我离校时本预定决不回去，不但为校务的困难，实因校务以外，常常有许多不相干的缠绕，度一种劳而无功的生活，所以启事上有"杀君马者道旁儿；民亦劳止，汽可小休；我欲小休矣"等语。但是隔了几个月，校中的纠纷，仍在非我回校，不能解决的状态中，我不得已，乃允回校。回校以前，先发表一文，告北京大学学生及全国学生联合会，告以学生救国，重在专研学术，不可常为救国运动而牺牲。到校后，在全体学生欢迎会演说，说明德国大学学长、校长均每年一换，由教授会公举；校长且由神学、医学、法学、哲学四科之教授轮值；从未生过纠纷，完全是教授治校的成绩。北大此后亦当组成健全的教授会，使学校决不因校长一人的去留而起恐慌。

那时候蒋梦麟[7]君已允来北大共事，请他通盘计划，设立教务、总务两处；及聘任、财务等委员会，均以教授为委员。请蒋君任总务长，而顾孟余君任教务长。

北大关于文学、哲学等学系，本来有若干基本教员，自从胡适之君到校后，声应气求，又引进了多数的同志，所以兴会较高一点。预定的自然科学、社会科学、文学、国学四种研究所，止有国学研究所先办起来了。在自然科学与社会科学方面，比较的困难一点。自民国九年起，自然科学诸系，请到了丁巽甫、颜任光、李润章诸君主持物理系，李仲揆君主持地质系。在化学系本有王抚五、陈聘丞、丁庶为诸君，而这时候又增聘程寰西、石蘅青诸君。在生物学系本已有锺宪鬯[8]君在东南西南各省搜罗动植物标本，有李石曾君讲授学理，而这时候又增聘谭仲逵君。于是整理各系的实验室与图书室，使学生在教员指导之下，切实用功；改造第二院礼堂与庭园，使合于讲演之用。在社会科学方面，请到王雪艇、周鲠生、皮皓白诸君；一面诚意指导提起学生好学的精神，一面广购图书杂志，给学生以自由考索的工具。丁巽甫君以物理学教授兼预科主任，提高预科程度。于是北大始达到各系平均发展的境界。

我是素来主张男女平等的。九年，有女学生要求进校，以考期已过，姑录为旁听生。及暑假招考，就正式招收女生。有人问我："兼收女生是新法，为什么不先请教育部核准？"我说："教育部的大学令，并没有专收男生的规定；从前女生不来要求，所以没有女生；现在女生来要求，而程度又够得上，大学就没有拒绝的理。"这是男女同校的开始，后来各大学都兼收女生了。

我是佩服章实斋先生的，那时候国史馆附设在北大，我定了一个计划，分征集、纂辑两股；纂辑股又分通史、民国史两类；均从长编入手。并编历史辞典。聘屠敬山、张蔚西、薛阆仙、童亦韩、徐贻孙诸君分任征集编纂等务。后来政府忽又有国史馆独立一案，别行组织。于是张君所编的民国史，薛、童、徐诸君所编的辞典，均因篇帙无多，视同废纸；止有屠君在馆中仍编他的蒙兀儿史，躬自保存，没有散失。

我本来很注意于美育的，北大有美学及美术史教课，除中国美术史由叶浩吾君讲授外，没有人肯讲美学。十年，我讲了十余次，因足疾进医院停止。至于美育的设备，曾设书法研究会，请沈尹默、马叔平诸君主持。设画法研究会，请贺履之、汤定之诸君教授国画；比国楷次君[9]教授油画。设音乐研究会，请萧友梅君主持。均听学生自由选习。

我在爱国学社时，曾断发而习兵操，对于北大学生之愿受军事训练的，常特别助成；曾集这些学生，编成学生军，聘白雄远君任教练之责，亦请蒋百里、黄膺白诸君到场演讲。白君勤恳而有恒，历十年如一日，实为难得的军人。

我在九年的冬季，曾往欧美考察高等教育状况，历一年回来。这期间的校长任务，是由总务长蒋君代理的。回国以后，看北京政府的情形，日坏一日，我处在与政府常有接触的地位，日想脱离。十一年冬，财政总长罗钧任君忽以金佛郎问题[10]被逮，释放后，又因教育总长彭允彝君提议，重复收禁。我对于彭君此举，在公议上，认为是蹂躏人权献媚军阀的勾当；在私情上，罗君是我在北大的同事，而且于考察教育时为最密切的同伴，他的操守，为我所深信，我不免大抱不平。与汤尔和、邵飘萍、蒋梦麟诸君会商，均认有表示的必要。我于是一面递辞呈，一面离京。隔了几个月，贿选总统的布置，渐渐的实现；而要求我回校的代表，还是不绝，我遂于十二年七月间重往欧洲，表示决心；至十五年，始回国。那时候，京津间适有战争，不能回校一看。十六年，国民政府成立，我在大学院，试行大学区制，以北大划入北平大学区范围，于是我的北京大学校长的名义，始得取消。

综计我居北京大学校长的名义，十年有半；而实际在校办事，不过五年有半，一经回忆，不胜惭悚。

（选自高平叔编《蔡元培全集》第六卷，北京：中华书局，1988年版）

注 释

[1] 1912年，中华民国成立，蔡元培被任命国家教育部部长。长，有掌管之意。

[2] 严复（1854—1921），原名宗光，字又陵（时人有称"幼陵"），后改名复，字几道，福建侯官县人，近代极具影响力的启蒙思想家，著名的翻译家、教育家。父亲行医受感染去世，严复家贫无力从师求学，后进入福州船政学堂，1871年毕业后，被派在建威、扬武等兵船上实习。曾先后去过新加坡、槟榔屿、日本等许多地方，1877年被派往英国皇家海军学院学习。1882年出任北洋水师学堂总教习，1890—1900年一直担任北洋水师学堂的总办（执行校长）。1896年夏天，严复开始翻译英人赫胥黎的《天演论》，之后接着翻译亚当·斯密的《原富》（即今译《国富论》）及斯宾塞的《群学肄言》。1899年又开始翻译约翰·穆勒的《自由释义》（后更名《群己权界论》，即今译《论自由》）。严复在翻译过程中，结合他的翻译实践，首先提出了"信、达、雅"三条翻译标准，直到今天仍为我国翻译界所推崇。

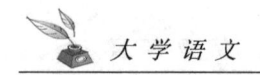

[3] 文科学长相当于现代大学中的文学院院长,当时北京大学文科设有中国哲学门、中国文学门、中国历史门和英文门,其中"门"后来被改称为"系",北京大学在校长之下实行学长制,始于严复担任北京大学校长期间,北京大学第一任文科学长是姚永概。

[4] 沈尹默、沈兼士兄弟二人。当时还有北平文化界之权威的"三沈"说法,"三沈",即沈士远、沈尹默、沈兼士三兄弟。

[5] 两函:指《致〈公言报〉函并答林琴南函》(1919年3月18日)。从略。

[6] 曹、陆、章:即曹汝霖、陆宗舆、章宗祥。

[7] 蒋梦麐(lín):即蒋梦麟。

[8] "鬯"读作 chàng。

[9] 比国楷次君:"比国"可能是指比利时,"楷次"应为人名的音译。

[10] 金佛郎问题:即金佛郎案,又称金法郎案,是中华民国北洋政府时期重要的金融事件之一。因为第一次世界大战,法国物价膨胀,使得法郎严重贬值,为了使自身利益不受损失,法国于1922年提出将庚子赔款之未付部分退还中国,用于偿还中法实业银行基金,并结清中国政府欠中法实业银行各款,但所有这些款项均以金佛郎计算。所谓"金佛郎",是指实行金本位的纸币。当时中国银币1元值8佛郎有余,而如果以其含金量牌价换算,则只值2佛郎70生丁左右。如果按照法方要求,以金佛郎付款,中国将要损失6500万元之多。

阅读提示

作为北大"永远的校长",蔡元培先生之所以值得不断感念,是因为他"思想自由,兼容并包"的学术理念,一举奠定了北京大学的基本品格。1934年1月1日蔡先生的演讲稿《我在北京大学的经历》刊发在《东方杂志》第31卷第1号上,为我们回顾了新北大的诞生历程,更新了大学之道,细致描写了中国高等学府的组织构成、人事管理。在新旧历史转换的时刻,新旧文化与新旧势力的交锋何其严峻,蔡先生却坚定地沿着中国历史的新潮流果敢向前进,推动了新文化运动,不仅带动着北京大学的师生,而且为中华民族树立了榜样。

思考与训练

1. 结合这篇演讲稿,谈一谈蔡元培先生是如何实现"思想自由,兼容并包"理念的。

2. 结合当下的历史经验,说一说你对文理能不能分科的看法。

第五单元

民俗遗产

　　文学自起源之时起，就蕴含了历史条件下的早期文明，记录了人们生产生活的内容，具有先在地方民俗性。古今中外的文学作品，无一不是以民间文学为起点，以描述地域文化为重心，以方言俗语、民俗仪式为中心，把一地的文化根脉与五方之民的习性尽情呈现，表达出对地方民族文化特性的思考，对文化传承的忧虑与期冀，对当地乡民个体以及整个族群价值观念、社会心理的深度挖掘与现实批评。

　　民俗影响着每个人的生活习惯，它是埋藏在内心深处的族群记忆，也是引发乡愁的催动力量，连接着人、地、物。民俗文化中的各类神话故事、俚语歌谣、服饰饮食、节庆仪式等，常以文学的形式彰显内在的文化内涵和精神内核。民俗遗产以可见的、可听的等物化与非物化形式，感染着不同受众群体。民族的也是世界的，不同的民俗文化总因相似与相别，引发共鸣与好奇，成为不同地域、不同民族、不同文化的人们沟通的重要切口。

　　文学诞生之时就印上民俗的烙印，民间文学也因自身特点而成为民俗的一部分，二者相互影响，不断产生新的文化内容。在民俗中，我们可以看到经由民间文学的渲染，民俗文化获得更广泛的传播，文化样式得到拓展。在民间文学中，我们可以了解当地社会经济的历史变迁与人们思想的保守与激变，看到作家回忆中的故土风貌与现实冲突引发的人性伦理的思索。

　　本单元所选篇目以民俗文化遗产为主，大多与西南地区的贵州相关。屈原《九歌·山鬼》以巫师祭祀山鬼女神的场景描绘，立足具有通灵的巫师视角，描绘了当时人们祭祀山神时寻觅山神而不得的彷徨、失落，表达了山民对山神的崇拜，体现了当地人们的原始自然崇拜性。明代朱茂时《黔中曲》以具有歌谣性质的竹枝词的形式，描写了黔中地理风貌与水西彝族的祭祀、服饰等民俗内容。清代陆次云的《跳月记》以生动灵活的笔调，记述了苗族男女婚恋的过程，与汉族婚礼过程迥然不同，令人耳目一新。郑珍《播州秧马歌》描绘了一幅清代贵州遵义地区农人利用秧马耙田的农俗图，介绍了特殊的农具秧马的形状、用途、效率和效用，具有重要农史价值和民俗价值。莫友芝《江城子》描绘了清代贵州山区春天的饮食习俗，流露出对山野自然馈赠的赞美，对淳朴惬意的山居生活的喜爱，别有一番野趣。张之洞《鸡㙡菌赋》详细介绍了清代贵州兴义府鸡㙡菌的生长季节、环境、历史记载、性状以及采摘的历程，呈现了贵州古代农业生产生活的习俗，民俗价值突出。闻一多《西南采风录·序》以抗日战争进入相持阶段为大背景，在战与和论争激烈状况下，从西南地区民歌中汲取到了最为原始、野蛮的力量，以提醒国人注意，增强抗战必胜的信心。蹇先艾《吃羊肉粉》以羊肉粉为线索，勾起自身对于母亲的怀念，对于故乡的回忆，彰显了贵州遵义地区人们对于羊肉粉的特殊情感。肖江虹《傩面》呈现了贵州大山深处面临灭绝的傩文化，以傩面、傩戏这种文化形式，记述了人们在现代化与乡村传统之间不同选择的人生道路，肯定了傩师等人的朴实善良，同时又警醒现代化对传统经典文化的冲击，令人既感且佩。

民间文学属于非物质文化遗产，很多没有文字，如《亚鲁王》。对于这种民俗遗产的保护性传承，需要文字化、活态化乃至与其他产业融合发展。可以新质生产力的思维，加强科技创新挖掘，增强科技支撑力度，将固态的、保守的民俗遗产变成具有现代吸引力的产业形式和产品内容，让民俗文化遗产在传承中创新发展。

课外阅读篇目

蹇先艾《水葬》；阿城《思乡与蛋白酶》；阿来《月光里的银匠》；贾平凹《秦腔》；雷平阳《土城乡鼓舞》；潘年英《高排鼓藏节》；伍略《芦笙老人》及《格萨尔》《阿诗玛》等。

九歌·山鬼

屈　原

屈原简介见第一单元《九歌·国殇》。

若有人兮山之阿[1]，被薜荔兮带女罗[2]。
既含睇兮又宜笑[3]，子慕予兮善窈窕[4]。
乘赤豹兮从文狸[5]，辛夷车兮结桂旗[6]。
被石兰兮带杜衡[7]，折芳馨兮遗所思[8]。
余处幽篁兮终不见天[9]，路险难兮独后来。
表独立兮山之上[10]，云容容兮而在下[11]。
杳冥冥兮羌昼晦[12]，东风飘兮神灵雨[13]。
留灵修兮憺忘归[14]，岁既晏兮孰华予[15]！
采三秀兮於山间[16]，石磊磊兮葛蔓蔓[17]。
怨公子兮怅忘归[18]，君思我兮不得闲。
山中人兮芳杜若[19]，饮石泉兮荫松柏；
君思我兮然疑作[20]。
雷填填兮雨冥冥[21]，猨啾啾兮狖夜鸣[22]；
风飒飒兮木萧萧，思公子兮徒离忧[23]！

（选自洪兴祖《楚辞补注》，中华书局，1983年版）

注释

[1] 若有人：指山鬼。山之阿（ē）：偏僻的角落。
[2] 被（pī）：通假字，通"披"。薜荔、女罗：草名，皆无根，依物而生。
[3] 睇：微视。宜笑：指山鬼口齿姣好，适宜微笑。
[4] 子：指山鬼。窈窕：好貌。
[5] 赤豹、文狸：皆为奇兽。本句突出山鬼骑乘异兽，与众不同。
[6] 辛夷：香草。本句指结桂与辛夷为旗。
[7] 石兰、杜衡：皆为香草类植物。
[8] 芳馨：指香草。遗（wèi）：赠。所思：指所思念的心上人。
[9] 幽篁：深幽的竹林。
[10] 表：特立突出之貌。指山鬼后到，特立于山上，自异于先到诸神。
[11] 容容：云出貌。

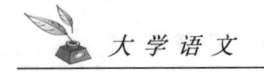

[12] 杳：深也。晦：暗也。羌：语助词。

[13] 飘：风貌。神灵雨：指东风起，神灵应之而。雨：作动词用，下雨。

[14] 灵修：山鬼也。憺（dàn）然：淡泊恬静。

[15] 晏：晚也。

[16] 三秀：芝草，一年开花三次，瑞草、仙药。"於""巫"古音通转，"於山"即巫山。

[17] 磊：众石貌。

[18] 公子：指山鬼。

[19] 山中人：山鬼自称。杜若：香草。

[20] 然疑作：信疑交加。然，相信。作：起。

[21] 填填：雷声。冥冥：雨貌。皆喻指谗言。

[22] 猨：同"猿"。啾啾：猨声。

[23] 离：遭受。指公子椒排斥自己，遂去而忧。

阅读提示

《九歌》是一组祭歌，共11篇，是屈原据民间祭神乐歌的二度创作，"九歌"的名称或为屈原袭用古歌旧题。有人认为《九歌》中有不少篇什描述神灵间的眷恋之情，内容多表现为思念或所求未得的伤感，如《大司命》与《少司命》、《湘君》与《湘夫人》、《河伯》与《山鬼》，实际上这些都是借祭祀巫者的口吻，迎神、娱神。

本篇是祭祀山神的乐歌，因非正神，故称鬼。关于山鬼的身份，宋元以前多有男性山怪之说，元代之后，则是窈窕多姿的神女。本诗为祭祀山神之歌，是以女巫的口吻装扮成山神，描绘迎神祭祀之景。

《山鬼》全诗浪漫神奇，装扮成山鬼模样的女巫飘行在迎接山神的山谷间，忽隐忽现，若即若离，给予神奇之感。细察之下，身披薜荔，腰束女萝，清新鲜翠的女子，正是神女山鬼的别致风采。脉脉深情，微微一笑，齿白唇红，逗人怜爱。如此俏美装扮，只是希望吸引山神附身。又以驾乘奇兽，香草结车，渲染气氛，迎接神灵，将迎神气氛推向高潮。

然而上下求索的女巫，因山高路险并没有寻找到山鬼的影子，惆怅急切之余，仍怀有希望，她登上高山之巅俯瞰竹林，但厚积的云雾遮蔽了她的视线。她深入幽深的丛林，但古木森森，昏暗难觅。山间的风雨，皆因山神而生，却始终不见山神露面。一时得不到山神庇佑，就采集灵芝希望能够延年益寿，青春永驻。最后因不遇山神而心生怨气，却又自我消解。自怜自惜，充满对山神的思念而感伤。

关于对本诗的理解，还有两说，一是神灵恋情，诗中美丽的神女山鬼寻觅心上人，从精美装扮赴约，到男子失约不遇，最后失望惆怅。二是屈原自叹。汉代王逸受到经学思想的影响，以比德思维阐释，将诗中主人公内化为屈原，将男女恋情转为君臣际遇，影响后世很深。

思考与训练

1. 本诗如何将景与情、人与神的描写结合起来？
2. 楚地巫术文化与本民族文化的关系如何？

跳 月 记

陆次云

陆次云（生卒年不详），字云士。浙江钱塘（今浙江杭州）人。曾出任河南郏县知县，以忧归，复任江苏江阴知县，有善政。绩学能诗文，著有《峒溪纤志》《峒溪纤志志馀》《北墅绪言》《澄江集》《事文标异》《玉山词》等。

苗人之婚礼曰跳月，跳月者，及春月而跳舞求偶也。载阳展候，杏花柳稊[1]，庶蛰蠕蠕，菁处穴居者，蒸然蠢动[1]。其父母各率子女，择佳地而为跳月之会。父母群处于平原之上，子与子左，女与女右，分别于广隰之下[2]。原之上，相燕乐[3]，烧生兽而啖焉，操匕不以箸也。漉哑酒而饮焉[4]，吸管不以杯也。原之下，男则椎髻当前，缠以苗帨，袄不迨腰[5]，裈不迨膝[6]；裈袄之前际，锦带束焉。植鸡羽于髻巅，飘飘然当风而颤。执芦笙，笙六管，长二尺，盖有六律无六同者焉。女亦植鸡羽于髻如男，尺簪寸环，衫襟袖领，悉锦为缘。其锦藻绘逊中国，而古纹异致，无近态焉。联珠以为缨，珠累累扰两鬓；缀贝以为络，贝摇摇翻两肩，裙细褶如蝶版。男反裈不裙，女反裙不裈；裙衫之际，亦锦带束焉。执绣笼，编竹为之；饰以绘，即采球是焉。而妍与媸杂然于其中矣[7]。女并执笼，未歌也，原上者与之歌而无不歌；男并执笙，未吹也，原上者语以吹而无不吹。其歌哀艳，每尽一韵三叠，曼音以缭绕之。而笙节参差，与为缥缈而相赴。吹且歌，手则翔矣，足则扬矣，睐转肢回，首旋神荡矣。初则欲接还，离少且酣飞畅舞，交驰迅逐矣。是时也，有男近女而女去之者，有女近男而男去之者；有数女争近一男，而男不知所择者；有数男竞近一女，而女不知所避者；有相近复相舍，相舍仍相盼者。目许心成，笼来笙往，忽然挽结。于是，妍者负妍者，媸者负媸者，媸与媸不为人负，不得已而后相负者。媸复见媸终无所负，涕泄以归[8]；羞愧于得负者。彼负而去矣，渡涧越溪，选幽而合，解带而互系焉。相携以还于跳月之所，各随父母以还。而后议聘以牛，牛必双；以羊，羊必偶。先野合而后俪，反循蚩氏之风与[9]。呜呼！苗矣！

（选自郑澍若编《虞初续志》，中州古籍出版社，1989 年版）

注 释

[1] 稊（tí）：嫩芽。

[2] 隰（xí）：新开垦的田地。

[3] 燕（yàn）：同"宴"。

[4] 漉（lù）：过滤之意。

[5] 袄：有里子的上衣。

[6] 裈（kūn）：裤子。

[7] 妍：美丽。媸：丑貌。

[8] 洟：鼻涕。

[9] 蠃氏：指先秦之民，嬴姓。

阅 读 提 示

《虞初续志》为文言小说集，收录了清代各家文集中的人物传记和各种文言小说，编为一书。陆次云的《跳月记》，简洁明快的语言，描绘了清代苗族的婚礼仪式过程。在这篇记文里，作者记叙了苗族跳月活动发生的背景、男女的着装、歌舞活动及相关仪式，精彩纷呈，与传统汉族的婚礼活动迥然不同。值得注意的是，当时苗民"渡涧越溪，选幽而合，解锦带而互系焉。相携以还于跳月之所，各随父母以还，而后议聘"，说明苗族婚俗与传统汉族婚俗不同，是先有夫妻之实，再有婚配程序，或为先秦蠃氏遗风。清代贵州竹枝词中也有不少相关记述，正所谓"礼失求诸野"，或可通过当时苗族百姓活态的仪式，来了解上古时期中国先民特定历史条件下的婚姻选择方式。

思 考 与 训 练

1. 请谈一下月亮与"跳月""坐月"有什么样的关系？
2. 归纳一下在苗族的"跳月"习俗中，具体有哪些活动内容。
3. 试比较《诗经》中的婚恋诗与《跳月记》中婚恋风俗的异同。

黔 中 曲

朱茂时

朱茂时（1595—1683），字子葵，号葵石，明末清初浙江秀水（今浙江嘉兴）人，官至贵阳知府，著有《咸春堂遗稿》。《贵州通志》卷二十云："朱茂时，秀水人，崇祯间知贵阳府。刚明果决，摘伏如神，尤喜下士，凡经奖拔，卒成令器。"《咸春堂遗稿》中最有特色的内容便是描写苗地风土人情的作品，其中亦间杂着对民间疾苦的同情。

叠嶂曾无三尺平[1]，盘江峡处铁桥横。
短裙窄袖花蛮女，宛在秋千索上行。
土风不改古牂牁[2]，铜鼓迎神踏足歌。
一种黔南水西鬼，黑罗罗笑白罗罗[3]。
高髻缠鬃一尺长，浅蓝裙子趁时妆。
一春远信鸡难卜，暗祝心期拜竹王[4]。

（选自潘超、丘良任、孙忠铨等主编《中华竹枝词全编》，北京出版社，2007年版）

注　释

[1] 叠嶂：重叠的山峰。
[2] 古牂牁：汉代在西南地区设有牂牁郡，管辖范围为今贵州东北地区。
[3] 黑罗罗、白罗罗：汉文史籍对部分彝族的称呼。
[4] 竹王：汉代夜郎王，传说生于大竹之中，故名。

阅 读 提 示

竹枝词是一种诗体，是由蜀地民间竹枝歌演变而来。唐代刘禹锡把竹枝歌变成竹枝词，致其"含思宛转，有淇濮之艳"，促使文人诗新鲜活泼，感情爽朗明洁，富有朝气的生活气息和浓郁的民族特色。对后世影响很大，尤其是明清时期。从类型上看，竹枝词主要分为原始竹枝歌谣、文人竹枝词及借竹枝词格调而生成的七言绝句等，为中国诗歌史上别具一格的诗体，极具研究价值。

思 考 与 训 练

1.《黔中曲》体现了哪些民族文化元素？
2. 试着创作本地域或本民族的竹枝词。

播州秧马歌[1]并序

郑　珍

郑珍（1806—1864），字子尹，晚号柴翁，贵州遵义人。晚清经学家、文学家、朴学大师，沙滩文化代表人物之一。宗学许慎、郑玄，治经学、小学，亦工书善画，还是晚清宋诗派作家，因书斋名"巢经巢"而编有《巢经巢诗钞》，收录896首诗歌，涵盖咏物、叙事、悯农和民俗等题材。陈田《黔诗纪略后编》称赞郑珍为"当代诗人才学兼全一人而已"。此外，与莫友芝共同编纂的《遵义府志》被梁启超誉为"天下第一府志"，该书卷十六"农桑"篇将《播州秧马歌》序言全文收入，以记录秧马这种农具。此外，郑珍在经学、小学和诗学方面颇有建树，所著关于《仪礼》《说文解字》的注本影响甚大。

吾乡治秧田，刈戎菽等密布田内[2]，用秧马践入泥，俟烂，则播种，其力倍于粪[3]，且不蠹[4]。秧马制：以纵木二为端[5]，菑四横[6]，长倍广，下旁杀[7]，令上面平如足榻状[8]，底如四履齿[9]，用柔条一，或绳贯两端为系，高接手。踏时足各履一马，手提系，摘行茎叶上[10]，深陷之，甚便且速。为歌一篇，俟后谱农器者采焉。

谷雨方来雨如丝[11]，春声布谷还驾犁[12]。斩青杀绿粪秧畦[13]，芫菁、荏菽铺高低[14]。层层密密若卧梯，外人顾此颇见疑，足春手筑无乃疲[15]？我有二马君未知[16]，无腹无尾无挖题[17]。广背方坦健骨支，四蹄锐削牡齿齐[18]。踏背立乘稳不危，双缰在手左右持。马首北向人首西，横行有如蟹爬泥。前马住足后马提，后马方到前又移，前不举后后不蹄，转头前者后复驰。人在马上摇摇而[19]，蹊田远过牵牛蹊[20]，绝似软屣行蒺藜[21]。柳阴馈馌媚且依[22]，木駊对卧不解饥[23]。晚风摇波蘸水脐[24]，居然刷洗临清溪[25]。他日更借人乘之。踏花小郎黄骢嘶[26]，下鞍两髀红胭脂[27]。岂知老子粪种时，一足各有一马骑，终身脚板无瘢胝[28]。

（选自郑珍著，白敦仁笺注《巢经巢诗钞笺注》，浙江古籍出版社，2016年版）

注　释

[1] 播州：今贵州遵义，唐贞观九年（635）至明万历二十八年（1600）前称播州。秧马：中国古代南方农民在水田劳动时所坐的器具。这里的秧马不同于一般插秧所用的秧马，它是把草肥压入泥水中的秧马，随着引绳提动横向前进，是当地百姓农业劳动的利器。

[2] 刈（yì）：收割。戎菽：胡豆。

[3] 力：肥力。

[4] 蠹（dù）：生虫。

[5] 端：《周礼·考工记·轮人》云："凿端一枚。"注："端，内题也。"题，头也。

[6] 菑（zī）：车辐插入毂中的部分。

[7] 杀：减。

[8] 榻：狭长矮小的床形坐具。

[9] 屐齿：木屐下面的底齿。

[10] 擿：盲人以杖点地寻路。

[11] 谷雨：我国二十四节气中的第六个节气，春季的最后一个节气。取"雨生百谷"之意，表示天气温和，雨水增加，南方开始插秧，北方开始种豆。

[12] 布谷、驾犁：皆鸟名，以鸣声得名。

[13] 斩青杀绿：割草入田沤烂之后作肥料。

[14] 芜菁：蔓菁。荏菽：胡豆。

[15] 足舂手抏：脚踩手拽。无乃：恐怕，揣测之意。

[16] 二马：指秧马左右两边各一个板。

[17] 軛（è）题：架在牛脖子上的弯木。

[18] 锐削：坚锐。牡齿：秧马上耙田的齿。

[19] 而：语助词。

[20] 蹊（xī）田：指耙田，翻耕田地。蹊，践踏。

[21] 软屐：无齿软底木屐，适合在泥上行走。蒺藜：刺草名。

[22] 馈饁（kuì yè）：送饭到田头给耕作的人。媚且依：指送饭人与耕田人之间的依恋感。

[23] 木騠（tí）：秧马。解：懂得。

[24] 蹙（cù）：急迫。水脐：水里面的漩涡。

[25] 居然：平稳。

[26] 踏花小郎：指踏青的少年。黄骢：黄马。

[27] 髀（bì）：大腿。

[28] 瘢胝（bān zhī）：疤痕和茧子。

阅读提示

该诗描绘了一幅清代贵州播州地区农人利用秧马耙田的农俗图。诗序叙述了诗人的家乡用秧马把草肥压入泥水中的农耕方式，并介绍了秧马的形状、用途。诗歌开头，诗人以谷雨时节春雨如丝，布谷、驾犁鸣叫起兴，引出播州地区割草入田，蔓菁胡豆叠入，农人手脚并用压草入泥的农事场景，既为外乡人所疑惑，也致农人辛劳。继而引出秧马这一农具，并说明了其外在形状、使用方法、工作效率和实际效用。外形没有腹、尾及軛头，背面宽敞、平整又结实，下面的耙齿坚利齐整。使用时，人站在秧马背上稳固没有颠覆的危险，手握住引绳拉动，秧马的头部朝北，农人的头朝西，秧马像螃蟹一样横向爬行。左右脚各踩一马，前马停下，后马跟上，后马刚到，前马又动，两马步调协调，调头转弯灵活。人在秧马上轻松摇动引绳，所耙之田的面积就远超过牵牛耙田，堪比当年司马懿用二千士兵以软底木屐粘走蒺藜的速度，效率之快可见一斑。人工劳作还要往田间送饭，而秧马不用食物喂养，在水溪边清洗干净即可，还可以借给别人"共享"。少年不事劳作，骑马游春大腿却被磨红，"老子"劳动骑秧马，脚底却从不生茧子。基于"俟后谱农器者采焉"的创作，描绘了用于耙田的特殊秧马，从诗中可以窥

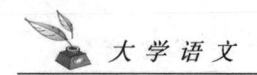

见诗人对于农事的关心，对农具的熟悉，对秧马的喜爱，具有重要农史价值和民俗价值。

思考与训练

1. 请结合文本，谈一谈秧马有什么样的民俗价值。
2. 你所了解的传统生产农具还有哪些，请举例说明其形状和功能。

江 城 子

莫友芝

莫友芝（1811—1871），字子偲，自号邵亭，贵州独山人。其书斋"影山草堂"藏书丰富，著述颇丰，对金石学、版本学和书法多有研究，诗法宗宋，与遵义郑珍并称"西南巨儒"。莫友芝著述甚多，有《邵亭遗诗》八卷、《邵亭诗抄》六卷、《影山词》二卷、《素阴杂记》一卷，《樗茧谱注》一卷、《资治通鉴索隐》等。此外，他还收集了2406首诗作，加上方外、无名氏诗作及杂歌谣，共2498首，编成《黔诗纪略》三十三卷。这些著作，有很高的文学价值和史料价值。

山家滋味在春朝[1]，鲑烟苗[2]，续花巢[3]。角笋班班，柮火带衣烧[4]。两盏三杯随意下，浑胜得，庾郎饕[5]。故人相访渡江皋，步林坳，自甄料[6]。豉饤醢丝[7]，添著两三肴。展取生生呙菜叶[8]，和杂糁[9]，试春包[10]。

（选自莫友芝《影山词》，贵阳文通书局铅印，1936年版）

注 释

[1] 山家：山野人家。春朝：春日。
[2] 鲑烟苗：鲑：指鱼类的菜肴。烟苗：菜的嫩叶。
[3] 花巢：即花蕊，有些树木的花可以食用。
[4] 柮（duò）：榾柮之意，木头块。
[5] 庾郎饕：虞郎指即庾杲之（人名），饕（tāo）：贪，指庾杲之因家贫同一种蔬菜变化多种吃法。
[6] 自甄料：甄：选取，指自己选取菜肴。
[7] 豉饤醢丝：豉：豆豉，熟大豆发酵而成，多用于调味，也可入药。饤：堆放器皿中的果品。醢（hǎi）丝：用醋调拌的丝状蔬菜制品。
[8] 展取生生呙菜叶：展取：伸开手臂去取。生生：指未煮过的，生的。呙菜：莴笋。
[9] 糁：米饭粒。
[10] 春包：类于饭包。

阅读提示

该词描绘了词人与黎兆勋、郑珍在山中宴饮的场面，充满着原始的乡野气息和怡然自得的趣味，呈现出清代贵州山区的饮食习俗。上阕写山中春日饮食的惬意，将角笋带着外皮放到柴火中烤熟，就着嫩菜苗、花朵，肆意饮下几杯浊酒，那种感觉可比庾杲之只能吃韭菜强多了，颇有"莫笑农家腊酒浑，丰年留客足鸡豚"的乐趣。下阕写故人渡江来访宴饮，想吃什么就自己到竹林之中选取食材。把各类食物摆放在一起，再用佐料调拌，做成两

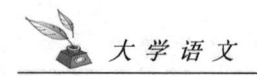

三个菜肴。还有用莴笋叶包上杂粮做成春包。此词在对清代贵州山区春天饮食风俗的描绘中,流露出对山野自然馈赠的赞美,对淳朴惬意的山居生活的喜爱,别有一番野趣,读之令人意欲奔赴。

◆思 考 与 训 练◆

1. 词中描绘了什么样的饮食习俗?
2. 试着比较一下这首词与苏轼《江城子·密州出猎》的异同。

鸡㙡菌赋

张之洞

张之洞（1837—1909），字孝达，号香涛，晚年自号抱冰老人。原籍直隶南皮（今属河北沧州），生于贵州贵阳六洞桥，少时随其父兴义知府张瑛在贵州兴义府署（今安龙）长大。其与曾国藩、李鸿章、左宗棠并称"晚清中兴四大名臣"。张之洞好学善思，学问渊博，精通诸子百家，倡导经世致用的"实学"，所写教诫之语《輶轩语》提出"读书期于明理，明理归于致用"的主张，对于现代治学仍有重要参考价值。著有《书目答问》等书，对后世的文献学、版本学发展具有重要指引作用。另有《劝学篇》主张"旧学为体，新学为用"，对晚清的政治变革和思想革新产生了较大影响。

淡烟漠漠雨初晴，郊外鸡㙡菌乍生。采满筼篮归去也[1]，有人厨下倩调羹。

时维七月，序近三秋，菌芽乍吐，菌苴将抽，名以鸡而《黔书》曾解，名以㙡而《字典》都收。梅诞生详言其状[2]，李濒湖省悟其由[3]。性清神而益胃，形高脚而散头。观其冒雨忽生，惊风乱飐[4]，前山后山，三点五点。白质兮宜分，赤茎兮宜捡，如鸡羽之初垂，似鸡足之欲敛。草杂萋萋[5]，人来冉冉[6]。望原隰兮山色苍[7]，锁群峰兮对夕阳[8]。花仡兮仲女[9]，荷笠兮携筐[10]，陟崎岖之鸟道，登崐岜之羊肠[11]。非佳节而挑菜[12]，岂春尽而寻芳？采将奇菌，佐我羹汤。

若夫苋名马齿[13]，菜号龙须[14]，荇则凫葵是唤[15]，莎则鸭脚相呼[16]。虽佳名之并妙，比异品分悬殊。重以初似笠张，继如盖起，客离冀北之乡，名重滇南之美，问价则数解青蚨[17]。依根而丛生白蚁，羡得地兮黔中，知滋荣于雨里，水之湄兮山之波，伊人采兮踏绿莎[18]。既珍馐之可荐[19]，复病痔之能瘥[20]。香飘清冽，影弄婆娑，尝嘉蔬之风味，爰志异而兴歌。歌曰：香菌号鸡㙡，托根依芳草。有客异味尝，雅欲黔南老。又歌曰：雨后空山有足音，鸡㙡香菌餍侬心[21]。乱峰迢递烟岚锁[22]，知在深山何处寻。

（选自清代张锳纂修《兴义府志》，贵阳文通书局，1914年版）

注释

[1] 筼（yún）篮，竹篮。
[2] 梅诞生：梅膺祚，《玉堂字汇》的作者。
[3] 李濒湖：李时珍，这里指其《本草纲目》对鸡枞菌的性状介绍。
[4] 飐：飘动貌。
[5] 萋萋：形容草茂盛的样子。
[6] 冉冉：渐进貌。

[7] 隰（xí）：低湿的地方。

[8] 锁：掩蔽。

[9] 花仡：仡佬族。仲女：次女。

[10] 荷笠：荷叶制成的斗笠。

[11] 崱屴（zè lì）：高大险峻的样子。

[12] 挑菜：一种风俗，每年农历二三月，青年妇女多至郊外挖取野菜，以应时节，供制春盘。

[13] 马齿：马齿苋，草名。

[14] 龙须：龙须草，草名。

[15] 凫葵：莼菜，水生植物，嫩叶可食。

[16] 鸭脚：鸭脚葵，菜名。

[17] 青蚨：虫名，借指铜钱。传说青蚨生子，母、子别后仍会聚回，人用其血涂于钱上，则钱用出后必会飞回，故有"青蚨还钱"一说。

[18] 绿莎：绿色的莎草。

[19] 珍馐：珍奇名贵的食物。

[20] 瘥（chài）：病愈。

[21] 餍（yàn）：满足。

[22] 迢（tiáo）递：高远貌。

阅读提示

"鸡堫"亦即"鸡枞"，就是《庄子》所云"鸡菌"。田雯《黔书》中记载了清代丁炜的论说，"鸡纵酱即蒟酱，昔汉武帝食而甘之，遂开通西南夷。梁武帝瞰觉美，曰：'与肉何异？'敕复禁之。今郡人以鸡纵入酱油，味尤旨"。汉武帝开通西南夷，梁武帝禁止上贡，虽或夸张，但从侧面说明鸡枞菌的珍贵。作为贵州巡抚的田雯还创作有《鸡枞说》专论鸡枞菌，耐人寻味。

张之洞十余岁时，有一天晚间吃到兴义府知事陶石宗送来的"鸡堫酱"，应约创作《龙溪砚记》，当时还口留余香，勾起以前自己在半山亭后山亲自采摘鸡堫菌的情景，一时兴起，写下了这篇《鸡堫菌赋》。赋首以诗歌的形式描绘了鸡枞菌雨后初晴之后才在郊外生出，采满笋筐回去调羹饱餐，充满野趣。继而，详细介绍了鸡枞菌的生长季节、环境、历史记载、性状以及采摘的历程，充满探索的趣味。接着，以马齿苋等草菜为参照，道出鸡枞菌的珍贵，美名在外，价值不菲。又细说正因黔地雨水丰润，白蚁丛生，才能产生菌丝，形成鸡枞菌。其既可以作为珍贵的食物推荐给他人，也可以治疗疾病。清风徐来，香气飘逸，婆娑起舞，品尝如此美味佳肴，不禁令人高歌一曲，甚至愿在黔地老去，体现了张之洞对贵州的喜爱。总的来看，该赋呈现了贵州安龙地区以鸡枞菌为核心的采摘、食用的生产生活习俗，甚至与汉武帝、梁武帝的施政方针联系起来，于平淡意趣中增添了时事关怀之感。

思考与训练

1. 该赋描绘了鸡枞菌的哪些特征？
2. 从鸡枞菌和白蚁关系角的度，思考如何进行民俗文化的保护与传承。

西南采风录·序

闻一多

闻一多（1899—1946），本名闻家骅，字友三，生于湖北省浠水县，中国现代伟大的爱国主义者，坚定的民主战士，中国民主同盟早期领导人，中国共产党的挚友，新月派代表诗人和学者。1912年考入清华大学留美预备学校。1916年开始在《清华周刊》上发表系列读书笔记。1925年3月在美国留学期间创作《七子之歌》。1946年7月15日在李公朴被国民党特务杀害之后，在云南大学举行的李公朴追悼大会上慷慨激昂地发表了"最后一次演讲"，也因此被国民党特务杀害。

正在去年这时候，学校由长沙迁昆明，我们一部分人组织了一个湘黔滇旅行团，徒步西来，沿途分门别类收集了不少材料。其中歌谣一部分，共计二千多首，是刘君兆吉一个人独力采集的[1]。他这种毅力实在令人惊佩。现在这些歌谣要出版行世了，刘君因我当时曾挂名为这部分工作的指导人，要我在书前说几句话。我惭愧对这部分材料在采集工作上，毫未尽力，但事后却对它发生了极大兴趣。一年以来，总想下番工夫把它好好整理一下，但因种种关系，终未实行。这回书将出版，答应刘君作序，本拟将个人对这材料的意见先详尽的写出来，作为整理工作的开端，结果又一再因事耽延，不能现实。这实在对不起刘君。然而我读过这些歌谣，曾发生一个极大的感想，在当前这时期，却不能不尽先提出请国人注意。

在都市街道上，一群群乡下人从你眼角滑过，你的印象是愚鲁，迟钝，畏缩，你万想不到他们每颗心里都自有一段骄傲，他们男人的憧憬是：

　　快刀不磨生黄锈，
　　胸膛不挺背腰驼，（安南[2]）

女子所得意的是：
　　斯文滔滔讨人厌，
　　庄稼粗汉爱死人，
　　郎是庄稼老粗汉，
　　不是白脸假斯文。（贵阳）

他们何尝不要物质的享乐，但鼠窃狗偷的手段，都是他们所不齿的：
　　吃菜要吃白菜头，
　　跟哥要跟大贼头，
　　睡到半夜钢刀响，

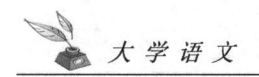

妹穿绫罗哥穿绸。（盘县）

那一个都市人，有这样气魄，讲话或设想？

生要恋来死要恋，
不怕亲夫在眼前，
见官犹如见父母，
坐牢犹如坐花园。（盘县）

火烧东山大松林，
姑爷告上丈人门，
叫你姑娘快长大，
我们没有看家人。（宣威）

马摆高山高又高，
打把火钳插在腰，
那家姑娘不嫁我，
关起四门放火烧。

　　你说这是原始，是野蛮。对了，如今我们需要的正是它。我们文明得太久了，如今人家逼得我们没有路走，我们该拿出人性中最后最神圣的一张牌来，让我们那在人性的幽暗角落里蛰伏了数千年的兽性跳出来反噬他一口。打仗本不是一种文明姿态，当不起什么"正义感""自尊心""为国家争人格"一类的奉承。干脆的是人家要我们的命，我们是豁出去了，是困兽犹斗。如今是千载一时的机会，给我们试验自己血中是否还有着那只狰狞的动物，如果没有，只好自认是个精神上"天阉"的民族，休想在这地面上混下去了。感谢上苍，在前方，姚子青，八百壮士，每个在大地上或天空中粉身碎骨了的男儿，在后方几万万以"睡到半夜钢刀响"为乐的"庄稼老粗汉"，已经保证了我们不是"天阉"！如果我们是一个乐观主义者，我的根据就只这一点，我们能战，我们渴望一战而以得到一战为至上的愉快。至于胜利，那是多么泄气的事，胜利到了手，不是搏斗的愉快也得终止，"快刀"又得"生黄锈"了吗？还好，还好，四千年的文化，没有把我们都变成"白脸斯文人"！

民国二十八年三月五日闻一多序

（选自刘兆吉编《西南采风录》，商务印书馆，1946年版）

注　释

[1] 刘君兆吉：指《西南采风录》的编者刘兆吉。"君"为尊称，犹如古代称"公"。1938年刘兆吉先生（时为长沙临时大学哲学心理教育系学生，后为我国著名心理学家）随"湘滇黔旅行团"，从长沙徒步前往昆明。在闻一多指导下，沿途采集了两千多首民歌，一年后，精选一些编成《西南采风录》。

[2] 安南：明朝洪武时期设安南卫，清朝康熙年间设安南县，民国三十年（1941）安南县更名为晴隆县，沿用至今，今属贵州黔西南州。

阅读提示

《西南采风录》成书于1939年，由于处于国难时期，直到1946年12月才由商务印书馆出版。书中共收录了民间歌谣771首，其中情歌640首、童谣35首、抗战歌谣20首、民怨13首、采茶歌4首、杂类59首。

闻一多所作序言，激情澎湃，鼓舞人心，激发斗志。其中摘录出的几首歌谣，就字面而言，颇显粗放，乍看之下，像是歌颂西南山匪的，但闻一多却说"你说这是原始，是野蛮。对了，如今我们需要的正是它"，他从山歌民谣中体会到了一种原始生命力，并在那个抗战的年代体察到了更深层次的内涵和精神，就是乐观、自信、坚强、拼搏、不屈。他要把从民间歌谣中获得的原始性的认识和生命的张力，用在警醒抗日战争时期全体国民上，那就是中华民族自古以来就不是懦弱、胆怯的，而是有血性，有斗志的伟大民族，全体国民团结起来完全可以给予日本侵略者以重创，是可以最终取得抗战胜利的，是对当时对日妥协甚至投降论调的当头一击。

正如闻一多所说"有价值的诗歌，不一定在书本里，很多是在人民的口里，希望大家到民间找去"。民间歌谣凝聚着广大人民智慧的力量，具有社会学、民俗学的参考价值，启发我们文学创作与研究要到民间去，发掘最原始和本质的东西，萃取内在精华，转为现实力量。

思考与训练

1. 结合当时抗日战争舆论环境，理解文中的"原始""野蛮"等词的含义。
2. 这篇序文表达了闻一多对于抗战和国家有着什么样的信念？
3. 闻一多针对这些歌谣的收集与整理，是想请国人注意什么，对于当下实现中华民族伟大复兴有何启发意义？

吃羊肉粉[1]

蹇先艾

蹇先艾（1906—1994），汉族，贵州遵义人，中国现代著名作家。蹇先艾的创作以小说、散文为主，其文笔精炼，乡土气息浓郁。发表了表现贵州百姓疾苦的《水葬》《到家》等小说，被鲁迅称为典型的乡土文学作家，获得积极评价。其创作风格也从《朝雾》的抒情转向现实主义，后来又发表了《盐巴客》《贵州道上》，真实描绘贵州乡土社会，体现出鲜明的"贵州情结"。

离平之前，有位诗人除了做一首长歌赠别之外，还让我带点故乡的东西回来给他吃，我答应了。在路上我就想：这一向家里应当有些什么可吃的呢？有的是这边有了，而我们那边却没得。如瓜果之类，特殊的只有杨梅地瓜两种。则好像还不到季候。带，要是不便时，也只有作罢；不过倘若有好东西而我自己不尽量地痛吃，那这次还乡真有点不值哩！

到家便问家人以杨梅的消息，说是过季了；地瓜呢，出土还早得很，我一听默然。

想吃点东西，最普遍的只有臭豆腐皮或者炸豆腐果等等，天天吃，便厌了。

过了几天，去访一个亲戚，在他那里吃到一碗羊肉粉，多年不吃了，真有味！雪白的细条米粉，点缀着几片羊肉；肉上是鲜红夺目的浮油，还稀稀疏疏洒了几点浅绿的香菜。像这样的食品，在北平我做梦也没有梦到过。

后来我问卓然侄哪家的羊肉粉好。他似乎很熟悉的样子，向我说：

"九叔不是多年没有吃羊肉粉了么？这回自然可以去尝尝新。其实羊肉粉虽说是家乡风味之一种，我们却已经厌倦得很了呢。不过这种家什端起回来吃，是没有多少意思的。因为要吃的就是一个'鲜'，买到家早冷了。一热不惟失去原有的美味，而且粉条都会断成截截。老城的粉馆，大概煤市上廖家要算第一家罢！九叔要是愿意去吃，明天早晨我就陪你去。但是要特别的早，去晚了没有座位还是第二层，粉一定吃不着顶好顶新鲜的。还有，自己非带酱油去不可；因为馆子粉上只撒点盐面，对于淡得像水的酱油都悭而不与；即令用钱去买来的，也不见得好。粉面肥饺这一类的家什，调和味道的不只有酱油么？味之素，在我们这些地方则真不容易买到了；那么，没有酱油还有什么吃长的呢？这个倒不相干，我们自己家里还做得有头道酱油，油海椒也不妨带了去。如果他们的红油不高明，我们就来上我们的海椒，那不好吗？"

"好，就是这样，明天起一个早去好了，你来约我！"

我听了卓然侄这一番羊肉粉吃法，真佩服他的细心考究，除点头连忙答应之外，不敢再赞一词了。

说起吃羊肉粉来，不由我就联想到我的母亲，觉得我真有几分对不住这位慈爱的老人。

因为我母亲从前也是喜欢吃羊肉粉的,为吃粉我曾经有意的磨折过她。

那时我才十岁,母亲特别地爱我,所以在家中我便成了王。母亲照例每天要端羊肉粉来过早;而且也要端粉来消夜,因为母亲很信神,差不多天天晚上都要烧香,所以睡得也就迟。老人家白天本来就吃得少,晚上又要坐到夜深,难免不会饿。嫂嫂们便提议买点东西来给母亲消夜;母亲答应了,说:"羊肉粉就好,不会停食,我又爱吃。"于是天天一黑就叫王妈拿菜盒子去端粉。

母亲大概是太爱我了。早上吃羊肉粉很少吃完的,——除非我上学——总是给我留下一小半碗,还怕已经吃得味道淡了,亲自又加进些酱油和油海椒;又怕对于我太咸或者太辣了,还拿筷子去揌来尝尝,才喊道:

"艾,快来吃了罢,不要等叙姊运姊们看见又吵。"

因为叙姊运姊看见母亲待我和她们不同,心里很不平,常常发牢骚:"都是一样的儿女,为什么艾弟跟我们不一样呢?难道他有两个鼻子四只眼睛么?"

"他小点,你们大,你们是姊姊。"母亲这样回答她们。

她们认为这个不成理由,总是要常常和我寻衅。尤其是叙姊,她和我的年龄相差只一岁,很淘气,背地后,便向嫂嫂说:

"我倒不怕,什么时候要得罪得罪妈妈的小幺儿呢。"

有一次,我到花园里玩去了,母亲粉剩下,看见我不来,便派人四处找我,叙姊正来到母亲房中,看见碗里的粉没有吃完,知道是母亲特地给我留下的,便偷偷地端起就吃,母亲忽然回头发现了,便说道:

"叙,那是给你的艾弟剩的,不要吃,他一会来要找你扯皮的呢。"

"妈妈,我不怕,怎么我们就吃不得妈妈剩的么!"

恰好我走来听见,一看见碗里已被叙姊吃光了,我假装不理叙姊,却问母亲:

"妈妈叫我做什么呢?"

母亲向来晓得我的脾气,知道真实的话一出口,我就要恼怒的,只好哄着说:

"没有事,我怕你又到街门口去了。"

"这是什么碗?"我故意指着羊肉粉的碗问。

"装菜的碗,他们还没有拿出去呢。"母亲禁不住笑了。

"怕是妈妈吃的羊肉粉碗罢?"

"哪个说的?"

母亲知道瞒不过我了,正想说话来安慰我。叙姊站在桌子边,大声说:

"是妈妈吃的羊肉粉碗,剩下的给我吃了;只有你吃,别个就吃不得吗?"

我不去理叙姊,明知同她纠缠也是无用。便眼泪汪汪地拉住母亲说:

"妈妈,你给我剩的粉呢?"

"叙姊不是给你说她吃了吗?"

"叫都叫了我,怎么又给她吃。"

"那个叫你不早点来?"

"早点来，我要晓得妈妈吃粉，我还不走了呢。"

我哭了，无论怎样都不依，我要吃羊肉粉。

我觉得这个过错在母亲身上，她正在梳头。还没有挽起髻来，头发披散着，我便爬到她背上去，把头发一阵乱抓，口里喊着：

"我要吃羊肉粉，我要吃羊肉粉，为什么把剩的粉给她吃了？"

"乖，不要哭！"母亲的脾气真好，不惟不发怒，而且把我抱下来了，温抚着说："我明天剩的，不再叫叙姊吃了就是。"

"不行，不行，我今天总之要吃。"我的脚在母亲身上乱蹬起来。

"乖，你听我的话，好不好？"

"不，不！我不，我不！"

母亲看见，没有法子，叹了口气说：

"好了，宝贝，我叫人给你端一碗来！"

等母亲把三十个小钱数出来交到王妈的手里，我才有了笑容了。叙姊当时很不高兴，把我瞪了一眼。喃喃说道：

"都是妈妈惯使的！"

又有一回，是晚间的故事。晚上我睡得早，离母亲睡觉的前三四点钟便睡了。但是我要起来消夜的。

我临睡以前照例要向母亲说："妈妈，消夜的时候，记着叫我。"

母亲笑着答应。果然敬完神吃消夜剩下时，便轻轻在床边唤我。如果不醒，就用手来推。有时自然而然到母亲吃消夜的时候我便醒了，但不肯马上起来，以示自己的娇贵；却假装仍在酣眠的状态之中，虚着眼睛，鼻孔里还出着气。一直要等母亲来叫，才翻身，才伸懒腰，含糊不清地答应。极尽作态之能事，起来了。总之，要使母亲竭力来将就我自己。

这天夜里，如果要按当时的情形说，大概是我是停了食的罢，只觉得烦躁，很难安睡。在床上直打滚，把被窝挤成一团。刚迷糊地睡着，母亲就来叫我：

"艾！起来吃消夜！"

我听见母亲的脚步走到床边，便把被窝很快地拉过来。把头蒙住。

"乖，你不安逸么？吃消夜了！"接着又听见母亲和蔼的声音。

我把脚蹬着架子床板，碰碰地响，假装不知道是母亲，喊说："人家要睡瞌睡，吵我做那样？去你的，有话明天说不得！"

"吃羊肉粉，我给你剩下了，快起来呀！"

我鼻子里又嘘出鼾声，故意不答应。

"发梦冲，理他做什么？"仿佛是运姊的口腔。

"将就他干什么！小小的年纪，脾气那样大，妈就不会一个人把它吃完了么？"嫂嫂看不惯母亲这样的溺爱我，也走来说。

"不要紧，我等他一等。"母亲的性情真耐烦，她还是候着我。

我本想起去的，听见她们的话，偏坚忍着不起去。

"乖，你再不起来，我就吃了呢。"

"妈妈吃了就吃了，给艾弟说什么。"运姊显然是不赞成母亲的过于慈爱的。

我在枕头上心里的火起得更高，把床板蹬得越发响。

只听见筷子和碗迸击的声音，母亲正在吃剩下的粉，口里不住说：

"要出祸事的！"

碗筷的声音忽然终止了，我揣度母亲的粉已经吃完，便从床上一翻身起来，光着脚跑到桌子跟前去。

"妈妈，我要吃消夜！"我喊说。

"怎么你又要吃呢？你不是睡着了吗？"这简直是突然给老人一惊了。

"哪个说我睡着了，我没有睡着。"

"那怎么办呢，我吃都吃完了。"

"那要妈妈从嘴里吐出来。"

"乖，你这不是有意同妈妈为难吗？喊你的时候，你不起来；粉吃完，你又起来了。"

"哪个叫妈妈不等等我？明天把妈妈的嘴封上，看她还好吃不好吃？"

我的光脚板不住地跳，眼泪水跟着就流出来了。

"都是你们喊我吃，我晓得他醒来要骗人的！"

母亲并不同我生气，却转过脸去骂运姊和嫂嫂。

我更其得意了，哭声也大起来。

"现在还有什么吃的东西没有？"母亲问。

嫂嫂便去给我拿了两个鸡蛋糕来。

"艾，你吃鸡蛋糕吗？"母亲知道我不高兴从嫂嫂手里去拿，就接过来转递给我。

"妈妈，今天晚上吃鸡蛋糕。明天还是要吃羊肉粉呢。"

顽梗不驯的我这样说着，揩揩眼泪，把鸡蛋糕很大块地咬了一口，又跳回床上去。

这是十二年前的事了，因为今天的吃羊肉粉，夜间在枕上不由得我又想起。母亲不在人间已有几年，我虽想向她悔罪，请她宽恕我那时童骏无知的心情，然而也无从了。

第二天早晨起来。终于拂不开这点悲思从心头，卓然侄来约。我竟托词没有去。

（选自蹇先艾《水葬》，华夏出版社，2010年版）

注 释

[1] 羊肉粉：贵州本地一种著名的地方小吃，已有300余年制作历史。以新鲜羊肉熬汤，浇在爽滑的大米制成的粉上，再配上肥瘦的新鲜羊肉和油辣椒等佐料，口味鲜香，酸辣爽口，油而不腻，具有祛风除湿的作用。

阅 读 提 示

1935年鲁迅在《中国新文学大系·小说二集》序言中，以蹇先艾叙述贵州为例，正式提出了"乡土文学"这一概念，强调乡土文学应表现作家"隐现着乡愁"和故乡的"异域情调"。并选录了蹇先艾的《水葬》《到家》两部小说,同时也将他与王鲁彦、许钦文、裴文中、李锦明等同归入"乡土文学"流派。其实,从根本上说,乡土小说是从五四时期问题小说和"为人生"写实派小说分化演变而来,蹇先艾就是在五四新文化、新思潮的影响下逐渐成长起来,尤其是1927年其时隔13年再次回到故乡贵州,家乡的高山峻岭与风土人情,再次激起乡土创作的热潮,小说更加成熟。

文中蹇先艾以一碗羊肉粉为切口,抒发对家乡贵州遵义的无比怀念,乡愁浓郁。对羊肉粉的口感、吃法、就餐环境进行了生动的描绘,进而激发对自己母亲的怀念,因为"母亲从前也是喜欢吃羊肉粉的"。在这位乡土作家笔下,羊肉粉不仅带来食欲的享受,更是一种乡愁的记忆,是家乡的标记,是根的源泉,是魂的栖息地。

思考与训练

1. 文中通过回忆羊肉粉表达了对母亲的一种什么样的情感?
2. 思考一下自己家乡的美食有哪些?具有什么样的文化内涵?

傩面（存目）

肖江虹

肖江虹（1976—），贵州修文人。中国作家协会会员，毕业于贵州师范大学中文系。2007年开始文学创作，作品在《当代》《山花》等刊物上发表，部分作品被《小说选刊》《新华文摘》《小说月报》《中篇小说选刊》等选载，代表作品有《百鸟朝凤》《蛊镇》等，曾获人民文学奖、《小说选刊》年度大奖、贵州省政府文艺奖等。根据其小说改编并由其担任编剧的同名电影《百鸟朝凤》（吴天明执导）获中国电影金鸡奖评委会特别奖、中国大学生电影节评委会大奖、华表奖、全国"精神文明建设五个一工程奖"等奖项。其《傩面》于2018年8月获第七届鲁迅文学奖中篇小说奖。

【导读】

《傩面》记述了发生在贵州大山深处猫跳河沿岸傩村的故事，小说彰显的最大主题就是，中华优秀传统文化是中华民族繁衍不息，长盛不衰的根魂。作者认为在现代化进程中，传统经典文化内核逐渐被淡却，但新的科学的价值体系尚未建立，年轻一辈浮躁空虚，信念缺失，精神萎靡。于是以傩面文化唤醒迷醉的青年一代，达到疗救的目的，调和物质追求与精神空虚的矛盾。同时又以傩师的死亡和继承者的即灭，警醒世人传统文化传承和延续的断层及人性的灰暗。

小说以代表传统的傩师秦安顺和代表年轻一代的颜素容为主要人物，在一老一小，一主一侧，一显一隐的综合叙述中，传达出"让世道萌动着先人往生以及命将归处的活生生的灵迹，在有无怕惧、傩面还是脸壳子的选择中，安顺、素容决然地承担人间情义和文化精神的传续"。在小说中，秦安顺人如其名，作为最后一个傩师，追求安稳、顺利，在安葬傩和延寿傩等各类傩戏仪式中，以傩面引入傩神附体，在通灵的巫神魔幻叙事中，表达对生命的尊重，对古老文化的敬仰与传承。与之相对，颜素容则对傩村与传统充满抗拒，选择进入繁华的省城享受生活，却又在身患绝症之后寻求"叶落归根"，寄希望"延寿傩"挽救生命，又替母亲看病，带秦安顺进城，表现出一代年轻人价值观念的转变。傩面作为一种传统文化符号，可以令人穿越时间，在神与人，虚幻与现实之间转换，影响着这个地域的世世代代，却在"现代化"进程中逐渐被抛弃，作者借此警醒世人不要忘记魂脉。

《人民文学》2016年第9期卷首语这样评价这部小说：《傩面》不是一般的民俗小说，"常"之固守和"变"之瓦解已经不能概括作品的诸层面，在这条文脉上，从沈从文、汪曾祺到王润滋、李杭育再到肖江虹，恒久的极致手感的养护，所面对的是世风的粗糙度渐次变大，实情实景几乎已经框不住心神的奔突。这种评价精准把握住了肖江虹小说创作的渊源流脉，揭示了《傩面》这部小说风格形成的原因。确实，这部小说所传达的精神内核是老一辈以生命在守护中华民族最传统宝贵的文化遗产,青年一代在城市—农村的流动中接受现代思想与传统习俗的交织洗礼,在义与利的抉择中彰显人性的复杂,启引人类文明的演变方向。

时光磨砺的不朽史诗——《亚鲁王》[1]

余未人

余未人(1942—),女,籍贯江西铅山。原贵州省文联副主席、中国民间文艺家协会副主席。1966年毕业于贵州大学中文系。历任《花溪》副主编、中国作家协会第五届全国委员会委员等,现为中国民间文艺家协会顾问、贵州省文史馆馆员、贵州省非遗专家委员会委员。出版个人著作18部,其中文化著作有《苗族英雄亚鲁王》《苗疆圣地》等6部,另有小说集、长篇小说5部,还出版有《亚鲁王》《〈亚鲁王〉文论集》等书籍7部。策划并推出"贵州民间文化研究"等4套丛书共计40本。2013年获中国民间文艺山花奖。

2009年的春天,贵州麻山地区苗人们世世代代传唱的英雄史诗《亚鲁王》闪入了文化人的视野。它仿佛横空出世,震撼了民间文学界和苗学界的学者们。大家亢奋、赞叹之余又觉遗憾和惭愧,这样一个重大的发现竟然一直被推到了21世纪的今天。

麻山位于贵州六个县的交界地带,是"一川碎石大如斗"的喀斯特王国。行走在那穷荒肃杀的深山里,我发现还有那么多"东郎"[2](歌师,苗语音译)在日以继夜地唱诵自己英雄先祖的征战史诗,缪斯竟然如此钟情于斯。我对这支苗人油然而生敬意。一步步走入其间,时而无语凝噎。

一

苗族是一个在历史上苦难深重的民族。它在五千多年的时光中,经历了五次大迁徙。其中西部方言区的苗人,迁徙的历程尤为艰苦卓绝。然而,在流传至今的古歌中,却鲜有这方面的发现。西部方言区苗族的首领亚鲁王开创了这段迁徙的悲壮历史;后人将《亚鲁王》这部英雄的迁徙史、战争史世代传唱。史诗所吟诵的,是不屈不挠的西部苗人的命运。

我想勾勒一下《亚鲁王》史诗第一部的粗线条情节:亚鲁在十二岁以前尚未称王之时,他的父王和三位兄长就外出闯荡去了,父子、兄长之间再也无缘相见。亚鲁与母亲相依为命。他建造集市、训练士兵、迎娶妻妾、建立宫室。亚鲁王最引以为自豪的,是他得到了世间珍贵的宝物龙心。宝物在手天助人,他变得无往而不胜。他又开凿了山里苗人最稀缺的盐井,把集市建得繁荣昌盛。长足的发展引起了他的另外两位兄长赛阳和赛霸的妒意并挑动战争。亚鲁王聪明狡狯,他有各种高人一筹的计谋,但他却不愿参战杀戮自己的兄长。可他所面对的,是一场场惨烈的血战。他不得不带领70名王妃和初生的王子[3],从富庶的平原一次次地迁徙、逃亡到贫瘠的深山。依照"强者为王"的法则,亚鲁王在无路可走时,用计谋侵占了族亲荷布朵的王国,先后派遣了几位王子回征故土,自己却立足荷布朵的疆域重新定都立国。

神性的亚鲁王又造太阳造月亮，开拓疆域，命指十二个儿子征拓十二个地方，让十二个地方世代继承着亚鲁王的血脉。

只有身临其境的聆听和入心的品读，才能从那些生动形象的描述中去领悟其中英勇而悲怆的意蕴。史诗中，亚鲁王的飞龙马飞越天际腾空长啸，杀戮中叫声切切，尸体遍布了旷野，血流成河。亚鲁王残酷而英勇的征战让苗人的后代深感自豪。亚鲁王同时也是一位有情有义、人情味浓郁的首领。他携带王妃儿女，在婴儿的啼哭声中上路。哭奶的啼声撕心裂肺。"可怜我的娃儿，别哭啦，七千追兵紧紧随着哭声而来。歇歇吧，我们煮午饭吃了再走……"

从古至今，人类社会的重大转折都是由战争引发；战争残酷地破坏着人类的家园。在每一场流血中，主战、好战、应战、追战，参战者的情况纷纭复杂。亚鲁王转战沙场戎马一生，但从他的履历中，却很难搜寻到主战、好战的因子。他得到了天赐宝物龙心之后，曾经打算带领族群安居乐业建设家园。但天意不由人，亲生兄长赛阳赛霸率领七千士兵，浩浩荡荡地向亚鲁王的领地开进。这时，亚鲁王的态度显得特别弱势："你们是哥哥，我是弟弟，你们在自己的地方已建立领地，我已在自己的村庄建立了疆域。我不去抢你们的井水，我不去你们的森林砍柴火。你们为何率兵来到我的边界？"赛阳赛霸则强势得不容置辩："我们是来要你的珍宝！给不给我们都要拿，舍不舍我们都要抢！"之后，亚鲁王因拥有宝物龙心而得胜。但兄长赛阳赛霸反复施计，终于夺去了宝物，以致亚鲁王的士兵阵亡过半。

失败的英雄亚鲁王只有带领王妃儿女迁徙，刀耕火种，从头做起。但嫉恨这剂毒药又在兄长赛阳赛霸的心里持续发酵，战争的阴霾笼罩在亚鲁王的头顶。亚鲁王率领族群昼夜迁徙，越过宽广的平地，逃往狭窄陡峭的穷山恶水；可是他们依然无法躲避追杀。亚鲁王用雄鸡来占卜地域，为疆土命名，各种动植物跟随而来。亚鲁王及其族群不希望发生战争，甚至退避战争，但当族群饱受欺凌、忍无可忍的时候，他们便一往直前，奋勇杀敌保卫疆土。这也充分体现了苗族的战争观。正是因为如此，他们一次次地迁徙、征战，从富饶宜居之地，一步步退到了生存环境特别恶劣的麻山地区。

亚鲁王聪明机智，有着过人的智慧。当他被迫迁徙到族人荷布朵的领地时，他貌似真诚地与荷布朵结拜了兄弟，并以手艺人的身份居留下来，在荷布朵的王国里打铁，可谓能伸能屈。他在这里渐渐"合法"地占有了荷布朵的妻子，并与她生育子嗣。亚鲁王又用一系列的计谋驱赶了荷布朵，兵不血刃地侵占了荷布朵的王国。勇猛、憨厚的荷布朵何尝敌得过足智多谋的亚鲁王啊！而在后辈东郎的唱诵中，这是最为他们津津乐道的一段，听众眉舞，唱者和听者都崇拜英雄亚鲁王的狡黠。

《亚鲁王》史诗中看不到孔孟儒学内"仁"而外"礼"的道德观；这里贯穿的，是严酷的"弱肉强食""适者生存"的竞争法则。其实，完美的、不食人间烟火的英雄只是历代部分文人的塑造；而民间崇尚的英雄大多是有血有肉、可感可信，能够在常人身上寻找到根脉的。

创世神话体现了苗人文化的精髓。《亚鲁王》把苗人的创世神话与英雄史诗做了奇妙的融合。在史诗中，亚鲁王在母腹里就具备了神性；而在人世间，他只是一个吃着小米、红稗而艳羡糯米、大米的苗人首领。在唱诵史诗的东郎眼里，亚鲁王的部族就是全人类，亚鲁王带这支苗人所创造的，就是人类社会。所以，亚鲁王从开天辟地做起，他派儿子去造了12个太阳、12个月亮，又派儿子去射杀了多余的日月，而只留下一个太阳、一个月亮。亚鲁王把草标插遍了领地[4]，形成了各种民俗。

许多民族的史诗中，都有12个太阳之说，而麻山苗人，却把12个太阳、月亮之说都赋予了亚鲁王。亚鲁王已经成为一种信仰，他代表了苗人的理想、梦想和希望。神性的亚鲁王把各方面的智慧和才干发挥到了极致。亚鲁王的出现，也是苗人由崇拜神灵到崇尚自身的升华。

二

《亚鲁王》这样一部英雄史诗为何时至今日才被学界发现？通过与《亚鲁王》的亲密接触，我有幸首读了其汉译稿，并一探它的幽秘。

《亚鲁王》传承的诸多特点决定了它的生存状况。也正因为如此，我们的读品也许就不仅局限于文字，如能延伸下去，会更顺利地一步步进入《亚鲁王》的语境。

其一，在麻山苗区，流传于乡间的《亚鲁王》是一部由东郎世代口传的史诗。它看不见摸不着，甚至没有一个字的抄本，它实实在在地以"非物质"的状态存在千年。它不是人人都能学，不是在任何时间、任何地点都能唱诵，更不是大众都会的。习艺者需要有学唱的愿望、有天赋、有良好的记忆力，才有可能通过艰苦学习成为东郎。习艺者年轻时要举行虔敬的仪式拜老东郎为师，只能在每年农历正月和七月这两个月的时段学唱。正式的唱诵只能在葬礼上。习艺者跟着东郎去参加葬礼，聆听东郎唱诵并绞尽脑汁用心记忆。这是漫长的、煎熬毅力的过程，有的需要几个月、几年，有的甚至长达十几年才能出师。当习艺者终于学会独立唱诵并得到苗人的认可时，水到渠成，新一代东郎就此脱颖而出。然后就会有丧家前来邀诵了。

在麻山四大寨为逝者举办的隆重的砍马仪式上，东郎身着藏蓝色家织麻布长衫，头戴"冬蓬"，手执铁质长矛，一派古代武士装扮。东郎要通过唱诵，让逝者沿着亚鲁王作战迁徙的漫漫长路，一站站地返回祖灵所在之地。唱诵是程式化的。因为苗人古代没有文字，史诗必须有程式化的重复吟咏，才能口口相传至今。比如对亚鲁王多次迁徙的时间表述上，史诗总是以程式化的结构和语言描述十二生肖的轮回。在情景的表述上，亚鲁王每到一地，都要把王妃儿女、随扈和各种动植物一一带去。这同样是程式化的结构和语言。这种程式化，让东郎一方面便于记忆，一方面可以将其作为相对独立的板块，在唱诵中随时压缩或扩展，并方便运用到史诗的另一个情节里。

在每一场唱诵中，主题构架和程式是不变的，东郎们声称自己是绝对忠于师傅的传授来唱诵的，这种唱诵是一成不变的。比如在第二章第二节亚鲁王派遣儿子卓玺彦去杀12个太阳中那些多余的太阳。史诗中唱道："十二个太阳死完了/十二个月亮死尽了/剩下一个太阳来照射……留下一个月亮来数月数"这个数字明显地是不符合逻辑的。但东郎们坚持这么唱，说自古以来师父就是这么唱的。这种情形还有不少。但事实上，东郎是可以有自己的发挥的。有趣的是，东郎本人不承认这个。我发现，因为没有文字记载，对东郎的唱诵是否"绝对忠于""一成不变"的唯一检验者,只能是当场的听众。而听众的构成,主要是懂得但并不会唱诵《亚鲁王》的其他苗人。而不会唱诵《亚鲁王》的苗人们对东郎有某种不自觉的"仰视",对东郎是十分宽容的。他们只要听到《亚鲁王》主体的架构,就予以认可了。我想,如果唱诵真是如同东郎本人所强调的一成不变,《亚鲁王》的搜集整理就不会困难重重,也不会有这样丰富多彩的"版本"了。

《亚鲁王》的唱诵与苗语中部方言区许多歌师都会唱诵的《苗族古歌》不一样。中部古歌有不变的"歌骨"和可以自由发挥的"歌花"。歌花展示了唱诵者的创造性和杰出才能。在当地苗族民众看来,只有能够即兴创造歌花、"见子打子"的歌师,才是优秀的歌师。

《亚鲁王》的传承强调"不变",也与麻山自然生态的恶劣和这支苗族苦难的命运有关。在生活重担的压迫下,苗人们崇拜英雄的先祖及其开创的业绩,遵循古规,事事谨慎,古典神貌依然,这样所导致的后果之一,是创造力难以弘扬。东郎们的唱诵庄严肃穆,追求原汁原味,没有歌骨歌花之说,没有那样灵活多变的唱诵规则。这就决定了《亚鲁王》的传承和唱诵是一丝不苟的、不带有娱乐性的,因而也是小众的;而这部英雄史诗对苗人心灵的征服力,却是最强悍的。

其二,封闭的麻山形成了文化的专一性。麻山旧时不通公路,现在乡镇间虽已有公路相连,但村寨之间的道路极差,似有若无。那里没有公共交通,平日里民众少有交流。这种以山寨、家族为中心的生活方式,使得每一个寨子都会产生几名本寨、本家族的东郎为寨人做法事、唱诵《亚鲁王》。如若一个寨子的东郎断代了,就得邀请外寨的东郎。这是有损于一寨人家族自尊心的无奈之举。

1971年我曾经在麻山腹地四大寨住过10天,那是一段刻骨铭心的记忆。38年后重返故地,我访谈过的16位苗人都已作古,只有当年的访谈笔记尚存。我黯然发现,交通、电力等一切与"现代化"沾边的东西曾经长期与麻山无缘。在《亚鲁王》传承最兴盛的大地坝村,苗人们第一次用上电灯照明,已经是2007年的年底了。几十年来,这里人们的思想观念和生活方式鲜有变化,我仿佛离去的不是38年而只是38个月。这种因袭的氛围让我无言。但再想想呢,如果这里也像山外一样,公路四通八达,电视入村入户,江山代有才人出,那样,《亚鲁王》的传承就会渐渐终止,人们与山外亦同亦化,绝对没有如今的局面了。也许这种外人难以想象的封闭,人们对亚鲁王专一的崇尚,正是《亚鲁王》史诗得以传承的基础。

其三,麻山历来缺少文化人,会西部苗文的知识分子更是寥若晨星。据不完全统计,到2006年,紫云县麻山地区十多万人口中,只有3名本科大学生。其中只有《亚鲁王》的译者杨正江一人会西部苗文。不会苗文就没有记录苗语的工具。因而,在各个村寨传唱的《亚鲁王》史诗,千百年来就只能囿于麻山地区口传而不为外界所知。

其四,《亚鲁王》在广袤的苗族西部方言区均有流传。"版本"特别多姿多彩。麻山地区的《亚鲁王》英雄史诗,是集唱、诵、动作、表演、仪式于一身的。其中每每描述到人物发怒的时候,唱词便是:"亚鲁怒起来满脸通红/亚鲁急起来筋青脉胀/怒起来像那样/急起来像这样"。这里只有寥寥几行程式化的提示语,而更多的内涵要依靠东郎有板有眼的情绪变化来表现,这使得唱诵非常生动。

在麻山之外的好些地方，亚鲁王流传至今的，是一个民间口头传说。比如贵阳、清镇、花溪、乌当、平坝、安顺、镇宁、关岭、兴仁、织金、息烽、赫章、威宁、四川叙永等地皆有故事传说。汉译有称"杨鲁""杨六""央洛""英洛""央鲁""牙鲁"的。其情节相对简单，还有不少变异。也有的地方传说与短诗并存。那么，究竟那些地方的《亚鲁王》在历史上就是以传说形态存在，还是历史上曾经有过史诗的唱诵，而今却只能以故事、短诗的方式简略地表述了呢？这是需要进一步考察的问题。应当说，唱诵史诗比讲述故事、吟诵短诗要求更高。故事可以讲述一个梗概，短诗可以吟诵一个片段；史诗却必须相对完整地长段背诵。我感觉到，除麻山之外的其他地区，《亚鲁王》的传承链更加脆弱，濒临消亡。

2011年新春，苗文、汉文对照本的《亚鲁王》史诗第一部10819行完稿了，20万字的田野报告也已出炉。这是紫云这个风光秀丽的苗族、布依族自治县的民众与领导，以及所有关心苗族《亚鲁王》史诗的学人，为文化事业做出的令人敬佩的大事。

在《亚鲁王》的发掘整理史上，必须铭记冯骥才先生、刘锡诚先生。他们从2009年《亚鲁王》被外界发现之日至今，对这部英雄史诗深切关注并做了精准的学术指导。还不能忘记的，是中国民间文艺家协会、贵州省文化厅、省非遗中心等机构的"雪中送炭"、抢救性的支持。

这是一个综合版本。杨正江他们没能采录到一个或两个东郎的特别完整的唱诵，而是搜集了5个东郎的唱诵，有主有次。当然，没有将其"融合"，而是互为补充。在民间文学这个曾经被冷落了多年的领域，遗憾与我们总是如影随形——采录是在2009年才开始，麻山地区最年长的东郎已经九五高龄，年过古稀的东郎也不在少数。东郎们记忆力衰退，又没有一点儿文字记录作为提示……时至今日，紫云文化人还只做了《亚鲁王》史诗第一部10819行的搜集整理和后续部分的一些搜集工作。要做完《亚鲁王》史诗后续的工作，我不无忧心。前路漫漫，如果没有可持续的抢救措施，这部史诗的未完成部分也许会随着东郎们的年迈体衰而湮没于现代文化的汪洋大海中，日后永远难觅踪影了。但愿这不是杞忧之言。

在读品《亚鲁王》英雄史诗第一部之余，仿佛有一些晶片漂浮着、凝聚着、撞击着，迸出星星点点的火花，时而让人眼前辉亮。

（选自余未人《民间笔记》，重庆出版社，2015年版）

注 释

[1]《亚鲁王》：它是有史以来第一部苗族长篇英雄史诗，类似于《诗经·大雅》中的《生民》《公刘》《绵》《皇矣》《大明》等史诗，以记述本民族创世与迁徙的历史为主。《亚鲁王》一般由东郎在苗族送灵仪式上唱诵，有辞无字，口耳相传，讲述苗族首领亚鲁王的英雄事迹，借此寄希望亡灵能够跟随祖先迁徙的轨迹回到祖灵圣地。《亚鲁王》是我国重要的民间文化遗产，因其口头流传，难以保存的特点，2009年被国家抢救性发掘和保护，后来列入国家级非物质文化遗产名录，是中华民族传统文化的重要组成部分。既是我国苗族的史诗，也是中华民族的瑰宝。2011年以汉、苗两种文字形式整理出版，被更多的人关注和研究。

[2] 东郎：苗语"dongk langb"的音译，意为经师、唱诵古经的人、古经唱诵者。麻山支系苗族的亚鲁王唱诵，主要是由东郎在家族祭祀、丧葬或喜事场合的不同唱诵来传承和延续的。

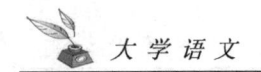

[3] 70：70 是概数，麻山苗人以"7、70、700、7000…"为吉祥数字。
[4] 草标：苗族民俗，用芭茅草挽成结称为草标，用以标记范围、位置，表明权属。

阅 读 提 示

英雄史诗是人类文明的早期历史，在我国的历史中也传颂着很多民族史诗。袁行霈《中国文学史》列出了《诗经》中存在的 5 篇关于周民族的史诗。随着少数民族史诗传统的发现，还有《格萨尔》《亚鲁王》等一系列大型民族史诗，以此确立了史诗研究的中国话语自主权。

传统苗族历史叙述中并没有早期关于苗族先民从长江和黄河流域迁徙到贵州的记载，《亚鲁王》这部口耳相传的英雄史诗则填补了这一历史空白，记述了苗民在 18 代王的带领下，如何一步一步发展壮大。史诗对于前 17 代王作了简要叙述，着重对亚鲁王的英雄事迹进行了详细记载。亚鲁王身上体现出神性与人性交织的复合特性，既精通巫术和各类技艺，又有人性的勇猛与狡诈。他从小与母亲相依为命，后造集市、训士兵、娶妻妾、建宫市，又开盐井，招兄妒忌，后得龙心，常胜不败，因不愿手足相残，被迫迁徙，设法侵占荷布朵王国，造日月，开拓土，成就不朽功业。史诗当中不见儒家的仁礼之德，奉行的是原始的、野蛮的竞争法则，彰显原始生命力，体现了中华文化多姿多彩的一面。

《亚鲁王》有 26 000 余行，涉及古代人物上万人，四百多个古苗语地名，二十几个古战场，存在于麻山苗族地区 3000 多名歌师的脑海里。在一次次的唱诵中，追忆英雄祖先的事迹，体察先民顽强拼搏、不屈不挠、吃苦耐劳、忍辱负重的精神。当然，不同的东郎唱诵内容不尽相同，甚至相互矛盾，形成亚鲁王的"圆形人物"形象，而不是纯粹的英雄人物的"扁平形象"，使得亚鲁王形象更加贴实。这类英雄史诗也是中华民族文化的重要组成，对于《亚鲁王》的深入发掘和研究，是铸牢中华民族共同体意识的必要之举。

思 考 与 训 练

1. 英雄史诗《亚鲁王》主要讲述了什么内容？
2. 你认为《亚鲁王》对麻山苗人有何意义？
3. 你认为《亚鲁王》的发现，对于中华民族文化复兴有何价值？

第六单元

诗 意 人 生

　　人生旅途漫长而艰辛,有了诗意的慰藉,人生便如沐春风,备感温暖;有了诗意的点缀,人生也会显得多姿多彩,纯净优雅。生命有涯,每一个"此在"的个体,都是向死而生的存在。在有限的生命中,能够诗意地栖居在大地上,是人所共有的愿望。但人生诗意有千般形态,诗意人生也不定于一尊。

　　"《山海经》之名,未知所始。今按《五臧山经》,是名《山经》,汉人往往称之。《海外经》已下,当为《海经》,合名《山海经》,或是向、秀所题。然《史记·大宛传》司马迁已称之,则其名久也。"作为一部性质特别的古书,《山海经》被鲁迅称为"盖古之巫书";当代学者袁珂认为《山海经》"非特史地之权舆,亦乃神话之渊府"。黄帝大战蚩尤,无疑是典型的神话;战后人们对旱魃的驱逐,则包含宗教巫术的成分。这也表明,在远古时代,在农业文明的萌芽期,人们已经以一种"诗性思维"来理解自身所处的生存环境了。

　　对美好爱情的向往和追求,是诗意人生的重要体现。美好的爱情,"得之我幸,不得我命",无论得与不得都会触动芳菲悱恻之怀。有道是"诗缘情而绮靡",经典的爱情诗歌从不乏旖旎温婉的风致。从《诗经》开始,中国文学就充斥着对爱情的歌咏,因而爱情诗显得极为发达。《诗经》"邶风"中的《静女》一诗,堪称这一谱系中的经典之作。诗歌以简短的文字,生动地写出了幽期密约中的男子焦躁徘徊的情态,也写出了他对情人所赠礼物的珍爱。其实作为礼物的"彤管"并不贵重,只因为是心上人所赠,所以才受到特别的珍视,诚如诗歌所说,"匪女之为美,美人之贻"。或许诗歌中的人物很平凡,但是这种真挚细腻的感情,千年之后仍能动人心弦。

　　"一个这壁,一个那壁,一递一声长吁气",这是离别的形态。"悲莫悲兮生别离",这是真实的人生况味;"两情若是久长时,又岂在朝朝暮暮",这是离别的无奈中诗人的自我安慰。"人生长远别,孰与最关亲?"事实上,当相爱的一方因形势所迫不得不远离,其肉体漂泊"在路上",其心灵只有通过思念彼岸的另一方才能安顿下来。这种灵与肉的分离,形成了巨大的张力,使诗歌跨越了巨大的地理空间,也具有巨大的阐释空间。晏殊的《蝶恋花》(槛菊愁烟兰泣露),写的就是闺中之思。"燕子双飞",更反衬出伊人的孤独;而"西风凋碧树",不仅是物候的描述,还意味着时光如流,又是深秋来临。尽管"望尽天涯路",但仍不见所思。想到"欲寄彩笺兼尺素",但苦于"山长水阔知何处"。"晓来谁染霜林醉?总是离人泪。"王实甫《西厢记》长亭送别一折,从某种意义上说,就是把这种离别具体化、形象化了。这些诗、词、曲所反映的情感,在交通和通信不发达的年代里很具有典型性,但是在当今交通和通信发达的年代里,即使相隔千里万里,人们通过视频,便立刻有会晤之感。对于古人的离愁别绪,难免体会不深,甚至有隔膜。但是,当我们阅读这诗、词、曲,对古人的生活状态抱以"同情的理解"时,便不难感受到语言背后摇曳不尽的情致。

　　假如说以上诗、词、曲传达的是"生离"之苦的话,那么苏轼《江城子》(十年生死两茫茫),传达的则是"死别"之痛。苏轼在《亡妻王氏墓志铭》道:"其死也,盖年二十有七而已。"父亲苏洵曾告诫苏轼:"妇从汝于艰难,不可忘也。"这首词借助对梦境的描写,超越了阴阳悬隔,表现了苏轼对亡妻王弗的深情。人死不能复生,这是尽人皆知的常识。而在文人笔下,至情可以让人出生入死,也可以让人起死回生。戏曲《牡丹亭》,堪称是对"至情"的演绎,汤显祖在题词中说:"情不知所起,一往而深。生者可以死,死可以生。生而不可与死,死而不可复生者,皆非情之至也。"这不仅是对剧本主旨的表白,也是对剧本内容的概括。在《闺塾》一折中,杜丽娘在闺塾中接受礼教教育,其生活环境便可见一斑。《诗经》"关关雎鸠,在河之洲。窈窕淑女,君子好逑"之类的句子,促使杜丽娘春情的觉醒。在丫鬟春香的怂恿下,杜丽娘违背父母之命和迂腐塾师的训诫,走出深闺,来到后花园,面对大好春光,才知道原来所过的皆是"禁闭"生活。在困倦之梦中,演绎了一幕男欢女爱、神惊鬼泣的好戏。《惊梦》中的名句"原来姹紫嫣红开遍,似这般都付与断井颓垣。良辰美景奈何天,赏心乐事谁家院",已臻于中国抒情艺术的巅峰,就连后来《红楼梦》中的林黛玉听了,都"十分感慨缠绵",觉得"原来戏上也有好文章。可惜世人只知看戏,未必能领略这其中的趣味"(见《红楼梦》第二十三回"西厢记妙词通戏语,牡丹亭艳曲警芳心")。这种互文性,凸显了《牡丹亭》具有巨大的艺术魅力和长远的影响。

　　世间每一个个体都具有自身的特点,都是不可重复的"这一个",因此诗意人生还表现在对个性的肯定与张扬上。尽管中国制度和文化向来只注重"类"的存在而忽视"个"的价值,但是并不意味着中国人没有自我意识。"侠以武犯禁"多为社会所不容,但曹植的《白马篇》堪称是"千古文人侠客梦"。诗歌表达了人生飞扬的一面,赞赏幽并游侠儿高超的武艺和爱国的情怀。这其实是现实生活匮乏的一种替代性满足,是作者心中白日梦幻想的一种折射,寄托了作者成就不世功业的愿望。

　　《宣州谢朓楼饯别校书叔云》一诗也很鲜明地体现了李白的个性。由于傲岸自负,不愿摧眉折腰事权贵,李白不容于世,心中难免郁结有一股不平之气。尽管失意的烦忧难以排遣,但是诗歌气概并不低沉,即使是"人生在世不称意,明朝散发弄扁舟"这样的愤懑语,也显得酣畅淋漓。李白在《将进酒》中表示,人生得意之时,就要尽情享受欢乐;人生失意之时,不妨名马貂裘换酒。只有这样,庶几才能消除满腹愁怨。这不是颓废,而是悲中见豪。诗人饮酒放歌,把"天生我材必有用"的豪壮,凸显得淋漓尽致。

　　"人生在世不称意",是世人普遍的感受。在仕进无门的情形下,既不能反抗形势,又不愿同流合污、沆瀣一气，寄情山水、退隐田园便成为诗人自然的选择。从某种意义上说，这可以理解为退一步海阔天空，诗人们在山水田园中发现了另一个世界——审美的世界，也可以理解为宗教信仰缺失的诗人在自然中找到了灵魂的安顿之所。张衡的《归田赋》既是宣告抒情小赋正式诞生的里程碑似的作品，同时也建构了一处诗意栖居的精神家园。"仲春令月，时和气清，原隰郁茂，百草滋荣。王雎鼓翼，鸧鹒哀鸣，交颈颉颃，关关嘤嘤。于焉逍遥，聊以娱情。"这种万物和谐自得的情形，和当时黑暗的社会现实形成了鲜明对比，让人心驰神往。

张衡的价值取向在历史上不乏踵武者，陶渊明就是其中著名的一位。陶渊明的《归去来兮辞》，表达了不愿"心为形役"从而辞官归里的快适心情，并且把自己的现在和过去在价值取向上划清界限："悟已往之不谏，知来者之可追；实迷途其未远，觉今是而昨非。"尽管实际的田园生活很贫苦（这在陶渊明诗歌中多有反映，他甚至写下了罕有俦伦的乞食诗），但是陶渊明在《归去来兮辞》中却描绘了田园生活的诸多美好："悦亲戚之情话，乐琴书以消忧"；"或命巾车，或棹孤舟。既窈窕以寻壑，亦崎岖而经丘"。在这里，山水田园成为作者灵魂的安顿之所。陶渊明特立独行的出世选择，成就了他的高风亮节，《归去来兮辞》在文学史上具有重要地位，欧阳修曾言："晋无文章，惟陶渊明《归去来兮辞》一篇而已。"

王维的《山居秋暝》也是这个谱系中的重要作品。诗歌的意象都与乡村和农耕有关，并被整合成一个和谐的整体，体现出一种安详闲适的气氛。"随意春芳歇，王孙自可留"，面对此情此景，作者表达了对田园生活的向往。诗中的景成为情的物质外壳，情则成为景所蕴含的精神内核。另外，需要特别指出的是，这首诗颇具画意，诚如苏轼所说："味摩诘之诗，诗中有画。"

诗意人生，还表现在"物感"意识上。所谓"物感"，指的是对于外物的心灵感应，"气之动物，物之感人，故摇荡性情，形诸舞咏"。这种外物刺激——内心反应的模式，传达了对宇宙的沉思、对人生的咏叹、对时光流逝的无奈。"悲哉，秋之为气也，萧瑟兮草木摇落而变衰。"自从宋玉开始，"悲秋"便成为中国文学一个永恒的母题。杜甫《秋兴》八首组诗，是杜甫七律的代表作品，也是"悲秋"文学谱系中的一个高峰。第一首为全诗纲领，开头四句："玉露凋伤枫树林，巫山巫峡气萧森。江间波浪兼天涌，塞上风云接地阴"，其感叹与宋玉相同而深沉过之。诗人用暗淡的色彩和凄清的意象，写出了滞留夔州时的心理状态；而"孤舟一系故园心"之句，则隐约地透露了对长安的想望。诗歌充斥着对时光流逝的感叹，以及生逢乱世的飘零之感。

这次修订，本单元增选了王国维《人间词话》9则。《人间词话》，卷上计64则，在1908年11月至1909年2月，分3期发表于《国粹学报》上；卷下50则，未刊行。《人间词话》文字虽然不多，思想意义却很丰厚。《人间词话》以传统词话的形式，融进了一些新的观念和方法。一经问世，就获得了广泛认可，声誉鹊起，成为了中国文学理论批评史上一部重要著作。在《人间词话》中，王国维标举境界说，认为"词以境界为最上"，把境界上升为探本之论。自唐朝中叶以来，言境界者虽代不乏人，但是王国维重新厘定了境界之含义，分析了境界之形态，提升了境界在词学理论批评上之地位，从而极大地超越了前人。一般认为，王国维所谓的境界，是指作品中真切鲜明地表现出来的情景交融的艺术形象。当代学者叶嘉莹言："境界就是作品里面的世界，每个作品里面都有一个世界，就叫境界。"本单元之所以增选《人间词话》的内容，是为了让学生能领会境界说的内涵，掌握一把欣赏古诗词的钥匙。

其实，诗意人生绝不仅体现在诗歌文本上，还体现在读者诗性的阅读感受上。撇开诗歌其他种种功能不说，诗歌可以像竹筏一般，帮助我们超越现实而求安慰于理想的彼岸。这种超度灵魂的功能看似无用，实则有大用存焉。获得诗性享受，可以提高自我的人生品位。而随着人生品位的提高，一旦舍筏登岸，则更有利于征服现实。这种进入现实人生—摆脱现实人生—进入现实人生的过程，是一个螺旋式上升的过程，也是人生不断成长进步的过程。

最后需要指出的是，诗无达诂，每一首诗的主题并非是单一的、凝固的、一成不变的，所以"横看成岭侧成峰"实乃必然，理解的历史性也自有道理。对这个模块诗歌（含戏曲）的分析，为了方便论述，姑且以个人视角而为之。假如换一个论者，换一个角度，换一种眼光，它们完全可以进行重新组合，呈现出别样的景观。这一点不得不在此作出声明。

☞ 课外阅读篇目 》》》

《诗经·关雎》，《诗经·蒹葭》；屈原《渔父》；《古诗十九首》；陶渊明《五柳先生传》；杜甫《水槛遣心二首》；白居易《轻肥》；元稹《遣悲怀三首》；高适《燕歌行》；岑参《轮台歌奉送封大夫出师西征》；苏轼《水调歌头》（明月几时有），《念奴娇》（赤壁怀古），《沁园春》（赴密州早行马上寄子由）；辛弃疾《霜天晓角·赤壁》；朱敦儒《鹧鸪天·西都作》；关汉卿《窦娥冤》；马致远《天净沙·秋思》；睢景臣《般涉调·哨遍》（高祖还乡）；汤显祖《牡丹亭·惊梦》；朱彝尊《卖花声·雨花台》；纳兰性德《蝶恋花·出塞》；冯至《蛇》；闻一多《死水》。

黄帝女魃[1]

《山海经》

《山海经》是先秦重要典籍，也是一部古老的奇书，可能成书并非一时，作者亦非一人。《山海经》就内容而言，包括《山经》5卷、《海经》13卷，主要介绍了传说中的地理知识，包括山川、河流、种族、物产、巫医、祭祀等，也保存了夸父追日、精卫填海、黄帝大战蚩尤等脍炙人口的神话故事。关于该书的性质，鲁迅称其为"盖古之巫书"；袁珂称其为"非特史地之权舆，亦乃神话之渊府"。《山海经》具有很高的文献价值，因而收到学界重视。

有系昆之山者，有共工之台，射者不敢北乡[2]。有人衣青衣，名曰黄帝女魃[3]。蚩尤作兵伐黄帝，黄帝乃令应龙攻之冀州之野。应龙畜水，蚩尤请风伯雨师，纵大风雨。黄帝乃下天女曰魃，雨止，遂杀蚩尤。魃不得复上，所居不雨[4]。叔均言之帝，后置之赤水之北。叔均乃为田祖[5]。魃时亡之，所欲逐之者，令曰："神北行[6]！"先除水道，决通沟渎[7]。

（选自袁珂译注《山海经全译》，贵州人民出版社，1991年版）

注 释

[1] 题目为编者所加。
[2] 乡：同向。郭璞云："言畏之也。"
[3] 女魃（bá）：女魃，或名女妭，黄帝之女，是中国古代神话传说中的旱神。
[4] 魃不得复上，所居不雨：郭璞云："旱气在也。"
[5] 田祖：主田之官。《诗经·小雅·大田》云："田祖有神。"
[6] 神北行：可能是巫师逐魃的咒语。北方五行属水，神北行，郭璞云："向水位也。"
[7] 先除水道，决通沟渎：意味着驱逐了旱魃，必将得雨，故先须做好准备。

阅 读 提 示

本节所选的是《山海经》中一段较长的文字，其中涉及黄帝大战蚩尤的神话与驱逐旱神的宗教活动，这反映了古人精神意识的不同侧面。鲁迅先生在《中国小说史略》中说，《山海经》"盖古之巫书"，这一论断有助于对本节内容的理解。

思 考 与 训 练

1. 分析黄帝大战蚩尤场景描写言简意赅、言约义丰的特点。
2. 农耕文明时代，干旱危害甚大且出现频繁。对旱魃的书写，便成为一个传统的母题。从《诗经》"旱魃为虐，如惔如焚"，到当代王季思《浣溪沙》"提挈天河驱旱魃"，对于旱魃的书写从未间断。体会古人以巫术驱逐旱魃的思想感情。

静　女

《诗经》

《诗经》简介见第一单元《无衣》

　　静女其姝[1]，俟我于城隅[2]。爱而不见[3]，搔首踟蹰[4]。
　　静女其娈[5]，贻我彤管[6]。彤管有炜[7]，说怿女美[8]。
　　自牧归荑[9]，洵美且异[10]。匪女之为美[11]，美人之贻。

（选自高亨《诗经今注》，上海古籍出版社，2009年版）

注　释

[1] 静：娴雅安静。姝（shū）：美好。
[2] 城隅（yú）：城角隐蔽处，一说城上之角楼。
[3] 爱而不见：爱是"薆"的假借字，《尔雅》："薆，隐也。"见（xiàn）：出现。
[4] 踟蹰（chí chú）：徘徊不定。
[5] 娈（luán）：年轻美丽。
[6] 彤管：一说涂红的管子；一说和"荑"应是一物；一说是红色管状初生植物；一说红管的笔。
[7] 炜：光明。
[8] 说怿：说，通"悦"；怿，喜爱。女，同"汝"。
[9] 牧：野外。归：通"馈"，赠送。荑（yí）：草木初生的嫩芽。馈荑，是一种结恩情的表示。
[10] 洵：实在，诚然。
[11] 匪：通"非"，不，不是。

阅读提示

　　《诗经·邶风·静女》一诗以简短的文字，写出了幽期密约中的男子焦躁徘徊的情态，也写出了他对情人所赠礼物的珍爱之情。其实作为礼物的"彤管"并不贵重，只因为是美人所赠，所以才受到珍视。这把诗歌抒情主人公的感情表现得细腻而真切。

思考与训练

1. 分析这首诗运用了什么表现手法。
2. 分析这首诗一波三折的思想情感。

归 田 赋

张 衡

张衡（78—139），字平子，东汉文学家、科学家。南阳西鄂（今河南南阳市卧龙区石桥镇）人，历任太史令、河间相等职。"通五经，贯六艺"，精于天文历算，善于机巧制造，尝制成观察天象的浑天仪、测定地震的地动仪。文学作品有《二京赋》《思玄赋》《归田赋》和《四愁诗》等。有《张河间集》行世。

游都邑以永久[1]，无明略以佐时[2]；徒临川以羡鱼[3]，俟河清乎未期[4]。感蔡子之慷慨[5]，从唐生以决疑[6]；谅天道之微昧[7]，追渔父以同嬉[8]。超埃尘以遐逝[9]，与世事乎长辞[10]。

于是仲春令月[11]，时和气清，原隰郁茂[12]，百草滋荣。王雎鼓翼[13]，鸧鹒哀鸣[14]，交颈颉颃[15]，关关嘤嘤。于焉逍遥[16]，聊以娱情。

尔乃龙吟方泽，虎啸山丘[17]。仰飞纤缴[18]，俯钓长流。触矢而毙，贪饵吞钩。落云间之逸禽[19]，悬渊沈之鲅鲋[20]。

于时曜灵俄景[21]，继以望舒[22]，极般游之至乐[23]，虽日夕而忘劬[24]。感老氏之遗诫[25]，将廻驾乎蓬庐[26]。弹五弦之妙指[27]，咏周、孔之图书[28]。挥翰墨以奋藻[29]，陈三皇之轨模[30]。苟纵心于物外，安知荣辱之所如[31]！

（选自朱东润主编《中国历代文学作品选》上编第1册，上海古籍出版社，2002年版）

注 释

[1] 都邑：指东汉京都洛阳。永久：长久。言久滞留于京都。

[2] 明略：高明的谋略。这句的意思是说自己无明略以匡佐君主。

[3] 徒临川以羡鱼：《淮南子·说林训》曰："临川流而羡鱼，不如归家织网。"用此典故表明自己空有佐时的愿望。徒：空，徒然。羡：因喜爱而希望得到某物的愿望。

[4] 俟：等待。河清：黄河水清，古人认为这是政治清明的标志。相传黄河水一千年清一次，《左传·襄公八年》："俟河之清，人寿几何。"此句意思为等待政治清明，未可预期。

[5] 蔡子：指战国时燕人蔡泽。慷慨：悲叹以抒怀。《史记》卷七十九《范雎蔡泽列传》载，蔡泽未发迹时，曾请唐举相看，后入秦，代范雎为秦相。

[6] 唐生：唐举，战国时相士。决疑：解决疑难问题，在这里指请人看相以破解对前途命运的疑惑。

[7] 谅：确实。微昧：幽隐。

[8] 渔父：王逸《楚辞·渔父章句序》："屈原放逐，在江、湘之间，忧愁叹吟，仪容变易。而渔父避世隐身，钓鱼江滨，欣然自乐。时遇屈原川泽之域，怪而问之，遂相应答。"嬉：乐。此句表明自己期待与渔父同乐于川泽。

[9] 超埃尘：游乎尘埃之外。埃尘，比喻纷浊的事务。遐逝：远去。

[10] 长辞：永别。由于政治昏乱，世路艰难，自己与时代不合，遂产生了归田隐居的念头。

[11] 令月：美好时节。令：美好，善。

[12] 原：宽阔平坦之地。隰：低湿之地。郁茂：草木繁盛。

[13] 王雎：鸟名，即雎鸠。

[14] 鸧鹒：鸟名，即黄鹂。

[15] 颉颃（xié háng）：鸟飞上下貌，飞而上叫颉，飞而下叫颃。

[16] 于焉：于是乎。逍遥：安闲自得。

[17] 尔乃：于是。方泽：大泽。这两句是说自己从容吟啸于山泽间，类乎龙虎。

[18] 纤缴（zhuó）：箭。纤：细。缴：射鸟时系在箭上的丝绳。

[19] 逸禽：云间高飞的鸟。

[20] 鲨鰡（shā liú）：一种小鱼，常伏在水底沙上。

[21] 曜灵：日。俄：斜。景：同"影"，日光。

[22] 望舒：神话传说中为月亮驾车的神，这里代指月亮。

[23] 般（pán）游：游乐。

[24] 虽：虽然。劬（qú）：劳苦。

[25] 感老氏之遗诫：《老子》第十二章提到，"驰骋田猎，令人心发狂"。

[26] 廻：返回。驾：车驾。蓬庐：茅屋。

[27] 五弦：五弦琴。指：通"旨"。

[28] 周、孔之图书：周公、孔子著述的典籍。此句写好周、孔之道，其读书自娱。

[29] 翰：毛笔。藻：辞藻。此句写其挥翰著文。

[30] 陈：陈述。三皇：说法不一，一说指天皇、地皇、人皇；一说指遂人、伏羲、神农；一说指伏羲、神农、女娲。轨模：法则。

[31] 如：往，到。以上两句说自己纵情物外，脱略形迹，不在乎荣辱得失所带来的结果。

阅读提示

东汉时期，因为随着世风变化，"劝百讽一"的大赋逐渐向抒怀讽世的小赋过渡。真正标志汉赋在体制、题材和创作宗旨上发生变化的作品，就是张衡的《归田赋》。在《归田赋》中，作者营造了一处诗意栖居的精神家园，既和当时黑暗的社会现实形成鲜明对照，又曲折反映了作者的性情和襟抱。

思考与训练

1. 阅读《归田赋》，分析文章的创作方法。
2. 阅读《归田赋》，体会作者的精神追求。

白马篇

曹 植

　　曹植（192—232），字子建，沛国谯县（今安徽省亳州市）人。曹操第三子，曹丕同母弟。三国时期著名诗人，"建安文学"的代表人物。曹植年少时就颇有文学才华，深得曹操宠爱，一度欲立其为太子。而曹丕则因能矫情自饰，终于在立储斗争中渐占据上风。及曹丕、曹叡相继为帝，曹植备受猜忌和压迫，最后郁郁而终。曹植生前被封为陈王，去世后谥号曰"思"，因此又称陈思王。因他在文学上取得的成就，后人将他与曹操、曹丕合称为"三曹"。南朝宋代文学家谢灵运对曹植推崇备至，有"天下才有一石，曹子建独占八斗"的评价。

　　白马饰金羁[1]，连翩西北驰。
　　借问谁家子，幽并游侠儿[2]。
　　少小去乡邑，扬声沙漠垂[3]。
　　宿昔秉良弓，楛矢何参差[4]。
　　控弦破左的[5]，右发摧月支[6]。
　　仰手接飞猱[7]，俯身散马蹄[8]。
　　狡捷过猴猿，勇剽若豹螭[9]。
　　边城多警急，虏骑数迁移。
　　羽檄从北来[10]，厉马登高堤[11]。
　　长驱蹈匈奴，左顾陵鲜卑[12]。
　　弃身锋刃端，性命安可怀[13]？
　　父母且不顾，何言子与妻！
　　名在壮士籍，不得中顾私。
　　捐躯赴国难，视死忽如归。

（选自余冠英选注《三曹诗选》，中华书局，2012年版）

注 释

[1] 羁：马笼头。
[2] 幽并：幽州和并州，指现在河北省、山西省和陕西省的一部分地区，是自古以来出勇侠人物较多的区域。
[3] 扬声：扬名。垂：同"陲"，边远的地区。
[4] 楛（hù）：木名，茎可以做箭杆。
[5] 控弦：拉弓。破左的：射中左边的目标。

[6] 月支：射帖（箭靶之类）的名称，又名素支。

[7] 接：迎射飞驰而来的东西。猱：猿类，形体小，攀缘树木极其轻捷，上下如飞。

[8] 散：摧裂，摧毁。马蹄：一种射帖名。

[9] 剽：轻快。螭（chī）：传说中一种像龙而无角的动物，色黄，凶猛。

[10] 檄：军事方面用于征召的文书。上插羽毛表示紧急就叫作"羽檄"。

[11] 厉马：奋马，策马。

[12] 鲜卑：我国古代东北的少数民族，东汉末年开始强大。

[13] 怀：顾惜。

阅读提示

本篇是曹植自创的乐府新题，又作《游侠篇》，是曹植前期的重要作品。所写边塞游侠慷慨赴难的忠勇，有着明显的自况意味。本诗描写游侠儿武艺高超和爱国精神，寄托对建功立业的渴望与憧憬。

思考与训练

1. 阅读《白马篇》，分析文章的创作方法和作者的精神追求。
2. 钟嵘在《诗品》中说曹植诗歌"骨气奇高，词采华茂，情兼雅怨，体被文质"，如何理解这种评价？

归去来兮辞

陶渊明

陶渊明（365—427），名潜，字元亮，一字渊明，浔阳柴桑（今江西九江）。自号五柳先生，死后友朋私谥为"靖节徵士"，故世称陶靖节。青年时代的陶渊明渴望有所作为，先后任过江州祭酒、镇军参军、建威参军、彭泽令等官职。因厌恶官场黑暗，在41岁那年，毅然拂袖归田，矢志躬耕，直至终老。陶渊明是我国著名的田园诗人，作品描述了农村日常生活，表现了乡村的田园风光，抒发了自己恬静闲适的心情，以及厌弃官场生活的高尚情操，内容真切，感情真挚，语言质朴而形象鲜明，对后代诗人创作产生过很大的影响。有《陶渊明集》传世。

余家贫，耕植不足以自给。幼稚盈室[1]，瓶无储粟[2]，生生所资[3]，未见其术[4]。亲故多劝余为长吏[5]，脱然有怀[6]，求之靡途[7]。会有四方之事[8]，诸侯以惠爱为德[9]，家叔以余贫苦[10]，遂见用为小邑。于时风波未静[11]，心惮远役，彭泽去家百里[12]，公田之利，足以为酒。故便求之。及少日，眷然有归欤之情[13]。何则？质性自然[14]，非矫励所得[15]。饥冻虽切，违己交病[16]。尝从人事[17]，皆口腹自役[18]。于是怅然慷慨，深愧平生之志。犹望一稔[19]，当敛裳宵逝[20]。寻程氏妹丧于武昌[21]，情在骏奔[22]，自免去职。仲秋至冬[23]，在官八十余日。因事顺心[24]，命篇曰《归去来兮》。乙巳岁十一月也[25]。

归去来兮[26]，田园将芜胡不归[27]？既自以心为形役[28]，奚惆怅而独悲[29]！悟已往之不谏，知来者之可追[30]；实迷途其未远[31]，觉今是而昨非。舟遥遥以轻飏，风飘飘而吹衣。问征夫以前路[32]，恨晨光之熹微[33]。

乃瞻衡宇[34]，载欣载奔[35]。僮仆欢迎，稚子候门。三径就荒[36]，松菊犹存。携幼入室，有酒盈樽。引壶觞以自酌，眄庭柯以怡颜[37]。倚南窗以寄傲，审容膝之易安[38]。园日涉以成趣，门虽设而常关。策扶老以流憩[39]，时矫首而遐观[40]。云无心以出岫[41]，鸟倦飞而知还。景翳翳以将入[42]，抚孤松而盘桓[43]。

归去来兮，请息交以绝游[44]。世与我而相违，复驾言兮焉求[45]？悦亲戚之情话，乐琴书以消忧。农人告余以春及，将有事于西畴[46]。或命巾车，或棹孤舟。既窈窕以寻壑[47]，亦崎岖而经丘[48]。木欣欣以向荣，泉涓涓而始流。善万物之得时[49]，感吾生之行休[50]。

已矣乎[51]，寓形宇内复几时[52]，曷不委心任去留[53]？胡为乎遑遑兮欲何之[54]？富贵非吾愿，帝乡不可期[55]。怀良辰以孤往[56]，或植杖而耘耔[57]。登东皋以舒啸[58]，临清流而赋诗。聊乘化以归尽[59]，乐夫天命复奚疑[60]。

（选自陶渊明著，逯钦立校注《陶渊明集》，中华书局，1979年版）

注　释

[1] 幼稚：指孩童。

[2] 瓶：指储米用的陶制容器，如瓮、罂之类。

[3] 生生：犹言维持生计。前一"生"字为动词，后一"生"字为名词。资：供给、凭借。一说前一个"生"指的是生齿，即丁口；后一个"生"指的是生活。这样的解释，前一个"生"是名词，后一个"生"是动词。

[4] 术：这里指经营生计的本领。

[5] 长吏：吏员是佐治之小吏，长吏是率吏治事的官长。不言官，自称吏，有自谦之意。

[6] 脱然：轻快的样子。有怀：有念想，指有了做官的念头。

[7] 靡途：没有门路。

[8] 会有四方之事：指勤王与经略四方之事。会：适逢。

[9] 诸侯：在周代指周天子所辖各国的王侯；由于东晋设州，州的最高行政长官为刺史，文中"诸侯"其实指的是州郡长官。

[10] 家叔：指陶夔，当时任太常卿。以：因为。

[11] 风波：指军阀混战。

[12] 彭泽：县名。在今江西省湖口县东。

[13] 眷然：向往、依恋的样子。归欤之情：回归的心情。

[14] 质性：本性。

[15] 矫：伪饰做作。励：劝勉。矫厉：矫情立节，勉强致力于事务。得：能。

[16] 违己：违反自己的意志和本心。交病：犹言产生痛苦。

[17] 尝：曾经。从人事：顺从于官场中的人事交往规则，即官场的应酬和周旋。

[18] 口腹自役：为了满足口腹的需要而驱使自己。

[19] 稔（rěn）：谷物成熟。一稔：在这里指的是谷物由种植到收获一次的时间。

[20] 敛裳：收拾行装。

[21] 寻：不久。程氏妹：陶渊明同父异母的妹妹，嫁于程家，故称程氏妹。武昌：指的是今湖北省鄂州市。

[22] 骏奔：急赴。

[23] 仲秋：农历八月。

[24] 因事顺心：因了这件事陈述自己的心意。

[25] 乙巳岁：古人以天干地支纪年，文中所谓"乙巳"，指的是晋安帝义熙元年。

[26] 来兮：助词，无意义。

[27] 胡：同"何"义。

[28] 心为形役：指的是心志为形体役使。陶渊明本意不愿做官，因为生活所迫又不得不混迹官场，故有此说。

[29] 惆怅：失意的样子。

[30] 谏：旧时称规劝君主或尊长，使改正错误。在这里，"谏"含有"正"的意思，一说含有"止"的意思，都能解释得通。追：来得及弥补。这两句话，出典于《论语·微子》篇："往者不可谏，来者犹可追。"

[31] 实：此处意为"意识到"。迷途：指入仕做官。

[32] 征夫：行人，赶路的人。

[33] 晨光之熹微：天色微明。熹：光明。

[34] 瞻：远望。衡宇：门上横木和房檐，代指房屋。

[35] 载欣载奔：且欣且奔。载：助词，乃、且之意。

[36] 径：小路。就：接近。东汉赵岐《三辅决录·逃名》："蒋诩归乡里，荆棘塞门，舍中有三径，不出，唯求仲、羊仲从之游。"后遂以"三径"指代隐者的居所。

[37] 眄：斜视。柯：树枝。

[38] 审：明白。容膝：仅容两膝。形容居室狭小。

[39] 策：持。扶老：手杖的别名。流：在这里指漫步周游。憩：休息。

[40] 矫首：抬头，昂首。遐观：远望。

[41] 岫（xiù）：山洞，亦可以指山。

[42] 景：日光，这里指太阳。翳翳：昏暗的样子。

[43] 盘桓：盘旋，徘徊，留恋不去。

[44] 请：表委婉的谦敬副词，古人常用以引出表示自己意愿的话。息交、绝游：都指与官场断绝。

[45] 驾言：指出游，采用《诗经·邶风·泉水》中"驾言出游"的说法。焉求：何求。

[46] 有事：指耕种之事。西畴：西边的田地。

[47] 窈窕：曲折幽深之貌。壑：山谷。

[48] 崎岖：山路不平之貌。丘：小山。

[49] 善：赞美，喜爱。得时：宜于时。

[50] 行休：将要结束。

[51] 已矣乎：犹言"算了吧"。已：止。

[52] 寓形宇内：寄寓形体于宇宙之内，即"活在世上"之意。

[53] 曷不：何不。委心：随心。去留：指生死，一说行止。任去留：谓不以生死为念。

[54] 遑遑：急急忙忙、心神不定的样子。

[55] 帝乡：仙乡。

[56] 怀：企盼。良辰：好日子，指天气晴朗的佳日。

[57] 植杖：把手杖植入土中，即放下手杖之意。耘：除草。耔：给禾苗培土。

[58] 皋：水边高地，此处指田边高地。啸：撮口作声，舒啸，即放声长啸。

[59] 聊：姑且。乘化：随顺大自然的运转变化。归尽：归于穷尽，即死亡。

[60] 夫：句中助词，无意义。奚：何。

阅读提示

陶渊明四十一岁那年（405）最后一次出仕，做了八十五天的彭泽令。据《宋书·陶潜传》云："郡遣督邮至。县吏白：'应束带见之。'潜叹曰：'我不能为五斗米折腰向乡里小人！'即日解印绶去职。"《归去来兮辞》，即作于此时。《归去来兮辞》庶几堪称一个时代的代表性作品，欧阳修曾言："晋无文章，惟陶渊明《归去来兮辞》一篇而已。"欧阳修所说未必恰切，但反映了《归去来兮辞》在文学史上的地位。

思 考 与 训 练

1. 分析本文的思想感情。
2. 萧统谓陶渊明"语时事则指而可想,论怀抱则旷而且真",如何理解。

山居秋暝[1]

王 维

王维（701—761），字摩诘，父辈迁居河东蒲州（今山西永济），祖籍山西祁县，唐代著名诗人、画家，开元九年状元及第，曾任尚书右丞，故世称"王右丞"。王维笃信佛教，诗多歌咏山水田园，是唐代山水田园诗派的代表人物；画亦臻于妙境，被推为南宗山水画之祖。苏轼评价道："味摩诘之诗，诗中有画；观摩诘之画，画中有诗。"著作有《王右丞集》，存诗400余首。

空山新雨[2]后，天气晚来秋。
明月松间照，清泉石上流。
竹喧[3]归浣女[4]，莲动下渔舟。
随意[5]春芳歇[6]，王孙[7]自可留[8]。

（选自王维著，赵殿成笺注《王右丞集笺注》，上海古籍出版社，1984年版）

注 释

[1] 暝（míng）：日落时分，天色将晚。
[2] 新雨：刚刚下过雨。
[3] 竹喧：竹林中笑语喧哗。
[4] 浣（huàn）女：洗衣服的女子。浣：洗涤衣物。
[5] 随意：任凭。
[6] 歇：消散，消失。
[7] 王孙：《楚辞·招隐士》："王孙游兮不归，春草生兮萋萋。"原指贵族子弟，此处乃诗人自指。
[8] 留：留居。

阅 读 提 示

本诗描绘了秋雨初晴之傍晚时分山村的旖旎风光和山居村民的淳朴生活，表现出诗人对山水田园的欣赏和对隐逸生活的向往。诗中空山新雨、松间月照、石上清泉与浣女晚归等景象完美、和谐地融合在一起，给人一种丰富而新鲜的感受，极像一幅明丽的山水画，充分体现了王维"诗中有画"的特点。

思 考 与 训 练

1. 分析这首诗的艺术特色。
2. 体会这首诗所表达的思想感情。

宣州谢朓楼饯别校书叔云

李 白

　　李白（701—762），字太白，自号青莲居士。祖籍陇西成纪（今甘肃秦安），先世隋代时徙西域，他出生于安西都护府之碎叶城（今吉尔吉斯斯坦托克马克市），一说出生于四川省江油市青莲乡。李白早年好纵横术，青年时出蜀漫游。天宝元年（742），因道士吴筠推荐，至长安，供奉翰林。因不能见容于权贵，在京三年，便遭谗去职。安史之乱起，李白因参加永王李璘幕府受牵累，流放夜郎，幸途中遇赦。晚年漂泊东南一带，病殁于安徽当涂。李白诗歌风格雄健奔放，色调瑰玮绚丽，语言清新自然。现存诗歌900余首，有《李太白集》行世。

　　　　弃我去者，昨日之日不可留；
　　　　乱我心者，今日之日多烦忧。
　　　　长风万里送秋雁[1]，对此可以酣高楼[2]。
　　　　蓬莱文章建安骨[3]，中间小谢又清发[4]。
　　　　俱怀逸兴壮思飞[5]，欲上青天览明月[6]。
　　　　抽刀断水水更流，举杯消愁愁更愁。
　　　　人生在世不称意[7]，明朝散发弄扁舟[8]。

（选自李白著，王琦注《李太白全集》，中华书局，2011年版）

注 释

[1] 长风：大风。

[2] 酣（hān）高楼：畅饮于高楼。

[3] 蓬莱：据《后汉书·窦融列传》附《窦章传》："是时学者称东观为老氏藏室，道家蓬莱山。"李贤注："言东观经籍多也。蓬莱，海中神山，为仙府，幽congress秘録并皆在焉。"在这里，蓬莱指的是唐代的秘书省，李云官秘书省校书郎，故称"蓬莱文章"。建安：汉献帝年号（196—219年）。建安骨：建安风骨的简称。汉末建安年间，以"三曹""七子"为代表的诗人，风骨遒劲，故有此说。

[4] 小谢：指诗人谢朓（464—499）。谢朓，字玄晖，南朝齐代诗人。后人将谢灵运与他并称为"大小谢"。这里李白用以自喻。清发：清新秀发的诗风。发：指诗文俊逸，即秀发之意。

[5] 逸兴（xìng）：豪放飘逸的兴致，这里指山水游兴。王勃《滕王阁序》："遥襟甫畅，逸兴遄飞。"壮思：雄心壮志。

[6] 览：同"揽"，摘取。

[7] 称（chèn）意：合乎心意。

[8] 明朝（zhāo）：指第二天早晨。散发：不束冠，这里指狂放不羁，不受拘束。扁（piān）舟：小船。弄扁舟：指隐逸于江湖之中。据《史记·货殖列传》，范蠡"乘扁舟浮于江湖"。

阅 读 提 示

这首诗是天宝十二年李白游宣州（今安徽省宣城市）时所作。谢朓楼，在陵阳山上，谢朓任宣城太守时所建，故又名谢公楼，唐末改名为叠嶂楼。饯别：以酒食等送行。校书：官名，校书郎，主要负责朝廷图书的整理工作。叔云：指李白的族叔李云。

思 考 与 训 练

1. 体会这首诗所表达的思想感情。
2. 分析这首诗的艺术特色。

将 进 酒[1]

李 白

李白简介见前文《宣州谢朓楼饯别校书叔云》。

君不见黄河之水天上来[2]，奔流到海不复回。
君不见高堂明镜悲白发，朝如青丝暮成雪。
人生得意须尽欢，莫使金樽空对月。
天生我材必有用，千金散尽还复来。
烹羊宰牛且为乐，会须一饮三百杯。
岑夫子，丹丘生[3]，进酒君莫停。
与君歌一曲，请君为我倾耳听。
钟鼓馔玉不足贵[4]，但愿长醉不用醒。
古来圣贤皆寂寞，惟有饮者留其名。
陈王昔时宴平乐[5]，斗酒十千恣欢谑。
主人何为言少钱，径须沽取对君酌。
五花马，千金裘[6]，呼儿将出换美酒，与尔同销万古愁。

（选自李白著，王琦注《李太白全集》，中华书局，2011年版）

注 释

[1] 将进酒：属汉乐府旧题。将（qiāng）：请。一说将（jiāng）：且。
[2] 天上来：黄河发源于青海，因那里地势极高，故称。
[3] 岑夫子：岑（cén）勋。丹丘生：元丹丘。二人均为李白的好友。
[4] 钟鼓：指富贵人家宴饮时演奏的音乐。馔（zhuàn）玉：指精美的食物。
[5] 陈王：指陈思王曹植。
[6] 五花马：指名贵的马。一说毛色作五花纹，一说颈上长毛修剪成五瓣。千金裘：价值千金的裘皮衣。

阅 读 提 示

本诗大约作于天宝十一年（752），李白与友人岑勋在元丹丘的颍阳山居做客。适逢仕途遇挫，李白借酒兴诗，来了一次酣畅淋漓的抒情。在诗中，李白借酒消愁，感叹人生易老，又抒发了"天生我材必有用"的豪情。

需要指出的是，李白《将进酒》有多种版本。王琦校注版和一般的版本有差别。现今最流行的版本是："君不见，黄河之水天上来，奔流到海不复回。君不见，高堂明镜悲白发，朝如青丝暮成雪。人生得意须尽欢，莫使金樽空对月。天生我材必有用，千金散尽还复来。烹羊宰牛且为乐，会须一饮三百杯。岑夫子，丹丘生，将进酒，杯莫停。与君歌一曲，请君为我倾耳听。钟鼓馔玉不足贵，但愿长醉不愿醒。古来圣贤皆寂寞，惟有饮者留其名。陈王昔时宴平乐，斗酒十千恣欢谑。主人何为言少钱，径须沽取对君酌。五花马，千金裘，呼儿将出换美酒，与尔同销万古愁。"之所以选王琦校注的版本，一方面是具有权威性，另一方面是培养学生对古代典籍的版本意识。

思 考 与 训 练

1. 体会这首诗所表达的豪情。
2. 分析这首诗的艺术特色。

秋兴八首

杜 甫

杜甫（712—770），字子美，出生于河南巩县（今河南巩义市），盛唐时代伟大的诗人。青年时期"读书破万卷"，积累了深厚的文化素养。天宝五载（746）到长安应试落第，客居长安达十年之久，郁郁不得志。安史之乱爆发后，被唐肃宗任命为左拾遗，故后世称之为杜拾遗。不久因直谏被贬为华州司功参军。乾元二年（759），杜甫弃官入蜀，寓居成都草堂，一度入西川节度使严武幕府，任检校工部员外郎，故后世又称之为杜工部。唐代宗大历三年（768），杜甫出蜀，漂泊荆湘一带。大历五年（770），死于潭州赴岳阳舟中，时年五十九岁。杜甫出身"奉儒守官"的士大夫家庭，对国家命运和民生疾苦格外关注，而漂泊流离的苦难经历，使他对现实黑暗和百姓疾苦有了更清醒的认识，写下了众多反映社会现实、具有时代气息的诗篇，思想深厚，境界博大，被誉为"诗史"。杜甫诗歌表现手法沉着蕴藉，形成了"沉郁顿挫"的风格。现存诗 1400 余首，有《杜工部集》行世。

其 一

玉露凋伤枫树林[1]，巫山巫峡气萧森[2]。
江间波浪兼天涌[3]，塞上风云接地阴[4]。
丛菊两开他日泪[5]，孤舟一系故园心[6]。
寒衣处处催刀尺[7]，白帝城高急暮砧[8]。

其 二

夔府孤城落日斜，每依南斗望京华[9]。
听猿实下三声泪，奉使虚随八月查[10]。
画省香炉违伏枕，山楼粉堞隐悲笳。
请看石上藤萝月，已映洲前芦荻花。

其 三

千家山郭静朝晖，一日江楼坐翠微[11]。
信宿渔人还泛泛，清秋燕子故飞飞。
匡衡抗疏功名薄，刘向传经心事违。
同学少年多不贱，五陵衣马自轻肥。

其 四

闻道长安似弈棋，百年世事不胜悲[12]。
王侯第宅皆新主，文武衣冠异昔时。
直北关山金鼓振，征西车马羽书迟[13]。
鱼龙寂寞秋江冷，故国平居有所思。

其 五

蓬莱宫阙对南山，承露金茎霄汉间。
西望瑶池降王母，东来紫气满函关。
云移雉尾开宫扇，日绕龙鳞识圣颜。
一卧沧江惊岁晚，几回青琐照朝班[14]。

其 六

瞿唐峡口曲江头，万里风烟接素秋。
花萼夹城通御气，芙蓉小苑入边愁。
朱帘绣柱围黄鹄[15]，锦缆牙樯起白鸥。
回首可怜歌舞地，秦中自古帝王州。

其 七

昆明池水汉时功，武帝旌旗在眼中。
织女机丝虚月夜[16]，石鲸鳞甲动秋风。
波漂菰米沉云黑，露冷莲房坠粉红。
关塞极天唯鸟道，江湖满地一渔翁。

其 八

昆吾御宿自逶迤，紫阁峰阴入渼陂。
香稻啄余鹦鹉粒，碧梧栖老凤凰枝。
佳人拾翠春相问，仙侣同舟晚更移。
彩笔昔遊干气象[17]，白头吟望苦低垂。

（选自杜甫著，钱谦益笺注《钱注杜诗》，2 版，上海古籍出版社，2009 年版）

注 释

[1] 玉露：秋天的霜露，因其白，故以玉喻之。凋伤：草木在秋风中凋落。
[2] 巫山：山名，位于渝鄂两省交界区，西起重庆奉节县，东至湖北巴东县，是中国地势二、三级阶梯的分界线。

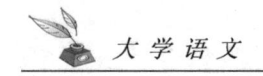

巫峡：长江上峡谷名，自巫山县城东大宁河起，至巴东县官渡口止，全长46公里。巫峡江流曲折，幽深阴暗，奇峰突兀，故有"气萧森"之说。萧森：萧瑟阴森。

[3] 兼天涌：波浪滔天。

[4] 塞：指关隘险要处，这里指巫山。接地阴：风云盖地。"接地"又作"匝地"。

[5] 丛菊两开：杜甫去年秋天在云安（重庆云阳县），今年秋天在夔州（重庆奉节县），从离开成都算起，已历两秋，菊花也开了两次，故云"丛菊两开"。两开：一作重开。他日泪：指回忆过去的艰难岁月而流泪。

[6] 故园心：此处指思念长安的心情。杜甫在长安待了十年，以长安为第二故乡。

[7] 催刀尺：指赶裁冬衣。

[8] 白帝城：在今重庆奉节县境内。砧：捣衣石。急暮砧：黄昏时急促的捣衣声。

[9] 南斗：一作北斗。

[10] 查：一作槎。

[11] 一日：一作日日，一作百处。

[12] 不胜：一作不堪。

[13] 迟：一作驰。

[14] 照：一作点。

[15] 黄鹤：一作黄鹄。

[16] 月夜：一作夜月。

[17] 遊：一作曾。

◆ 阅 读 提 示 ◆

秋兴，即因秋感兴。《秋兴》八首组诗，是杜甫七律的代表作品。作者从夔州秋天景物说起，抒写了对长安的思念，以及时光流逝之叹、身世飘零之感。第一首为全诗纲领。它的开头四句"玉露凋伤枫树林，巫山巫峡气萧森。江间波浪兼天涌，塞上风云接地阴"，正和宋玉《九辩》中所说的"悲哉，秋之为气也，萧瑟兮草木摇落而变衰"的感叹相同而深沉过之。诗人用暗淡的色彩和凄清的意象，写出了滞留夔州时的心理情状；而"孤舟一系故园心"之句，则隐约地说出了对长安的想望。

◆ 思 考 与 训 练 ◆

1. 分析这组诗的意象。
2. 体会这组诗的思想情感。

蝶 恋 花

晏 殊

晏殊（991—1055），字同叔，江西抚州临川人。7岁能属文，14岁以神童入试，宋真宗召殊与进士千余人并试廷中，殊神气不慑，赐同进士出身。后擢秘书省正字，迁翰林学士，深为真宗所倚重。仁宗继位后，对他更加信任，历居要职，官至同中书门下平章事。在位期间，政治上建树不多，却对文学格外关心，"惟喜宾客，未尝一日不燕饮"，每宴饮则有"歌乐相佐"，在某种意义上说他的官邸就是一个文学沙龙。64岁病逝，仁宗虽亲临丧事，但以不视疾为恨，特罢朝二日，死后谥"元献"。晏殊以词著于文坛，尤擅小令，有作品集《珠玉词》。由于一生富贵显达，他的作品题材多为富贵闲愁，风格典雅婉丽，温润秀洁，音律谐适，在北宋文坛上享有很高地位。

槛菊愁烟兰泣露[1]。罗幕轻寒[2]，燕子双飞去。明月不谙离恨苦[3]。斜光到晓穿朱户[4]。昨夜西风凋碧树[5]。独上高楼，望尽天涯路。欲寄彩笺兼尺素[6]。山长水阔知何处。

（晏殊、晏几道著，张草纫导读《晏殊词集·晏几道词集》，上海古籍出版社，2010年版）

注 释

[1] 槛（jiàn）：花园的围栏、栅栏。
[2] 罗幕：丝罗做成的帷幕。
[3] 谙：熟悉，了解。
[4] 朱户：朱漆的大门，指富贵人家。
[5] 西风凋碧树：指秋风使绿色树叶变黄枯落。
[6] 彩笺（jiān）：彩色纸张，借指诗笺或书信。尺素：书写用的一尺许长的白色生绢，借指书信。

阅 读 提 示

蝶恋花，词牌名。出自梁简文帝乐府诗："翻阶蛱蝶恋花情。"原为唐教坊曲名，又名《黄金缕》《凤栖梧》《卷珠帘》《鹊踏枝》《一箩金》等。其词牌始于宋。双片六十字，前后片各四仄韵。

这首词是晏殊的词作名篇。王国维在《人间词话》中把晏殊"昨夜西风凋碧树。独上高楼，望尽天涯路"，柳永"衣带渐宽终不悔，为伊消得人憔悴"，辛弃疾"众里寻他千百度，蓦然回首，那人却在灯火阑珊处"连在一起，比作治学的三种境界，使此词更受重视。

上片描绘了眼前景物，却移情于景，景中含情，凸显了词中主人公的"离恨"；下片承接"离恨"而来，通过高楼远望，把主人公丰富的内心世界生动地表现了出来。全词境界阔大而思致绵密，深婉中见含蓄。

本词起句刻画了秋晓庭圃中的景物。菊花笼罩在烟雾之中，似乎脉脉含愁；兰花上沾有露珠，又像在默默饮泣。兰与菊本来就含有比德意味，用"愁烟""泣露"等字眼，一方面将景物人格化了；另一方主人公将移情于景物,恰折射了其内心的哀愁。次句"罗幕轻寒,燕子双飞去",写清秋侵晨,罗幕间轻寒荡漾,燕子双双穿过帘幕飞去了。这两种物象之间,本无必然联系,但在多愁善感的主人公看来,燕子似乎是因为不耐寒冷而飞去的。在这里,与其说是写了燕子的感受,不如说是凸显了人的感觉:主人公不只是在生理上感到了秋天的清冷,在心理上也荡漾着因孤寂引起的寒意。燕之双飞,反衬出人的孤独。这两句虽纯写客观物象,却景中含情,只是传情非常委婉含蓄而已。接下来两句"明月不谙离恨苦。斜光到晓穿朱户",意味着主人公因为"离恨"而一夜无眠,情感也由隐至显,从隐微转为强烈。

"昨夜西风凋碧树。独上高楼,望尽天涯路",写次日登高望远。"独上"与"双飞"形成对照。草蛇灰线,伏脉虽远,却有迹可循。"西风凋碧树",不仅是登楼即目所见,而且包含有流年似水的深沉感叹。"独上高楼,望尽天涯路",这里有凭高望远的苍茫之感,也有不见所思的失意与怅惘。虽不见所思,但是词中空间顿显阔大,没有纤弱柔媚的气息。高楼骋目,不见所思,故而想到音书寄远。但"欲寄彩笺兼尺素。山长水阔知何处"句,主人公音书寄远的愿望与无处可寄的现实对照起来,凸显了"满目山河空念远"的悲慨,词也就在这空茫无着落的怅惘中结束。"山长水阔"与"望尽天涯"相应,展示了苍茫阔大的境界,而"知何处"的慨叹,则平添了摇曳不尽的情致。

思 考 与 训 练

1. 分析词中意象所表达的抒情主人公的思想感情。
2. 试指出词中的怨月之句,并和苏轼《水调歌头·明月几时有》中"何事长向别时圆"怨月之句进行比较。

江 城 子

（乙卯[1]正月二十日夜记梦）

苏 轼

苏轼简介见第二单元《定风波·莫听穿林打叶声》。

十年[2]生死两茫茫。不思量[3]，自难忘。千里[4]孤坟，无处话凄凉。纵使相逢应不识，尘满面，鬓如霜。

夜来幽梦[5]忽还乡。小轩窗，正梳妆。相顾[6]无言，惟有泪千行。料得年年肠断处，明月夜，短松冈[7]。

（选自苏轼著，朱孝臧编年，龙榆生校笺，朱怀春标点《东坡乐府笺》，上海古籍出版社，2009年版）

注 释

[1] 乙卯：中国古代以天干地支纪年，这里乙卯年指1075年，即北宋熙宁八年。
[2] 十年：苏轼《亡妻王氏墓志铭》道："治平二年五月丁亥，赵郡苏轼之妻王氏卒于京师。"也就是1065年5月8日，苏轼妻子王弗于汴梁去世。这里所谓的十年，指结发妻子王弗去世已10年。
[3] 思量（liáng）：想念。
[4] 千里：王弗葬地在四川眉山，时苏轼知密州。相距遥远，故称。
[5] 幽梦：隐约的梦境。
[6] 顾：回头看，泛指看的意思。
[7] 短松冈：苏轼妻所葬之地。短松：矮松。苏轼《亡妻王氏墓志铭》道："葬于眉之东北，彭山县安镇乡可龙里。"

阅读提示

苏轼结发妻子王弗，"生十有六年而归于轼"，"其死也，盖年二十有七而已"。时儿子苏迈才6岁。王弗"未嫁，事父母；既嫁，事吾先君先夫人，皆以谨肃闻。"父亲苏洵曾对苏轼说："妇从汝于艰难，不可忘也。他日，汝必葬诸其姑之侧。""轼谨以遗令葬之。"这首词借助对梦境的描写，超越了阴阳悬隔，表现了苏轼对亡妻王弗的深情。

思考与训练

1. 通过这首词分析苏轼对王弗的深情。
2. 分析这首词的艺术特点。

西 厢 记

（第四本第三折）

王实甫

王实甫（1260—1336），名德信，字实甫，大都（今北京市）人。元代著名杂剧作家，著有杂剧14种，现存《西厢记》《丽春堂》《破窑记》3种，《贩茶船》《芙蓉亭》各一折。号为"天下夺魁"的《西厢记》，既是王实甫的代表作，也是元杂剧最优秀的作品之一。《西厢记》取材于唐传奇《莺莺传》，并以金代董解元《西厢记诸宫调》为蓝本，演为5本21折的长剧，对后世影响很大。

（夫人、长老上，开[1]）　今日送张生赴京，就十里长亭，安排下筵席。我和长老先行，不见张生小姐来到。
（旦、末、红同上）
（旦云）　今日送张生上朝取应去，早是离人伤感，况值那暮秋天气，好烦恼人也呵！"悲欢聚散一杯酒，南北东西万里程。"（旦唱）

【正宫】【端正好】　碧云天，黄花地，西风紧，北雁南飞。晓来谁染霜林醉？总是离人泪。
【滚绣球】　恨相见得迟，怨归去得疾。柳丝长玉骢[2]难系，恨不得倩疏林挂住斜晖。马儿迍迍[3]行，车儿快快随，却告了相思回避，破题儿又早别离。听得道一声"去也"，松了金钏；遥望见十里长亭，减了玉肌。此恨谁知！
（红云）姐姐今日怎么不打扮？
（旦云）红娘呵，你那里知道我的心哩！（旦唱）

【叨叨令】　见安排着车儿、马儿，不由人熬熬煎煎的气；有甚么心情花儿、靥儿，打扮得娇娇滴滴的媚；准备着被儿、枕儿，则索昏昏沉沉的睡；从今后衫儿、袖儿，揾湿做重重叠叠的泪。兀的不闷杀人么哥，兀的不闷杀人么哥。久已后书儿、信儿，索[4]与我恓恓惶惶的寄。
（做到了科，见夫人了）（夫人云）　张生和长老坐，小姐这壁坐，红娘将酒来。张生，你向前来，是自家亲眷，不要回避。俺今日将莺莺与你，到京师休辱末了俺孩儿，挣揣一个状元回来者。
（末云）　小生托夫人余荫，凭着胸中之才，视官如拾芥[5]耳。
（洁云）　夫人主张不差，张生不是落后的人。（把酒了，坐）（旦长吁科）（旦唱）

【脱布衫】　下西风黄叶纷飞，染寒烟衰草萋迷。酒席上斜签着坐地，蹙愁眉死临侵地[6]。
【小梁州】　我见他阁泪汪汪不敢垂，恐怕人知。猛然见了把头低，长吁气，推整素罗衣。
【幺】　虽然久后成佳配，奈时间怎不悲啼。意似痴，心如醉，昨宵今日，清减了小腰围。

（夫人云）小姐把盏者！
（红递酒了，旦把盏了）（旦唱）

【上小楼】　合欢未已，离愁相继。想着俺前暮私情，昨夜成亲，今日别离。我谂知，这几日相思滋味，却元来比别离情更增十倍。
【幺】　年少呵轻远别，情薄呵易弃掷。全不想腿儿相压，脸儿相偎，手儿相携。你与俺崔相国做女婿，妻荣夫贵，但得一个并头莲，强似状元及第。

（红云）姐姐不曾吃早饭，饮一口儿汤水。
（旦云）红娘呵，甚么汤水咽得下。（唱）

【满庭芳】　供食太急，须臾对面，顷刻别离。若不是酒席间子母每当回避，有心待与他举案齐眉。
【幺】　虽然是厮守得一时半刻，也合着俺夫妻每共桌而食。眼底空留意，寻思起就里，险化做望夫石。

（夫人云）红娘把盏者！
（红把酒科了）（旦唱）

【快活三】　将来的酒共食，尝着似土和泥；假若便是土和泥，也有些土气息、泥滋味。
【朝天子】　暖溶溶玉杯，白泠泠似水，多半是相思泪。眼面前茶饭怕不待要[7]吃，恨塞满愁肠胃。蜗角虚名，蝇头微利，拆鸳鸯在两下里。一个这壁，一个那壁，一递一声长吁气。

（夫人云）辆起车儿[8]，俺先回去，小姐随后和红娘来。（下）
（末辞洁科）（洁云）此一行别无话说，贫僧准备买登科录，看做亲的茶饭，少不得贫僧的。先生在意，鞍马上保重者。"从今经忏无心礼，专听春雷第一声。"（下）（旦唱）

【四边静】　霎时间杯盘狼藉，车儿投东，马儿向西。两意徘徊，落日山横翠。知他今宵宿在那里？在梦也难寻觅。

（旦云）　张生，此一行，得官不得官，疾早便回来。
（末云）　小姐心儿里艰难。小生这一去，白夺一个状元，真乃是"青霄有路终须到，金榜无名誓不归。"
（旦云）　君行别无所赠，口占一绝，为君送行："弃掷今何在，当时且自亲，还将旧来

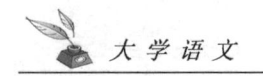

意,怜取眼前人。"

（末云）小姐之意差矣,张珙更敢怜谁?谨赓一绝,以剖寸心："人生长远别,孰与最关亲?不遇知音者,谁怜长叹人?"（旦唱）

【耍孩儿】 淋漓襟袖啼红泪,比司马青衫更湿。伯劳东去燕西飞,未登程先问归期。虽然眼底人千里,且尽生前酒一杯。未饮心先醉,眼中流泪,心内成灰。

【五煞】 到京师服水土,趁程途,节饮食,顺时自保揣[9]身体。荒村雨露宜眠早,野店风霜要起迟!鞍马秋风里,最难调护,最要扶持。

【四煞】 这忧愁诉与谁?相思只自知,老天不管人憔悴。泪添九曲黄河溢,恨压三峰华岳低。到晚来闷把西楼倚,见了些夕阳古道,衰草长堤。

【三煞】 笑吟吟一处来,哭啼啼独自归。归家若到罗帏里,昨日个绣衾香暖留春住,今夜个翠被生寒有梦知。留恋你别无意,见据鞍上马,阁不住泪眼愁眉。

（末云）有甚言语嘱付小生咱?（旦唱）

【二煞】 你休忧文齐福不齐,我则怕你停妻再娶妻[10]。你休要"一春鱼雁无消息"!我这里"青鸾有信频须寄",你却休"金榜无名誓不归"。此一节君须记:若见了那异乡花草,再休似此处栖迟?

（末云）再谁似小姐?小生又生此念。仆童赶早行一程儿,早寻个宿处。（末念）泪随流水急,愁逐野云飞。（下）（旦唱）

【一煞】 青山隔送行,疏林不做美,淡烟暮霭相遮蔽。夕阳古道无人语,禾黍秋风听马嘶。我为甚么懒上车儿内,来时甚急,去后何迟!

（红云）夫人去好一会,姐姐,咱家去!（旦唱）

【收尾】 四围山色中,一鞭残照里。遍人间烦恼填胸臆,量这些大小车儿如何载得起?（旦、红下）

（选自朱东润主编《中国历代文学作品选》下编第一册,上海古籍出版社,2002年版）

注 释

[1] 开:元杂剧术语,开始说话的意思。
[2] 玉骢:青白色的马,这里泛指马。
[3] 迍（zhūn）迍:行动迟缓貌。
[4] 索:须。
[5] 拾芥:拾取地上的小草,喻轻易可得。芥:小草。
[6] 死临侵地:犹言死板地。临侵:表示程度。
[7] 怕不待要:难道不要。

[8] 辆起车儿：套上车子。

[9] 保揣：自量体力而保重之。

[10] 停妻再娶妻：谓抛弃妻子再与别人结婚，犹言重婚。

阅读提示

在崔莺莺和张生婚事确定下来后，老夫人又提出张生必须进京应试，得中状元方能成亲。老夫人炮制这一条件，其实就是在门第观念影响下对婚事不满意的表现。这一折写崔莺莺和张生分别，两人情意缠绵，难舍难分。叙述语言和人物语言华美，历来为读者所称道。

思考与训练

1. 分析崔莺莺与张生的感情。
2. 体会这一折词句的华美。

牡丹亭·闺塾

汤显祖

汤显祖（1550—1616），字义仍，号海若、若士、清远道人。江西临川人，明代戏曲家、文学家。34岁考中进士，于南京先后任太常寺博士和礼部祠祭司主事。因目睹官场腐败而上《论辅臣科臣疏》，被贬为徐闻典史，后又量移浙江遂昌知县。在任有政声。因抑制豪强触怒权贵，万历二十六年（1598）愤而弃官归里，潜心文学创作。在多方面的成就中，汤显祖以戏曲创作成就最高，其戏曲作品《牡丹亭》《紫钗记》《南柯记》和《邯郸记》合称"临川四梦"，其中《牡丹亭》是他的代表作，在明代传奇中占有重要地位。

（末上）吟余改抹前春句，饭后寻思午晌茶。蚁上案头沿砚水，蜂穿窗眼咂瓶花。我陈最良杜衙设帐[1]，杜小姐家传毛诗。极承老夫人管待。今日早膳已过，我且把毛注潜玩[2]一遍。（念介）"关关雎鸠，在河之洲。窈窕淑女，君子好逑。"好者好也，逑者求也。（看介）这早晚了，还不见女学生进馆，却也娇养的凶；待我敲三声云板。（敲云板介）春香，请小姐解书。

【绕池游】（旦引贴捧书上）素妆才罢，缓步书堂下。对净几明窗潇洒。（贴）昔时贤文，把人禁杀，恁时节则好教鹦哥唤茶。

（见介）（旦）先生万福。（贴）先生少怪。（末）凡为女子，鸡初鸣，咸盥、漱、栉、笄[3]，问安于父母；日出之后，各供其事。如今女学生以读书为事，须要早起。（旦）以后不敢了。（贴）知道了。今夜不睡，三更时分，请先生上书。（末）昨日上的毛诗，可温习？（旦）温习了，则待讲解。（末）你念来。（旦念书介）"关关雎鸠，在河之洲。窈窕淑女，君子好逑。"（末）听讲："关关雎鸠"，雎鸠是个鸟；关关，鸟声也。（贴）怎样声儿？（末作鸠声）（贴学鸠声诨介）（末）此鸟性喜幽静，在河之洲。（贴）是了。不是昨日是前日，不是今年是去年，俺衙内关着个斑鸠儿，被小姐放去，一去去在何知州家。（末）胡说，这是兴。（贴）兴个甚的那？（末）兴者起也。起那下头。窈窕淑女，是幽闲女子，有那等君子好好的来求他。（贴）为甚好好的求他？（末）多嘴哩。（旦）师父，依注解书，学生自会。但把《诗经》大意，敷演一番。

【掉角儿】（末）论六经，《诗经》最葩[4]，闺门内许多风雅。有指证，姜嫄产哇[5]；不嫉妒，后妃贤达[6]。更有那咏鸡鸣，伤燕羽，泣江皋，思汉广，洗净铅华[7]。有风有化，宜室宜家[8]。（旦）这经文偌多？（末）"《诗》三百，一言以蔽之"，没多些，只"无邪"两字[9]，付与儿家。

书讲了。春香，取文房四宝来模字。（贴下取上）纸、墨、笔、砚在此。（末）这甚么墨？（旦）丫头错拿了，这是螺子黛，画眉的。（末）这甚么笔？（旦作笑介）这便是画眉细笔。（末）俺从不曾见。拿去，拿去！这是甚么纸？（旦）薛涛笺。（末）拿去，拿去。只拿那蔡伦造的来。这是甚么砚？是一个？是两个？（旦）鸳鸯砚。（末）许多眼？（旦）泪眼[10]。（末）哭什么子？一发换了来。（贴背介）好个标老儿[11]！待换去。（下换上）这可好？（末看介）着。（旦）学生自会临书。春香还劳把笔。（末）看你临。（旦写字介）（末看惊介）我从不曾见这样好字。这甚么格？（旦）是卫夫人传下美女簪花之格[12]。（贴）待俺写个奴婢学夫人。（旦）还早哩。（贴）先生，学生领出恭牌。（下）（旦）敢问师母尊年？（末）目下平头六十。（旦）学生待绣对鞋儿上寿，请个样儿。（末）生受了[13]，依《孟子》上样儿，做个不知足而为屦[14]罢了。（旦）还不见春香来。（末）要唤他么？（末叫三度介）（贴上）害淋的。（旦作恼介）劣丫头那里来？（贴笑介）溺尿去来。原来有座大花园，花明柳绿，好耍子哩。（末）哎也，不攻书，花园去。待俺取荆条来。（贴）荆条做甚么？

【前腔】女郎行，那里应文科判衙[15]？止不过识字儿书涂嫩鸦[16]。（起介）（末）古人读书，有囊萤的[17]，趁月亮的[18]。（贴）待映月，耀蟾蜍眼花，待囊萤，把虫蚁儿活支煞。（末）悬梁刺股呢？（贴）比似你悬了梁，损头发；刺了股，添疤疤。有甚光华！（内叫卖花介）（贴）小姐，你听一声声卖花，把读书声差[19]。（末）又引逗小姐哩！待俺当真打一下。（末作打介）（贴闪介）你待打，打这哇哇，桃李门墙[20]，险把负荆人諕煞[21]。

（贴抢荆条投地介）（旦）死丫头，唐突了师父，快跪下。（贴跪介）（旦）师父看他初犯，容学生责认一遭儿。

【前腔】手不许把秋千索拿，脚不许把花园路踏。（贴）则瞧罢。（旦）还嘴，这招风嘴[22]，把香头来绰疤[23]；招花眼[24]，把绣针儿签瞎。（贴）瞎了中甚用？（旦）则要你守砚台，跟书案，伴诗云，陪子曰，没的争差[25]。（贴）争差些罢。（旦持贴发介）则问你几丝儿头发，几条背花？敢也怕些些，夫人堂上那些家法。

（贴）再不敢了。（旦）可知道？（末）也罢，松这一遭儿。起来。（贴起介）

【尾声】（末）女弟子则争个不求闻达，和男学生一般儿教法。你们功课完了，方可回衙。咱和公相陪话去。（合）怎辜负的这一弄明窗新绛纱。（末下）

（贴作背后指末骂介）村老牛，痴老狗！一些趣也不知。（旦作扯介）死丫头，"一日为师，终身为父"，他打不的你？俺且问你：那花园在那里？（贴做不说）（旦做笑问介）（贴指介）兀那不是！（旦）可有什么景致？（贴）景致么！有亭台六七座，秋千一两架。绕的流觞曲水，面着太湖山石。名花异草，委实华丽。（旦）原来有这等一个所在，且回衙去。

也曾飞絮谢家庭，欲化西园蝶未成。
无限春愁莫相问，绿阴终借暂时行。

（选自朱东润主编《中国历代文学作品选》下编第一册，上海古籍出版社，2002年版）

注　释

[1] 设帐：指设馆授徒。《后汉书·马融传》记载："（融）常坐高堂，施绛纱帐，前授生徒，后列女乐，弟子以次相传，鲜有入其室者。"

[2] 潜玩：暗中细细玩味。

[3] 盥、漱、栉、笄（guàn shù zhì jī）：出自《礼记·内则》："妇事舅姑，如事父母。鸡初鸣，咸盥、漱、栉、縰、笄、总。"盥：净手。漱：含水荡洗口腔。栉：梳头发。笄：用簪盘发髻。

[4] 《诗经》最葩：韩愈《进学解》道："《诗》正而葩。"在这里意思是说，六经中《诗经》最富有文采。

[5] 姜嫄产哇：传说姜嫄尝行于野，履天帝大脚趾印，因而有孕，遂生后稷，为周之始祖。见《诗经·大雅·生民》。哇：通娃。

[6] 不嫉妒，后妃贤达：《诗经》中的《樛木》和《螽斯》两首诗，旧注认为是表现后妃贤达、不嫉妒的美德。

[7] 咏鸡鸣，伤燕羽，泣江皋，思汉广，洗净铅华：谓《诗经》中的《鸡鸣》、《燕燕》、《江有汜》和《汉广》等篇情感真挚，语言朴素，没有脂粉气。

[8] 有风有化，宜室宜家：《诗大序》云："经夫妇，成孝敬，厚人伦，美教化，移风俗。"在这里是说《诗经》有助风化教育。

[9] 无邪：《论语·为政》："《诗》三百，一言以蔽之，曰：'思无邪。'"《诗经》实有三百零五篇，常只举其整数，故言"诗三百"。

[10] 泪眼：石砚上圆晕的天然纹理称为眼，眼不甚清澈者为泪眼。

[11] 标老儿：执拗的人。

[12] 美女簪花之格：一种娟秀工整的书体。

[13] 生受：为难、有劳的意思。

[14] 不知足而为屦：《孟子·告子上》云："不知足而为屦，我知其不为蒉也。"意思是：不看脚样去编草鞋，我知道他不会编成筐子。屦：用麻、葛等编制成的鞋。蒉：草编的筐子。这句话意在讽刺陈最良的迂腐。

[15] 应文科判衙：意思是说赴科举考试，当官坐堂判案。

[16] 书涂嫩鸦：涂鸦。这里指随便写几个字儿。

[17] 囊萤：《晋书·车胤传》记载："胤恭勤不倦，博学多通，家贫不常得油，夏月则练囊盛数十萤火以照书，以夜继日焉。"囊萤：用袋子装萤火虫。

[18] 趁月亮：《南齐书·江泌传》记载："泌少贫，昼日斫屧为业，夜读书随月光。光斜则握卷升屋，睡极堕地则更登。"趁：追逐。

[19] 差：打扰。

[20] 桃李门墙：《论语》："夫子之墙数仞，不得其门而入，不见宗庙之美，百官之富。"韩婴《韩诗外传》："夫春树桃李，夏得阴其下，秋得食其实。春树蒺藜，夏不可采其叶，秋得其刺焉。"这里指生徒众多的师门。

[21] 諕煞：吓杀。

[22] 招风嘴：招惹是非的嘴。

[23] 绰疤：意思是用香头之火烫出疤痕。绰，通"爇"。

[24] 招花眼：招惹是非的眼睛。这里有爱瞧热闹的意思。

[25] 争差：差错。

阅读提示

《牡丹亭》写杜丽娘追求恋爱自由、婚姻自主，为情而死、为情而生的故事，故又名《还魂记》。《闺塾》这出戏，塾师陈最良开讲《诗经·关雎》，惹动了杜丽娘的情思，表现了她心灵的初步觉醒。出于礼节上的尊重，杜丽娘虽然不像伴读的丫鬟春香那样嘲弄迂腐的塾师，却同样向往高墙外的自由天地，折射了她对禁锢的抵制，对个性解放的追求。春香十分调皮，搅乱了家塾，还引杜丽娘到后花园去游玩，便有了游园惊梦的情节，推动了戏剧发展。《闺塾》一曲单独演出时，又被叫作《春香闹学》，亦可见春香在这一曲中的重要性。

思考与训练

1. 体会戏曲中闺塾教育的迂腐和对人性的禁锢。
2. 通过《闺塾》一曲戏，试分析杜丽娘和春香的性格特点。

人 间 词 话（节选）

王国维

王国维（1877—1927），浙江省海宁人，初名德桢，后改国维，字静安，一字伯隅，初号礼堂，晚号观堂，谥忠悫。王国维是中国近现代转换时期著名学者，在文学、哲学、史学等方面均有精深造诣，有《静安文集》《观堂集林》行世，尤以《人间词话》《宋元戏曲史》经典，为中华民族文化宝库留下了一份丰厚的学术遗产。

1. 词以境界为最上。有境界则自成高格，自有名句。五代、北宋之词所以独绝者在此。

2. 有造境，有写境，此理想与写实二派之所由分。然二者颇难分别。因大诗人所造之境，必合乎自然，所写之境，亦必邻于理想故也。

3. 有有我之境，有无我之境。"泪眼问花花不语，乱红飞过秋千去。"[1] "可堪孤馆闭春寒，杜鹃声里斜阳暮。"[2] 有我之境也。"采菊东篱下，悠然见南山。"[3] "寒波澹澹起，白鸟悠悠下。"[4] 无我之境也。有我之境，以我观物，故物皆著我之色彩。无我之境，以物观物，故不知何者为我，何者为物。古人为词，写有我之境者为多，然未始不能写无我之境，此在豪杰之士能自树立耳。

4. 无我之境，人惟于静中得之。有我之境，于由动之静时得之。故一优美，一宏壮也。

5. 自然中之物，互相关系，互相限制。然其写之于文学及美术中也，必遗其关系、限制之处。故虽写实家，亦理想家也。又虽如何虚构之境，其材料必求之于自然，而其构造，亦必从自然之法则。故虽理想家，亦写实家也。

6. 境非独谓景物也。喜怒哀乐，亦人心中之一境界。故能写真境物、真感情者，谓之有境界；否则谓之无境界。

7. "红杏枝头春意闹"[5]，著一"闹"字，而境界全出。"云破月来花弄影"[6]，著一"弄"字，而境界全出矣。

8. 境界有大小，不以是而分优劣。"细雨鱼儿出，微风燕子斜"[7]，何遽不若"落日照大旗，马鸣风萧萧"[8]。"宝帘闲挂小银钩"[9]，何遽不若"雾失楼台，月迷津渡"[10]也。

9. 严沧浪《诗话》谓："盛唐诸公，唯在兴趣。羚羊挂角，无迹可求。故其妙处，透彻玲珑，不可凑拍，如空中之音、相中之色、水中之影、镜中之象，言有尽而意无穷。"[11] 余谓北宋以前之词，亦复如是。然沧浪所谓兴趣，阮亭所谓神韵[12]，犹不过道其面目，不若鄙人拈出"境界"二字，为探其本也。

（选自王国维撰，黄霖等导读《人间词话》，上海古籍出版社，1998年版）

注 释

[1] 冯延巳《鹊踏枝》："庭院深深深几许？杨柳堆烟，帘幕无重数。玉勒雕鞍游冶处，楼高不见章台路。雨横

风狂三月暮。门掩黄昏,无计留春住。泪眼问花花不语,乱红飞过秋千去。"

[2] 秦观《踏莎行》:"雾失楼台,月迷津渡。桃源望断无寻处。可堪孤馆闭春寒,杜鹃声里斜阳暮。驿寄梅花,鱼传尺素,砌成此恨无重数。郴江幸自绕郴山,为谁流下潇湘去。"

[3] 陶潜《饮酒》第五首:"结庐在人境,而无车马喧。问君何能尔,心远地自偏。采菊东篱下,悠然见南山。山气日夕佳,飞鸟相与还。此中有真意,欲辨已忘言。"

[4] 元好问《颖亭留别》:"故人重分携,临流驻归驾。乾坤展清眺,万景若相借。北风三日雪,太素秉元化。九山郁峥嵘,了不受陵跨。寒波澹澹起,白鸟悠悠下。怀归人自急,物态本闲暇。壶觞负吟啸,尘土足悲咤。回首亭中人,平林淡如画。"

[5] 宋祁《玉楼春》(春景):"东城渐觉风光好,縠皱波纹迎客棹。绿扬烟外晓寒轻,红杏枝头春意闹。浮生长恨欢娱少,肯爱千金轻一笑。为君持酒劝斜阳,且向花间留晚照。"

[6] 张先《天仙子》(时为嘉禾小倅,以病眠,不赴府会):"《水调》数声持酒听,午醉醒来愁未醒。送春春去几时回?临晚镜,伤流景,往事后期空记省。沙上并禽池上暝,云破月来花弄影。重重帘幕密遮灯,风不定,人初静,明日落红应满径。"

[7] 杜甫《水槛遣心二首》之一:"去郭轩楹敞,无村眺望赊。澄江平少岸,幽树晚多花。细雨鱼儿出,微风燕子斜。城中十万户,此地两三家。"

[8] 杜甫《后出塞五首》之一:"朝进东门营,暮上河阳桥。落日照大旗,马鸣风萧萧。平沙列万幕,部伍各见招。中天悬明月,令严夜寂寥。悲笳数声动,壮士惨不骄。借问大将谁,恐是霍嫖姚。"

[9] 秦观《浣溪沙》:"漠漠轻寒上小楼,晓阴无赖似穷秋,淡烟流水画屏幽。自在飞花轻似梦,无边丝雨细如愁,宝帘闲挂小银钩。"

[10] 秦观《踏莎行》见注释[2]。

[11] 严羽,字丹丘,一字仪卿,自号沧浪逋客,世称严沧浪。南宋诗人,诗论家,所著《沧浪诗话》影响很大。

[12] 王士禛,字贻上,号阮亭,别号渔洋山人。山东新城人,清初著名诗人,论诗主神韵说。

阅读提示

王国维是清末学问大家,精通西学,在传统金石学、史学、美学和文学研究上也有造诣。他一生著作众多,《人间词话》乃其中重要的一部。卷上有64则,1908年11月至1909年2月在《国粹学报》上分3期发表;卷下有50则,未刊行。《人间词话》的文字虽然不多,但思想意义很丰厚。以传统的词话形式,融进了一些新的观念和方法。一经问世,就获得了广泛认可,声誉鹊起,成为中国文学理论批评史上一部重要著作。

在《人间词话》中,王国维标举境界说,认为"词以境界为最上",把境界上升为探本之论。虽然自唐朝中叶以来有不少人论境界,但王国维对境界之含义作了重新厘定,分析境界之形态,提升境界在词学理论批评上之地位,极大地超越了前人。一般认为,王国维所谓的境界,是指作品中真切鲜明地表现出来的情景交融的艺术形象。当代学者叶嘉莹言:"境界就是作品里面的世界,每个作品里面都有一个世界,就叫境界。"

《人间词话》以境界说为基本内容,大致可以分为两大部分:一是总论境界范畴;二是以境界为标准具体评品作家作品。以上所选的9则,正是《人间词话》的总论部分。

思考与训练

1. 理解王国维境界说的含义,以及境界的分类。
2. 试以境界为评价标准,分析具体的诗词作品。

第七单元

异域风情

对于中国古人而言,"异域"一词并不陌生。东汉时期的《吴越春秋》在述及《山海经》的成书过程时,就使用了"殊国异域"的说法。"异"指差异,"域"即疆域,"异域"就是有别于"中华文化"的地方。在《山海经》成书的年代,"中原文化"为正统,《山海经》记载的那些海内外的山川河流及其中生活的神奇事物,都属于"异域"。它们的"异"不仅是因其地理位置远离核心,还在于其物产风土的不同。可见,"异域"不仅是一个地理的概念,还是一个文化概念。

当时代的车轮前进到全球化影响深远的今天,我们对于"异域"的理解也发生了新的变化。如果说前现代的"异域"意味着空间的阻隔和文化上的猎奇的话,那么当下的"异域"则是全球互联之下"和而不同"的世界图景。正如党的二十大报告中提出的,"中国始终坚持维护世界和平、促进共同发展的外交政策宗旨,致力于推动构建人类命运共同体"[1]。人类命运共同体的前提就是要尊重世界文明多样性,"以文明交流超越文明隔阂、文明互鉴超越文明冲突、文明共存超越文明优越,共同应对各种全球性挑战"[2]。在人类命运共同体的视域下,"异域"指向人类共同文明产生的不同图景,这些图景看似不同,实则命运与共,休戚相关。

本单元"异域风情"所选篇目共8篇,1篇为中国人所写,7篇为其他国家作家作品,意在从多样化视角介绍不同国家的风土人情,同时也关注形成这些风土人情背后的文化特征,以期让读者以更加多元和包容的心态接受多个地区不同时代的风俗和文化。

黎庶昌的《西洋游记》在记录奇特优美的海外风光的同时,不忘观察当地人的生活日常,表现出晚清中国人"开眼看世界"时的惊异感和"师夷长技以制夷"的意图,代表了中国人对世界文化的关切和参与感。

《源氏物语》和《吉檀迦利》两部作品是东方文化的杰出代表,也是文化交流的产

---

[1] 习近平:高举中国特色社会主义伟大旗帜 为全面建设社会主义现代化国家而团结奋斗——在中国共产党第二十次全国代表大会上的报告. https://www.gov.cn/xinwen/2022-10/25/content_5721685.htm[2022-10-25].

[2] 同上。

物。《源氏物语》是日本平安时期物语文学的巅峰之作，开启了日本文化中的"物哀"精神，至今仍影响着日本的文学、绘画、影视等各个领域。而这种美学风格的形成又离不开《源氏物语》的作者紫式部深厚的汉学素养，以及儒家和佛教思想对日本文学的影响。《吉檀迦利》则是东西方文化交融互动的产物，印度诗人泰戈尔用饱含深情又兼具哲理性的笔触书写了能代言一切存在的神，他无处不在，关注着芸芸众生的喜怒哀乐。这种无差别的博爱使得《吉檀迦利》在西方世界获得了巨大的成功，也打动了全世界的读者。

西方文化的发展离不开作为其源头的古希腊，古希腊的哲学、神话、艺术对于后世影响深远。本单元选取了古希腊著名哲学家柏拉图对于苏格拉底之死的记载，文中对于生死问题的讨论，以及苏格拉底愿意用生命来捍卫自己思想的形象，成为人类文明发展进程中不可磨灭的存在。古希腊对人价值的思考在文艺复兴时期得到了进一步彰显。从这个层面看，堂吉诃德看似疯魔的行为，与罗密欧和朱丽叶用生命捍卫爱情的举动之间，并无太大的差异。他们都奉行自己认定的崇高准则，并愿意为之献身。这样的思考直到20世纪仍在继续，在卡夫卡的笔下，饥饿艺术家宁愿饿死也要将艺术进行到底，茨维塔耶娃则将艺术交托给一百年后的读者。

在尽力呈现"异域风情"的同时，本单元也力图覆盖古今中外文学经常讨论的一些主题，如别离、死亡和人生的意义，理想的坚守与失落，爱情与人类其他可贵的情感……俗话说"文学即人学"，好的文学作品不应被国界所阻隔，而应该增加我们对多样化人类文明的认识，激发我们对人类共同命运的关切。不过，本单元的8篇选文虽然尽可能从多样化的视角展现"异域风情"，但面对浩如烟海的文学世界，仍显得微不足道。希望这些选文能够打开一扇窗户，引发读者对于"异域"的兴趣。

课外阅读篇目

瞿秋白《新的现实》；郑振铎《欧行日记》；郭沫若《追怀博多》；老舍《二马》；钱锺书《意中文学的相互照明：一个大题目，几个小例子》；[日]川端康成《古都》；[古希腊]赫西俄德《神谱》；[法]莫里哀《伪君子》；[德]歌德《少年维特的烦恼》；[法]雨果《巴黎圣母院》；[俄]普希金《叶甫盖尼·奥涅金》；[法]司汤达《红与黑》；[俄]果戈理《死魂灵》；[挪威]易卜生《玩偶之家》；[美]海明威《永别了，武器》；[美]福克纳《喧哗与骚动》；[哥伦比亚]加西亚·马尔克斯《百年孤独》；[法]加缪《西绪福斯的神话》。

西洋游记第二

黎庶昌

黎庶昌（1837—1898），字莼斋，贵州遵义人，我国晚清著名的外交家，桐城派散文的代表之一。早年曾跟从郑珍学习古文，后来成为曾国藩的幕僚，与张裕钊、吴汝纶及薛福成三人一起，被称为"曾门四弟子"。1876年，黎庶昌跟随郭嵩焘、曾纪泽和陈兰彬等人出使欧洲，先后担任过英国、德国、法国及西班牙等国使馆的参赞职位。1881年后，他以道员身份出任中国驻日本国大臣，处事机敏果决，为中日友好关系做出了巨大贡献。1898年，黎庶昌在遵义禹门沙滩的家中逝世，享年61岁。黎庶昌的代表作包括《拙尊园丛稿》《丁亥入都纪程》《西洋杂志》等作品。

瑞士在法国之东，奥国之西，意大里[1]之北，德国之南，山水佳胜，为西洋冠。郭星使将次回国，始一往游，挈余从行。正月十三夜七点半钟，自巴黎南路公司曰利涌者，乘火轮车启行。

是夜经过地茸[2]，法国有名城镇也。地茸以东，渐次坡陀有山。入瑞士境后，山皆峻。时方大雪，积厚一二尺许，逐望弥漫，与翠柏苍松互为掩映。火轮车经山腰行走，俯看两山间低平处，有小溪一道，迤逦曲折，时有冰冻。人家多临水而居，屋皆白板，零星而卑陋，无甚巨村落。十四日巳刻，行至两峰尽处，忽然开朗，有大湖横列于前，清澈可鉴，所谓勒沙得勒湖也。湖东诸山，连绵不断，石骨秀露，层晕分明，绝似倪云林画意。回望两崖上，云气蓊然涌出，旭日射之，皆成黄金色。自是沿湖行，过一巨镇，街市颇觉整齐，亦名勒沙得勒。湖尽处，复有小湖续之，名为必焉纳。

午初至拜尔楞[3]，瑞士都城也，至一客寓早尖。寓窗凭临虚处，望见容弗鲁数峰高出云表，积雪皑然，白光射目。饭后至街市一游，道路不甚修洁。旋入其上下议事院，局面稍不及他国之闳敞，而规模则同。中一室列坐百余，为各绅议事处，又一室为总办七人办事处。瑞士分二十二县，每县举上议政院绅二人；下院绅则以人数之多寡为额，大率二万人得举一人。其入议院者，共一百三十余人，办事则推七人为首；七人之中推一人裁决，定例每岁一易。西洋民政之国，其置伯理玺天德[4]本属画诺，然尚拥虚名。瑞士并此不置，无君臣上下之分，一切平等，视民政之国又益化焉。盖其地本山国，各邦无欣羡之心，故得免兵争，而山水又为欧洲绝胜，西洋人士无不以乐土目之。

游毕，复乘火轮车向西南行，抵鲁桑纳[5]，近热勒弗湖[6]边。时已昏暮，微辨湖光荡漾而已。自此沿湖行，至十点钟，抵热勒弗。城与湖同名。湖如初四五月形，长百余里。会城跨湖西角尽处，水从西出，逐渐低下，置闸限之，铁桥数道架于其上。东面有石坝二，其中阿为船只收泊处。坝外别有小火轮船往来，湖中公司所置也。是夜寓一大客舍，名诺得尔拉地相纳尔。主人适有跳舞会，请下楼一观。

十五日清晨，坐车一游。过桥登其天文台最高处，远视濒湖两岸诸山，巉巉挺秀，积雪未消，林木森然，云霞掩映，湖山清迥，涤荡尘襟，可谓名副其实。东南一带峰峦岩崒，与白山相接。白山者，欧洲南面最高之峰，其高一万五千七百四十四尺，积雪终年不化，法语谓之"忙不郎"。下至湖心亭，散步半晌，往游市肆。瑞士无他土产，惟钟表、乐器最精。入店一观，所有陈设之物，如盛水瓶、坐椅、榻脚凳、针黹盒、装小照之书册，无一而非八音琴者。又有翠鸟数枚，引钥开其机关，即飞鸣上下，声音宛然，极其精巧。星使购置数器而归。

三点钟，至火轮公司。公司之旁，有巨室一所，系电公会以瑞士永无兵争，特设于此，以期久远，惜未一睹其规模。旋即开行，出会城西不远，过一山峡，即入法国界。未几，过一长山洞。其山甚大，名为"付尔达哀尔格吕司"。自是皆顺河流而行。夜中至利涌[7]，与巴黎南大道合。天明抵马赛，缘星使眷属先期至马赛，约于此间相会也。

凡西人往游瑞士者，率皆夏日，此行尚非其时；然名胜之区，虽匆匆一历，亦足以畅惬胸怀矣。

（选自黎庶昌著，王继红校注《西洋杂志》，社会科学文献出版社，2007年版）

注　释

[1] 意大里：意大利。

[2] 地茸：狄戎。

[3] 拜尔楞：伯尔尼。

[4] 伯理玺天德：音译自英语 president（总统、主席），含义为"掌理玉玺、享有天德的人"。

[5] 鲁桑纳：洛桑。

[6] 热勒弗湖：日内瓦湖。

[7] 利涌：里昂。

阅　读　提　示

本文选自黎庶昌《西洋杂志》第七卷的"游记"部分。《西洋杂志》共 8 卷，是黎庶昌在欧洲担任使馆参赞 5 年间游历欧洲各国的见闻记录，其中记录了欧洲各国的政治体制、经济制度、文化教育、科学技术、风土人情等方方面面的内容。作为晚清时期的外交人员，黎庶昌以冷静客观的纪实风格记录了自己在外国的经历，其语言平实简明，以细微生动的白描手法见长，鲜见议论之词。

《西洋杂志》的第七卷"游记"部分一共收录了 7 篇文章，记录了黎庶昌出游德国、法国、瑞士、比利时等国的见闻。本文是其中的第 2 篇游记，作者以清新优美的文字描画出了瑞士的湖光山色，文末点出瑞士国家"永无兵争"，对当时正处于列强铁蹄下的中国人而言，可谓含义深远。

思　考　与　训　练

1. 找出文中的景物描写，分析其语言特点。

2. 结合作者所处的时代背景，谈谈作者如何看待瑞士这个国家。

源氏物语（节选）[1]

紫式部

紫式部（约978—约1015）[2]，日本平安时代的作家，本姓藤原，名字不详，紫式部的名字源于其作品《源氏物语》中的女主人公紫上。紫式部出身于贵族家庭，长兄曾做过式部丞。她自幼学习汉学，通晓音律和佛典，曾受召进宫侍奉一条天皇的中宫藤原彰子，为她讲授《日本书纪》和《白氏文集》。其代表作除《源氏物语》之外，还包括《紫式部日记》和收录了其和歌创作的《紫式部集》。

源氏公子渐觉世路艰辛，不如意之事越来越多；如果装作无动于衷，隐忍度日，深恐将来遭逢更惨的命运。他想自动离开京都，避居须磨。这地方在古昔曾有名人卜居，但听说现今早已荒凉，连渔人之家也很稀少。住在繁华热闹的地方，又不合乎避地的本意；到离开京都遥远的地方去，又难免怀念故里，牵挂在京的那些人。因此踌躇不决，心乱如麻。

反复思量过去未来一切事情，但觉可悲之事不胜枚举。这京都地方已可厌弃，然而想起了今将离去，难于抛舍之事，实在甚多。其中尤其是紫姬，她那朝朝暮暮惜别伤离、愁眉不展的样子，越来越厉害，这比任何事情更使他痛心。以前每逢分别，即使明知必可重逢，即使暂时离居一二日，他也总是心挂两头，紫姬也不胜寂寞。何况此度分携，期限无定。正如古歌所云："离情别绪无穷尽，日夜翘盼再见时。"[3]如今一旦别去，则因世事无常，或许即成永诀，亦未可知。——如此一想，便觉肝肠断绝。因此有时考虑："索性悄悄地带她同行，便又如何？"然而在那荒凉的海边，除了惊风骇浪之外无人来访，带着这纤纤弱质同行，实在很不相宜，反而会使我处处为难。——如此一想，便打消此念。紫姬却说："即使是赴黄泉，我也要跟你同行。"她怨恨源氏公子的犹豫不决。

那花散里虽然和源氏公子相会之日甚少，但因自己的清苦生涯全然托庇公子照拂，所以她的悲叹也是理之当然。此外与源氏公子偶有一面之缘的或者曾有往来的女子，暗中伤心的人不可胜数。

那位出家为尼的藤壶皇后，虽然深恐世人说长道短，于己身不利，因而万事谨慎小心，但也常常偷偷地寄信与源氏公子。源氏公子回想："她往日若能如此相思，如此多情，我何等欢喜！"又怨恨地想："我为她受尽煎熬，都是前生孽缘！"

源氏公子定于三月二十后离京。对外人并不宣布行期，只带平素亲近的侍从七八人，非常秘密地出发了。出发以前，只写几封信向几个知心人告别，绝不声张，悄悄地送去。然而信都写得缠绵悱恻，语重心长，其中定有动人的好文章。可惜作者那时也心情混乱，无意仔细探访，未能记述为憾。

出发前二三日，源氏公子非常秘密地访问左大臣邸。他乘坐一辆简陋的竹篾车，形似侍女用的车子，偷偷地前往，样子十分可怜，别人睹此光景，恍若置身梦幻。他走进葵姬旧居的室中，但觉景象好不凄凉！小公子的乳母以及几个尚未散去的旧日侍女，与源氏公子久别重逢，尽皆欢喜，亲切地前来拜见。看了他那委顿的姿态，连知识浅陋的青年侍女也都痛感人生之无常，个个泪盈于睫。小公子夕雾长得异常秀美，听见父亲来了，欢天喜地地跑过来。源氏公子看了，说道："许久不见，他还认得父亲，乖得很！"便抱起他，让他坐在膝上，样子不胜怜惜。左大臣也来了，与源氏公子面晤。

他说："闻吾婿近来寂寞无聊，笼闭家园，本拟前去访晤，闲话昔年琐事。惟老夫已以多病为由，辞去官职，不问政事。若由于一己之事，以龙钟老态频频出入，深恐外间蜚语谣传，谓我急于私而怠于公。虽然已是隐遁之身，于世事可无须顾虑，然而权势专横，深可忌惮，因此闭门不出。闻吾婿即将离京，老年目睹横逆之事，甚是伤心。世路艰险，言之可叹！即令天翻地覆，亦料不到有此逆事。身逢此世，真觉万事都无意趣了！"

源氏公子答道："无论如此或如彼，尽是前世果报。推究其源，不外咎由自取。身无官爵之人，虽小犯过失，亦当受朝廷处分。若不自惩，而与常人共处世中，在外国亦认为非法。而似我身居高位之人，听说尚有流放远恶军州之定例。服罪自当更重。若自谓问心无愧，而泰然自若，深恐后患甚多，或将身受更大之耻辱，亦未可知。我为防患未然之计，故尔先行离京耳。"他把离京赴须磨的情由详细禀告了左大臣。

左大臣谈及种种往事、桐壶院之事，以及桐壶院对源氏公子的关怀，衣袖始终离不开泪眼，源氏公子亦不免陪着挥泪。小公子无心无思地走来走去，有时偎傍外祖父，有时亲近父亲。左大臣看了异常伤心，又说："逝世之人，我时刻不忘，至今犹有余悲。但倘此人尚在世间，目睹此种逆事，不知何等伤心。今短命而死，免得做此噩梦，在我反觉心慰。惟此幼小孩童，长此依附老人膝下，不得亲近慈父，实为最可悲伤之事。古人即使真犯罪过，亦不致身受如此之重罚。吾婿蒙此不白之冤，想是前世孽障所致。此种冤狱，在外国朝廷亦不乏其例，然必有明确可指之罪状。但此次之事，教人百思不得其原由，实甚可恨！"话语甚长，不能尽述。

那个三位中将也来了。他陪源氏公子饮酒，直到夜阑。是晚公子便留宿于此。旧日的侍女都来伺候，共谈往事。其中有一个叫做中纳言君的，向来暗中受公子宠爱，胜于别的侍女。这一天此人口上虽然不便说出，而心中窃自悲叹。源氏公子看到她的模样，也在心中偷偷地可怜她。夜色渐深，众人都睡静了，独留这中纳言君陪伴公子谈话。他今晚留宿于此，大约是为此人吧。

将近黎明，天色尚暗，源氏公子便起身准备出门。其时残月当户，景色清幽，庭中樱花已过盛期，而枝头犹有残红，凄艳可爱。朝雾弥漫，远近模糊，融成一片，这风趣实比秋夜美丽得多。源氏公子靠在屋角的栏杆上，暂时欣赏这般美景。中纳言君大约是要亲来送别，开了边门，坐在门口。源氏公子对她说："再会之期，想是很难得的了。以前料不到有此世变，因而把随时可以畅聚的年月等闲度过，回想起来实甚可惜！"中纳言君默默不答，只是吞声饮泣。

老夫人派小公子的乳母宰相君向源氏公子传言："老身本欲亲自与公子晤谈，只因悲愤之余，心乱如麻，拟待心情稍定，再图相见。岂料公子在天色未晓之时即将离去，殊觉出人意外。这可怜的孩子尚在酣眠，能否待他醒来相送？"源氏公子闻言，泪盈于睫，便吟诗道：

    远浦渔夫盐灶上，
   烟云可似鸟边山？[4]

  这不像是答诗。他对宰相君说："破晓的别离，并非都是如此伤心的吧。但今朝的伤心，想必能蒙理解。"宰相君答道："别离两字，教人听了总是不乐。而今朝的别离，特别令人伤心。"说时声泪俱下，可知异常悲恸。源氏公子便央她向老夫人传言："小婿亦有种种话语欲向岳母大人面禀，其奈悲愤填胸，难于启口，此情伏望谅鉴。酣眠之幼儿，倘令见面，反使我依恋不舍，难于遁世，因此只得硬着心肠，匆匆告辞了。"

  源氏公子出门之时，众侍女都来窥看。其时月落西山，光辉转明。源氏公子映着月光，愁眉不展，神情异常清艳。即使是虎狼，看见了也会泣下，何况这些侍女都是从小与他亲近的人。她们看到他那优美无比的容貌，心中都异常激动。确实如此。老夫人的答诗云：

    烟云不到须磨浦，
   从此幽魂远别离！

  哀思越来越多，源氏公子去后，满堂之人尽皆泣不成声。

  源氏公子回到二条院私邸，但见自己殿内的众侍女似乎昨晚没有睡觉，群集在各处，都在悲叹时势的乖变，侍从室里人影全无，这都是平素亲近的人，他们为欲随从公子赴须磨，都回去与亲友道别了。与公子交情不深的人，惟恐来访问了将受右大臣谴责，因而增多烦恼。所以本来门前车马云集，几无隙地；如今冷冷清清，无人上门了。此时源氏公子方悟世态之炎凉与人情之浇薄，感慨系之。餐厅里的饭桌半是尘埃堆积，铺地的软席处处折叠起来了。源氏公子想："我在家时尚且如此，将来我走了，更不知何等荒凉呢！"

  来到西殿，但见格子窗还不曾关，大概紫姬通宵凝望，不曾就寝。众青年侍女及女童都在各处廊下假寐，看见公子来了，大家起来迎接。她们都作值宿打扮，憧憧来往。源氏公子看了，又不免伤心，他想："今后再经若干年月，这些人不耐寂寞，势必纷纷散去。"平日向不在意之事，现在都触目惊心。他对紫姬说："昨夜只因有这些事，直到破晓才能回家。想你不会疑心我胡行乱为吧。至少在我还居住于京都的期间，是舍不得离开你的。但是现在即将远行，牵怀之事，自然甚多，岂能闭门不出？在这无常的世间，被人视为薄情而唾弃，也毕竟是痛心的。"紫姬只回答道："除了此次之事以外，世间哪有更大的飞来横祸呢？"她那伤心苦思之状，异于他人，自是理之当然。因为父亲兵部卿亲王一向疏远，她从小依附源氏。何况父亲近来惧怕权势，对公子音问久疏，此次亦绝不前来慰问。旁人见此情形，定然讪笑，紫姬深以为耻。她想：当时不教父亲知道她的下落，倒反而干净。

  兵部卿亲王的正夫人——紫姬的继母——等人说："这妮子突然交运，立刻倒霉，可见是命苦的。凡是关怀她的人，母亲、外祖母、丈夫，一个个都抛弃她了。"这些话泄露出来，传到了紫姬耳中。她听了非常痛心，从此也绝不与娘家通问了。然而此外全无依靠，身世好不孤单！

  源氏公子谆谆开导她说："我离京之后，倘朝廷犹不赦罪，多年流放在外，那时虽居岩穴之中，我亦必迎接你去同居。惟现在与你同行，深恐外人指责。身为钦犯之人，日月光明也不得见，倘任情而动，罪孽更加深重。我今生虽未犯过，但前世必有恶业，故尔有此报应。何况流放犯携带家眷，古无前例。在这无法无天的世间，可能遭受更大的祸殃呢。"翌晨，到了日上三竿之时，公子方才起身。

帅皇子及三位中将[5]来访，源氏公子换穿衣服，准备接见。他说："我是无官位的人了！"就穿了一件无纹的贵族便服，样子反而优雅。容貌清减了，也反而俊美。为欲整理鬓发，走近镜台，望见消瘦的面影，自己也觉得清秀可爱，便道："我衰老得很了！难道真像镜中那样消瘦么？可怜！"紫姬眼泪汪汪地望着公子，样子十分难过。公子吟道：

此身远戍须磨浦，
镜影随君永不离。

紫姬答道：

镜中倩影若长在，
对此菱花即慰心。

她自言自语地吟唱，把身子躲在柱后，借以隐藏脸上的泪痕。源氏公子看见她的样子异常可爱，觉得平生所见无数美人，没有一个比得上她。

帅皇子对源氏公子谈了许多伤心的话，到了日暮方才辞去。

那个花散里为了源氏公子之事无限悲伤，常常寄书慰问，这原是理之当然。源氏公子想："若不与她再见一面，她将恨我无情。"便决心在这天晚间前去访问。然而又舍不得紫姬，所以直到深夜方才出门。丽景殿女御喜出望外，说道："寒舍亦得列入数中，蒙大驾亲临！"其欢欣之状，不须缕述。这姐妹两人生涯实甚清寒，年来全赖源氏公子荫庇，孤苦度日。目前邸内景况已够凄凉，将来势必更加困苦。其时月色朦胧，源氏公子怅望庭中池塘、假山、茂林等岑寂之状，便想象今后流放中的岩穴生涯。

住在西面的花散里以为公子行期已近，不会再到这里来了，正在颓丧之中。岂料当此添愁的月光幽艳地照临的时候，忽闻空谷足音，随即飘来芬芳无比的衣香，不久源氏公子悄悄地进来了。她便向前膝行几步，与公子在月下相会。两人在此情话绵绵，不觉夜色已近黎明。源氏公子叹道："夜何其短！这等匆匆的会面，不知今后能否再得？想到这里，便觉以前久疏问候，空度岁月，教人后悔莫及。如今我身又变成了古往今来的话柄，想起了但觉心如刀割！"两人又谈了许多旧事，远近鸡声连连报晓。公子忌惮人目，连忙起身告辞。

其时残月西沉，花散里以前常将此景比拟源氏公子别去，此时又见，倍感悲伤。月光照在花散里的深红色衣袖上，正如古歌所云："袖上明月光，亦似带泪颜。"[6]她就赋诗：

月中衣袖虽孤陋，
愿得清光再照临。[7]

源氏公子听到这哀怨之词，不胜怜惜，想安慰她，便答诗道：

后日终当重见月，
云天暂暗不须忧。
惟瞻望前程，渺茫难知。

堕尽忧疑之泪，但觉心绪黯然。

说罢，便在黎明的微光中退出了。

（选自紫式部著，丰子恺译《源氏物语》，人民文学出版社，1980年版）

注 释

[1] 本节选自《源氏物语》第十二回须磨。须磨是地名，位于神户西面的南海岸。

[2] 紫式部生卒年无法详考，此处所写生卒年月参考了叶渭渠《源氏物语》（人民文学出版社 1980 年版）前言中的说法。

[3] 此古歌见《古今和歌集》——译者注。

[4] 远浦指须磨海边。鸟边山即鸟边野火葬场葵姬化作烟云之处——译者注。

[5] 帅皇子是源氏之异母弟，三位中将即前之头中将，左大臣之子——译者注。

[6] 古歌："相逢诉苦时，我袖常不干。袖上明月光，亦似带泪颜。"见《古今和歌集》。——译者注。

[7] 月比喻源氏。袖比喻自己。——译者注。

阅 读 提 示

《源氏物语》成书于公元1001到1008年之间，代表了日本古典文学的最高成就。这部作品共分54回，以主人公源氏贯穿全篇。作品的前40回描写了源氏的一生，以他的风流韵事为主，第41回名"云隐"，无内容，暗示源氏的死。后13回主要描写源氏儿子薰君的经历，其中后10回又称为"宇治十回"。《源氏物语》借光源氏的经历和遭遇展现了日本宫廷上层贵族之间的权力斗争和他们的荒淫生活。作品中还塑造了紫姬、明石姬、空蝉、浮舟等多个性格各异的贵族女性形象，她们大多成为权力的牺牲品，以悲剧结局。

本文节选自《源氏物语》第十二回"须磨"，主要叙述源氏与亲人朋友告别及其在须磨的经历。源氏因与右大臣女儿胧月夜的私情败露，得罪了弘徽殿太后，他担心自己被革职流放，主动选择隐居须磨。本文体现了日本文学中物哀的审美精神。物哀是日本国学家本居宣长提出的一种美学理念，"物"指自然万物，"哀"即悲哀，物哀就是一种睹物伤情、物我同悲的审美情绪。选文中源氏因将要自我放逐而产生的忧郁彷徨的情感表现在人物的和歌唱答间，也渗透在景物，甚至日用器具的描写中。

思 考 与 训 练

1. 细读文本，体会文中哪些地方体现了物哀的美学精神？

2. 课余阅读《源氏物语》，找出一个你印象最深的女性形象，谈谈自己的看法。

吉檀迦利（节选）[1]

泰戈尔

泰戈尔（1861—1941），印度诗人、小说家、哲学家。1913年，泰戈尔成为第一位获得诺贝尔文学奖的亚洲人。1861年泰戈尔出生于印度加尔各答一个孟加拉族婆罗门家庭，家中艺术氛围浓厚，对泰戈尔的影响很大，他13岁就能创作诗歌。1878年泰戈尔赴英国留学，回国后开始文学创作，并于1901年创办了一所露天学校，成为后来国际大学的前身。20世纪初期，泰戈尔经历了妻儿和父亲相继离世等不幸事件，他将这些磨难都写进了自己的作品中。泰戈尔还是一名积极参与社会活动的活动家，他曾投身于印度的爱国主义运动，与甘地有密切联系。1941年，泰戈尔在加尔各答去世。泰戈尔的代表作有诗集《吉檀迦利》《飞鸟集》《新月集》，小说《戈拉》等。

孩子们在无边的世界的海滨聚会。头上是静止的无垠的天空，不宁的海波奔腾喧闹。在无边的世界的海滨，孩子们欢呼跳跃地聚会着。

他们用沙子盖起房屋，用空贝壳来游戏。他们把枯叶编成小船，微笑着把它们飘浮在深远的海上。孩子在世界的海滨做着游戏。

他们不会凫水，他们也不会撒网。采珠的人潜水寻珠，商人们奔波航行，孩子们收集了石子却又把它们丢弃了。他们不搜求宝藏，他们也不会撒网。

大海涌起了喧笑，海岸闪烁着苍白的微笑。致人死命的波涛，像一个母亲在摇着婴儿的摇篮一样，对孩子们唱着无意义的歌谣。大海在同孩子们游戏，海岸闪烁着苍白的微笑。

孩子们在无边的世界的海滨聚会。风暴在无路的天空中飘游，船舶在无轨的海上破碎，死亡在猖狂，孩子们却在游戏。在无边的世界的海滨，孩子们盛大地聚会着。

（选自泰戈尔著，冰心译《吉檀迦利》，译林出版社，2008年版）

注　释

[1] 本文选自《吉檀迦利》第60首。

阅读提示

《吉檀迦利》是泰戈尔创作的一部宗教抒情诗集，1913年泰戈尔凭借这部作品获得诺贝尔文学奖。1911年泰戈尔选取了自己创作的103首诗歌，以散文的形式翻译为英文，诗集名称沿用自他前期创作的孟加拉语诗集《吉檀迦利》，"吉檀迦利"就是孟加拉语"献歌"之意。这部作品可以视为泰戈尔敬献给神的"生命之歌"，体现了泰戈尔"泛神论"的思想。作品中的神是高度抽象又无处不在的，是上帝、主人、国王、朋友，也是少女、孩童。诗人在作品中将对神的虔诚与对生命的热爱结合起来，体现了自己对于生与死、爱与自然、艺术与美等问题的思考。

　　本诗选自《吉檀迦利》的第60首，诗歌以孩子们作为书写的对象，描绘了一幅海边孩子游戏的景象。但诗歌并非只描写了单纯可爱的孩子们，画面中还有变化莫测的大海和天空，它们为整幅画面带来了不稳定的因素。出现在画面中的还有采珠人和商人，他们为财利而奔忙的身影与孩子们天真无邪的玩乐形成了鲜明的对比。这首诗的语言清新自然，朴拙动人，充满了生活气息。

思 考 与 训 练

1. 反复诵读这首诗歌，体会诗人的情感。
2. 诗中的孩子们、采珠人和商人分别有什么含义？谈谈你的看法。

斐多（节选）[1]

柏拉图

柏拉图（公元前 427—前 347），古希腊杰出的哲学家和思想家，与苏格拉底和亚里士多德一起被称为"希腊三贤"，三人共同奠定了西方哲学的基础。柏拉图年轻时成为苏格拉底的学生，是其忠实信徒。公元前 399 年，苏格拉底被雅典法庭判处死刑后，柏拉图前往埃及、波斯、意大利等地活动。结束旅行返回雅典后，在雅典城外的阿加德米建立了柏拉图学院，该学院成为后来西方大学的前身。柏拉图的作品多以对话或书信的方式呈现，代表作有《申辩篇》《美诺篇》《斐多篇》《会饮篇》《理想国》等。

克里[2]等他讲完就说："哎，苏格拉底，我们能为你做些什么事吗？关于你的孩子，或者别的事情，你有什么要嘱咐我们的吗？"

他回答说："只是我经常说的那些话，克里啊，没别的了。你们这会儿的承诺没什么必要。随你们做什么事，只要你们照管好自己，就是对我和我家人尽了责任，也是对你们自己尽了责任。如果你们疏忽了自己，不愿意一步步随着我们当前和过去一次次讨论里指出的道路走，你们就不会有什么成就。你们现在不论有多少诺言，不论许诺得多么诚恳，都没多大意思。"

克里回答说："我们一定照你说的做。可是，我们该怎么样儿葬你呢？"

苏格拉底说："随你爱怎么样儿葬就怎么样儿葬，只要你能抓住我，别让我从你手里溜走。"他温和地笑笑，看着我们说："我的各位朋友啊，我没法儿叫克里相信，我就是现在和你们谈话、和你们分条析理反复辩证的苏格拉底。他以为我只是一会儿就要变成尸首的人，他问怎么样儿葬我。我已经说了好多好多话，说我喝下了毒药，就不再和你们在一起了。你们也知道有福的人享受什么快乐，而我就要离开你们去享福了。可是他好像以为我说的全是空话，好像我是说来鼓励你们，同时也是给自己打气的。"他接着说："我受审的时候，克里答应裁判官们做我的保证人，保证我一定待在这里。现在请你们向克里做一个相反的保证，保证我死了就不再待在这里，我走掉了。这样呢，克里心上可以轻松些。他看到我的身体烧了或埋了，不用难受，不要以为我是在经受虐待。在我的丧事里，别说他是在葬苏格拉底，或是送苏格拉底进坟墓，或是埋掉他。因为，亲爱的克里啊，你该知道，这种不恰当的话不但没意思，还玷污了灵魂呢。不要这么说。你该高高兴兴，说你是在埋葬我的肉体。你觉得怎么样儿埋葬最好，最合适，你就怎么样儿埋葬。"

他说完就走进另一间屋里去洗澡了。克里跟他进那间屋去，叫我们等着。我们就说着话儿等待，也讨论讨论刚才听到的那番谈论，也就说到我们面临的巨大不幸。因为我们觉得他就像是我们的父亲，一旦失去了他，我们从此以后都成为孤儿了。他洗完澡，他的几个儿子也来见了他（他有两个小儿子，一个大儿子）。他家的妇女也来了。他当着克里的面，按自己的心愿，给了他们种种指示。然后他打发掉家里的女人，又来到我们这里。他在里间屋里耽搁了好长时候，太阳都快下去了。他洗完澡爽爽适适地又来和我们坐在一起。大家没再讲多少话。牢狱的监守跑来站在他旁边说："苏格拉底，我不会像我责怪别人那样来责怪你；因为我奉上司的命令叫他们喝毒药时候，他们都对我发狠，咒骂我。我是不会责怪你的。自从你到了这里，不管从哪方面来看，你始终是这监狱里最高尚、最温和、最善良的人。我知道你不生我的气，你是生别人的气。因为你明白谁是有过错的。现在，你反正知道我带给你的是什么消息了，我就和你告别了，你得承受的事就努力顺从吧。"他忍不住哭起来，转身走开。苏格拉底抬眼看着他说："我也和你告别了，我一定听你的话。"他接着对我们说："这人多可爱呀！我到这里以后，他经常来看看我，和我说说话儿，他是个最好的人，他这会儿为我痛哭流泪多可贵啊！好吧，克里，咱们就听从他的命令，毒药如果已经配制好了，就叫人拿来吧；如果还没配制好，就叫人配制去。"克里说："可是我想啊，苏格拉底，太阳还在山头上，没下山呢，我知道别人到老晚才喝那毒药。他们听到命令之后，还要吃吃喝喝，和亲爱的人相聚取乐，磨蹭一会儿。别着急，时候还早呢。"

苏格拉底说："克里，你说的那些人的行为是对的，因为他们认为这样就得了便宜。我不照他们那样行事也是对的，因为我觉得晚些儿服毒对我并没有好处。现在生命对我已经没有用了。如果我揪住了生命舍不得放手，我只会叫我自己都觉得可笑。得了，听我的话，不要拒绝我了。"

克里就对站在旁边的一个男孩子点点头。那孩子跑出去待了好一会儿，然后带了那个掌管毒药的人进来。那人拿着一杯配制好的毒药。苏格拉底见了他说："哎，我的朋友，你是内行，教我怎么喝。"那人说："很简单，把毒药喝下去，你就满地走，直走到你腿里觉得重了，你就躺下，毒性自己会发作。"

那人说着就把杯子交给苏格拉底。他接过了杯子。伊奇啊，他非常安详，手也不抖，脸色也不变。他抬眼像他惯常的模样大睁着眼看着那人说："我想倒出一点来行个祭奠礼，行吗？"那人说："苏格拉底，我们配制的毒药只够你喝的。"苏格拉底说："我懂。不过我总该向天神们祈祷一番，求我离开人世后一切幸运。我做过这番祷告了，希望能够如愿。"他说完把杯子举到嘴边，高高兴兴、平平静静地干了杯。我们大多数人原先还能忍住眼泪，这时看他一口口地喝，把毒药喝尽，我们再也忍耐不住了。我不由自主，眼泪像泉水般涌出来。我只好把大氅裹着脸，偷偷地哭。我不是为他哭。我是因为失去了这样一位朋友，哭我的苦运。克里起身往外走了，比我先走，因为他抑制不住自己的眼泪了。不过阿波早先就一直在哭，这时伤心得失声号哭，害得我们大家都撑不住了。只有苏格拉底本人不动声色。他说："你们这伙人真没道理！这是什么行为啊！我把女人都打发出去，就为了不让她们做出这等荒谬的事来。因为我听说，人最好是在安静中死。你们要安静，要勇敢。"我们听了很惭愧，忙忍住眼泪。他走着走着，后来他说腿重了，就脸朝天躺下，因为陪侍着他的人叫他这样躺的。掌管他毒药的那人双手按着他，过一会儿又观察他的脚和腿，然后又使劲捏他的脚，问有没有感觉；他说"没有"；然后又捏他的大腿，一路捏上去，让我们知道他正渐渐僵冷。那人再又摸摸他，说冷到心脏，他就去了。这时候他已经冷到肚子和大腿交接的地方，他把已经蒙上的脸又露出来说（这是他临终的话）："克里，咱们该向医药神祭献一只公鸡。去买一只，别疏忽。"[3]克里说："我们会照办的，还有别的吩咐吗？"他对这一问没有回答。过一会儿他动了一下，陪侍他的人揭开他脸上盖的东西，他的眼睛已经定了。克里看见他眼睛定了，就为他闭上嘴、闭上眼睛。

伊奇啊，我们的朋友就这样完了。我们可以说，在他那个时期，凡是我们所认识的人里，他是最善良、最有智慧、最正直的人。

（选自柏拉图著，杨绛译注《斐多》，生活·读书·新知三联书店，2011年版）

注 释

[1] 本文节选自柏拉图对话录《斐多》结尾描写苏格拉底之死的部分。

[2] 克里（Crito）是苏格拉底的好友，苏格拉底被判刑后，他曾劝说苏格拉底越狱，被苏格拉底拒绝。

[3] 杨绛指出："医药神（Aesculapius）是阿波罗的儿子，有起死回生的医术。苏格拉底的这句话是他临终的一句话，注释者有不同的解释。如有人认为这是服毒后的呓语；盖德注解本264页综合各说，认为最普遍最合理的解释是：苏格拉底不愿疏忽当时希腊人的传统信仰，同时又表示他从此解脱了一切人间疾苦。"

阅 读 提 示

苏格拉底是西方著名的哲学家，柏拉图的老师。他常常通过与人交谈、不断提问和循循善诱的方式启迪人的智慧。公元前399年，苏格拉底被雅典公审法庭判处有罪，罪名为"不敬城邦神和败坏青年"。苏格拉底的学生们曾为他谋得一个逃离监狱的机会，但他拒绝离开，也不愿意保持缄默以苟且偷生，最后饮下毒药而死。苏格拉底之死是西方文化思想史上的重要事件，他用死亡捍卫了自己的信念，也捍卫了法律的尊严。

《斐多》记载了苏格拉底临死之前，与学生们就正义、死亡等问题的讨论。苏格拉底面对死亡从容不迫，照旧与自己的学生谈笑风生的风度至今仍彰显出超越时代的感染力。苏格拉底临死前柏拉图并不在现场，但他仍用栩栩如生的笔触描述了苏格拉底死前的种种情状，揭示了他的思想，展示出这位哲人的豁达洒脱的形象。

思 考 与 训 练

1. 细读选文，体会作者是如何使用对话来塑造人物形象的。

2. 体会课文中苏格拉底对待死亡的态度，谈谈你的看法。

堂吉诃德（节选）[1]

塞万提斯

塞万提斯（1547—1616），西班牙小说家、剧作家、诗人，西班牙文学世界中最伟大的作家，"塞万提斯的语言"甚至成为西班牙语的代名词。塞万提斯曾经作为一名战士参加过著名的勒班托海战，在战争中表现得十分英勇。1575 年，退伍后的塞万提斯在回家途中被摩尔人海盗劫持，关押在阿尔及尔，直到 5 年之后才辗转回到故乡马德里。回国之后的塞万提斯穷困潦倒，靠写作勉强糊口。塞万提斯的晚年生活十分拮据，还曾多次因被诬告而身陷囹圄。1616 年贫病交加的塞万提斯病逝于马德里。塞万提斯的代表作《堂吉诃德》被翻译成一百多种文字流传于世界各地，是世界文学宝库中知名度极高的一部名著。除此而外，他还创作了小说《伽拉泰亚》《训诫小说集》，剧本《努曼西亚》等作品。

这时候，他们远远望见郊野里有三四十架风车。堂吉诃德一见就对他的侍从说：

"运道的安排，比咱们要求的还好。你瞧，桑丘·潘沙朋友，那边出现了三十多个大得出奇的巨人。我打算去跟他们交手，把他们一个个杀死，咱们得了胜利品，可以发财。这是正义的战争，消灭地球上这种坏东西是为上帝立大功。"

桑丘·潘沙道："什么巨人呀？"

他主人说："那些长胳膊的，你没看见吗？有些巨人的胳膊差不多二哩瓦[2]长呢。"

桑丘说："您仔细瞧瞧，那不是巨人，是风车；上面胳膊似的东西是风车的翅膀，给风吹动了就能推转石磨。"

堂吉诃德道："你真是外行，不懂冒险。他们确是货真价实的巨人。你要是害怕，就走开些，做你的祷告去，我一人单干，跟他们大伙儿拼命好了。"

他一面说，一面踢着坐骑冲出去。他侍从桑丘大喊说，他前去冲杀的明明是风车，不是巨人；他满不理会，横着念头那是巨人，既没听见桑丘叫喊，跑近了也没看清是什么东西，只顾往前冲，嘴里嚷道：

"你们这伙没胆量的下流东西！不要跑！来跟你们厮杀的只是个单枪匹马的骑士！"

这时微微刮起一阵风，转动了那些庞大的翅翼。堂吉诃德见了说：

"即使你们挥舞的胳膊比巨人布利亚瑞欧[3]的还多，我也要和你们见个高下！"

他说罢一片虔诚向他那位杜尔西内娅小姐祷告一番，求她在这个紧要关头保佑自己，然后把盾牌遮稳身体，横托着长枪飞马向第一架风车冲杀上去。他一枪刺中了风车的翅膀；翅膀在风里转得正猛，把长枪迸作几段，一股劲把堂吉诃德连人带马直扫出去；堂吉诃德滚翻在地，狼狈不堪。桑丘·潘沙趱驴来救，跑近一看，他已经不能动弹，驽骍难得把他摔得太厉害了。

桑丘说："天啊！我不是跟您说了吗，仔细着点儿，那不过是风车。除非自己的头脑给风车转糊涂了，谁还不知道这是风车呢？"

堂吉诃德答道："甭说了，桑丘朋友，打仗的胜败最拿不稳。看来把我的书连带书房一起抢走的弗瑞斯冬法师对我冤仇很深，一定是他把巨人变成风车，来剥夺我胜利的光荣。可是到头来，他的邪法毕竟敌不过我这把剑的锋芒。"

桑丘说："这就要瞧老天爷怎么安排了。"

桑丘扶起堂吉诃德；他重又骑上几乎跌歪了肩膀的驽骍难得。他们谈论着方才的险遇，顺着往拉比塞峡口的大道前去，因为据堂吉诃德说，那地方来往人多，必定会碰到许多形形色色的奇事。可是他长枪断了，心上老大不痛快，和他的侍从计议说：

"我记得在书上读到一位西班牙骑士名叫狄艾果·贝瑞斯·台·巴尔咖斯，他一次打仗把剑斫断了，就从橡树上劈下一根粗壮的树枝，凭那根树枝，那一天干下许多了不起的事，打闷不知多少摩尔人，因此得到个绰号，叫做'大棍子'。后来他本人和子孙都称为'大棍子'巴尔咖斯。我跟你讲这番话有个计较：我一路上见到橡树，料想他那根树枝有多粗多壮，照样也折它一枝。我要凭这根树枝大显身手，你亲眼看见了种种说来也不可信的奇事，才会知道跟了我多么运气。"

桑丘说："这都听凭老天爷安排吧。您说的话我全相信；可是您把身子挪正中些，您好象闪到一边去了，准是摔得身上疼呢。"

堂吉诃德说："是啊，我吃了痛没作声，因为游侠骑士受了伤，尽管肠子从伤口掉出来，也不行得哼痛。"[4]

桑丘说："要那样的话，我就没什么说的了。不过天晓得，我宁愿您有痛就哼。我自己呢，说老实话，我要有一丁丁点儿疼就得哼哼，除非游侠骑士的侍从也得遵守这个规矩，不许哼痛。"

堂吉诃德瞧他侍从这么傻，忍不住笑了。他声明说：不论桑丘喜欢怎么哼或什么时候哼，不论他是忍不住要哼或不哼也可，反正他尽管哼好了，因为他还没读到什么游侠骑士的规则不准侍从哼痛。桑丘提醒主人说，该是吃饭的时候了。他东家说这会子还不想吃，桑丘什么时候想吃就可以吃。桑丘得了这个准许，就在驴背上尽量坐舒服了，把褡裢袋里的东西取出来，慢慢跟在主人后面一边走一边吃，还频频抱起酒袋来喝酒，喝得津津有味，玛拉咖最享口福的酒馆主人见了都会羡慕[5]。他这样喝着酒一路走去，早把东家许他的愿抛在九霄云外，觉得四出（处）冒险尽管担惊受怕，也不是什么苦差，倒是很惬意的。

长话短说，他们当夜在树林里过了一宿。堂吉诃德折了一根可充枪柄的枯枝，把枪头移上。他曾经读到骑士们在穷林荒野里过夜，想念自己的意中人，好几夜都不睡觉。他要学样，当晚彻夜没睡，只顾想念他的意中人杜尔西内娅。桑丘·潘沙却另是一样。他肚子填得满满，又没喝什么提神醒睡的饮料，倒头一觉，直睡到大天亮。阳光照射到他脸上，鸟声嘈杂，欢迎又一天来临，他都不理会，要不是东家叫唤，他还沉睡不醒呢。他起身就去抚摸一下酒袋，觉得比昨晚越发萎瘪了，不免心上烦恼，因为照他看来，在他们这条路上，无法立刻弥补上这项亏空。堂吉诃德还是不肯开斋，上文已经说过，他决计靠甜蜜的相思来滋养自己。他们又走上前往拉比塞峡口的道路；约莫下午三点，山峡已经在望。

堂吉诃德望见山峡，就说："桑丘·潘沙兄弟啊，这里的险境和奇事多得应接不暇，可是你记着，尽管瞧我遭了天大的危险，也不可以拔剑卫护我。如果我对手是下等人，你可以帮忙；如果对手是骑士，按骑士道的规则，你怎么也不可以帮我，那是违法的。你要帮打，得封授了骑士的称号才行。"

桑丘答道："先生，我全都听您的，决没有错儿。我生来性情和平，最不爱争吵。当然，我如要保卫自己身体，就讲究不了这些规则。无论天定的规则，人定的规则，总容许动手自卫。"

堂吉诃德说："这话我完全同意。不过你如要帮我跟骑士打架，那你得捺下火气，不能使性。"

桑丘答道："我一定听命，把您这条戒律当礼拜日的安息诫一样认真遵守。"

（选自塞万提斯著，杨绛译《堂吉诃德》，人民文学出版社，1978年版）

注　释

[1] 本文选自《堂吉诃德》第1部第八章"骇人的风车奇险；堂吉诃德的英雄身手；以及其他值得大书特书的事情。"
[2] 一哩瓦合6.4公里——译者注。
[3] 希腊神话里和神道作战的巨人，有一百条手臂——译者注。
[4] 骑士规则第九条："骑士不论受了什么伤，不得哼痛。"——译者注。
[5] 玛拉咖的酒是著名的——译者注。

阅　读　提　示

本文选自《堂吉诃德》第1部第八章"骇人的风车奇险；堂吉诃德的英雄身手；以及其他值得大书特书的事情。"《堂吉诃德》共两部，分别写于1605年和1615年，其创作目的是"彻底摧毁骑士文学的领地"。塞万提斯以戏拟的创作手法，刻画了漫画式的人物堂吉诃德和桑丘的形象，嘲笑了当时西班牙流行的骑士文学。但《堂吉诃德》并非只是一部反对骑士文学的作品，作者在这作品中批判了当时西班牙社会的种种丑恶现象，并通过堂吉诃德这一悲剧性和喜剧性共存的矛盾形象，在嘲笑骑士制度的同时，又对堂吉诃德身上仍然保留的除暴安良、扶贫济弱的道德品质满怀赞赏。

《堂吉诃德》第1部第八章讲述了两个事件：一是堂吉诃德挑战风车，二是他与比斯盖人的决斗。本文节选的是堂吉诃德挑战风车的描写，也是这部小说最为经典的一幕。通过堂吉诃德英勇挑战风车却被无情打败的描写，小说巧妙地展现了堂吉诃德身上存在的疯癫与理智、幻想与现实、胡搅蛮缠与崇高侠义的矛盾特质。

思 考 与 训 练

1. 堂吉诃德如何挑战风车？你认为小说对于这个部分的描写有哪些精彩的地方？
2. 对比文中塑造的堂吉诃德与桑丘的形象，谈谈这两个人物形象有哪些差异。
3. 课余时间阅读整部《堂吉诃德》，思考堂吉诃德是一个怎样的人物形象。

罗密欧与朱丽叶（节选）

莎士比亚

莎士比亚（1564—1616），英国文艺复兴时期杰出的剧作家和诗人，马克思称其为"人类最伟大的戏剧天才"。莎士比亚出生于英国中部沃里克郡艾汶河畔的斯特拉福镇，早年曾学习过拉丁文、文学和修辞学。23岁只身到伦敦谋生，当过剧院的打杂工、演员和编剧，曾在女王御前演出，后来成为伦敦"环球剧院"的股东。1613年前后，莎士比亚离开伦敦返回故乡斯特拉福镇，1616年逝世于故乡。莎士比亚一生共创作了37部戏剧、2部长诗和154首十四行诗。其创作分为三个时期：第一时期（1590—1600年）以历史剧、喜剧和诗歌创作为主，代表作包括《威尼斯商人》《罗密欧与朱丽叶》《理查三世》等；第二时期（1601—1607年）是其创作的成熟期，以悲剧创作为主，代表作包括《哈姆雷特》《麦克白》《奥赛罗》《李尔王》等，被称为"四大悲剧"；第三时期（1608—1613年）他转向传奇剧的创作，代表作有《暴风雨》等。

第二场　同前。凯普莱特家的花园[1]

罗密欧上。

罗密欧　没有受过伤的才会讥笑别人身上的创痕。（朱丽叶自上方窗户中出现）轻声！那边窗子里亮起来的是什么光？那就是东方，朱丽叶就是太阳！起来吧，美丽的太阳！赶走那妒忌的月亮，她因为她的女弟子比她美得多，已经气得面色惨白了。既然她这样妒忌着你，你不要忠于她吧；脱下她给你的这一身惨绿色的贞女的道服，它是只配给愚人穿的。那是我的意中人；啊！那是我的爱；唉，但愿她知道我在爱着她！她欲言又止，可是她的眼睛已经道出了她的心事。待我去回答她吧；不，我不要太卤莽，她不是对我说话。天上两颗最灿烂的星，因为有事他去，请求她的眼睛替代它们在空中闪耀。要是她的眼睛变成了天上的星，天上的星变成了她的眼睛，那便怎样呢？她脸上的光辉会掩盖了星星的明亮，正像灯光在朝阳下黯然失色一样；在天上的她的眼睛，会在太空中大放光明，使鸟儿误认为黑夜已经过去而唱出它们的歌声。瞧！她用纤手托住了脸，那姿态是多么美妙！啊，但愿我是那一只手上的手套，好让我亲一亲她脸上的香泽！

朱丽叶　唉！

罗密欧　她说话了。啊！再说下去吧，光明的天使！因为我在这夜色之中仰视着你，就像一个尘世的凡人，张大了出神的眼睛，瞻望着一个生着翅膀的天使，驾着白云缓缓地驰过了天空一样。

朱丽叶　罗密欧啊，罗密欧！为什么你偏偏是罗密欧呢？否认你的父亲，抛弃你的姓名吧；

也许你不愿意这样做，那么只要你宣誓做我的爱人，我也不愿再姓凯普莱特了。

罗密欧　（旁白）我还是继续听下去呢，还是现在就对她说话？

　　朱丽叶　只有你的名字才是我的仇敌；你即使不姓蒙太古，仍然是这样的一个你。姓不姓蒙太古又有什么关系呢？它又不是手，又不是脚，又不是手臂，又不是脸，又不是身体上任何其他的部分。啊！换一个姓名吧！姓名本来是没有意义的；我们叫做玫瑰的这一种花，要是换了个名字，它的香味还是同样的芬芳；罗密欧要是换了别的名字，他的可爱的完美也决不会有丝毫改变。罗密欧，抛弃了你的名字吧；我愿意把我整个的心灵，赔偿你这一个身外的空名。

　　罗密欧　那么我就听你的话，你只要叫我做爱，我就重新受洗，重新命名；从今以后，永远不再叫罗密欧了。

　　朱丽叶　你是什么人，在黑夜里躲躲闪闪地偷听人家的话？

　　罗密欧　我没法告诉你我叫什么名字。敬爱的神明，我痛恨我自己的名字，因为它是你的仇敌；要是把它写在纸上，我一定把这几个字撕成粉碎。

　　朱丽叶　我的耳朵里还没有灌进从你嘴里吐出来的一百个字，可是我认识你的声音；你不是罗密欧，蒙太古家里的人吗？

　　罗密欧　不是，美人，要是你不喜欢这两个名字。

　　朱丽叶　告诉我，你怎么会到这儿来，为什么到这儿来？花园的墙这么高，是不容易爬上来的；要是我家里的人瞧见你在这儿，他们一定不让你活命。

　　罗密欧　我借着爱的轻翼飞过园墙，因为砖石的墙垣是不能把爱情阻隔的；爱情的力量所能够做到的事，它都会冒险尝试，所以我不怕你家里人的干涉。

　　朱丽叶　要是他们瞧见了你，一定会把你杀死的。

　　罗密欧　唉！你的眼睛比他们二十柄刀剑还厉害；只要你用温柔的眼光看着我，他们就不能伤害我的身体。

　　朱丽叶　我怎么也不愿让他们瞧见你在这儿。

　　罗密欧　朦胧的夜色可以替我遮过他们的眼睛。只要你爱我，就让他们瞧见我吧；与其因为得不到你的爱情而在这世上捱命，还不如在仇人的刀剑下丧生。

　　朱丽叶　谁叫你找到这儿来的？

　　罗密欧　爱情怂恿我探听出这一个地方；他替我出主意，我借给他眼睛。我不会操舟驾舵，可是倘使你在辽远辽远的海滨，我也会冒着风波寻访你这颗珍宝。

　　朱丽叶　幸亏黑夜替我罩上了一重面幕，否则为了我刚才被你听去的话，你一定可以看见我脸上羞愧的红晕。我真想遵守礼法，否认已经说过的言语，可是这些虚文俗礼，现在只好一切置之不顾了！你爱我吗？我知道你一定会说"是的"；我也一定会相信你的话；可是也许你起的誓只是一个谎，人家说，对于恋人们的寒盟背信，天神是一笑置之的。温柔的罗密欧啊！你要是真的爱我，就请你诚意告诉我；你要是嫌我太容易降心相从，我也会堆起怒容，装出倔强的神气，拒绝你的好意，好让你向我婉转求情，否则我是无论如何不会拒绝你的。俊秀的蒙太古啊，我真的太痴心了，所以也许你会觉得我的举动有点轻浮；可是相信我，朋友，总有一天你会知道我的忠心远胜过那些善于矜持作态的人。我必须承认，倘不是你乘我不备的时候偷听去了我的真情的表白，我一定会更加矜持一点的；所以原谅我吧，是黑夜泄漏了我心底的秘密，不要把我的允诺看作无耻的轻狂。

罗密欧　姑娘，凭着这一轮皎洁的月亮，它的银光涂染着这些果树的梢端，我发誓——

朱丽叶　啊！不要指着月亮起誓，它是变化无常的，每个月都有盈亏圆缺；你要是指着它起誓，也许你的爱情也会像它一样无常。

罗密欧　那么我指着什么起誓呢？

朱丽叶　不用起誓吧；或者要是你愿意的话，就凭着你优美的自身起誓，那是我所崇拜的偶像，我一定会相信你的。

罗密欧　要是我的出自深心的爱情——

朱丽叶　好，别起誓啦。我虽然喜欢你，却不喜欢今天晚上的密约；它太仓卒、太轻率、太出人意外了，正像一闪电光，等不及人家开一声口，已经消隐了下去。好人，再会吧！这一朵爱的蓓蕾，靠着夏天的暖风的吹拂，也许会在我们下次相见的时候，开出鲜艳的花来。晚安，晚安！但愿恬静的安息同样降临到你我两人的心头！

罗密欧　啊！你就这样离我而去，不给我一点满足吗？

朱丽叶　你今夜还要什么满足呢？

罗密欧　你还没有把你的爱情的忠实的盟誓跟我交换。

朱丽叶　在你没有要求以前，我已经把我的爱给了你了；可是我倒愿意重新给你。

罗密欧　你要把它收回去吗？为什么呢，爱人？

朱丽叶　为了表示我的慷慨，我要把它重新给你。可是我只愿意要我已有的东西：我的慷慨像海一样浩渺，我的爱情也像海一样深沉；我给你的越多，我自己也越是富有，因为这两者都是没有穷尽的。（乳媪在内呼唤）我听见里面有人在叫；亲爱的，再会吧！——就来了，好奶妈！——亲爱的蒙太古，愿你不要负心。再等一会儿，我就会来的。（自上方下。）

罗密欧　幸福的，幸福的夜啊！我怕我只是在晚上做了一个梦，这样美满的事不会是真实的。

朱丽叶自上方重上。

朱丽叶　亲爱的罗密欧，再说三句话，我们真的要再会了。要是你的爱情的确是光明正大，你的目的是在于婚姻，那么明天我会叫一个人到你的地方来，请你叫他带一个信给我，告诉我你愿意在什么地方、什么时候举行婚礼；我就会把我的整个命运交托给你，把你当作我的主人，跟随你到天涯海角。

乳媪　（在内）小姐！

朱丽叶　就来。——可是你要是没有诚意，那么我请求你——

乳媪　（在内）小姐！

朱丽叶　等一等，我来了。——停止你的求爱，让我一个人独自伤心吧。明天我就叫人来看你。

罗密欧　凭着我的灵魂——

　　朱丽叶　一千次的晚安！（自上方下。）

　　罗密欧　晚上没有你的光，我只有一千次的心伤！恋爱的人去赴他情人的约会，像一个放学归来的儿童；可是当他和情人分别的时候，却像上学去一般满脸懊丧。（退后。）

　　朱丽叶自上方重上。

　　朱丽叶　嘘！罗密欧！嘘！唉！我希望我会发出呼鹰的声音，招这只鹰儿回来。我不能高声说话，否则我要让我的喊声传进厄科[2]的洞穴，让她的无形的喉咙因为反复叫喊着我的罗密欧的名字而变成嘶哑。

　　罗密欧　那是我的灵魂在叫喊着我的名字。恋人的声音在晚间多么清婉，听上去就像最柔和的音乐！

　　朱丽叶　罗密欧！

　　罗密欧　我的爱！

　　朱丽叶　明天我应该在什么时候叫人来看你？

　　罗密欧　就在九点钟吧。

　　朱丽叶　我一定不失信；挨到那个时候，该有二十年那么长久！我记不起为什么要叫你回来了。

　　罗密欧　让我站在这儿，等你记起了告诉我。

　　朱丽叶　你这样站在我的面前，我一心想着多么爱跟你在一块儿，一定永远记不起来了。

　　罗密欧　那么我就永远等在这儿，让你永远记不起来，忘记除了这里以外还有什么家。

　　朱丽叶　天快要亮了；我希望你快去；可是我就好比一个淘气的女孩子，像放松一个囚犯似的让她心爱的鸟儿暂时跳出她的掌心，又用一根丝线把它拉了回来，爱的私心使她不愿意给它自由。

　　罗密欧　我但愿我是你的鸟儿。

　　朱丽叶　好人，我也但愿这样；可是我怕你会死在我的过分的爱抚里。晚安！晚安！离别是这样甜蜜的凄清，我真要向你道晚安直到天明！（下。）

　　罗密欧　但愿睡眠合上你的眼睛！

　　但愿平静安息我的心灵！

　　我如今要去向神父求教，

　　把今宵的艳遇诉他知晓。（下。）

　　　　　　　　[选自莎士比亚著，朱生豪等译《莎士比亚全集》（四），人民文学出版社，1994年版]

注　释

[1] 本文选自《罗密欧与朱丽叶》第二幕第二场，题目中的"同前"指第二场与第一场一样，均发生在维洛那。

[2] 厄科（Echo）是古希腊神话故事中爱上了美少年那喀索斯的仙女之名，因恋爱不得而化为了回声。

阅读提示

《罗密欧与朱丽叶》是莎士比亚早期创作的代表，也是世界文学史上最著名的爱情经典代表作之一。该剧讲述了意大利维洛那城因家族世仇无法相爱的青年男女殉情而死的爱情悲剧。作为一部爱情经典，该剧书写了一种热烈而纯粹的爱情，这种爱情始至两人的一见钟情，以两人飞蛾扑火般的双双赴死收尾。

本文选自《罗密欧与朱丽叶》第二幕第二场两人互诉衷肠的定情画面，这一场是男女爱情描写中公认的经典场景。罗密欧与朱丽叶在舞会上一见钟情，却无法深入交流。舞会后罗密欧潜入朱丽叶家花园，准备向朱丽叶表白。开篇以两人的独白开始，表现了两人最真挚的情感，接下来转入两人的对话，展示了情人间的海誓山盟和难舍难分的情感。莎士比亚用诗一样的语言再现了情人间的喃喃私语，通过人物的行动和语言巧妙地塑造了大胆冲动的罗密欧和纯真热情的朱丽叶的形象。

思考与训练

1. 细读文本，分析罗密欧与朱丽叶用词的差异，谈谈莎士比亚如何利用语言塑造人物性格。
2. 文中运用了哪些修辞手法？谈谈你对莎士比亚语言丰富性的理解。
3. 结合《罗密欧与朱丽叶》的创作背景，谈谈这部作品中爱情描写的价值。

饥饿艺术家[1]

卡夫卡

卡夫卡(1883—1924),20世纪著名的德语小说家。1883年卡夫卡出生于奥匈帝国统治下布拉格的一个犹太商人家庭,1901年进入布拉格卡尔·费迪南德语大学,1906年获得法学博士学位后供职于布拉格波西米亚王国劳工工伤保险公司,直到1922年因病退休。1924年卡夫卡病逝于布拉格。卡夫卡自幼爱好文学,但独断专横的父亲不支持他写作,他只能在工作之余抽出时间创作,生前只发表了少量的小说。卡夫卡去世后,好友勃罗德将其作品编辑出版,才使得卡夫卡享誉世界文坛。卡夫卡的代表作包括3部未完成的长篇小说《美国》(原名《失踪者》)、《审判》、《城堡》,中短篇小说《变形记》《判决》《饥饿艺术家》等。

近几十年来,人们对饥饿表演的兴趣大为淡薄了。从前自行举办这类名堂的大型表演收入是相当可观的,今天则完全不可能了。那是另一种时代。当时,饥饿艺术家风靡全城;饥饿表演一天接着一天,人们的热情与日俱增;每人每天至少要观看一次;表演期临近届满时,有些买了长期票的人,成天守望在小小的铁栅笼子前;就是夜间也有人来观看,在火把照耀下,别有情趣;天气晴朗的时候,就把笼子搬到露天场地,这样做主要是让孩子们来看看饥饿艺术家,他们对此有特殊兴趣;至于成年人来看他,不过是取个乐,赶个时髦而已;可孩子们一见到饥饿艺术家,就惊讶得目瞪口呆。为了安全起见,他们互相手牵着手,惊奇地看着这位身穿黑色紧身衣、脸色异常苍白、全身瘦骨嶙峋的饥饿艺术家。这位艺术家甚至连椅子都不屑去坐,只是席地坐在铺在笼子里的干草上,时而有礼貌地向大家点头致意,时而强作笑容回答大家的问题,他还把胳臂伸出栅栏,让人亲手摸一摸,看他多么消瘦,而后却又完全陷入沉思,对谁也不去理会,连对他来说如此重要的钟鸣(笼子里的唯一陈设就是时钟)他也充耳不闻,而只是呆呆地望着前方出神,双眼几乎紧闭,有时端起一只很小的杯子,稍稍啜一点儿水,润一润嘴唇。

观众来来去去,川流不息,除他们以外,还有几个由公众推选出来的固定的看守人员。说来也怪,这些人一般都是屠夫。他们始终三人一班,任务是日夜看住这位饥饿艺术家,绝不让他有任何偷偷进食的机会。不过这仅仅是安慰观众的一种形式而已,因为内行的人大概都知道,饥饿艺术家在饥饿表演期间,不论在什么情况下都是点食不进的,你就是强迫他吃他都是不吃的。他的艺术的荣誉感禁止他吃东西。当然,并非每个看守的人都能明白这一点的,有时就有这样的夜班看守,他们看得很松,故意远远地聚在一个角落里,专心致志地打起牌来。很明显,他们是有意要留给他一个空隙,让他得以稍稍吃点儿东西;他们以为他会从某个秘密的地方拿出贮藏的食物来。这样的看守是最使饥饿艺术家痛苦的了。他们使他变得忧郁消沉；使他的饥饿表演异常困难；有时他强打精神，尽其体力之所能，就在他们值班期间，不断地唱着歌，以便向这些人表明，他们怀疑他偷吃东西是多么冤枉。但这无济于事；他这样做反而使他们一味赞叹他的技艺高超，竟能一边唱歌，一边吃东西。另一些看守人员使饥饿艺术家甚是满意，他们紧挨着笼子坐下来，嫌厅堂里的灯光昏暗，还用演出经理发给他们使用的手电筒照射着他。刺眼的光线对他毫无影响，入睡固然不可能，稍稍打个盹儿他一向是做得到的，不管在什么光线下，在什么时候，也不管大厅里人山人海，喧闹不已。他非常愿意彻夜不睡，同这样的看守共度通宵；他愿意跟他们逗趣戏谑，给他们讲他漂泊生涯的故事，然后又悉心倾听他们的趣闻，目的只有一个：使他们保持清醒，以便让他们始终看清，他在笼子里什么吃的东西也没有；让他们知道，他们之中谁也比不上他的忍饿本领。然而他感到最幸福的是，当天亮以后，他掏腰包让人给他们送来丰盛的早餐，看着这些壮汉们在熬了一个通宵以后，以健康人的旺盛食欲狼吞虎咽。诚然，也有人对此举不以为然，他们把这种早餐当作饥饿艺术家贿赂看守以利自己偷吃的手段。这就未免太离奇了。当你问他们自己愿不愿意一心为了事业，值一通宵的夜班而不吃早饭，他们就会溜之乎也，尽管他们的怀疑并没有消除。

  人们对饥饿艺术家的这种怀疑却也难于避免。作为看守，谁都不可能日以继夜、一刻不停地看着饥饿艺术家，因而谁也无法根据亲眼目睹的事实证明他是否真的持续不断地忍着饥饿，一点漏洞也没有；这只有饥饿艺术家自己才能知道，因此只有他自己才是对他能够如此忍饥耐饿感到百分之百满意的观众。然而他本人却由于另一个原因又是从未满意过的；也许他压根儿就不是因为饥饿，而是由于对自己不满而变得如此消瘦不堪，以致有些人出于对他的怜悯，不忍心见到他那副形状而不愿来观看表演。除了他自己之外，即使行家也没有人知道，饥饿表演是一件如此容易的事，这实在是世界上最轻而易举的事了。他自己对此也从不讳言，但是没有人相信。从好的方面想，人们以为这是他出于谦虚，可人们多半认为他是在自我吹嘘，或者干脆把他当作一个江湖骗子，断绝饮食对他当然不难，因为他有一套使饥饿轻松好受的秘诀，而他又是那么厚颜无耻，居然遮遮掩掩地说出断绝饮食易如反掌的实情。这一切流言蜚语他都忍受下去，经年累月他也已经习惯了，但在他的内心里这种不满始终折磨着他。每逢饥饿表演期满，他没有一次是自觉自愿地离开笼子的，这一点我们得为他作证。经理规定的饥饿表演的最高期限是四十天，超过这个期限他决不让他继续饿下去，即使在世界有名的大城市也不例外，其中道理是很好理解的。经验证明，大凡在四十天里，人们可以通过逐步升级的广告招徕不断激发全城人的兴趣，再往后观众就疲了，表演场就会门庭冷落。在这一点上，城市和乡村当然是略有区别的，但是四十天是最高期限，这条常规是各地都适用的。所以到了第四十天，插满鲜花的笼子的门就开了，观众兴高采烈，挤满了半圆形的露天大剧场，军乐队高奏乐曲，两位医生走进笼子，对饥饿艺术家进行必要的检查、测量，接着通过扩音器当众宣布结果。最后上来两位年轻的女士，为自己有幸被选中侍候饥饿艺术家而喜气洋洋，她们要扶着艺术家从笼子里出来，走下那几级台阶，阶前有张小桌，上面摆好了精心选做的病号饭。在这种时刻，饥饿艺术家总是加以拒绝。当两位女士欠着身子向他伸过手来准备帮忙的时候，他虽是自愿地把他皮包骨头的手臂递给了她们，但他却不肯站起来。

现在刚到四十天，为什么就要停止表演呢？他本来还可以坚持得更长久，无限长久地坚持下去，为什么在他的饥饿表演正要达到最出色的程度（唉，还从来没有让他的表演达到过最出色的程度呢）的时候停止呢？只要让他继续表演下去，他不仅能成为空前伟大的饥饿艺术家——这一步看来他已经实现了——而且还要超越这一步而达到常人难以理解的高峰呢（因为他觉得自己的饥饿能力是没有止境的），为什么要剥夺他达到这一境界的荣誉呢？为什么这群看起来如此赞赏他的人，却对他如此缺乏耐心呢？他自己还能继续饿下去，为什么他们却不愿忍耐着看下去呢？而且他已经很疲乏，满可以坐在草堆上好好休息休息，可现在他得支立起自己又高又细的身躯，走过去吃饭，而对于吃，他只要一想到就要恶心，只是碍于两位女士的份上，他才好不容易勉强忍住。他仰头看了看表面上如此和蔼，其实是如此残酷的两位女士的眼睛，摇了摇那过分沉重地压在他细弱的脖子上的脑袋。但接着，一如往常，演出经理出场。经理默默无言（由于音乐他无法讲话），双手举到饥饿艺术家的头上，好像他在邀请上苍看一看他这草堆上的作品，这值得怜悯的殉道者（饥饿艺术家确实是个殉道者，只是完全从另一种意义上讲罢了）。演出经理两手箍住饥饿艺术家的细腰，动作非常小心翼翼，以便让人感到他抱住的是一件极易损坏的物品；这时，经理很可能暗中将他微微一撼，以致饥饿艺术家的双腿和上身不由自主地摆荡起来；接着就把他交给那两位此时吓得脸色煞白的女士。于是饥饿艺术家只得听任一切摆布。他的脑袋耷拉在胸前，就好像它一滚到了那个地方，就莫名其妙地停住不动了；他的身体已经掏空；双膝出于自卫的本能互相夹得很紧，但两脚却擦着地面，好像那不是真实的地面，它们似乎在寻找真正可以着落的地面；他的身子的全部重量（虽然非常轻）都落在其中一个女士的身上，她气喘吁吁，四顾求援（真想不到这件光荣差事竟是这样的），她先是尽量伸长脖子，这样至少可以使饥饿艺术家碰不到她的花容。但这点她并没有做到，而她的那位较为幸运的女伴却不来帮忙，只肯战战兢兢地执着饥饿艺术家的一只手——其实只是一小把骨头——举着往前走，在哄堂大笑声中那位倒楣的女士不禁哇的一声哭了起来，只得由一个早就站着待命的仆人接替了她。接着开始就餐，经理在饥饿艺术家近乎昏厥的半眠状态中给他灌了点流汁，同时说些开心的闲话，以便分散大家对饥饿艺术家身体状况的注意力，然后，据说饥饿艺术家对经理耳语了一下，经理就提议为观众干杯；乐队起劲地奏乐助兴。随后大家各自散去。谁能对所见到的一切不满意呢？没有一个人。只有饥饿艺术家不满意，总是他一个人不满意。

每表演一次，便稍稍休息一下，他就这样度过了许多个岁月，表面上光彩照人，扬名四海。尽管如此，他的心情通常是阴郁的，而且有增无已，因为没有一个人能够认真体察他的心情。人们该怎样安慰他呢？他还有什么可企求的呢？如果一旦有个好心肠的人对他表示怜悯，并想向他说明他的悲哀可能是由饥饿造成的。这时，他就会——尤其是在经过了一个时期的饥饿表演之后——用暴怒来回答，那简直像只野兽似的猛烈地摇撼着栅栏，真是可怕之极。但对于这种状况，演出经理自有一种他喜欢采用的惩治办法。他当众为饥饿艺术家的反常表现开脱说：饥饿艺术家的行为可以原谅，因为他的易怒性完全是由饥饿引起的，而对于吃饱了的人并不是一下就能理解的。接着他话锋一转就讲起饥饿艺术家的一种需要加以解释的说法，即他能够断食的时间比他现在所作的饥饿表演要长得多。经理夸奖他的勃勃雄心、善良愿望与伟大的自我克制精神，这些无疑也包括在他的说法之中；但是接着经理就用出示照片（它们也供出售）的办法，轻而易举地把艺术家的那种说法驳得体无完肤。因为在这些照片上，人们看到饥饿艺术家在第四十天的时候，躺在床上，虚弱得奄奄一息。这种对于饥饿艺术家虽然司空见惯，却不断使他伤心丧气的歪曲真相的做法，实在使他难以忍受。这明明是饥饿表演提前收场的结果，大家却把它解释为饥饿表演之所以结束的原因！反对这种愚昧行为，反对这个愚昧的世界是不可能的。在经理说话的时候，他总还能真心诚意地抓着栅栏如饥似渴地倾听着，但每当他看见相片出现的时候，他的手就松开栅栏，叹着气坐回到草堆里去，于是刚刚受到抚慰的观众重又走过来观看他。

几年后，当这一场面的目击者们回顾这件往事的时候，他们往往连自己都弄不清是怎么一回事了。因为在这期间发生了那个已被提及的剧变；它几乎是突如其来的；也许有更深刻的缘由，但有谁去管它呢；总之，有一天这位备受观众喝彩的饥饿艺术家发现他被那群爱热闹的人抛弃了，他们宁愿纷纷涌向别的演出场所。经理带着他又一次跑遍半个欧洲，以便看看是否还有什么地方仍然保留着昔日的爱好；一切徒然；到处都可以发现人们像根据一项默契似地形成一种厌弃饥饿表演的倾向。当然，冰冻三尺非一日之寒，现在回想起来，当时就有一些苗头，由于人们被成绩所陶醉，没有引起足够的重视，没有切实加以防止，事到如今要采取什么对策却为时已晚了。诚然，饥饿表演重新风行的时代肯定是会到来的，但这对于活着的人们却不是安慰。那么，饥饿艺术家现在该怎么办呢？这位被成千人簇拥着欢呼过的人，总不能屈尊到小集市的陋堂俗台去演出吧，而要改行干别的职业呢，则饥饿艺术家不仅显得年岁太大，而且主要是他对于饥饿表演这一行爱得发狂，岂肯放弃。于是他终于告别了经理——这位生活道路上无与伦比的同志，让一个大马戏团招聘了去；为了保护自己的自尊心，他对合同条件连看也不屑看一眼。

马戏团很庞大，它有无数的人、动物、器械，它们经常需要淘汰和补充。不论什么人才，马戏团随时都需要，连饥饿表演者也要，当然所提条件必须适当，不能太苛求。而像这位被聘用的饥饿艺术家则属于一种特殊情况，他的受聘，不仅仅在于他这个人的本身，还在于他那当年的鼎鼎大名。这项艺术的特点是表演者的技艺并不随着年龄的递增而减色。根据这一特点，人家就不能说：一个不再站在他的技艺顶峰的老朽的艺术家想躲避到一个马戏团的安静闲适的岗位上去。相反，饥饿艺术家信誓旦旦地保证，他的饥饿本领并不减当年，这是绝对可信的。他甚至断言，只要准许他独行其是（人们马上答应了他的这一要求），他要真正做到让世界为之震惊，其程度非往日所能比拟。饥饿艺术家一激动，竟忘掉了时代气氛，他的这番言辞显然不合时宜，在行的人听了只好一笑置之。

但是饥饿艺术家到底还没有失去观察现实的能力，并认为这是当然之事，即人们并没有把他及其笼子作为精彩节目安置在马戏场的中心地位，而是安插在场外一个离兽场很近的交通要道口。笼子周围是一圈琳琅满目的广告，彩色的美术体大字令人一看便知那里可以看到什么。要是观众在演出的休息时间涌向兽场去观看野兽的话，几乎都免不了要从饥饿艺术家面前经过，并在那里稍停片刻，他们庶几本来是要在那里多待一会儿，从从容容地观看一番的，只是由于通道狭窄，后面涌来的人不明究竟，奇怪前面的人为什么不赶紧去观看野兽，而要在这条通道上停留，使得大家不能从容观看他。这也就是为什么饥饿艺术家看到大家即将来参观（他以此为其生活目的，自然由衷欢迎）时，就又颤抖起来的原因。起初他急不可待地盼着演出的休息时间；后来当他看到潮水般的人群迎面滚滚而来，他欣喜若狂，但他很快就看出，那一次又一次涌来的观众，就其本意而言，大多数无例外地是专门来看兽畜的。即使是那种顽固不化、近乎自觉的自欺欺人的人也无法闭眼不看这一事实。可是看到那些从远处蜂拥而来的观众，对他来说总还是最高兴的事。因为，每当他们来到他的面前时，便立即在他周围吵嚷得震天价响，并且不断形成新的派别互相谩骂，其中一派想要悠闲自在地把他观赏一番，他们并不是出于对他有什么理解，而是出于心血来潮和对后面催他们快走的观众的赌气，这些人不久就变得使饥饿艺术家更加痛苦；而另一派呢，他们赶来的目的不过是想看看兽畜而已。等到大批人群过去，又有一些人姗姗来迟，他们只要有兴趣在饥饿艺术家跟前停留，是不会再有人妨碍他们的了，但这些人为了能及时看到兽畜，迈着大步，匆匆而过，几乎连瞥也不瞥他一眼。偶尔也有这种幸运的情形：一个家长领着他的孩子指着饥饿艺术家向孩子们详细讲解这是怎么一回事。他讲到较早的年代，那时他看过类似的但盛况无与伦比的演出。孩子呢，由于他们缺乏足够的学历和生活阅历，总是理解不了——他们懂得什么叫饥饿吗？然而在他们炯炯发光的探寻着的双眸里，流露出那属于未来的、更为仁慈的新时代的东西。饥饿艺术家后来有时暗自思忖：假如他所在的地点不是离兽笼这么近，说不定一切都会稍好一些。像现在这样，人们很容易就选择去看兽畜，更不用说兽场散发出的气味，畜生们夜间的闹腾，给猛兽肩挑生肉时来往脚步的响动，喂食料时牲畜的叫换（唤），这一切把他搅扰得多么不堪，使他老是郁郁不乐。可是他又不敢向马戏团当局去陈述意见；他得感谢这些兽类招徕了那么多的观众，其中时不时也有个把是为光顾他而来的，而如果要提醒人们注意还有他这么一个人存在，从而使人们想到，他——精确地说——不过是通往厩舍路上的一个障碍，那么谁知道人家会把他塞到哪里去呢。

　　自然是一个小小的障碍，一个变得越来越小的障碍。在现今的时代居然有人愿意为一个饥饿艺术家耗费注意力，对于这种怪事人们已经习以为常，而这种见怪不怪的态度也就是对饥饿艺术家的命运的宣判。让他去就其所能进行饥饿表演吧，他也已经那样做了，但是他无从得救了，人们从他身旁扬长而过，不屑一顾。试一试向谁讲讲饥饿艺术吧！一个人对饥饿没有亲身感受，别人就无法向他讲清楚饥饿艺术。笼子上漂亮的美术字变脏了，看不清楚了，它们被撕了下来，没有人想到要换上新的；记载饥饿表演日程的布告牌，起初是每天都要仔细地更换数字的，如今已没有人更换了，每天总是那个数字，因为过了头几周以后，记的人自己对这项简单的工作也感到腻烦了；而饥饿艺术家却仍像他先前一度所梦想过的那样继续饿下去，而且像他当年预言过的那样，他长期进行饥饿表演毫不费劲。但是，没有人记天数，没有人，连饥饿艺术家自己都一点不知道他的成绩已经有多大，于是他的心变得沉重起来。假如有一天，来了一个游手好闲的家伙，他把布告牌上那个旧数字奚落一番，说这是骗人的玩意儿，那么，他这番话在这种意义上就是人们的冷漠和天生的恶意所能虚构的最愚蠢不过的谎言，因为饥饿艺术家诚恳地劳动，不是他诳骗别人，倒是世人骗取了他的工钱。

　　又过了许多天，表演也总算告终。一天，一个管事发现笼子，感到诧异，他问仆人们，这个里面铺着腐草的笼子好端端的还挺有用,为什么让它闲着。没有人回答得出来,直到一个人看见了记数字的牌儿,才想起饥饿艺术家来。他们用一根竿儿挑起腐草,发现饥饿艺术家在里面。"你还一直不吃东西?"管事问,"你到底什么时候才停止呢?""请诸位原谅。"饥饿艺术家细声细气地说;管事耳朵贴着栅栏,因此只有他才能听懂对方的话。"当然,当然。"管事一边回答,一边用手指摸了摸自己的额头,以此向仆人们暗示饥饿艺术家的状况不妙,"我们原谅你"。"我一直在希望你们能赞赏我的饥饿表演。"饥饿艺术家说。"我们也是赞赏的。"管事迁就地回答说。"但你们不应当赞赏。"饥饿艺术家说。"好,那我们就不赞赏",管事说,"不过究竟为什么我们不应该赞赏呢?""因为我只能挨饿,我没有别的办法。"饥饿艺术家说。"瞧,多怪啊!"管事说,"你到底为什么没有别的办法呢?""因为我",饥饿艺术家一边说,一边把小脑袋稍稍抬起一点,撮起嘴唇,直伸向管事的耳朵,像要去吻它似的,惟恐对方漏听了他一个字,"因为我找不到适合自己口胃的食物。假如我找到这样的食物,请相信,我不会这样惊动视听,并像你和大家一样,吃得饱饱的。"这是他最后的几句话,但在他那瞳孔已经扩散的眼睛里,流露着虽然不再是骄傲却仍然是坚定的信念:他要继续饿下去。

"好,归置归置吧!"管事说,于是人们把饥饿艺术家连同烂草一起给埋了。而笼子里换上了一只小豹,即使感觉最迟钝的人看到在弃置了如此长时间的笼子里,这只凶猛的野兽不停地蹦来跳去,他也会感到赏心悦目,心旷神怡。小豹什么也不缺。看守们用不着思考良久,就把它爱吃的食料送来,它似乎都没有因失去自由而惆怅;它那高贵的身躯,应有尽有,不仅具备着利爪,好像连自由也随身带着。它的自由好像就藏在牙齿中某个地方。它生命的欢乐是随着它喉咙发出如此强烈的吼声而产生,以致观众感到对它的欢乐很受不了。但他们克制住自己,挤在笼子周围,舍不得离去。

[选自卡夫卡著,洪天富、叶廷芳译《卡夫卡全集》(第1卷),河北教育出版社,1996年版]

注 释

[1] 据所选版本的编者注:"该篇写于1922年春,发表于同年10月《新观察》,为作者自己所珍重的几篇短篇小说之一,1924年他曾以此为书名,与其他三个短篇结集出版。同年4月,即在他去世前一个多月,他在病榻上校阅本篇清样时,不禁泪流满面,可见与书中主人公发生共鸣。可惜该集子出版时,作者已辞世。"

阅 读 提 示

《饥饿艺术家》发表于1922年,是卡夫卡为数不多在生前就已发表的作品之一。这篇短篇小说描写了一个饥饿艺术家从鼎盛走向没落的过程。卡夫卡在小说中塑造了一个殉道者式的艺术家形象,他痴迷于饥饿表演,但无论在其最受追捧的时期还是遭人厌弃之时,他始终无法被理解。小说最后,这名艺术家死于无人观看的表演中,他的表演最终被一只充满活力的小豹所取代。

《饥饿艺术家》是一篇典型的"卡夫卡式"的文本。"卡夫卡式"指卡夫卡在其作品中用象征怪诞、悖谬的艺术手法表现荒诞和异化的主题,呈现现代人的孤独和恐惧感。作品中的饥饿艺术家是卡夫卡作品中经常出现的陌异者形象代表,他满怀艺术理想,却生活在一个无法理解甚至唾弃其理想的社会中。文中充满了卡夫卡式的悖谬:饥饿艺术家的表演手段是饥饿,这意味着他的艺术成就越高,离死亡越接近;而当艺术家终于完成自己的理想,为艺术献身之后,取而代之的小豹充满了艺术家最为缺乏的生命力。最为悖谬的是,这个艺术家也并非毫无瑕疵的殉道者,他在临终前承认自己之所以从事饥饿表演,实则是因为他从来没有找到适合他胃口的食物。小说中看似荒诞的情节和人物揭示了作者对于现代生活的思考和探索,体现出卡夫卡作品为"现代人的困惑"代言的特质。

思 考 与 训 练

1. 不同时期的观众如何看待饥饿表演?他们与艺术家对饥饿表演的态度有哪些差异?
2. 文中的艺术家、演出经理、孩子分别具有哪些象征含义,谈谈你的看法。

给一百年后的你[1]

茨维塔耶娃

茨维塔耶娃（1892—1941），作为俄国白银时代最杰出的诗人之一，被约瑟夫·布罗茨基誉为"20世纪的第一诗人"。她诞生于一个充满艺术气息的莫斯科家庭，父亲是一位任教于莫斯科大学的艺术学教授，母亲则是著名钢琴大师安东·鲁宾斯坦的学生。她从小就展现出语言文字方面的天赋，6岁开始写诗，18岁时推出首部诗集《黄昏纪念册》，便获得勃留索夫以及其他资深诗人的认可和赞赏。茨维塔耶娃一生的经历大起大落，既有年少成名的志得意满，也伴随着流离失所、穷困潦倒的磨难，这些经历都成为茨维塔耶娃诗歌创作的养料。她的诗歌代表作有诗集《黄昏纪念册》《里程碑》《离别集》《普叙赫》和长诗《山之歌》《终结之歌》等。

给你，一百年后出生的你，
我像注定死亡的人，喘口气，
自地下最深处，用我的手
给你写诗句：

朋友！别再找我！换了时尚！
连老人们也已把我遗弃。
无法亲吻！我从忘川的水中
伸出两只手臂。

我看见你的眼像两堆篝火，
照亮我的坟墓，照亮地狱，
你看见一百年前死去的我，
我睡得很死。

我手里的东西已近乎灰尘，
是我的诗！我看见风中的你
在寻找那间屋，我在其中诞生，
或在其中死去。

你遇见那些健在的幸福女人，

我骄傲,我听见你的表态:
"欺世盗名的女人们!你们全死了!
只有她还健在!

"我曾服务她像一个志愿者!
我知道一切秘密,她戒指的所在!
你们这些盗墓女贼!你们从她那里
窃得这些钻戒!"

哦,我的一百个钻戒!
我痛心,我第一次后悔,
我随意送出那么多戒指,
却把你错过!

我也很忧伤,在这个黄昏,
在今日的黄昏,我久久追随
西落的太阳,我是在迎接
一百年后的你。

我敢打赌,你会送出诅咒,
送给黑暗坟墓中我那些朋友:
"你们全说好话!却无一人送她
粉红的衣裙!"

谁更自私呢?!不,我自私!
没有危险,就不必隐瞒私心,
我曾央求所有人给我写信,
供我夜间亲吻。

说出来吗?我说!死亡是假定。
你如今是我最激情的客人,
你会拒绝所有情人的礼物,
为了这堆遗骨。

一九一九年八月

(选自茨维塔耶娃著,刘文飞译《茨维塔耶娃诗选》,人民文学出版社,2020年版)

注释

[1] 茨维塔耶娃在此诗手稿上写道:"昨天一整天都在想一百年后的他,便给他写了几行诗。诗写成了,他终将到来。"——译者注。

阅读提示

茨维塔耶娃的诗歌源自个体的生命经验,触及诗人对于生命、死亡、爱情、艺术、自然、时代与社会等多方面的思考。《给一百年后的你》这首诗创作于1919年8月,是茨维塔耶娃创作成熟期的作品。从创作主题上看,这首诗涉及艺术与死亡的主题。诗人曾在1924年的一封信中自信地宣称:"我深知一百年以后人们将会多么爱我",这首诗可以视为对这句话的注解。诗人相信诗歌可以超越生死,散发出永恒的魅力,并大胆预言自己诗歌必将被世人铭记。

茨维塔耶娃的诗歌充满想象力,诗人在诗中想象出多个自己死后的画面,又用篝火、戒指、太阳等与死亡相对立的意象,表现出诗人对于诗歌生命力的肯定。从诗歌风格上看,这首诗体现了茨维塔耶娃真诚自然、坚定自信的诗歌风格。

思考与训练

1. 朗读诗歌,思考诗中的"我"与"你"的关系。
2. 课余阅读阿赫马托娃和茨维塔耶娃的诗歌,对比这两位女诗人诗歌创作的特点。

第八单元

应用写作

写作是大学语文重要的课程职能之一，尤以应用写作为主。早在1942年，叶圣陶先生在《略谈学习国文》中就指出："从国文科，咱们将得到什么知识，养成什么习惯呢？简括地说，只有两项，一项是阅读，又一项是写作。"1981年，叶圣陶与《写作》杂志编辑人员谈话，指出："大学毕业生不一定会写小说诗歌，但是一定要写工作和生活中实用的文章，而且非写得既通顺又扎实不可。"

应用写作不仅是当代大学生在学习和工作中必需的能力之一，也是一项亟待提高的技能。大学生在日常学习和生活中经常会遇到一些应用文体的写作，小到请假条、演讲稿，大到求职简历、毕业论文，还有调查报告、会议纪要、通知、函等，公务员考试中的申论也经常考查应用写作。参加工作之后，应用写作能力更为重要，很多用人单位抱怨不是缺乏专业人才，而是缺乏高水平的写作人才。2018年1月，教育部发布《普通高等学校本科专业类教学质量国家标准》，对不少专业提出"具有良好的中文写作能力"的培养要求。

鉴于以上原因，本单元专论应用写作。

应用文概述

一、应用文的概念与特点

应用文是人们在日常学习、工作和生活中为处理有关具体事务、解决实际问题而使用的文书，是一种交流情况、沟通信息、具有实用意义和惯用格式的写作文体。

应用写作主要有以下几个特点。

（1）政治性。文章是反映生活、表达思想的作品，应用文也不例外，也是一种精神产品，讲究思想的正确性，尤其是党政机关公文，要求有鲜明的政治性，体现党和国家机关的政治立场与态度。

（2）实用性。应用写作以解决实际问题为目的，内容从实际出发，如实地反映情况，提出合理而具体的解决办法，拒绝空洞、虚泛，语言平实、准确，一般不使用文学修辞手法，强调实用性。

（3）广泛性。应用写作的内容广泛，小到个人的日常事务，大到党和国家的方针政策，作者和受众（发文机关和主送机关）也非常广泛，视内容不同而文体不同。

（4）规范性。应用写作的规范主要指格式的规范。不同文体的应用文格式不同，但同一类应用文体的格式通常有要求，不能随意改变。

二、应用文的作用与分类

应用文的作用主要有法规约束、领导宣传、沟通协调和依据凭证等，是我们学习、工作和生活中接触最多的一种文体。

应用文种类繁多，根据不同的划分标准，分类也不尽相同。根据应用文的写作主体和适用范围，通常将其分为公务类应用文和私务类应用文；根据应用文的使用领域，通常将其分为党政行政文书、事务文书、科技文书、经济文书、法律文书、新闻传播文书、社交礼仪文书等。

三、应用文写作的方法

要写出一篇规范的应用文，需要注意以下几点。

（1）树立正确的思想意识。应用文因其文体的独特性而更加强调撰写者的思想意识，要求撰写者坚持党和国家的方针政策，持以更加严肃认真的态度，从思想意识上重视，并树立正确的写作观。

（2）了解应用文的基本知识。应用文不同于文学作品，有其鲜明的特色，又有着繁多的种类，要想写好应用文，需要先了解这些基本知识，不能凭着主观臆想去创作，特别是要了解国家最新的政策与公文处理工作条例，以及具体机关的公文处理工作规程。

（3）掌握应用文体的写作格式。不同文种的应用文，其写作格式不尽相同。在撰写应用文之前，还要充分了解和掌握具体应用文体的格式，做到格式规范。

（4）规范应用文体的语言。应用文的语言要求准确、平实、简洁，有的文体还有专门的用语，如函的结语，常用"可否，盼予函复""特此函商""特此函告""专此函达""请予协助为盼"等。这就要求撰写过程中使用规范的文体语言。

（5）多加实践和观摩。应用文的写作通常有一定的格式，很多人以为只要按照格式去撰写就能写出一篇规范的应用文。这是一种典型而错误的观念。应用文撰写尤其忌讳眼高手低，需要撰写者反复实践。在实践过程中，可以以优秀范文为例，反复揣摩，从模仿到独立撰写，最后做到得心应手。

考虑到教材篇幅和受众对象的需求，本单元从党政机关文书、事务文书和科技文书中选取 8 种常用的文体来介绍，分别为党政机关文书中的通知、请示、函、纪要，事务文书中的计划、简报、申论，科技文书中的学术论文。

课外阅读篇目

游来林《应用写作指要》；刘宏彬《新编应用文写作教程》；阮航《应用写作（第 5 版）》；赵旭明《财经应用文写作》；岳海翔《党政机关公文标准与格式应用指南：解读、案例、模板》。

党政机关文书

2012年4月16日，中共中央办公厅、国务院办公厅印发《党政机关公文处理工作条例》（简称《条例》），自2012年7月1日起正式施行。《条例》指出，"党政机关公文是党政机关实施领导、履行职能、处理公务的具有特定效力和规范体式的文书，是传达贯彻党和国家的方针政策，公布法规和规章，指导、布置和商洽工作，请示和答复问题，报告、通报和交流情况等的重要工具"，并指出党政机关公文主要有15种。

（一）决议。适用于会议讨论通过的重大决策事项。

（二）决定。适用于对重要事项作出决策和部署、奖惩有关单位和人员、变更或者撤销下级机关不适当的决定事项。

（三）命令（令）。适用于公布行政法规和规章、宣布施行重大强制性措施、批准授予和晋升衔级、嘉奖有关单位和人员。

（四）公报。适用于公布重要决定或者重大事项。

（五）公告。适用于向国内外宣布重要事项或者法定事项。

（六）通告。适用于在一定范围内公布应当遵守或者周知的事项。

（七）意见。适用于对重要问题提出见解和处理办法。

（八）通知。适用于发布、传达要求下级机关执行和有关单位周知或者执行的事项，批转、转发公文。

（九）通报。适用于表彰先进、批评错误、传达重要精神和告知重要情况。

（十）报告。适用于向上级机关汇报工作、反映情况，回复上级机关的询问。

（十一）请示。适用于向上级机关请求指示、批准。

（十二）批复。适用于答复下级机关请示事项。

（十三）议案。适用于各级人民政府按照法律程序向同级人民代表大会或者人民代表大会常务委员会提请审议事项。

（十四）函。适用于不相隶属机关之间商洽工作、询问和答复问题、请求批准和答复审批事项。

（十五）纪要。适用于记载会议主要情况和议定事项。

关于公文的格式，《条例》第九条指出：

公文一般由份号、密级和保密期限、紧急程度、发文机关标志、发文字号、签发人、标题、主送机关、正文、附件说明、发文机关署名、成文日期、印章、附注、附件、抄送机关、印发机关和印发日期、页码等组成。

（一）份号。公文印制份数的顺序号。涉密公文应当标注份号。

（二）密级和保密期限。公文的秘密等级和保密的期限。涉密公文应当根据涉密程度分别标注"绝密""机密""秘密"和保密期限。

（三）紧急程度。公文送达和办理的时限要求。根据紧急程度，紧急公文应当分别标注"特急""加急"，电报应当分别标注"特提""特急""加急""平急"。

（四）发文机关标志。由发文机关全称或者规范化简称加"文件"二字组成，也可以使用发文机关全称或者规范化简称。联合行文时，发文机关标志可以并用联合发文机关名称，也可以单独用主办机关名称。

（五）发文字号。由发文机关代字、年份、发文顺序号组成。联合行文时，使用主办机关的发文字号。

（六）签发人。上行文应当标注签发人姓名。

（七）标题。由发文机关名称、事由和文种组成。

（八）主送机关。公文的主要受理机关，应当使用机关全称、规范化简称或者同类型机关统称。

（九）正文。公文的主体，用来表述公文的内容。

（十）附件说明。公文附件的顺序号和名称。

（十一）发文机关署名。署发文机关全称或者规范化简称。

（十二）成文日期。署会议通过或者发文机关负责人签发的日期。联合行文时，署最后签发机关负责人签发的日期。

（十三）印章。公文中有发文机关署名的，应当加盖发文机关印章，并与署名机关相符。有特定发文机关标志的普发性公文和电报可以不加盖印章。

（十四）附注。公文印发传达范围等需要说明的事项。

（十五）附件。公文正文的说明、补充或者参考资料。

（十六）抄送机关。除主送机关外需要执行或者知晓公文内容的其他机关，应当使用机关全称、规范化简称或者同类型机关统称。

（十七）印发机关和印发日期。公文的送印机关和送印日期。

（十八）页码。公文页数顺序号。

图示如下：

份号 ← 000001
密级和保密期限 ← 机密★1年
紧急程度 ← 特急
（顶格依次排列）

距离版心上边缘35 mm

××××文件 → 发文机关标志（居中，小标宋字体）

下空2行约20 mm

×××〔2012〕10号 → 发文字号（居中，3号仿宋）

下空2行约20 mm

××××关于××××的通知 → 标题（居中，2号小标宋）

下空1行约10 mm

×××××××： → 主送机关（顶格，3号仿宋体）

××××××××
××××××××
××××.
××××××××
××××××××
××××××××
→ 正文（首行空两字，3号仿宋体）

××××××××。
××××××。

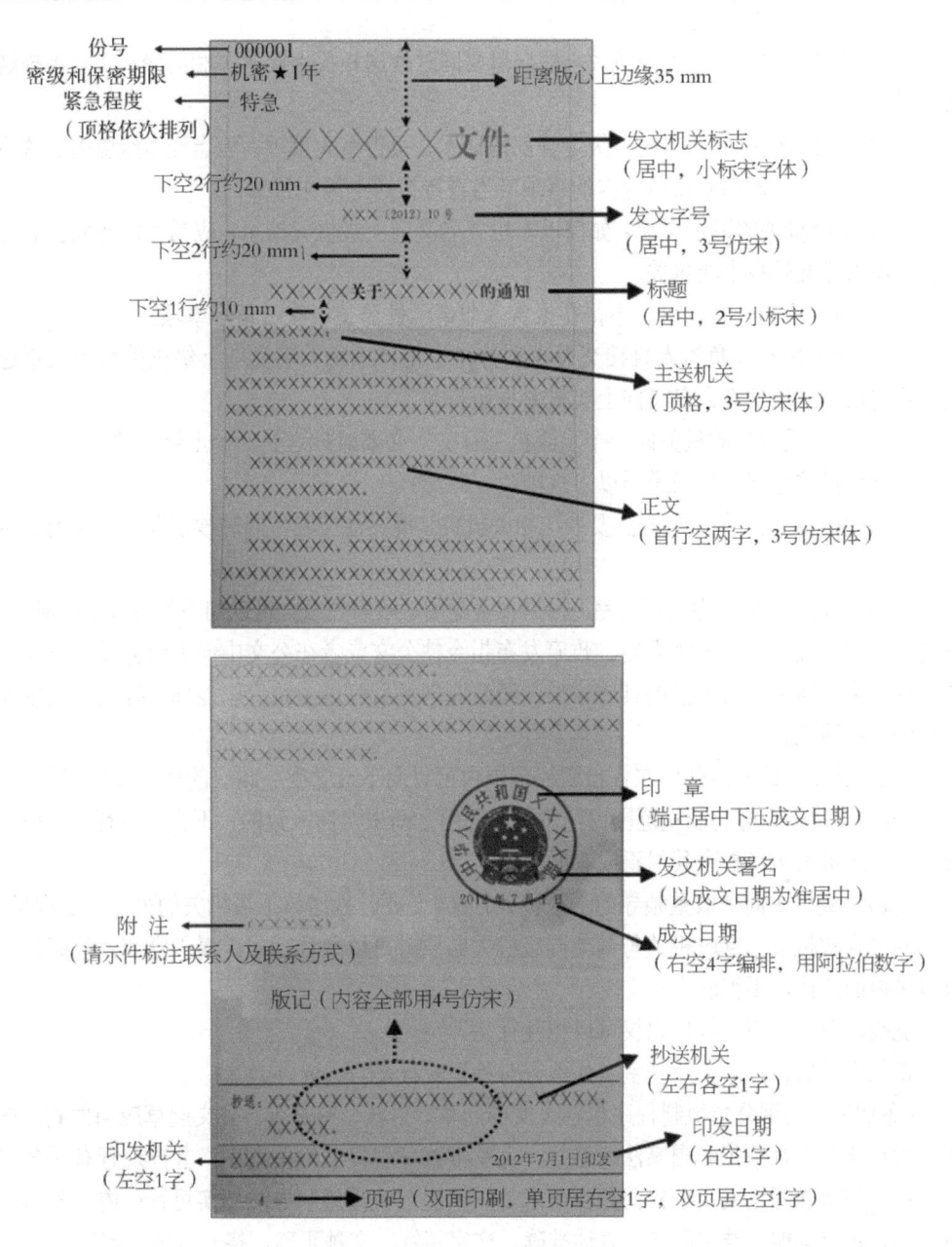

（印章） → 印章（端正居中下压成文日期）
→ 发文机关署名（以成文日期为准居中）
2014年7月1日 → 成文日期（右空4字编排，用阿拉伯数字）

附注 ← （××××××）
（请示件标注联系人及联系方式）

版记（内容全部用4号仿宋）

抄送：××××××，××××××，×××××，
　　　×××××。 → 抄送机关（左右各空1字）

印发机关 ← ×××××××　　　2012年7月1日印发 → 印发日期（右空1字）
（左空1字）

→ 页码（双面印刷，单页居右空1字，双页居左空1字）

　　《条例》还规定了行文规则，主要有："行文应当确有必要，讲求实效，注重针对性和可操作性。""行文关系根据隶属关系和职权范围确定。一般不得越级行文，特殊情况需要越级行文的，应当同时抄送被越过的机关。"《条例》还特别指出行文关系不同，行文规则也不同。

　　向上级机关行文，应当遵循以下规则：

（一）原则上主送一个上级机关，根据需要同时抄送相关上级机关和同级机关，不抄送下级机关。

（二）党委、政府的部门向上级主管部门请示、报告重大事项，应当经本级党委、政府同意或者授权；属于部门职权范围内的事项应当直接报送上级主管部门。

（三）下级机关的请示事项，如需以本机关名义向上级机关请示，应当提出倾向性意见后上报，不得原文转报上级机关。

（四）请示应当一文一事。不得在报告等非请示性公文中夹带请示事项。

（五）除上级机关负责人直接交办事项外，不得以本机关名义向上级机关负责人报送公文，不得以本机关负责人名义向上级机关报送公文。

（六）受双重领导的机关向一个上级机关行文，必要时抄送另一个上级机关。

向下级机关行文，应当遵循以下规则：

（一）主送受理机关，根据需要抄送相关机关。重要行文应当同时抄送发文机关的直接上级机关。

（二）党委、政府的办公厅（室）根据本级党委、政府授权，可以向下级党委、政府行文，其他部门和单位不得向下级党委、政府发布指令性公文或者在公文中向下级党委、政府提出指令性要求。需经政府审批的具体事项，经政府同意后可以由政府职能部门行文，文中须注明已经政府同意。

（三）党委、政府的部门在各自职权范围内可以向下级党委、政府的相关部门行文。

（四）涉及多个部门职权范围内的事务，部门之间未协商一致的，不得向下行文；擅自行文的，上级机关应当责令其纠正或者撤销。

（五）上级机关向受双重领导的下级机关行文，必要时抄送该下级机关的另一个上级机关。

同级党政机关、党政机关与其他同级机关必要时可以联合行文。属于党委、政府各自职权范围内的工作，不得联合行文。

党委、政府的部门依据职权可以相互行文。

部门内设机构除办公厅（室）外不得对外正式行文。

《条例》还强调公文拟制程序包括公文的起草、审核、签发等。公文起草应当做到：符合党的理论路线方针政策和国家法律法规，完整准确体现发文机关意图，并同现行有关公文相衔接；一切从实际出发，分析问题实事求是，所提政策措施和办法切实可行；内容简洁，主题突出，观点鲜明，结构严谨，表述准确，文字精练；文种正确，格式规范；等等。

通知及范例

一、通知的概念

通知是发布行政法规和规章，适用于转发上级、同级和不相隶属机关，以及批转下级机关的公文，传达要求下级机关办理和需要有关单位周知或者执行的事项，任免和聘用人员的公文。

二、通知的分类

根据使用范围的不同，通知可以分为以下几类。

（1）发布性通知。主要用于发布规章制度，具有很强的指导性和政策性，如《国务院办公厅关于印发能源发展战略行动计划（2014—2020年）的通知》。

（2）转发性通知。主要用于转发上级机关、同级机关和不相隶属机关的公文，如《交通运输部办公厅转发〈江苏省交通运输厅 财政厅关于印发江苏省运输结构调整补助方案的通知〉的通知》。

（3）批转性通知。主要用于批转下级机关的公文，如《河南省人民政府批转省教育厅关于我省审批设置高等职业学校实施意见的通知》。

（4）指示性通知。主要用于上级机关向下级机关、所属单位布置任务和下达指示性措施，如《关于加强奥运期间市场价格检查的通知》。

（5）告知性通知。主要用于向有关单位告知事项、传递信息，如《关于我校变更税号的通知》。

（6）任免性通知。主要用于宣布人事上任免事项，如《××县人民政府关于×××同志职务任免的通知》。

三、通知的写法

通知一般由标题、主送机关、正文和落款四个部分组成，有的还有附件。

（1）标题。通知的标题通常有三种写法：其一是发文机关、事由和文种，如《国务院关于开展第一次全国地理国情普查的通知》；其二是事由和文种，如《关于进一步加强物价管理的通知》；其三是只写文种"通知"二字。标题要居中排列。

（2）主送机关。通知的主送机关是指公文的主要受理机关或主送对象，要使用全称或者规范化简称、统称，写在标题的下面一行，顶格书写。

（3）正文。通知的正文一般包括开头、主体和结尾三部分，有的还有结语。开头主要交代通知的缘由或根据，主体说明通知的具体事项，结尾提出执行要求，即为什么、是什么、怎么样。通知的主体内容较多的时候，要合理分段，并注意一定的顺序。

（4）落款。通知的落款通常包括发文机关署名和成文日期两部分，分两行写于正文右下侧。注意发文机关署名在上，使用全称或者规范化简称，并加盖印章，盖印要端正、清晰，盖在发文机关和发文日期上；成文日期写于发文机关署名下面，通常用阿拉伯数字书写，注意不能使用简写。

附件是为公文正文作补充说明或印证参考的材料，如果有，写于正文的左下侧，空两格书写，并加冒号，再注明附件的具体名称，编上顺序号。不可笼统写"附件如文"或"附件×件"。

范文1：

国务院办公厅关于2023年部分节假日安排的通知

国办发明电〔2022〕16号

各省、自治区、直辖市人民政府，国务院各部委、各直属机构：

经国务院批准，现将2023年元旦、春节、清明节、劳动节、端午节、中秋节和国庆节放假调休日期的具体安排通知如下。

一、元旦：2022年12月31日至2023年1月2日放假调休，共3天。

二、春节：1月21日至27日放假调休，共7天。1月28日（星期六）、1月29日（星期日）上班。

三、清明节：4月5日放假，共1天。

四、劳动节：4月29日至5月3日放假调休，共5天。4月23日（星期日）、5月6日（星期六）上班。

五、端午节：6月22日至24日放假调休，共3天。6月25日（星期日）上班。

六、中秋节、国庆节：9月29日至10月6日放假调休，共8天。10月7日（星期六）、10月8日（星期日）上班。

节假日期间，各地区、各部门要妥善安排好值班和安全、保卫、疫情防控等工作，遇有重大突发事件，要按规定及时报告并妥善处置，确保人民群众祥和平安度过节日假期。

国务院办公厅
2022年12月8日

[来自中国政府网. 国务院办公厅关于2023年部分节假日安排的通知. （2022-12-08）. https://www.gov.cn/gongbao/content/2023/content_5736714.htm]

范文2：

教育部办公厅关于进一步做好"优师计划"
师范生培养工作的通知

教师厅函〔2022〕22号

各省、自治区、直辖市教育厅（教委），新疆生产建设兵团教育局，部属师范大学：

为贯彻落实习近平总书记关于教师队伍建设的重要讲话精神，特别是2022年教师节给北京师范大学"优师计划"师范生的回信精神，落实《教育部等八部门关于印发〈新时代基础教育强师计划〉的通知》（教师〔2022〕6号）和《教育部等九部门关于印发〈中西部欠发达地区优秀教师定向培养计划〉的通知》（教师〔2021〕4号），在师范生培养共性要求基础上，切实做好"优师计划"师范生培养工作，为国家和人民最需要的地方造就一批"四有"好老师，现将有关要求通知如下。

一、厚植扎根基层教育报国情怀

强化"优师计划"师范生对国情、省情和乡土文化的了解，进一步加强理想信念教育和师德养成教育，建强乡村教育社会实践基地，开展返乡社会实践活动，注重优秀乡村教师等的榜样引领，帮助"优师计划"师范生坚定从教初心，到欠发达地区为党育人为国育才，做新时代文明乡风的塑造者，振兴乡村教育的"大先生"。

二、锻造传道授业解惑过硬本领

（一）夯实专业知识基础。增设乡村振兴相关课程，帮助"优师计划"师范生理解振兴乡村教育、实现乡村振兴对于中华民族伟大复兴的重要意义。强化学科（领域）基础知识教学，注重跨学科（领域）教学能力培养，根据定向地区需要，加强一专多能师范生培养。设置乡土教育专题课程，引导"优师计划"师范生阅读乡村教育经典著作，了解乡土中国与乡村教育，以及欠发达地区基础教育改革发展现状，掌握乡村教育理论与方法。

（二）提升教书育人能力。引导"优师计划"师范生学为人师、行为世范，信守履约任教承诺。聚焦缩小城乡数字鸿沟，重点提升"优师计划"师范生信息化教育教学能力，深化人工智能与教育教学融合应用，通过"双师"教学等推动优质教育资源普及。强化"优师计划"师范生从教的适应力，能积极开发利用乡土教育资源，因地制宜灵活创设育人环境，组织各类校内外教育活动。引导"优师计划"师范生基于教育教学实际问题，研究欠发达地区教育质量提升的路径、方法，结合从教所需制订学习计划，终身学习，不断提升。

（三）强化教育实践环节。实行覆盖城乡两种教学环境的"双实践"制度：以县域以上优质中小学校教育实践为主，着重体验学习先进教育教学理念与方法，同时安排一定学时到欠发达地区薄弱中小学校，了解乡村教育现状、特点与规律。注重开发优质教育实践资源，丰富教育实践形式。

三、优化过程管理激发学习动能

（一）加强个性化指导。由学校领导牵头成立领导小组，整合优质资源支持"优师计划"培养。选聘优秀教师专门负责"优师计划"师范生管理与指导，加强教育教学组织和思想引领。实施学业质量常态监测，建立"优师计划"师范生成长发展电子档案，加强个性化学业帮扶指导。发挥学校优秀教师的育人引领作用，实施朋辈导学等学业互助与辅导制度，探索书院制育人模式。

（二）创新激励机制。支持"优师计划"师范生辅修其他专业或其他专业核心课程模块（微专业）。鼓励高校面向"优师计划"师范生开设高阶性、有挑战度的荣誉课程，设置教学研究课题，举办教学技能竞赛，遴选优秀"优师计划"师范生参与合作培养项目，赴境内外高水平大学访学交流等。积极选树优秀"优师计划"师范生典型，鼓励高校设立专项奖学金等予以奖励。

四、深化协同机制支持终身发展

（一）推进"四位一体"协同。健全高校与地方政府、中小学、教师发展机构"四位一体"协同育人机制，强化培养供需对接，整合职前职后教师教育资源，共建教育实践基地，形成教师培养、培训、研究和服务一体化的合作共同体。

（二）支持跨校跨界合作。鼓励师范院校合作成立培养联盟，推动优质资源、实践基地共建共享，组织"优师计划"师范生交流学习。支持师范院校与理工科院校、科研院所、科普教育基地等合作，加强科学教育、工程教育教师培养；与相关产业园区及企业等合作，加强中等职业教育教师培养。

（三）跟踪支持职后发展。高校要与地方共同建立"优师计划"毕业生职后发展档案，一人一档持续跟踪。定期调研不同发展阶段的"优师计划"毕业生能力提升需求，建设并开放针对性课程资源，组织校友专业发展活动，合作开展课题研究等。地方要优先选派"优师计划"毕业生参加各级培训，并选聘"优师计划"毕业生专业发展导师。鼓励依托在线平台建立毕业生职后发展专区，支持协同教研、交流研讨。

五、健全支持保障体系

各地教育行政部门要将"优师计划"培养作为高校教育教学评价重要内容，定期征集优秀工作案例，及时推广经验。加强"优师计划"教学资源建设，引导开发特色课程，建设教学案例库。积极发掘"优师计划"毕业生从教典型，加强宣传，争取社会支持等予以奖励，鼓励支持毕业生长期从教、终身从教。

附件："优师计划"师范生培养方案特色内容指南

教育部办公厅
2022 年 9 月 22 日

[来自教育部. 教育部办公厅关于进一步做好"优师计划"师范生培养工作的通知.（2022-09-26）. http://www.moe.gov.cn/srcsite/A10/s7011/202209/t20220930_666329.html 编者按：本书于此处不显示附件原文，下余同]

范文 3：

关于启用国家公派出国留学派出前管理在线申办功能的通知

为进一步提升国家公派出国留学服务水平，优化工作流程，提高管理工作效率，国家留学基金委已在国家公派留学管理信息平台（以下简称信息平台）开发派出前管理在线申办功能。自 2022 年 11 月 7 日起，派出前国内管理材料在信息平台提交，国家留学基金委将在信息平台进行审核。现将有关事宜通知如下。

一、留学人员派出前需变更国家公派出国留学计划的，应登录国家公派留学管理信息平台（网址：https://apply.csc.edu.cn），选择相应事项，在平台下载《国家公派出国留学人员派出前管理申请表》（以下简称申请表），按照《国家公派出国留学人员派出前管理办法（试行）》（以下简称《办法》）和系统提示要求，准备相关材料，并交本人推选单位等相关单位审核。其中，常见事项应提交材料清单在《申请表》和信息平台中均有说明，其他事项材料清单请见信息平台提示。

二、有关单位应按照《办法》要求，对《申请表》和附件材料进行审核，并在《申请表》中明确单位意见，加盖公章。

三、留学人员应将经单位审核的《申请表》和附件材料扫描上传至信息平台，信息平台中留学人员应根据实际情况选择、说明申报的"事项"和"变更原因"，情况说明等其他填写内容应与《申请表》一致。

四、国家留学基金委将在信息平台进行审核。审核结果在信息平台通知留学人员本人，并通过邮件等形式通知单位。

五、资格证书、资助证明等证书中相关事项国家留学基金委将根据审核结果同步调整。留学人员应在审核完毕后核对相关证书。

六、11月7日前留学人员已按现行办法提交申请材料的，无需重复提交。11月7日（含）起，所有申请均应在信息平台提交。

国家留学基金管理委员会
2022年10月25日

[来自国家留学网. 关于启用国家公派出国留学派出前管理在线申办功能的通知.（2022-10-28）. https://www.csc.edu.cn/news/gonggao/2394.]

请示及范例

一、请示的概念

请示是下级机关请求上级机关明确某项政策界限，指示某项工作中的问题，审核批准某事项时使用的一种上行公文，具有定向性、单一性、时效性等特点。

二、请示的分类

根据行文内容和目的的不同，请示可以分为三种。

（1）请求指示的请示。请求上级机关对有关工作进行指示，如《关于更改我市××中学名称的请示》。

（2）请求批准的请示。请求上级机关批准所请示的具体事项或者所报批的具体文件，如《关于新建学生宿舍的请示》。

（3）请求批转的请示。请求上级机关批准并转发本单位给同级或不相隶属机关的指示、文件等，如《关于要求批转计划用电指标的请示》。

三、请示的写法

请示的结果通常包括标题、主送机关、正文和落款四个部分组成,有的还有附件。

1. 标题

请示的标题通常有两种写法:一种是发文机关、事由和文种,如《宁波市人民政府关于要求增设市口岸办的请示》;另一种是事由和文种,如《关于设立省旅游公司的请示》。标题要居中排列。

2. 主送机关

请示的主送机关是负责受理、答复请示事项的机关,通常只写一个,如需同时送其他机关,要应用抄送的形式,避免多头请示。

3. 正文

请示的正文通常包括开头、主体和结语三部分。开头主要交代请示缘由、依据,主体说明请示的事项,结语提出执行要求,常用"当否,请批示""以上意见如无不妥,请批准""请及时批复为盼"等,即为什么、是什么、怎么样。请示的主体是核心内容,一定要写得清楚、具体、可行,还可以提出解决问题的办法、措施、意见和建议。

4. 落款

请示的落款通常包括发文机关署名和成文日期两部分,分两行写于正文右下侧。注意发文机关署名在上,使用全称或者规范化简称,并加盖印章,盖印要端正、清晰,盖在发文机关和发文日期上;成文日期写于发文机关署名下面,通常用阿拉伯数字书写,注意不能使用简写。

撰写请示的时候,需要注意事前发文,一事一文,不越级请示。

范文1:

关于云岩区 2019 年度城市建设(商品房
开发用地)农用地转用和土地征收第十七
批次(增减挂钩)实施方案的请示

市政府:

为加快云岩区城市建设,优化城市空间布局,着力推进城市化发展,促进区域经济更好更快发展。根据《自然资源部关于贵阳市 2019 年度农用地转用和土地征收方案的批复》(自然资函〔2019〕660 号)批准的方案,云岩区拟申请实施涉及云岩区黔灵镇三桥村、水东路街道办事处安井村、马王街道办事处金鸭村集体土地 0.4669 公顷;黔灵镇改茶村行政范围内国有农用地 0.8645 公顷、国有未利用地 0.1284 公顷,上述共计 1.4598 公顷作为云岩区 2019 年度城市建设(商品房开发用地)农用地转用和土地征收第十七批次(增减挂钩)实施方案用地。

该批次用地占用国务院批准贵阳市 2019 年度批次用地总面积的 0.1%。规划用途为:商品房开发用地,占国务院批准贵阳市 2019 年度批次商服用地的 0.55%,申请使用的用地指标未突破经国务院批准的总规模。

该批次申请用地面积为 1.4598 公顷，其中用于 90 平方米以下中小套型普通商品房的建设面积 1.4325 公顷，建设比例大于 70%，符合《国务院关于促进节约集约用地的通知》（国发〔2008〕3 号）文件规定。

经审查，该批次用地在贵阳市城市开发边界范围内；符合"三条控制线"管控要求。云岩区人民政府承诺该批次用地布局及规模将纳入正在编制的规划期至 2035 年的国土空间规划，以及正在编制的云岩区成片开发方案范围内。

该批次实施前包含集体农用地 0.4669 公顷（耕地 0.298 公顷、其他农用地 0.0279 公顷、林地 0.141 公顷）、国有农用地 0.8645 公顷（耕地 0.4107 公顷、其他农用地 0.0347 公顷、林地 0.4191 公顷）、国有未利用地 0.1284 公顷；耕地占补平衡已落实；社保措施已落实；已按规定编制耕作层剥离利用方案；补偿安置符合土地管理的有关规定；土地权属清楚；未发现违法动工用地情况；未在自然保护区、风景名胜区、文物保护单位保护范围、不涉及水源保护区和建设控制地带范围内；未占压、损毁测量标志。

按 2020 年 1 月 1 日起施行的《土地管理法》第四十七条规定，已开展了土地现状调查、社会稳定风险评估（风险等级为低风险，可以实施），拟定了《预征收土地补偿安置公告》并在拟征收土地所在村、村民小组范围内进行公示，地类已确认，履行了听证程序（被征地的村集体组织成员对征地补偿安置公告中的征地补偿标准及其他相关事宜无异议，同意放弃听证）。

征收土地补偿标准严格按照《贵阳市人民政府关于公布实施征地区片综合地价标准的通知》（筑府发〔2020〕22 号）、《关于确定云岩区各类建设项目征地青苗费和地上附着物补偿标准有关问题的通知》（云府办发〔2010〕9 号）实施，征地补偿款已缴存；安置方式主要采取货币安置和社会养老保险安置，社会保障资金已缴入社保资金专户。该批次用地云岩区已与拟征收土地的所有权人、使用权人就补偿、安置等签订预征地协议，涉及土地所有权人 3 个，土地使用权人 14 户 46 人，已签订《预征地协议》的土地所有权人 3 个，土地使用权人 14 户 46 人，签订比例为 100%。

综上所述，该批次用地属于公共利益需要征收土地，并已组织完成征地前期工作，用地符合《中华人民共和国土地管理法》《贵州省土地管理条例》和建设用地报批有关规定。申报建设用地的有关资料、图件齐备，现将该批次用地呈报市人民政府审查并呈上级人民政府审批，恳请市政府予以审查。

当否，请批示。

附件：关于云岩区 2019 年度城市建设（商品房开发用地）农用地转用和土地征收第十七批次（增减挂钩）实施方案的审查意见

云岩区人民政府
2021 年 4 月 28 日

[来自云岩区人民政府网. 关于云岩区 2019 年度城市建设（商品房开发用地）农用地转用和土地征收第十七批次（增减挂钩）实施方案的请示（2022-08-23）. https://www.yunyan.gov.cn/ztzl/rdzt/zdxxgkzl/202208/P020220823377478036634.pdf.]

函及范例

一、函的概念

函是平行机关或不相隶属机关之间商洽工作、询问和答复问题、请求批准和答复审批事项时经常使用的一种公文。

函的运用很宽泛，通常内容单一、篇幅短小，由于内容的非强制性，特别讲究言辞的礼貌性。

二、函的分类

根据内容和作用的不同，函可以分为以下几种：

（1）商洽函。适用于不相隶属机关之间联系和商洽工作。

（2）询问函。适用于不相隶属机关之间询问情况、核查问题等。

（3）告知函。适用于将需要知照的事项告知有关部门（单位）。

（4）委托函。适用于委托有关部门（单位）代办事宜。

（5）答复函。适用于答复对方来函所询问的问题。

三、函的写法

函一般也是由标题、主送机关、正文和落款组成。

1. 标题

函的标题通常有三种形式：一种形式是由发文单位、事由、行文对象和文种组成，如《国务院办公厅关于××等问题给××省人民政府办公厅的复函》；另一种形式是由发文机关、事由和文种组成，如《国务院办公厅关于中国科学技术协会设立科技开发型企业问题的复函》；还有一种形式是由事由和文种组成，如《关于中国科学技术协会设立科技开发型企业问题的函》。

2. 主送机关

函的主送机关是受文并办理来函的机关单位，要规范地标明受文机关的全称或规范化简称，顶格写，后面用冒号。

3. 正文

函的正文一般包括开头、主体和结语。开头简要交代发函缘由，以获得对方的理解、支持、答复，答复函开头部分要交代来函收悉，如"你厅《关于××××的函》（××函〔2019〕10号）收悉……""你局2019年5月18日《关于××××的函》收悉……"；主体说明发函的具体事宜，要尽可能写得具体、清楚、中肯，若内容复杂，可分条列项来写，答复函在开头和主体之间常用"经……研究，现函复如下"作为过渡；结语针对不同类型的发函恰当地选用习惯语，如商洽函通常用"可否，盼予函复""特此函商"等，询问函通常用"盼复"等，告知函通常用"特此函告""专此函达"等，委托函通常用"请予协助为盼"，答复函通常用"此复""特此函复"等。

4. 落款

函的落款通常包括发文机关署名和成文日期两部分，分两行写于正文右下侧。注意发文机关署名在上，使用全称或者规范化简称，并加盖印章，盖印要端正、清晰，盖在发文机关和发文日期上；成文日期写于发文机关署名下面，通常用阿拉伯数字书写，注意不能使用简写。

范文1：

国务院办公厅关于同意建立
数字经济发展部际联席会议制度的函

国办函〔2022〕63号

国家发展改革委：

你委关于建立数字经济发展部际联席会议制度的请示收悉。经国务院同意，现函复如下：

国务院同意建立由国家发展改革委牵头的数字经济发展部际联席会议制度。联席会议不刻制印章，不正式行文，请按照党中央、国务院有关文件精神认真组织开展工作。

附件：数字经济发展部际联席会议制度

国务院办公厅
2022年7月11日

[来自中国政府网. 国务院办公厅关于同意建立数字经济发展部际联席会议制度的函.（2022-07-25）. http://www.gov.cn/zhengce/content/2022-07/25/content_5702717.htm.]

范文2：

深圳市人力资源和社会保障局关于征求2023年我市职业技能竞赛项目
意见建议的函

各有关单位：

按照工作计划，我局将与市总工会联合举办深圳市第十三届职工技术创新运动会暨2023年深圳技能大赛（以下简称大赛）。大赛分为劳动竞赛和职业技能竞赛两类，分别由市总工会和我局牵头主办。其中，职业技能竞赛是指依据国家职业标准、行业规范或特定职业（工种）技能要求，根据生产和服务工作实际，开展的以考核操作技能为主要内容的群众性竞赛活动。职业技能竞赛预计将设30个项目，现特向市级行业主管部门、群团组织、行业协会征求竞赛项目意见建议，有关事项具体如下：

一、项目要求

（一）聚焦我市产业发展、高技能人才培育等需求，紧贴我市产业发展需求的关键技术技能岗位；

（二）技术含量高、从业人员多、影响面较大、发展较迅速，或在本行业代表前沿技术的标志性职业（工种）；

（三）原则上应为《中华人民共和国职业分类大典》中已颁布高级工（三级）以及之后由国家公布的新职业（工种）；

（四）暂无国家职业标准的，对应我市重大战略、重大工程、重大项目、重点产业以及重点领域（如信息技术、人工智能、先进智能制造、新能源、新材料、生物医药）的新职业（工种），应具有行业规范或特定职业（工种）技能要求。

二、工作安排

请有意愿推荐项目的市级行业主管部门、群团组织、行业协会填写项目建议表（见附件，每单位不超过2个项目），于2023年2月1日前将建议表盖章彩色PDF扫描件和可编辑电子文档，发送至指定邮箱：jnjdb@hrss.sz.gov.cn。我局将根据收集的计划建议情况，组织专家评审论证，统筹确定竞赛项目。

专此函达。

附件：深圳市第十三届职工技术创新运动会暨2023年深圳技能大赛项目建议表

深圳市人力资源和社会保障局
2022年12月22日

[来自深圳市人力资源和社会保障局. 深圳市人力资源和社会保障局关于征求2023年我市职业技能竞赛项目意见建议的函．（2022-12-27）. http://hrss.sz.gov.cn/tzgg/content/post_10356834.html.]

纪要及范例

一、纪要的概念

纪要也称会议纪要，是记载和传达会议议程和会议主要精神时使用的一种公文。

纪要具有内容的真实性、表述的概括性和作用的约束性等特点。

二、纪要的分类

根据内容和性质，纪要通常可分为三种。

（1）决策性会议纪要。用于记录会议所议定的有关事项，告知有关单位或人员遵照执行。

（2）研讨性会议纪要。用于记录会议研究、讨论、交流的不同的意见或见解。

（3）知照性会议纪要。用于记录会议的主要精神并知照给与会各方。

三、纪要的写法

纪要的结构、格式与前面各节所讲的党政公文格式有所不同，一般由标题和正文（基本情况、基本精神）两部分构成。

1. 标题

纪要的标题通常有三种写法：第一种是会议名称和纪要，如《全国知识产权保护问题研讨会纪要》；第二种是发文机关名称、会议名称和纪要，如《××市人民政府城市建设规划工作会议纪要》；第三种是正副标题的形式，正标题揭示会议的主旨或精神，副标题指出会议的名称和文种，如《坚持走自主创新之路——××工作会议纪要》。

2. 正文

纪要的正文至少包括开头和主体，有的还有结尾。

开头简明介绍会议的基本情况，如会议的依据、背景、召开的时间、召开的地点、主要议程、主持人、参会人员、会议发言、讨论状况等，旨在让人对会议有整体的了解，然后常用"现将会议内容纪要如下"等过渡句连接下文。

主体是纪要的核心，要写明会议的主要精神、议定事项等。结构安排一般有三种：一是综合式，对会议的议定事项等进行综合概括，然后分门别类分头述说，既突出重点又条分缕析；二是条项式，分条列项地写出会议的讨论问题和议定的事项，行文简洁、条理清晰；三是摘要式，把与会成员的发言精要摘录出来，按发言顺序或内容分类写出，使会议纪要的内容个性化突出，能使读者更客观、具体地了解发言者的意见和观点，从而更有纪实性。具体到不同类型的纪要，其主体的写作略有差异：决策性会议纪要重点写明会议的重要指示意见或要求；研讨性会议纪要集中记录与会人员的研讨情况，并整理相应的意见、见解；知照性会议纪要主要记录会议的具体议定事项和主要精神。

结尾可以针对会议精神提出要求或注意事项，也可补充其他相关内容，还可以不写，自然结尾。

撰写纪要的时候要特别注意分清主次、抓住要点，还要叙议结合、注重归纳，要把多数人的一致意见、少数人的正确意见概括出来，要写出一定的理论深度，做到精心构思，层次分明。这就需要撰写者充分做好前期的准备工作，尽可能全面地了解会议的相关信息，还要使用纪要的惯用语言，如"会议提出""与会者一致认为""会议决定""会议要求""会议号召"等。

范文 1：

中国国民经济核算研究会第五届常务理事会会议纪要
总结研究会 2020 年工作
研究部署 2021 年工作

2020 年 12 月 26 日上午，国民经济核算研究会第五届常务理事会第一次会议通过线上形式召开。会议的主要议题是总结 2020 年工作成果，研究部署 2021 年工作。会议由李静萍秘书长主持。会议听取了高敏雪常务副理事长关于 2020 年主要工作的汇报，李静萍秘书长关于秘书处相关工作的汇报，及金红理事长关于 2021 年工作的规划，并对有关事项进行讨论。会议达成如下意见：

一、2020年研究会主要工作取得重大进展。中国国民经济核算研究会自召开第五届代表大会以来，在国家统计局领导下，积极开展核算相关研究交流普及。通过举办系列讲座、改版官方网站等方式搭建交流平台，做好信息公开，在增进会员的学术交流，提升会员对核算相关内容的认识水平方面作了不懈努力，取得了可喜成绩。

二、2021年继续围绕核算工作的发展方向，提高研究会工作水平。研究会计划在2021年通过继续举办系列讲座、推出系列论文、进一步完善网站建设等方式打造研究品牌，提高工作水平，加强组织建设，促进学术交流，扩大社会影响，为核算事业的发展提供有力支持。

三、会议就有关事项进行表决。经过认真研究讨论，会议通过四项决议：（一）撤销分支机构"高校国民经济核算教学专业分会"。（二）同意对第五届理事会常务理事及理事进行增补，后续增补工作按研究会章程办理。（三）同意从2021年起征集新会员，加强核算人才培养。（四）根据会计师事务所审计相关建议，同意将应付款项109999.91元转为收入，现金15325.75元存入银行。

会议还就聚焦研究选题、扩大研究领域、加强文化建设、承办研究会活动等方面展开研究讨论，并提出建设性意见。

金红理事长、高敏雪常务副理事长、各副理事长和常务理事以及相关人员共35人参加了会议。

[来自中国国民经济核算研究会. 中国国民经济核算研究会第五届常务理事会会议纪要.（2021-01-07）. http://www.stats.gov.cn/zt_18555/xhwz/hsyjh1/xsdt2020/202302/t20230213_1903010.html.]

范文2：
贵阳市交通委员会关于贵阳市花溪区清溪路—花冠路节点
改造工程方案审查会议纪要

2021年1月7日，受贵阳市交通委员会丁勇副主任委托，贵阳交通发展研究中心主任钟宇主持召开贵阳市花溪区清溪路—花冠路节点改造工程方案审查专题会。市自然资源和规划局、市公安交管局、市综合执法局，市轨道公司，市交委综合规划处、基建处，市交研中心，花溪区交通局、自然资源和规划局，花溪城南公司、溪湖公司相关负责人参加会议。会议听取了设计单位关于清溪路—花冠路节点改造工程方案的汇报，各参会人员发表意见并充分讨论，特邀专家评审并出具专家评审意见。现将有关事宜纪要如下：

一、方案总体意见

花溪大道（艺校立交至溪北路口段）2019年底改建完成后，溪北路以北实现直行交通快速化，而以南节点均为平交，北段快速交通涌入清溪路—花冠路平交节点导致现状交通拥堵严重，该节点平交形式已难以承担两条主干路道交通转换功能，急需对清溪路—花冠路节点进行立交化改造，分离和改善清溪路直向交通，有利于缓解交通拥堵，畅通区域路网循环，解决群众急难愁盼的民生问题。与会专家及部门均认同方案的必要性和可行性，原则同意方案设计，并就进一步深化和优化方案细节提出了意见及建议。

二、意见及建议

（一）做优节点交通改善。加强跨线桥通行能力和服务水平分析，深化长、短跨线桥方案比选分析，做好节点改造与沿线路口合理衔接。

（二）做细辅道交通疏导和道路断面设计。充分考虑地面辅道交通疏导，加强分析人行道宽度、管网位置、辅道段展宽等建设条件，减少跨线桥改造对周边地块和道路使用功能的影响。

（三）做好公交、轨道衔接。注重公交、步行与轨道3号线接驳设计，明确优化沿线公交站点布设位置。深化结构方案和施工组织方案设计，加强与轨道设计单位对接，做好轨道站厅覆土安全论证，核算桥梁桩基与轨道围护结构安全净距，加强监控量测，做好第三方安全评估，确保双方工程质量与安全。

（四）做深跨线桥景观及附属设施。合理预留街道建筑退让，细化桥梁墩柱、护栏、照明、排水等景观设计，提升跨线桥景观形象。优化人行过街设施，完善慢行系统，深化非机动车道、人行道、道路绿化等附属设施的设计。

花溪区交通局应督促代建单位、设计单位完善方案设计，并加快规划手续办理。

出席：李永前、胡欣、方琴、莫洪、李俊，市自然资源和规划梁智慧，市综合执法局杨大永，市交管局张青山，市轨道公司陈俊，市交研中心刘甜甜，花溪区交通局王效宇、宋亚菲，区自然资源和规划局李娟，区城南公司漆芳，委基建处张军、综合规划处田嘉铄、黄子芳、赵久欢。

贵阳市交通委员会办公室
2021年1月14日印发

[来自贵阳市人民政府.贵阳市交通委员会关于贵阳市花溪区清溪路—花冠路节点改造工程方案审查会议纪要.（2021-01-14）.https://www.guiyang.gov.cn/zwgk/zdlyxxgkx/jtys_5617993/jsgl/202101/t20210128_66600604.html.]

事务文书

事务文书是党政机关、社会团体、企事业单位处理日常工作事务的文书,包括常规性工作和临时性工作,如制订计划、写总结、做调查、发简报等。事务文书不属于中共中央办公厅、国务院办公厅印发《党政机关公文处理工作条例》中规定的15种公文,但在机关单位的日常工作中使用频率很高。

事务文书的写作也要以党和国家的方针政策为指导,以法律为依据,从实际出发,真实可信,并切实可行。

计划及范例

一、计划的概念

计划是机关单位或个人为完成某一工作任务、达到某一预定的目标而事先所做的安排与打算。目标、措施和步骤是计划的"三要素"。

二、计划的分类

根据不同的分类标准,计划的种类也不尽相同。按照内容和性质分类,计划可以分为工作计划、学习计划、教学计划、科研计划等;按照内容的覆盖面分类,计划可以分为综合计划、专题计划等;按照时间的跨度分类,计划可以分为周计划、月计划、季度计划、年度计划、五年计划等;按照制订计划的机构分类,计划可以分为国家计划、省(市)计划、单位计划、个人计划等;按照形式分类,计划可以分为条文式计划、表格式计划、文表结合式计划。

分类往往是交叉的。如《××省财政厅2018年工作计划》,就可同时称为综合性计划、工作计划、年度计划、部门计划等。

三、计划的写法

计划有预见性、制约性、周密性、可行性和时限性的特点。制订计划能够避免盲目性,提高工作效率,有利于调动工作的积极性,也有利于监督、检查与控制,另外计划还是总结的依据。因此,在制订计划的时候,要特别考虑可行性。

不同形式的计划,撰写方法也不同,条文式计划通常包括标题、正文和落款三部分。

1. 标题

计划的标题通常包括单位名称、期限、内容和种类,如《××学院2018年招生工作计划》。有时候标题也省略某些要素,如《2018年度春季全民植树造林工作计划》《计算机培训计划》。

2. 正文

计划的正文通常由前言、主体和结尾组成。前言通常概述制订计划的指导思想、依据、目的等，然后用"特制订本计划如下"之类的过渡语引出主体；主体是计划的核心，具体写计划的任务、措施、步骤等，回答"做什么""怎么做""做到什么程度""什么时候做"等问题；结尾可以提出希望或号召，也可以不写此部分。

3. 落款

计划的落款包括制订计划的单位和时间，分两行写在正文的右下方，如果标题中已经写明作者和日期，此部分也可以省略。

撰写表格式计划时，先把各项内容划分成几个栏目，然后把具体计划内容填入相应栏目。撰写文表结合式计划，通常是将各项目的内容填进表格后，再用简短的文字作解释说明。

注意撰写计划要从实际出发，突出重点，目标明确。这样才能切实发挥计划的作用。

范文1：

国务院关于印发全民健身计划
（2021—2025 年）的通知

国发〔2021〕11 号

各省、自治区、直辖市人民政府，国务院各部委、各直属机构：

现将《全民健身计划（2021—2025 年）》印发给你们，请结合本地区、本部门实际，认真贯彻落实。

国务院

2021 年 7 月 18 日

（此件公开发布）

全民健身计划
（2021—2025 年）

"十三五"时期，在党中央、国务院坚强领导下，全民健身国家战略深入实施，全民健身公共服务水平显著提升，全民健身场地设施逐步增多，人民群众通过健身促进健康的热情日益高涨，经常参加体育锻炼人数比例达到 37.2%，健康中国和体育强国建设迈出新步伐。同时，全民健身区域发展不平衡、公共服务供给不充分等问题仍然存在。为促进全民健身更高水平发展，更好满足人民群众的健身和健康需求，依据《全民健身条例》，制定本计划。

一、总体要求

（一）指导思想。以习近平新时代中国特色社会主义思想为指导，贯彻落实党的十九大和十九届二中、三中、四中、五中全会精神，坚持以人民为中心，坚持新发展理念，深入实施健康中国战略和全民健身国家战略,加快体育强国建设,构建更高水平的全民健身公共服务体系,充分发挥全民健身在提高人民健康水平、促进人的全面发展、推动经济社会发展、展示国家文化软实力等方面的综合价值与多元功能。

(二)发展目标。到2025年,全民健身公共服务体系更加完善,人民群众体育健身更加便利,健身热情进一步提高,各运动项目参与人数持续提升,经常参加体育锻炼人数比例达到38.5%,县(市、区)、乡镇(街道)、行政村(社区)三级公共健身设施和社区15分钟健身圈实现全覆盖,每千人拥有社会体育指导员2.16名,带动全国体育产业总规模达到5万亿元。

二、主要任务

(三)加大全民健身场地设施供给。制定国家步道体系建设总体方案和体育公园建设指导意见,督导各地制定健身设施建设补短板五年行动计划,实施全民健身设施补短板工程。盘活城市空闲土地,用好公益性建设用地,支持以租赁方式供地,倡导土地复合利用,充分挖掘存量建设用地潜力,规划建设贴近社区、方便可达的场地设施。新建或改扩建2000个以上体育公园、全民健身中心、公共体育场馆等健身场地设施,补齐5000个以上乡镇(街道)全民健身场地器材,配建一批群众滑冰场,数字化升级改造1000个以上公共体育场馆。

开展公共体育场馆开放服务提升行动,控制大型场馆数量,建立健全场馆运营管理机制,改造完善场馆硬件设施,做好场馆应急避难(险)功能转换预案,提升场馆使用效益。加强对公共体育场馆开放使用的评估督导,优化场馆免费或低收费开放绩效管理方式,加大场馆向青少年、老年人、残疾人开放的绩效考核力度。做好在新冠肺炎疫情防控常态化条件下学校体育场馆向社会开放工作。

(四)广泛开展全民健身赛事活动。开展全国运动会群众赛事活动,举办全民健身大会、全国社区运动会。持续开展全国新年登高、纪念毛泽东同志"发展体育运动,增强人民体质"题词、全民健身日、"行走大运河"全民健身步走、中国农民丰收节、群众冬季运动推广普及等主题活动。巩固拓展"三亿人参与冰雪运动"成果,大力发展"三大球"运动,推动县域足球推广普及。制定运动项目办赛指南和参赛指引,举办运动项目业余联赛,普及运动项目文化,发展运动项目人口。支持举办各类残疾人体育赛事,开展残健融合体育健身活动。支持各地利用自身资源优势培育全民健身赛事活动品牌,鼓励京津冀、长三角、粤港澳大湾区、成渝地区双城经济圈等区域联合打造全民健身赛事活动品牌,促进区域间全民健身协同发展。

(五)提升科学健身指导服务水平。落实国民体质监测、国家体育锻炼标准和全民健身活动状况调查制度。开设线上科学健身大讲堂。鼓励体育明星等体育专业技术人才参加健身科普活动。征集推广体育科普作品,促进科学健身知识、方法的研究和普及。制定面向大众的体育运动水平等级标准及评定体系。深化社会体育指导员管理制度改革,适当降低准入门槛,扩大队伍规模,提高指导服务率和科学健身指导服务水平。弘扬全民健身志愿服务精神,开展线上线下志愿服务，推出具有地方特色的全民健身志愿服务项目，打造全民健身志愿服务品牌。

（六）激发体育社会组织活力。完善以各级体育总会为枢纽，各级各类单项、行业和人群体育协会为支撑，基层体育组织为主体的全民健身组织网络。重点加强基层体育组织建设，鼓励体育总会向乡镇（街道）延伸、各类体育社会组织下沉行政村（社区）。加大政府购买体育社会组织服务力度，引导体育社会组织参与承接政府购买全民健身公共服务。对队伍稳定、组织活跃、专业素养高的"三大球"、乒乓球、羽毛球、骑行、跑步等自发性全民健身社会组织给予场地、教练、培训、等级评定等支持。将运动项目推广普及作为单项体育协会的主要评价指标。

（七）促进重点人群健身活动开展。实施青少年体育活动促进计划，推进青少年体育"健康包"工程，开展针对青少年近视、肥胖等问题的体育干预，合理调整适合未成年人使用的设施器材标准，在配备公共体育设施的社区、公园、绿地等公共场所，配备适合学龄前儿童大动作发展和身体锻炼的设备设施。提高健身设施适老化程度，研究推广适合老年人的体育健身休闲项目，组织开展适合老年人的赛事活动。完善公共健身设施无障碍环境，开展残疾人康复健身活动。推动农民、妇女等人群健身活动开展。

（八）推动体育产业高质量发展。优化产业结构，加快形成以健身休闲和竞赛表演为龙头、高端制造业与现代服务业融合发展的现代体育产业体系。推进体育产业数字化转型，鼓励体育企业"上云用数赋智"，推动数据赋能全产业链协同转型。促进体育资源向优质企业集中，在健身设施供给、赛事活动组织、健身器材研发制造等领域培育一批"专精特新"中小企业、"瞪羚"企业和"隐形冠军"企业，鼓励有条件企业以单项冠军企业为目标做强做优做大。大力发展运动项目产业，积极培育户外运动、智能体育等体育产业，催生更多新产品、新业态、新模式。在国家体育消费试点城市基础上，择优确定一批国家体育消费示范城市，充分发挥试点城市、示范城市作用，鼓励各地创新体育消费政策、机制、模式、产品，加大优质体育产品和服务供给，促进高端体育消费回流。

（九）推进全民健身融合发展。深化体教融合。完善学校体育教学模式，保障学生每天校内、校外各1个小时体育活动时间。整合各级各类青少年体育赛事，健全分学段、跨区域的青少年体育赛事体系。加大体育传统特色学校、各级各类体校和高校高水平运动队建设力度，大力培养体育教师和教练员队伍。规范青少年体育社会组织建设，鼓励支持青少年体育俱乐部发展。

推动体卫融合。探索建立体育和卫生健康等部门协同、全社会共同参与的运动促进健康模式。推动体卫融合服务机构向基层覆盖延伸，支持在社区医疗卫生机构中设立科学健身门诊。推进体卫融合理论、科技和实践创新，推广常见慢性病运动干预项目和方法。推广体卫融合发展典型经验。

促进体旅融合。通过普及推广冰雪、山地户外、航空、水上、马拉松、自行车、汽车摩托车等户外运动项目，建设完善相关设施，拓展体育旅游产品和服务供给。打造一批有影响力的体育旅游精品线路、精品赛事和示范基地，引导国家体育旅游示范区建设，助力乡村振兴。

（十）营造全民健身社会氛围。普及全民健身文化，加大公益广告创作和投放力度，大力弘扬体育精神，讲好群众健身故事。强化全民健身激励，探索建立全国统一的"运动银行"制度和个人运动码，开发标准统一的科学运动积分体系，向国家体育锻炼标准和体育运动水平等级标准达标者领发证书，鼓励向群众发放体育消费券。开展全民运动健身模范市和模范县（市、区）创建。加强全民健身国际交流，与共建"一带一路"国家共同举办全民健身赛事活动，推动武术、龙舟、围棋、健身气功等中华传统体育项目"走出去"，鼓励支持各地与国外友好城市进行全民健身交流。

三、保障措施

（十一）加强组织领导。加强党对全民健身工作的全面领导，发挥各级人民政府全民健身工作联席会议作用，推动完善政府主导、社会协同、公众参与、法治保障的全民健身工作机制。县级以上地方人民政府应将全民健身事业纳入本级经济社会发展规划，制定出台本地区全民健身实施计划，完善多元投入机制，鼓励社会力量参与全民健身公共服务体系建设。体育总局要会同有关部门对各省（自治区、直辖市）人民政府贯彻落实情况进行跟踪评估和督促指导。

（十二）壮大全民健身人才队伍。创新全民健身人才培养模式，发挥互联网等科技手段在人才培训中的作用。加强健身指导、组织管理、科技研发、宣传推广、志愿服务等方面的人才培养供给。畅通各类培养渠道，引导扶持社会力量参与全民健身人才培养，形成多元化的全民健身人才培养体系和科学评价机制。积极稳妥推进指导群众健身的教练员职称评定工作。

（十三）加强全民健身安全保障。对各类健身设施的安全运行加强监管，鼓励在公共体育场馆配置急救设备，确保各类公共体育设施开放服务达到防疫、应急、疏散、产品质量和消防安全标准。建立全民健身赛事活动安全防范、应急保障机制。建立户外运动安全分级管控体系。落实网络安全等级保护制度，加强全民健身相关信息系统安全保护和个人信息保护。坚持防控为先，坚持动态调整，统筹赛事活动举办和新冠肺炎疫情防控。

（十四）提供全民健身智慧化服务。推动线上和智能体育赛事活动开展，支持开展智能健身、云赛事、虚拟运动等新兴运动。开发国家社区体育活动管理服务系统，建设国家全民健身信息服务平台和公共体育设施电子地图，推动省、市两级建立全民健身信息服务平台，提供健身设施查询预定、体育培训报名、健身指导等服务，逐步形成信息发布及时、服务获取便捷、信息反馈高效的全民健身智慧化服务机制。

[来自中国政府网. 国务院关于印发全民健身计划（2021—2025年）的通知.（2021-08-03）. http://www.gov.cn/zhengce/content/2021-08-03/content_5629218.htm.]

范文 2：

贵州省文化和旅游厅关于 2022 年贵州省基层文化和旅游公共服务队伍培训工作计划的通知

附件

2022 年贵州省基层文化和旅游公共服务队伍培训计划

序号	培训班名称	培训对象	时间	人数	培训单位
1	2022 年贵州省文化和旅游公共服务业务知识培训班	各市（州）文化和旅游局分管局长、业务科长；各县（市、区、特区）文化和旅游局公共服务负责人；省图书馆、省文化馆、省公共文化发展中心主要负责人	7月	130	省文化和旅游厅
2	2022 年贵州省易地扶贫搬迁综合性文化服务示范点建设培训班	各市（州）文化和旅游局分管局长、业务科长或业务人员；各县（市、区、特区）文化和旅游局分管局长或相关负责人	6月	130	
3	2022 年全省旅游公共服务暨旅游厕所建设管理培训班	各市（州）文化和旅游局分管局长、业务科长或业务人员，各县（市、区、特区）文化和旅游局分管局长或相关负责人	8月	120	
4	2022 年贵州省文化和旅游志愿服务管理人员培训班	各市（州）、县（市、区、特区）文化和旅游局从事文化和旅游志愿服务工作负责人	7月	120	
5	2022 年贵州省文化和旅游志愿者培训班	全省文化和旅游志愿者	8月	120	
6	2022 年贵州省《公共图书馆评估标准》解读培训班	各市（州）、县（市、区、特区）图书馆馆长或相关负责人	待定	120	省图书馆
7	2022 年贵州省新布客书屋志愿者培训班	全省布客书屋文化志愿者	6月	70	
8	2022 年贵州省古籍修复技术培训班	贵州省古籍收藏单位古籍修复人员	10月	15	
9	2022 年贵州省文化馆馆长培训班	各市（州）、县（市、区、特区）文化和旅游局分管局长、文化馆馆长	6月	100	省文化馆
10	2022 年贵州省乡镇综合文化站站长培训班（遵义市轮训）	遵义市乡镇综合文化站站长	8月	100	
11	2022 年黔南州公共数字文化高质量发展培训班	黔南州及 12 个县（市）文化和旅游局分管局长、业务科长或业务人员	8月	50	省公共文化发展中心
12	2022 年德江县乡村文旅公共服务培训班	厅帮扶点村支书、主任，乡镇（社区）文化站站长，厅派驻工作队员，县文旅局分管副局长	7月	51	

（来自贵州省文化和旅游厅. 贵州省文化和旅游厅关于 2022 年贵州省基层文化和旅游公共服务队伍培训工作计划的通知．（2022-05-16）. https://whhly.guizhou.gov.cn/zwgk/xxgkml/jcxxgk/ghjh/202205/t20220516_74077109.html．）

简报及范例

一、简报的概念

简报指简明的报道，是行政机关、企事业单位、社会团体为反映情况、汇报工作、交流经验、传播信息、指导工作而编写的一种应用文体，也称为"情况反映""情况交流""简讯""动态""内部参考"等。

简报不属于正式公文。对上级，简报代替不了"请示""报告"等；对下级，简报代替不了"通知""决定""指示"等。但在信息快速发展的今天，简报的应用越来越广，已经不再只是内部传阅，也有了公开发布和出版的形式，近似于新闻报道，具有快、简、新、密的特点。

二、简报的分类

根据不同的分类标准，简报的类别也不尽相同。按照时间分类，简报主要有定期简报和不定期简报；按照内容分类，简报主要有综合简报和专题简报；按照性质分类，简报主要有会议简报、动态简报、工作简报；按照行文关系分类，简报有用于工作汇报的上行文、用于情况交流的平行文和用于基层动态的下行文。

三、简报的写法

完整的简报包括报头、报身和报尾三部分。报头一般包括简报名称、期数、编写单位、印发日期、密级程度、编号；报身包括标题和正文；报尾写发送范围，注明报、送、发单位名称和印数。我们这里介绍简报报身的写法。

1. 标题

简报的标题和新闻的标题相似，有单行标题、双行标题、多行标题。单行标题用一句话概括正文的主要内容，如《全国档案工作会议简报》；双行标题的正标题揭示正文的内容或意义，副标题起补充说明作用，如《建一流队伍，创一流业绩——泰安县检察院狠抓队伍建设侧记》；多行标题的引题通常介绍背景、烘托气氛，正标题概括正文的内容，副标题补充或说明正题，如：

我国空间技术取得新成就（引题）
一枚火箭发射三颗卫星（正题）
这组空间物理探测卫星准确入轨工作正常（副题）

2. 正文

简报的正文主要是概述某一工作情况，工作中的某一问题、某一经验、某一信息等，常见的写法是新闻式的写法，由导语、主体和结尾组成，导语用简明、准确的语言概述情况、问题、经验信息中最重要的事实，主体用具体的事实概述导语提出的问题，结尾收束全文或者深化主体。

范文 1：

2022 年中秋节假日文化和旅游市场工作情况简报

2022 年中秋假日期间，全省文化和旅游系统坚决贯彻落实党中央、国务院决策部署，根据文化和旅游部、省委省政府的相关要求，切实履行文旅系统疫情防控和安全生产的主体责任，精密部署、狠抓落实，保障了全省文化和旅游市场安全平稳、规范有序运行。中秋节期间，民航进出航班 370 架次，进出港旅客 14787 人次；高速公路进向车流量 114.76 万辆，出向车流量 115.09 万辆。

一、强化责任担当，精心安排抓好文旅行业的疫情防控和安全生产工作。一是抓好安排准备。节前，省文化和旅游厅印发《全省文化和旅游行业中秋节和国庆节期间安全生产疫情防控及市场秩序整治工作方案》等文件，对节假日期间行业安全生产、疫情防控、文化旅游市场秩序整治及网络舆情应对处置等重点工作进行安排部署，要求各级文旅部门全面深入推进行业大排查大整治工作，科学精准做好疫情防控各项措施，坚决防止疫情通过文化旅游场所传播。在国务院联防联控机制电视电话会议后，9 月 9 日晚，立即召开了全省文旅系统电视电话会议，厅主要领导对疫情防控、安全生产、游客返程等工作进行了再安排、再部署、再细化。二是严格应急值守。各地文旅部门严格按照要求，加强值班值守，对外公布假日值班信息和投诉电话，及时回复游客咨询、诉求、投诉等问题。各地以不同形式全方位开展文旅行业安全生产和疫情防控大检查，督促落实有关防疫通知要求，压实安全生产责任。

二、强化工作落实，全力以赴做好滞留游客返程服务保障工作。一是明确责任。我厅明确专人调度，落实厅班子成员包保责任，督导各市州文旅部门、公共文化服务机构等单位认真开展工作。省、市、县三级文旅部门联动作战，明确到人头，深入景点景区、酒店了解旅游团队出游计划、旅游诉求和困难等，全力做好滞留游客返程服务保障工作。二是精心组织。统筹调度各地旅游团队返程，实行销号管理。根据每个团队出游情况，认真研究精准制定"一团一策"，指导帮助旅行社调整返程计划。市、县两级旅游部门联动属地有关部门，按疫情防控相关撤离政策，有针对性做好滞留旅客的核酸检测、防疫政策宣传、返程交通保障。

截止 9 月 12 日 17 时，各级文旅部门累计组织协调 44 个旅游团队、1418 名游客由贵阳、遵义、安顺、铜仁等地顺利离黔，撤离在星级酒店滞留的外省旅游散客 110 名，撤离在非星级酒店滞留的外地散客 3099 名。目前在黔游客状态平稳有序。

三、强化宣传引导，确保信息畅通和和谐稳定。一是加强宣传引导。指导贵阳市加强疫情防控政策和游客疏散路径及联系渠道的宣传，确保社会面信息畅通。联合各地通过广播、宣传栏、微信群等形式，引导广大市民讲卫生、不聚集，不信谣、不传谣。二是丰富文化供给。各地在做好疫情防控同时，推出以中秋和抗疫为主题的线上文化活动。贵阳市通过云端举办了"中秋节与赏月文化专题阅读""致敬了不起的逆行者"手工海报征集等线上主题推广活动。毕节市举办"云读山水·中秋诵读进百里杜鹃""我们的节日·月满中秋"等线上读书活动。黔南州通过微信公众号组织开展了"中秋古诗展""中秋节月赏月文化专题阅读""云端庆佳节，齐心共战疫"等线上活动。

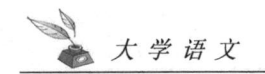

截止9月12日17时，未接到旅游安全事故报告和疫情报告，未发生重大涉文旅舆情，未接到有效旅游投诉。

[来自贵州省文化和旅游厅. 2022年中秋节假日文化和旅游市场工作情况简报.（2022-09-13）. https://whhly.guizhou.gov.cn/xwzx/tt/202209/t20220913_76440557.html.]

范文2：

贵阳市自然资源和规划局2021年"12·4"国家宪法日活动简报

为深入学习贯彻党的十九大及十九届二中、三中、四中、五中、六中全会精神和习近平法治思想，大力弘扬宪法精神，维护宪法权威，推动宪法全面实施。2021年12月4日上午，市自然资源和规划局按照市法宣办要求，局政策法规处、市自然资源和规划综合执法支队、市不动产登记中心在筑城广场开展了以"以习近平法治思想为引领·坚定不移走中国特色社会主义法治道路"为主题的国家宪法日集中宣传活动。

活动采取设立法律咨询台、散发宣传资料等多种形式，重点对宪法、民法典、不动产登记、地下空间开发利用等自然资源法律法规进行了宣传。工作人员就群众咨询的问题进行了耐心、细致地回答，并引导群众正确了解和使用法律，共同维护社会和谐稳定。

此次宣传咨询活动，共计发放宣传资料500余份，接受群众咨询20余次，树立了良好的普法形象，得到了群众的充分肯定，在全社会营造了浓厚的学法用法和法治宣传氛围。

[贵阳市人民政府. 贵阳市自然资源和规划局 2021 年"12·4"国家宪法日活动简报.（2021-12-08）.

https://www.guiyang.gov.cn/zwgk/zwgkxwdt/zwgkxwdtbmdt/202112/t20211209_71991719.html.]

申论

一、申论的概念

申论是公务员考试科目之一，主要测试应考者解决实际问题的能力，以及阅读理解能力、综合分析能力、提出和解决问题能力及文字表达能力，是一种具有申述、申辩、论述、论证性质的文体。

申论作为一门考试科目，所考内容包括应用文写作。

二、申论的特点

申论考试具有以下两个特点。

（1）内容的综合性。申论考试的内容广泛，涵盖政治、经济、法律、教育、文化等诸多方面，有国家大政方针，也有百姓生活问题，答题要求概括所给材料主题，针对材料反映出的主要问题提出解决问题的对策、方案，就有关问题进行论述、论证等。

（2）角色的假定性。申论考试考查考生对给定材料的阅读理解能力、分析概括能力、提出和解决问题的能力,以及文字表达能力。这些能力是作为一个国家机关公务员所必须具备的。因此,申论考试假定应考者是国家机关公务员,以虚拟的身份回答问题、提出对策。

三、申论的作答

申论的作答可以按照以下几个步骤。

(1)看清题目。申论考试给的材料通常篇幅较长,内容繁杂。因此,拿到材料后不要盲目阅读,最好先看题目,看清楚作答要求,即所谓审题。这一步很重要,也是首要的,先看清题目再阅读材料,做到阅读时心中有数、有的放矢,能够有效地提高作答效率。

(2)带着问题阅读。阅读材料的时候要带着问题,一边阅读一边思考作答。如对于要求归纳材料主要内容的题目,一边阅读一边归纳出段落大意,阅读完毕再整理段意,稍作调整就可大体归纳出材料的主要内容;对于有特定要求的题目,可以在阅读中做出标记,如画线,然后再分析、作答。

(3)准确作答。申论考试给的材料通常信息量较大,题目设置有障碍,需要考生理清材料的头绪、找准问题的所在、快速准确解答。

对于概括内容的作答,通常有分析综合法、对立统一法和抓住主要问题的方法,即全面分析、辩证看问题,并分清主要内容和主要问题。

对于提出对策的作答,首先确定问题所在,并抓住主要问题,然后从材料中找线索,如运用关键词提炼直接对策。表示对策的标志词汇有"建议""必须""要""应该""加大""采取""完善""建立""加强""提高""帮助""推进""减少""深化""遏制""考虑"等。这些词汇后面的内容经过筛选可作为对策。或者通过反思问题,找到对策,即从现状、问题、原因、教训中暴露出的问题反之就可作为对策。也可以从材料介绍其他地区的经验、成果中借鉴对策,还可以自创对策,无论是哪一种作答,都要注意对策的政策性、针对性和可行性。

对于要求论证的题目,可以遵循提出问题、分析问题、解决问题的思路。需要注意的是,论证一定要紧扣材料,语言庄重、简洁。

无论是对哪种题目的作答,都要注意角色的假定,立意要高,逻辑要严,语言要准,书写整洁,并一定按照题目的要求去做,答在指定区域,合理分配作答时间。

科技文书

科技文书是表达一定科学技术内容的文体,以说明和议论为主要表达方式,以科学技术为研究对象,反映自然领域内现象的特征、本质及其规律性,具有科学性、真实性、创造性、可读性等特点。

根据适用范围,科技文书可分为论文、报告和说明类。论文类包括自然科学论文、应用技术论文和社会科学论文。自然科学论文主要是为描述自然现象、阐述自然发展变化、分析和解决自然科学发展存在的问题而发表自己的观点和主张的文章;社会科学论文主要是为描述社会现象、阐述社会发展变化规律、分析和解决社会问题而撰写的论文。表述应用技术论文又称为科技论文,表述学术观点的自然科学论文和社会科学论文又称为学术论文。

学术论文及范例

一、学术论文的概念

学术论文是就某一学术课题在实验性、理论性或预测性上具有的新的科学研究成果或创新见解和知识的科学记录,或是某种已知原理应用于实际取得新进展的科学总结,用以在学术刊物上发表或作其他用途的书面文件,又或在学术会议上宣读、交流、讨论,。

二、学术论文的分类

按研究的学科,学术论文可分为自然科学论文和社会科学论文。每类又可按各自的门类划分,如社会科学论文又可细分为文学、历史、哲学、教育、政治等学科论文。

按研究的内容,学术论文可分为理论研究论文和应用研究论文。理论研究重在对各学科的基本概念和基本原理的研究,应用研究侧重于将各学科的知识转化为专业技术和生产技术直接服务于社会。

按写作目的,学术论文可分为交流性论文和考核性论文。交流性论文目的在于专业工作者进行学术探讨,考核性论文目的在于检验学术水平。

按申请学位,学术论文可分为学士学位论文、硕士学位论文和博士学位论文。

三、学术论文的撰写

无论是哪种学术论文,都要经过选择论题、搜集资料、编写提纲、撰写和修改论文的过程。

(一)选择论题

选择论题是论文写作中至关重要的一步。可以说,选择一个好的论题就等于成功了一半。无论是自定论题还是指定论题,选择论题都要遵循以下几个原则。

1. 实践性原则

学术论文的选题不是凭空设想，也不是心血来潮、灵机一动想出来的，它必须从实践中来，或者从社会实践，或者从科学实验，从对某一问题的深入研究中来。因此，选题之前一定要查阅大量资料，了解已有研究现状，清楚该选题已经做了哪些研究，做到了何种程度，还有哪些问题未曾涉及或有待深入。

2. 现实性原则

进行科研要立足现实，要有科学价值或者社会效益，要为建设社会服务，推动社会的进步和发展。

3. 创新性原则

科研要避免重复，创新性是学术论文的生命力。创新可以是观点的创新，也可以是方法的创新，或者资料的创新。创新包括发现别人未发现的问题，填补空白；也包括补充前人的说法，丰富研究成果；还包括纠正前人的说法，使科学研究更接近真相和真理。

4. 可行性原则

选题确定之后要实践撰写，因此要遵循可行性原则，不能选择自己无法实践的题目。可行性可以从兴趣、特长、条件等方面考虑，选择自己感兴趣的论题，因为兴趣是成功的向导，有兴趣才能全身心地投入；或者选择自己擅长的论题，所谓"术业有专攻""知难不难"；或者选择自己有条件完成的选题，包括资料的搜集、写作的指导等方面的条件。

而毕业论文的选题还要与所学专业对口，符合本专业的培养目标。

（二）搜集资料

论文资料的搜集包括文献资料的搜集和实践、调查资料的搜集等。在搜集资料之前，先制订出一个计划，设想搜集的范围、方法等。通常，论文材料的搜集包括以下几个方面。

（1）第一手资料。论文的第一手资料主要指与选题相关的文字、数据、图表材料、研究者在实践和实验过程中取得的感性材料等。这些是论文中最本质的材料，也是最具有说服力的材料，是论文中的"干货"。

（2）与论题相关的法规、政策、名人名言、研究方法等理论资料。这些资料的运用将增加论文的权威性、说服力和可行性。

（3）已有研究成果。占用这些资料可以从中受到启发，了解已有研究、最新进展等，同时避免重复研究。但对于初涉学术论文的本科生来说，不要急于搜集此类资料，以免先入为主，影响自己论文的思路。

（4）相关科学资料。掌握这些资料能够开阔视野、开拓思路，增加看问题的角度，使分析多样化、全面化。

无论搜集哪类资料，都要注意一边搜集一边分析、归类，并记录文献出处，为论文撰写做好准备。

（三）编写提纲

一般地，在撰写论文之前要编写提纲。否则，论文内容繁多、篇幅较长，很难做到全篇行文统一、逻辑严密。

一般的学术论文的提纲包括标题和段落层次的大意，做好中心论点与分论点的统一、协调，也可以把搜集到的相关资料以关键词的形式列于段落层次之下。

学位论文的提纲包括标题、目录等。目录以章节的形式列出，可以先以写作范围或内容作为章节的小标题，待正文初稿完成之后再修改目录，以论点作为章节的小标题，做到总论点与分论点的统一、协调和表达的清晰、有序、逻辑严密。

论文提纲只是撰写正文之前的大致思路，允许在论文撰写过程中修订，使论证更趋于完善，最终形成正式的章节标题。

（四）撰写论文

论文提纲拟定之后就可以开始正式撰写论文。一般地，论文初稿先按照提纲撰写，如果在写作过程中有新的想法，又出现了"亮点"，也可以对提纲进行必要的修订，以使中心更突出，将文章升华到新高度，但忌讳随意修改提纲。一般地，先按照提纲撰写初稿，完成之后再修改。

论文撰写的内容包括标题、摘要、关键词、正文、注释、参考文献，学位论文还要有致谢或后记。

1. 标题

标题是对文章内容的概括，要求明确、精练，一般不超过 20 字，尽量不加副标题。

2. 摘要

摘要是论文的主要内容，要求直接表述，不能使用第三人称，字数一般为 200—300 字，有的还需要英文摘要。

3. 关键词

关键词是论文中起关键作用的、代表内容特征的词，方便检索，一般为 3—5 个，用分号隔开，最后一个词不加标点符号，有的论文还需要英文关键词。

4. 正文

论文的正文通常包括引言、主体、结语三部分。

引言又叫前言、绪论等，说明论题的研究目的和意义，以及研究范围、研究方法和创新点等，要求内容简明扼要。

主体是论文的本论部分，直接表述研究成果，表达创造性信息，反映论文达到的学术水平，常用的结构有总分式、递进式、程序式、综合式，讲究行文的逻辑性和清晰性。篇幅较长的论文通常有小标题，学位论文分章节，通常到二级标题。

结语又叫结论，是对整篇论文研究结果的总判断、总评价，是对全文的归纳和点睛之笔。

5. 注释

论文中通常有适量、适当的注释，用以注明所引资料的来源，或对文中观点、概念等的补充说明，通常有脚注和尾注，脚注即页下注，每页的注释单独排序号；尾注即文末注，按照文中的数字编码逐一注释。如果是对所引资料来源的注释，要标明文献的页码。

6. 参考文献

参考文献是指在论文撰写过程中参考的文章、著作等。虽然有的参考文献在注释中已经标明，但还有的文献是整体上参考和借鉴，也需要列出来，附在正文之后，并注意使用规范的文献类型标识。

7. 后记

学位论文通常还有后记，记录与论文撰写相关的事宜，也可叫致谢，对参与学位论文相关工作的指导老师、同学和单位所做的贡献表示感谢，同时为后来的阅读者提供必要的信息来源。

（五）修改论文

好文章是改出来的！论文初稿写完之后就进入修改环节，通常一篇论文要修改多次，前几次可以在电子版上修改，后面建议打印出来修改，因为有些内容在纸质版上看得更清晰。修改的时候最好从大到小，即先看各分论点是否与总论点一致，各分论点之间的内在联系是否符合逻辑，各分论点下面的内容是否切题，然后再看语言、形式等。

思考与训练

1. 党政机关公文的种类有哪些？
2. 撰写一份通知。
3. 请你结合自己的实际情况撰写一份学习计划。
4. 进行一次校园采风，撰写一份简报。
5. 结合本专业，分析一篇优秀论文。